한국의 과학과 종교

"이 저서는 2010년도 대한민국 교육부와 한국학중앙연구원(한국학진흥사업단)을 통해
한국학 특정분야 기획연구(한국과학문명사) 사업의 지원을 받아 수행된 연구임."(AKS-2010-AMZ-2101)

한국의 과학과 종교

초판 1쇄	2019년 8월 20일
초판 2쇄	2021년 12월 29일

지은이 　장석만 외

출판책임	박성규	펴낸이	이정원
편집주간	선우미정	펴낸곳	도서출판 들녘
편집	이동하·이수연·김혜민	등록일자	1987년 12월 12일
디자인	김정호	등록번호	10-156
마케팅	전병우	주소	경기도 파주시 회동길 198
경영지원	김은주·나수정	전화	031-955-7374 (대표)
제작관리	구법모		031-955-7376 (편집)
물류관리	엄철용	팩스	031-955-7393
		이메일	dulnyouk@dulnyouk.co.kr
		홈페이지	www.dulnyouk.co.kr
ISBN	979-11-5925-429-1 (94910)		
	979-11-5925-113-9 (세트)	CIP	2019024350

이 도서의 국립중앙도서관 출판예정도서목록(CIP)은 서지정보유통지원시스템 홈페이지(http://seoji.nl.go.kr)와
국가자료공동목록시스템(http://www.nl.go.kr/kolisnet)에서 이용하실 수 있습니다.

한국의 과학과 문명 013

한국의 과학과 종교

김호덕·장석만·조현범·이진구·전철·민순의·
박상언·김태연·도태수·방원일 지음

들녘

김호덕 金鎬德

서울대학교 중문학과를 졸업하고, 같은 대학 종교학과에서 석사 및 박사과정을 마쳤다. 서울대학교 강사를 역임하였고, 현재 한국종교문화연구소 연구원으로 활동하고 있다. 『한국종교문화사 강의』(공저, 1998), 『종교 다시 읽기』(공저, 1999), 『세계종교사입문』(공저, 2003), 『종교로 보는 세상』(편저, 2016) 등의 저서와, 「권근의 천인관계론 연구」(1994), 「퇴계 이황의 예 인식」(1997), 「이병헌의 천 관념 연구」(2018) 등의 논문이 있다.

장석만 張錫萬

서울대학교 인문대학에서 석사, 박사학위를 받았다. 캐나다 브리티시 컬럼비아대학 아시아학과 객원 교수, 독일 루어-보훔대학(Ruhr-University Bochum, RUB)의 국제 컨소시움 KHK(Käte Hamburger Collegium) 펠로우를 역임했으며, 현재 한국종교문화연구소 연구원으로 재직 중이다. 「한국의 근대와 종교 개념, 그리고 연구방향 모색을 위한 하나의 사례」(2018), 『한국근대종교란 무엇인가?』(2017), 「식민지 조선에서 여자가 운다」(2016), 「세속-종교의 이분법 형성과 근대적 분류 체계의 문제」(2014) 등의 저술과 조너선 Z. 스미스, 『종교 상상하기: 바빌론에서 존스타운까지』 등의 역서가 있다.

조현범 趙顯範

한국학중앙연구원 한국학대학원에서 철학박사학위를 받았다. 한국교회사연구소 책임연구원을 역임했으며, 현재 한국학중앙연구원 교수로 재직 중이다. 주요 저서로 『문명과 야만』(2002), 『근대성의 형성과 종교지형의 변동』(공저, 2005), 『한국 종교교단 연구 I』(공저 2007), 『조선의 선교사, 선교사의 조선』(2008), 『세상 사람들의 조선여행』(공저, 2012), 『한불자전 연구』(공저 2013) 등이 있으며, 논문 다수가 있다.

이진구 李進龜

서울대학교 종교학과를 졸업하고 같은 대학원에서 박사학위를 받았다. 한국종교문화연구소 소장으로 활동하고 있다. 주요 저서로 『한국 개신교의 타자인식』(2018), 『한국 근현대사와 종교자유』(2019), 『우리에게 종교란 무엇인가』(편저, 2016), 『한국 종교의 민족의식』(공저, 2018), 『한국 기독교사 탐구』(공저, 2011), 『아메리카나이제이션』(공저, 2008) 등이 있다.

전철 全喆

한신대학교 신학과와 대학원 신학과를 졸업하고 독일 하이델베르크대학 신학부에서 조직 신학으로 박사학위를 받았다. 현재 한신대학교 신학과 부교수로 재직 중이며 한신대학교 종교와과학센터(CRS) 센터장이다. 주요 저서로는 *Kreativität und Relativität der Welt beim frühen Whitehead* (Neukirchener Verlag, 2010), *Gottes Geist und menschlicher Geist* (Evangelische Verlagsanstalt, 2013) 등이 있으며, 다수의 공저와 논문이 있다.

민순의 閔舜義

서울대학교 동양사학과를 졸업하고, 같은 대학 종교학과 대학원에서 석사와 박사학위를 받았다. 서울대학교 인문학연구원 객원연구원, 동국대학교 불교문화연구원 전문연구원을 지냈고, 현재 대한불교조계종 불교사회연구소에서 연구원으로 재직 중이다. 주요 논문으로 「조선전기 도첩제도의 내용과 성격」(2016), 「조선 초 불교 社長의 성격에 관한 一考」(2016), 「전환기 민간 불교경험의 양태와 유산」(2016), 「조선전기 수륙재의 내용과 성격」(2017), 「한국 불교의례에서 '먹임'과 '먹음'의 의미」(2017), 「전통시대 한국불교의 도첩제도와 비구니」(2017) 등이 있다.

박상언 朴相彦

한국학중앙연구원에서 종교학으로 박사학위를 받았다. 현재 한국종교문화연구소 연구원으로 활동 중이다. 『우리에게 종교란 무엇인가』(공저, 2016) 등의 저서와, "Beauty will Save You: The Myth and Ritual of Dieting in Korean Society", 「간디와 프랑켄슈타인, 그리고 채식주의의 노스텔지어」, 「신자유주의와 종교의 불안한 동거」, 「소전 정진홍의 몸짓현상학에 나타난 의례연구방법론 고찰」, 「배아줄기세포연구의 생명윤리담론 분석: 한국 기독교와 불교를 중심으로」, 「임신중절에 대한 종교 생명윤리 담론의 정당화 구조와 성격」, 「근대 미국사회의 종교와 의학의 상호간섭 현상에 관한 연구」, 「자살 관념의 종교적 회로와 구성 방식」, 「19세기 미국사회의 의학 담론과 몸의 성격: 새뮤얼 톰슨과 실베스터 그레이엄을 중심으로」 등의 논문이 있다.

김태연 金泰姸

이화여대를 졸업(학사, 석사)하고 독일 하이델베르크대학 신학부에서 상호문화신학/종교학으로 석사, 박사학위를 받았다. 하이델베르크대학 동양학부 외래교수, 이화여자대학교 이화인문과학원 HK연구교수를 역임했으며, 현재 숭실대학교 인문과학연구소 조교수로 재직 중이다. 주요 저술로 *Reformationen: Momentaufnahmen aus einer globalen Bewegung*(공저, 2015), 『근대 지식과 인간과학』(공저, 2016), 『근대 담론의 형성과 지식장의 전환』(공저, 2017), 『도시 산책: 유럽 도시의 근대적 기억들』(공저, 2018) 등의 저서 및 논문 다수가 있다.

도태수 都泰洙

한국학중앙연구원 종교학과에서 박사과정을 수료하였다. 현재 한국종교문화연구소 연구원으로 활동하고 있으며, 근대 개신교 문서를 주제로 박사논문을 집필중이다. 저서로 『종교, 미디어, 감각』(공저, 2016)이 있고, 논문으로 「한국 초기 개신교 문서에 나타난 문자성」, 「비평으로서 신화 연구하기」가 있다.

방원일 房元一

서울대학교 종교학과 대학원에서 개신교 선교사의 한국종교 이해 연구로 종교학박사를 받았다. 서울대학교 치의학대학원과 종교학과에서 강사로 재직 중이다. 저술로는 『종교와 동물 그리고 윤리적 성찰』(공저, 2014), 『종교, 미디어, 감각』(공저, 2016), 『우리에게 종교란 무엇인가』(공저, 2016), 『메리 더글러스』(2018)가 있다. 옮긴 책으로는 『자리 잡기: 의례 내의 이론을 찾아서』(2009)와 『자연 상징: 우주론 탐구』(2014)가 있다.

일러두기

- 이 책의 '부'와 '장'을 집필한 각 필자들의 이름은 '차례'에만 표기하고 해당 본문에는 별도로 표기하지 않았다.

- 명사의 붙여쓰기는 이 책의 키워드를 이루는 단어는 붙여쓰기를 원칙으로 했지만, 경우에 따라서는 가독성을 위해 띄어쓰기를 했다.

- 주석은 미주로 하고, 각 지은이별로 번호를 다시 매겨 정리했다.

- 인용 도판은 최대한 소장처와 출처를 밝히고 저작권자의 허락을 얻었으나 일부 저작권자를 찾지 못하여 게재 허가를 받지 못한 도판에 대해서는 확인되는 대로 통상 기준에 따른 허가 절차를 밟기로 한다.

〈한국의 과학과 문명〉 총서를 펴내며

우리나라는 현재 세계 최고 수준의 메모리 반도체, 스마트폰, 디스플레이, 철강, 선박, 자동차 생산국으로서 과학기술 분야의 경이적인 발전으로 세계의 주목을 받고 있다. 그것을 가능케 한 요인의 하나가 한국이 오랜 기간 견지해온 우수한 과학기술 문화와 역사 속에 있다고 우리는 생각한다.

문명이 시작된 이래 한국은 항상 높은 수준을 굳건히 지켜온 동아시아 문명권의 일원으로서 그 위치를 잃은 적이 없었다. 우리는 한국이 이룩한 과학기술 문화와 역사의 총체를 '한국의 과학문명'이라 부르려 한다. 금속활자·고려청자 등으로 대표되는 한국 과학문명의 창조성은 천문학·기상학·수학·지리학·의학·양생술·농학·박물학 등 과학 분야를 비롯하여 금속제련·방직·염색·도자·활자·인쇄·종이·기계·화약·선박·건축 등 기술 분야에서도 다양하게 분명히 드러난다.

우리는 이런 내용을 종합하는 〈한국의 과학과 문명〉 총서를 발간하고자 한다. 이 총서의 제목은 중국의 과학문명에 대한 새로운 인식의 지평을 연 조지프 니덤(Joseph Needham)의 『중국의 과학과 문명』을 염두에 두고 만들었다. 그러나 니덤이 전근대에 국한한 반면 우리는 전근대와 근현대를 망라하여 한국 과학문명의 총체적 가치와 의미를 온전히 담은 총서의 발간을 목표로 한다. 나아가 한국의 과학과 문명이 지닌 보편적 가치를 세계에 발신하고자 한다. 지금까지 한국은 세계 과학문명의 일원으로 정당한 가치를 인정받지 못한 채, 중국의 아류로 인식되어왔다. 이 총서에서는 한국 과학문명이 지닌 보편성과 독자성을 함께 추적하여 그것이 독자적인 과학문명이자 세계 과학문명의 당당한 일원임을 입증하고자 한다. 우리는 이 총서에서 근현대 한국 과학기술 발전의 역사와 구조를 밝힐 것이며, 이로써 인류의 과학기술 발전사를 새로이 해명하는 데에 기여할 것이다.

이 총서에서는 한국의 과학문명이 역사적으로 독자적인 가치와 의미를 상실하지 않았던 생명력에 주목한다. 이를 위해 전근대 시기에는 중국 중심의 세계 질서 아래서도 한국의 과학문명이 독자성을 유지하면서 발전을 지속한 동력을 탐구한다. 근현대 시기에는 강대국 중심 세계체제의 강력한 흡인력 아래서도 한국의 과학기술이 놀라운 발전과 성장을 이룩한 요인을 탐구한다.

우리는 이 총서에서 국수적인 민족주의나 근대 지상주의를 동시에 경계하며, 과거와 현재가 대화하고 내부와 외부가 부단히 교류하는 가운데 형성되고 발전되어온 열린 과학문명사를 기술하고자 한다. 이 총서를 계기로 한국 과학문명에 대한 관심과 이해가 더욱 깊어지기를 기대한다.

마지막으로 〈한국의 과학과 문명〉 총서의 발간은 교육부와 한국학중앙연구원 한국학진흥사업단의 지원에 크게 힘입었음을 밝히며 이에 감사를 표한다.

〈한국의 과학과 문명〉 총서 기획편집위원회

차례

서장

현재 한국에서 과학이 가지는 영향력에 대해 의심하는 사람은 없다. 종교가 한국 사회에 미치는 영향력이 크다는 점 또한 부인하기 어렵다. 그런데 과학과 종교를 함께 논한다고 하면, 이 두 영역을 서로 다른 세계에 속하는 전혀 무관한 영역으로 생각하여, 양자를 함께 거론하는 일 자체가 가능하지 않다고 여기는 이들이 많다. 그러나 실제 전개되고 있는 상황은 전혀 그렇지 않다. 현대 한국 사회에서 과학과 종교는 서로를 강렬하게 의식하고 있으며 복잡하게 서로 관련되어 있다. 곧, 과학이 절대적 권위자로 군림하면서 종교에 크고 광범위하게 영향을 미치고 있는 가운데, 종교 또한 여전히 무시할 수 없는 세력을 배경으로 삼아 과학의 관심과 반응을 이끌어내고 있다. 새롭게 등장한 과학이 주도권을 장악하며 자신의 권위를 위협하고 있는 상황에서 종교가 과학을 의식하지 않을 수 없고, 예전의 권위자였던 종교가 여전히 세력을 가지고 있는 현실 속에서 과학 또한 종교에 대해 무관심하기는 어렵기 때문일 것이다. 이처럼 과학과 종교는 서로 구별되는 범주이기는 하지만 서로 무관한 영역은 아니다.

오늘날 과학과 종교 두 영역을 대하는 개인 또는 집단의 태도를 보면, 과학의 입장에 서서 과학의 설명과 일치하지 않는 종교의 설명체계를 부정하는 태도, 종교의 입장에 서서 자기 종교의 교리와 배치되는 과학의 논리를 배척하는 태도, 과학의 입장에서든 종교의 입장에서든 중립적 입장에서든 양자의 논리를 조화시키려는 태도 등 다양한 모습이 나타나고 있음을 볼 수가 있다. 이는 바로 과학과 종교가 서로를 강하게 의식하고 있으며 상호 영향을 주고받고 있음을 입증하는 것이라 하겠다. 그리고 이와 같은 다양한 태도들은 단순히 개인적 배경이나 취향에 의해서만 결정된 것이 아니라, 의식하든 의식하지 못하든 간에 근대 이후 한국 사회의 변화라는 역사적 맥락 속에서 형성된 것이다.

따라서 과학과 종교의 관련성을 살펴보는 일은 오늘날 한국 사회를 이해하기 위한 통로의 하나로서 중요하게 취급될 필요가 있다. 그리고 그 작업은 과학과 종교의 관계에 대한 여러 입장 중 어느 입장이 바람직한가를 판단하는 차원에서가 아니라, 한국 사회에서 과학과 종교의 관계에 대한 인식이 어떤 역사적 과정을 통해 형성되었으며 현재 어떤 양상을 띠고 있는가를 객관적으로 해명하는 데에 초점을 두고 이루어져야 한다.

그런데 여기서 주의할 점이 두 가지 있다. 그 하나는 "과학과 종교"라고 할 때 과학과 종교가 '과'라는 접속사로 연결되어 있다고 하여 양자가 마치 대등한 관계에 있는 것처럼 오해할 수 있다는 점이고, 다른 하나는 과학과 종교의 영역이 애초부터 구분되어 있었던 것으로 착각할 수 있다는 점이다.

현대 사회에서 과학은 모든 인식과 판단의 준거로 받아들여진다. 당연히 과학과 종교를 함께 논할 때도 이러한 원칙은 변하지 않는다. 우리가 아무리 "과학과 종교"라고 호명한다고 해도, 과학과 종교 양자는 결코 대등한 지위에 있지 않으며 둘 중에서 과학이 주도권을 행사하고 있음을 부인할 수는 없다. 바꾸어 말하면 과학과 종교의 관계 속에서 항상 기준이 되는 것은 과학이다. 이는 오늘날 사람들이 과학과 종교의 관계를 어떻게 인식하고 있는가를 살펴보기만 해도 쉽게 확인할 수 있는 사실이다.

현재 한국 사회에서 과학과 종교의 관계를 바라보는 지배적 관점은 대략 두 가지로 나누어볼 수 있다. 하나는 과학과 종교가 상호 갈등 관계에 있다고 생각하는 관점이고, 다른 하나는 과학과 종교의 공존이 가능하다고 보는 관점이다. 종교의 비과학성을 지적하면서 종교를 과학과 양립할 수 없는 존재로 보고 부정하는 태도가 '갈등'의 관점에 서 있는 것이라면, 과학을 정면으로 부정하지 않으면서도 종교의 역할 또한 긍정하려는 태도는 '공존'의 관점에 서 있는 것이라 할 수 있다. 처음에는 갈등 관계로 보는 관점이 우세하였지만, 근래에 들어서는 공존을 주장하는 관점이 점차 세력을 확장해가고 있다.

이 중 과학과 종교의 관계를 갈등 관계로 파악하는 관점을 보면, 종교를 과거, 과학을 현재와 각각 연결시키고 과거를 타파해야 현재의 희망이 있다고 하는 주장이 주류를 형성하고 있다. 이런 관점의 배후에는 과거에 종교가 갖고 있던 기득권을 현재의 신흥 세력인 과학이 빼앗아야 한다는 생각이 놓여 있는 것으로 보인다. 곧, '갈등'의 관점은 과학과 종교의 관계를 신구(新舊)의 권력 판도가 걸린 문제로 인식하는 가운데 현재의 상징인 과학을 기준으로 삼아 과거의 상징인 종교를 비판하는 관점으로서, 종교에 대한 과학의 절대적 우월성을 강조하는 입장이라고 할 수가 있다.

이에 비해 과학과 종교의 공존을 주장하는 관점은, 과학을 부정하지는 않지만 종교의 영역 또한 인정해야 한다는 태도를 보인다. 그러나 이 또한 종교를 과학과 대등한 지위에 있는 것으로 본다기보다는 이미 확고해진 과학 헤게모니 아래에서 종교의 자리를 인정해주려는 입장에 가깝다. 곧, 과학과 종교의 공존을 주장하는 관점의 경우에도, 외관상으로는 과학과 종교 양자가 균등하고 쌍방적인 관계에 있는 것처럼 보이지만, 실제로는 양자의 관계가 과학이 주도권을 행사하는 일방적인 관계로 맺어져 있다. 왜냐하면 과학과 종교의 공존을 주장할 때 종교의 영역을 인정해주는 주체가 바로 과학이기 때문이다. 종교가 과학을 인정해주는 것은 그런 연후에나 작동한다.

결국 '갈등'과 '공존' 가운데 어떤 관점을 취하든 간에 기준이 되는 것은 종교가 아니라 과학이다. 그리고 과학과 종교의 관계를 '갈등'으로 보는가 아니면 '공존'으로 보는가 하는 선택은, 과학이 종교와 경쟁하는 상황인가 아닌가, 즉 과학에게 종교가 위협적인 세력인가 아닌가에 따라 결정된다. 그렇다면 '갈등' 및 '공존'의 관점은 동전의 앞뒷면과도 같은 것으로서, 얼핏 보기에는 서로 정반대의 관점 같지만 실은 같은 뿌리에서 나온 것이라 할 수 있다. 하나는 과학에 의한 종교의 잠식 혹은 정복을 주장하는 입장을 취하고, 다른 하나는 양자의 신사협정을 통해 서로의 영역을 인정하자는 입장을 취하고 있지만, 두 관점 모두 과학의 강고한 헤게모니에 대한 승인을 공통분모로 하고 있다는 점에서 그러하다. 이러한 측면에서 본다면 "과학과 종교"라는 말이 '과'라는 접속사로 연결되어 있어서 양자가 마치 대등한 관계에 있는 듯한 느낌을 갖게 하는 것은 일종의 착시 효과가 아닐 수 없다. 과학과 종교의 관계를 제대로 이해하기 위해서는 이와 같은 착시에서 벗어나야 한다. 그리고 이처럼 과학이 종교에 대해 확실한 우위를 점하게 된 것은 개항 이후 우리 사회에서 '근대성'이 헤게모니를 장악해나간 역사적 과정과 밀접히 연관되어 있음을 기억할 필요가 있다.

과학과 종교의 관계를 다룰 때 유념해야 할 두 번째 사항은, 오늘날 우리가 당연시하고 있는 과학과 종교의 영역 구분이 원래부터 있었던 것이 아니라는 점이다. 과학과 종교를 각기 다른 영역에 배치하여 서로 구분한 것은 '과학'과 '종교'의 개념이 생겨난 연후에 비로소 시작된 일이다. 개념이 존재하지 않는 상태에서 그것에 해당하는 대상을 구분하여 인식하는 일은 애초에 불가능하기 때문이다. 우리 사회에 '과학'이라는 개념과 '종교'라는 개념이 처음으로 등장한 것은 19세기 후반에서 20세기 초반에 걸쳐 서구 문물이 이식되는 과정에서였다. 따라서 종교와 과학을 구분하고 둘이 서로 다른 영역에 속하는 것으로 인식하기 시작한 역사는 겨우 100여 년에 불과하다고 할 수 있다.

그런데도 오늘날 과학과 종교의 관계를 논하는 이들을 보면, 과학과 종교라는 개념이 원래부터 존재했고 각자의 영역이 애초부터 구분되어 있었던 것으로 생각하고서 논의를 전개하는 경향이 있다. 예컨대 앞에서 살펴본, 과학과 종교의 관계를 갈등으로 보는 관점이나 공존으로 보는 관점 역시 과학과 종교의 영역이 구분되어 있다는 것을 전제로 하고 있다. 그리고 대체로 우리는 이러한 문제에 대해 별로 신경을 쓰지 않는다. 언제 어디서나 이런 구분이 있다고 생각하기 때문이다. 하지만 과학과 종교라는 용어조차 100년 전에는 낯선 것이었다는 점을 생각한다면, 이런 무신경은 놀랄 만하다. 이와 같은 무신경은 과학과 종교의 영역이 구분되기 이전과 구분된 이후의 차이점에 대한 성찰을 애초에 결여하도록 함으로써, 필연적으로 오늘날 우리 사회에서의 과학과 종교의 관계를 온전히 이해할 수 없도록 만든다.

나아가 과학과 종교의 관계가 역사적 맥락 속에서 형성되었다는 사실을 망각하고 언제 어디서나 똑같았던 것으로 생각하는 것은 과거의 실상을 파악하는 데에도 방해요소로 작용한다. 현재의 시각으로 과거를 재단(裁斷)하게 되기 때문이다. 해석학의 통찰에 의하면, 과거를 해석할 때 현재의 관점에서 벗어날 수는 없다. 하지만 자신이 현재적 관점에서 보고 있다는 사실을 잊게 되면 문제가 생긴다. 시대착오라는 치명적 문제점이 등장하는 것이다. 과학이나 종교라는 용어 자체가 없었던 과거의 과학과 종교의 관계를 다루면서, 현재와 과거의 차이를 고려하지 않고, 오로지 오늘날의 과학 및 종교 개념이라는 잣대에 의해 설명하는 것이 바로 여기에 해당된다. 어떤 이는 그 시대에 그런 용어가 없었더라도 그것에 대응하는 비슷한 말은 있었을 테니 결국은 마찬가지라고 주장한다. 지금 우리가 사용하는 과학과 종교라는 용어에 해당하는 것을 과거의 문헌이나 자료에서 반드시 찾을 수 있다는 것이다. 물론 그럴 수도 있을 것이다. 그러나 그렇게 찾을 때 사용하는 기준이 지금의 과학과 종교라는 것을 잊어서는 안 된다. 이 점을 놓치게 되면, 단지 우리의 기준을 가지고 그들의 세상을 재단하면서 예전의 세상을 들여다본 척하는 것일 뿐, 과학과 종교라는 개념이 없었던 당시 사람들이 생각하고 느꼈던 것을 제대로 파악할 수 없게 된다.

여기서 그동안 과학의 측면에서 한국사를 해석해온 두 가지 관점을 생각해보자. 하나는 현재의 과학이라는 개념적 기준(서구적 과학을 모델로 한 개념적 기준)에 의거해서 우리의 과거 전통 가운데 그와 유사한 부분을 찾아내려고 하면서, 우리에게는 그것이 아예 없었거나 있었더라도 보잘것없다고 단념하는 경우다. 이른바 결핍의 문제의식이다. 이럴 때 제기되는 물음이 바로 "우리에게는 왜 과학이 결핍되어 있는가?" 또는 "우리에게는 과연 무엇이 잘못되어 있었는가?"라는 것이다. 다른 하나는 서구적 과학의 모델을 기준으로 한다는 점에서는 같지만, 우리의 과거에도 과학의 기원 혹은 기반이 존재했다는 것을 주장하는 경우다. "우리에게는 없었다."가 아니라 "우리에게도 있었다."의 문제의식이다. 우리의 문제점은 그 기반이 성장할 수 있도록 하는 조건이 마련되지 않았던 것뿐이므로 그 저해 요인을 제거하면 문제가 해결된다는 것이다. 이 두 가지 관점은 우리에게도 과학의 전통이 있었는가에 대해, "우리에게는 없었다."와 "우리에게도 있었다."로 서로 상반된 주장을 제시하고 있지만, 공통점이 있다. '과학'이라는 개념의 역사성에 대한 고려가 별로 없다는 점이 그것이다. 현재의 과학 개념을 가지고 회고적으로 과거를 재단하고 있으면서도 그런 자신의 관점에 대한 충분한 성찰이 없는 것이다. 이와 같은 문제점은 종교의 측면에서 근대 이전의 역사를 서술해온 기존 연구들 또한 마찬가지로 안고 있다.

이처럼 역사적 맥락을 도외시하는 태도는 과거와 현재 사이에 존재하는 이질성을 외면하게 하여 과거의 실상을 잘못 이해하도록 만들 뿐더러, 현재의 판도를 파악하고 새로운 상황에 대처하는 능력 또한 현저하게 떨어뜨린다. 그러므로 오늘날의 과학과 종교의 관계, 그리고 과거의 과학과 종교의 관계를 온전히 이해하기 위해서는, 과학과 종교의 관계가 현재와 과거를 막론하고 언제나 똑같았다고 생각하는 타성에서 벗어나, 과학과 종교의 개념이 근대 이후에 등장하였다는 사실과, 오늘날 우리가 보고 있는 과학과 종교의 관계 또한 근대 이후의 역사적 맥락 속에서 형성되었다는 사실을 잊지 않는 것이 중요하다. 이 점을 고려하면서 '한국의 과학과 종교'를 서술한다면, 먼저 과학과 종교라는 말이 어떻게 우리의 주요 개념 가운데 하나로 나타나게 되었는지, 그리고 어떤 방식으로 영향력을 확대해갔는지 검토하는 작업부터 진행할 필요가 있다. 그런 뒤에 이를 발판으로 삼아, 한편으로는 과학 및 종교의 개념이 나타난 이후의 상황, 곧 새롭게 등장한 과학과 종교의 개념 아래 양자 사이에 어떤 관계가 만들어지는가를 살피고, 다른 한편으로는 과학 및 종교의 개념이 등장하기 이전의 상황을 이런 틀을 가지고 해석해나간다면, 한국에서 과학과 종교의 관계가 과연 어떠했는지 그 실상에 좀 더 가까이 접근할 수 있을 것이다.

이와 같은 문제의식 아래 이 책에서는 우선 과학 및 종교의 개념이 한국에 등장하여 정착해나간 과정을 검토하고, 이어서 그 이후에 일어난 과학과 개별 종교들의 상호작용을 살펴봄으로써 한국에서의 과학과 종교의 관계를 조망해보고자 하였다.

1부부터 3부까지의 내용이 여기에 해당한다. 1부에서는 한국에 과학과 종교의 개념이 출현하게 된 과정을 역사적 시각에서 추적하였고, 2부와 3부에서는 '과학과 기독교' 및 '과학과 전통종교'의 문제를 각각 다룸으로써 과학 및 종교의 개념이 출현한 이후 과학과 개별 종교들이 어떤 관계를 맺게 되었는지를 탐색하고자 하였다. 이 가운데 2부는 천주교(서학)와 개신교 등 기독교, 3부는 불교와 신종교 등 이른바 전통종교를 각각 분석 대상으로 삼아, 이들 종교가 과학에 어떤 영향을 받았고 어떻게 반응하였는지를 살피고 있다. 이처럼 기독교와 전통종교를 구분하여 논한 것은, 서구에서 새로 유입되어 근대 이후 종교 지형에서 주도권을 행사해나갔던 기독교의 경우와, 근대 이전부터(신종교의 경우에는 근대 전후의 시기부터) 이미 우리 사회에 존재하고 있었지만 근대 이후의 변화 과정 속에서 새로운 상황에 적응을 강요당했던 기존의 종교의 경우를 구분하여 서술하는 것이 필요하다고 여겼기 때문이다. 그런데 앞에서도 지적하였듯이 근대 이후 한국에서 과학과 종교의 관계는 대등한 관계가 아니라 과학이 우위를 점하고 있는 불균등한 관계였다. 따라서 과학과 종교의 상호작용에서도 종교가 과학에 끼친 영향에 비해 과학이 종교에 끼친 영향이 두드러질 수밖에 없었다. 2부와 3부에서 종교가 과학에 끼친 영향에 대해서는 다루지 않고 과학이 종교에 미친 영향을 중심으로 서술한 것은 이 때문이다. 한편 "근대과학과 한국 천주교·서학 수용론의 인식구조"라는 제목을 가진 2부 1장은, 다른 절들과는 달리, 과학과 천주교의 관계를 직접 다루는 내용이 아니라 서학에 대한 기존 한국 학계의 관점을 비판적으로 검토하고 있는 내용으로 이루어져 있다. 이는 과학과 특정 종교의 관련성을 다룰 때 요구되는 개념사적 고찰의 필요성을 구체적 사례 분석을 통해 제기하고 있는 부분으로서, 1부와 2부를 연결하는 다리의 역할을 수행하고 있다.

2부와 3부에서 이처럼 한국에 과학과 종교의 개념이 출현하고 난 이후의 과학과 개별 종교의 관련성을 고찰하고 있다면, 4부에서는 근대 테크놀로지의 물질성 및 감각성의 측면을 부각시키면서, 그것이 종교 경험에 미친 영향을 검토하고 있다. 곧, 4부는 근대 서구의 과학기술이 발전함에 따라 그 결과물로 등장한 이른바 문명의 이기(利器), 예컨대 전등·전신·전화·전차·기차·유성기·라디오·사진 등이 한국에서 어떤 효과를 발휘하였는지를 종교 영역을 중심으로 살펴보고 있는 장이다. 여기서 필자들은 종교 영역이 이 문명의 산물을 단지 '소비'하는 데 그치지 않고 그 영향력을 한 차원 더 확장하는 능동성을 보였으며, 나아가 이런 과학기술의 산물이 종교 영역 자체에 변화를 일으키는 측면도 있었음을 밝히고 있다. 이는 그동안 우리 학계에서 거의 주목하지 않았던 분야다. "전등·라디오·사진과 같은 근대적 이기가 도대체 종교와 어떻게 연결되는가?" "이것이 어떤 종교 경험을 가능하게 하며 어떻게 기존의 경험 양식을 바꾸게 하는가?" 하는 질문은 지금까지 우리에게 익숙한 질문은 아니었다. 이와 같은 질문을 새롭게 제기하고 그 답을 찾고자 했다는 점에서, 이 책의 4부는 가치를 인정받을 만하다. 그러나 이런 질문에 대한 답변은 이제 막 발걸음을 시작한 단계라고 할 수 있으며, 후속 작업을 통해 더욱 활발히 연구될 필요가 있다.

이와 같이 이 책에서는, 과학과 종교라는 말이 등장하고 양자의 영역이 구분되어나간 과정에 대한 개념사적 성찰에서 출발하여, 이후 과학과 종교의 관계가 새롭게 전개되는 상황 속에서 과학이 종교에 미친 영향 및 과학에 대한 종교의 반응이 어떠했는지를 개별 종교들을 중심으로 살핀 다음, 마지막으로 근대과학의 가시적 결과물인 문명의 이기가 종교 경험에 어떤 영향을 미쳤는지를 고찰함으로써, 근대 이후 한국에서의 과학과 종교의 관련성을 개관하고자 하였다. 그리고 과학과 종교의 관련성의 문제를 다룰 때 빠지기 쉬운 두 가지 함정, 곧 과학과 종교 두 영역이 대등한 관계에 있는 것처럼 생각하는 오해와, 과학과 종교의 영역이 애초부터 구분되어 있었던 것으로 생각하는 착각에 빠지지 않도록 주의를 기울이며 작업을 진행하였다. 이처럼 근대 이후 한국사의 전개 과정이라는 역사적 맥락을 고려하면서 과학과 종교의 관계를 전반적으로 다룬 연구는 그동안 없었으며, 이 책이 그 최초의 작업이라 할 수 있다.

종교와 관련지어 한국의 과학을 다룬 기존의 연구들을 보면 한국의 전통종교들이 지녔던 과학적 사유 또는 과학적 요소를 찾는 데에 초점을 맞추고 있는 것이 대부분이었다. 유교나 불교 속에서 과학적 요소를 찾고자 한 것이 대표적이다. 이러한 작업도 물론 필요하다. 그러나 이와 같은 접근방법은, 앞에서도 자세히 언급하였듯이, 역사적 맥락을 놓치고 있다는 점에서 근본적인 한계를 안고 있다. 현재 우리가 사용하고 있는 과학이나 종교라는 개념, 그리고 현재 우리가 생각하고 있는 과학과 종교의 관계를 기준으로 삼아, 과학과 종교라는 개념조차 없었던 과거를 재단함으로써 그 의미와 실상을 왜곡하는 함정에 빠지는 일이 그것이다. 여기서 역사적 맥락을 강조하는 것은 오늘날 우리가 쓰고 있는 개념 자체가 역사적 과정 속에서 형성되었다는 사실을 잊어서는 안 된다는 뜻에서다. 그리고 역사적 맥락을 놓치지 말아야 한다는 말은 곧 현재의 개념으로 역사를 해석해서는 안 되고, 그 개념 자체를 역사적 관점에서 바라보아야 함을 의미한다.

이 책은 기본적으로 이런 관점에 서서 한국에서의 과학과 종교의 문제를 다루고자 하였다. 이는 한국 학계에서 처음 시도된 작업이다. 곧, 이 책은 개념사의 맥락 속에서 '과학과 종교'를 다룬 첫 학술적 저작이라고 할 수 있다. 여기에 이 책의 의의가 있다. 이처럼 역사적 시각으로 한국의 과학과 종교를 다루는 작업은, 한국 사회의 종교(개별 종교 및 제반 종교현상들)를 이해하는 데에 도움을 줄 뿐 아니라, 한국 과학사에서도 새로운 연구 영역을 열어줄 가능성을 제공한다는 점에서 중요한 의미가 있으리라고 생각한다. 그러나 개척적인 연구가 다 그러하듯이 이 책의 한계 또한 뚜렷하다. 이는 무엇보다도 참고할 만한 기존의 성과가 거의 없는 까닭에 기인한다. 본격적 연구라기보다는 시론에 그친 부분도 있고 다루어야 할 내용 중 빠진 부분도 많다. 이 점에서 이 책은 출발점에 서서 이제 막 첫걸음을 뗀 연구라고 할 수 있다. 이와 같은 이 책의 미비점은 차후에 보완할 필요가 있다. 특히 근대 이전의 과학(실제로는 우리가 과학이라고 생각하는 것에 해당될 수 있는 어떤 것)과 종교(실제로는 우리가 종교라고 생각하는 것에 해당될 수 있는 어떤 것)의 관계에 대한 서술, 곧 과학 및 종교의 개념이 등장하기 이전의 상황에 대한 서술은 후속 연구를 통해 반드시 보완되어야 할 부분이다. 이 작업은 19세기 후반을 기점으로 삼아 그 이전의 시기를 과학과 종교라는 개념적 통로를 통하여 새롭게 해석해보는 작업으로서, 그동안 진행되었던 연구를 비판적으로 검토하는 가운데 새로운 해석의 가능성을 모색하는 작업이 되어야 할 것이다.

미비한 점도 있지만, 이 책이 "한국의 과학과 종교"라고 하는 주제의 중요성을 환기시키는 계기가 되고, 이 주제에 대한 본격적 연구를 견인하는 마중물이 되었으면 한다.

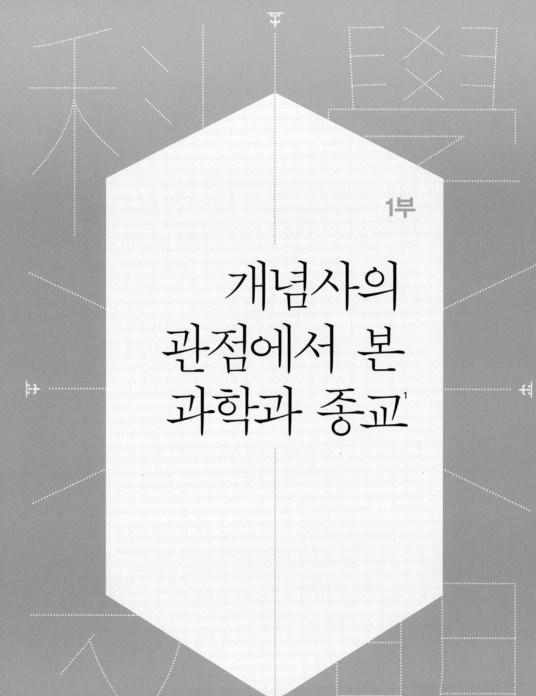

1부

개념사의
관점에서 본
과학과 종교[1]

과학/종교를 묻다

우리가 세상을 이해하고 정리하며 사는 데 종교와 과학은 얼마나 필수적인가? 이런 질문을 받는다면 대부분 과학이 필수적이라는 점에 대해 별로 의심하지 않을 것이다. 하지만 종교도 그만큼 중요한가에 대해서는 여러 가지 다른 관점이 있을 것이다. 종교는 없어져야 하며 이제 사라지고 있다는 의견부터 과학만큼 필수적이므로 없어질 수 없다는 의견까지 스펙트럼의 폭이 넓다. 종교를 보는 다양한 관점은 종교와 과학의 관계를 보는 여러 가지 관점으로 이어진다. 특히 이전에 과학이 누리던 절대적 권위가 상당 부분 무너진 현재, 종교와 과학의 관계는 그저 고정된 것으로 더 이상 파악될 수 없는 상황이다. 무사무욕의 합리적 주체가 자연이라는 물질세계를 관찰하고 추론하여 객관적으로 도출해낸 자연법칙의 체계라는 과학의 이미지는 양자역학의 등장과 과학사, 과학학의 발전으로 유지하기 힘들게 되었다. 과학학에서는 자연과학의 등장에 당시의 종교적 상황이 미친 중요한 영향을 밝히고 있고, 종교 연구 분야에서는 과학과 종교의 대립이 어떤 역사적 조건하에서 만들어지게 되었는지 그 맥락을 살피고 있다. 백 년 넘게 상식처럼 통용되던 과학과 종교의 대립 구도가 근본적으로 되물어지고 있는 것이다.

여기서 질문의 초점은 과학과 종교를 대립 관계로 몰고 간 역사적 과정과 그 배경이 무엇인가라는 것이다. 그 과정에서 자연히 드러난 것은 과학과 종교의 대립 구도가 만들어짐과 동시에 과학과 종교를 융합하는 시도도 생겨났으며, 이런 여러 움직임의 바탕에는 과학과 종교라는 새로운 개념 형성이 있다는 점이다. 이전에는 없었던 과학과 종교의 개념이 등장하였다는 것은 각각 구별되는 영역이 설정되었다는 것을 의미하며, 이를 바탕으로 두 영역 사이에 여러 가지 다양한 관계가 상정될 수 있었다. 과학과 종교의 개념 및 각 영역 설정은 양자 사이의 이합집산(離合集散)을 함축한 것이다. 그래서 과학과 종교의 관계에는 이합(離合)과 집산(集散)이 잠재화되어 있다고 할 수 있다. 때로는 이산하고, 때로는 합집한다. 서로 떨어지거나 붙고, 헤어졌다가 서로 모인다. 이산(離散)하면서 서로 대립할 수도 있고, 아니면 서로 간섭하지 않고 각자도생(各自圖生)할 수도 있다. 합집(合集)이 이루어지는 경우, 종교와 과학 가운데 어느 쪽이 주도권을 잡느냐에 따라 그 성격이 좌우된다. 종교가 과학을 포섭하여 하나로 만들기도 하고, 과학이 종교를 잡아끌어 스스로 권위의 후광을 만들어내기도 한다.

따라서 우선 살펴봐야 하는 점은 이미 잠재화된 이런 가능성이 어떻게 현재(顯在)화하는가, 그리고 그 맥락은 무엇인가 하는 것이다. 또한 현재화하여 세력을 잡은 다음에 다른 가능성을 지워버림으로써, 과학과 종교의 관계에 관한 특정 관점이 정당화되고 고정화되는 과정도 검토되어야 할 것이다. 이처럼 과학과 종교의 이합집산에는 과학과 종교의 개념이 전제되어 있다. 과학과 종교를 개념사적 관점에서 살펴야 하는 이유가 여기에 있다. 이런 개념을 중심으로 과학과 종교의 담론이 펼쳐지기 때문이다. 이 글에서 다루는 시기는 19세기 말과 20세기 초다. 이 시기에 현재 우리가 사용하는 개념의 틀이 자리잡았기 때문에 연구의 초점을 맞출 필요가 있다.

1장

서구의 'science & religion' 담론과
그 성격

한국에서 과학과 종교에 관해 논의하기 전에, 서구의 'science & religion' 담론을 언급하는 것이 필요하다. 왜냐하면 한국에서 과학과 종교에 관한 논의는 서구 담론을 배경으로 하고, 그에 대응하면서 이루어져왔기 때문이다.

서구에서 'science'와 'religion'사이의 관계를 설정하고 그 성격을 규정하는 담론은 19세기 후반부터 두드러진다. 즉, 그 시기부터 science와 religion 사이의 갈등적 측면을 부각시키는 관점이 강조되어 서구 사회의 상식 영역 및 학계를 지배하게 되었다.[2] science와 religion의 양립 불가능을 강조하는 세속화 명제(命題)도 이런 맥락 속에서 힘을 얻어 광범위하게 확산되었다. 하지만 1960년대 이후 구미(歐美) 학계에서는 갈등의 측면보다 양자(兩者)의 화해 가능성을 부각시키는 경향이 등장하게 되었고, science와 religion은 대화를 통하여 바람직한 관계를 맺을 수 있다는 시각이 점차 힘을 얻으면서 현재에 이르고 있다. 현재 일반인의 상식 및 학계 일각에서는 여전히 science와 religion의 대립 및 갈등을 주장하는 계몽주의적 유산이 강고하게 남아있지만, 20세기 중반 이후부터 양립 가능성을 강조하는 주장이 학계 및 종교계에 퍼져나가고 있다.

한편, science와 religion 사이에 갈등이나 화해 가능성을 주장하는 이런 일반적 관점과는 달리, 양자 사이의 관계가 역사적인 맥락에 따라 복합적이고 다양한 성격을 띠는 점에 주목하는 관점도 제기되었다. 그 대표적인 것이 바로 존 헤들리 브룩크(John Hedley Brooke)가 제시한 '복합성 명제(Complexity Thesis)'다. 브룩크는 *Science and Religion: Some Historical Perspectives*(1991)에서 그동안 science와 religion의 관계를 갈등이나 화해라고 단순하게 설정해온 것을 비판하고, 역사적인 실상은 보다 복잡하다고 주장하였다. 즉, science와 religion이 반드시 그리고 본질적으로 갈등할 수밖에 없다거나 아니면 화해할 수 있다고 본 이전의 관점은 역사적 자료에 나타난 바와는 맞지 않는다는 것이다. 브룩크에 따르면 그것은 science와 religion의 관계를 갈등 및 화해라고 선험적으로 판단하고, 이에 따라 무작정 역사적 자료에 덮어씌워 해석한 것이다. 보다 비판의 표적이 된 것은 갈등을 강조하는 관점으로, 브룩크는 거기에 내포된 일방적 세속화 명제가 극복되어야 함을 주장하였다. 요컨대 그는 science와 religion의 관계에 담긴 역사적 맥락을 섬세하게 살펴 그 자체의 상황 속에서 파악해야 한다고 주장한 것이다.

science와 religion 관계를 살필 때, 반드시 그 역사적 복합성을 고려해야 한다는 점은 브룩크의 주장에 힘입어 이제 간과할 수 없게 되었다. 이런 논의를 배경으로 하면서 우리가 반드시 염두에 두어야 할 것이 있다. 그것은 바로 science와 religion의 개념사적 위상에 관한 것이다. science와 religion의 관계 성격을 갈등이나 화해 혹은 복합성으로 상정하는 것은 두 영역이 어쨌든 별개(別個)임을 전제하면서 이루어진다. 우선, 따로 분리된 영역이라는 것을 인정한 후에 그 사이의 관계 성격을 논하는 것이다. 여기에서 던져야 할 질문은 다음과 같다. 즉, 이와 같이 우리 앞에 별개의 영역으로 있는 이 두 가지 영역이 과연 어떻게 나타나게 된 것일까? 어떤 성격을 통해 두 가지 영역이 다르게 규정되고 있는가? 물론 그 별개의 영역이 무(無)시간적인 본질일 리는 없다. 따라서 별개인 것으로 구분하게 만든 역사적, 문화적 맥락을 검토하는 작업이 필요하며, 특히 개념사적 관점에서 그런 구분의 출현과 전개에 관한 탐구가 요청된다.

이 지점에서 피터 해리슨(Peter Harrison, 1955~)의 관점이 많은 도움을 준다. 그는 옥스퍼드 대학 이안 램지 센터(Ian Ramsey Centre)의 연구원이자, 호주 퀸즈랜드 대학의 유럽 담론사 센터(Centre of the History of European Discourses) 소장이며, 2014년부터 5년 간 진행되는 과학과 세속화(Science and Secularization)의 프로젝트를 담당하고 있다. 피터 해리슨은 2015년에 간행된 그의 책에서 다음과 같이 주장한다.

> 라틴어 scientia와 religio는 개인의 성향이나 덕목을 가리키는 개념이었다. 그러다가 교리 및 프랙티스로서 이해되는 구체적, 추상적 실재(entities)로 바뀌게 된 것이다. 이런 객체화(objectification)의 과정은 science와 religion 관계가 정립되기 위한 전제 조건이다. 영어의 science와 religion은 라틴어에서 유래되었다. 따라서 라틴어의 의미 변화를 살피는 것이 필요하다. 또한 이와 함께 살펴야 하는 것이 있다. 그것은 science와 religion이라는 근대적인 아이디어와 계보학적으로 연관되는 다른 개념군의 변화이다. 예컨대 'philosophy', 'natural philosophy', 'theology', 'belief', 'doctrine'등이 그것이다. 이런 개념은 오늘날 우리가 보기에는 매우 낯선 의미를 과거의 사람들에게 의미했다. 내가 주장하고 싶은 점 가운데 하나는 이렇다. 만일 우리가 이렇게 표현된 바의 의미를 불변적인 것이라고 잘못 생각한다면, 과거 활동을 모조리 오인

(誤認)할 위험성이 있다는 것이다.[3]

　여기서 피터 해리슨이 말하고 싶은 것은 단어가 같거나 비슷하다고 해서 그 뜻하는 바가 동일하다고 지레짐작하지 말고, 거기에 담긴 개념적 변화의 측면을 놓치지 말라는 것이다. 라틴어 scientia와 religio, 17세기의 영어 science와 religion, 그리고 현재의 science와 religion 사이에 존재하는 의미의 변화를 놓치게 되면 그로부터 많은 오해가 생긴다. 개념이라는 '그릇'의 변화는 그 그릇에 담긴 내용물의 성격을 근본적으로 바꿀 뿐만 아니라, 이전에는 존재하지 않았던 것을 출현하게 만들기도 하기 때문이다. 피터 해리슨은 그 변화가 일어난 17세기 유럽을 주목한다.

　그에 따르면 중세 유럽에서는 바이블에 나타난 말의 의미를 알기 위해 그 말이 지칭하는 자연 대상의 의미를 알아야 했다. 바이블의 말과 자연의 대상을 연결하여, 통합적 해석이 시도되었다. 그래서 알레고리적 해석이 중세에 널리 행해졌다. 교부신학 및 중세신학은 바이블 텍스트의 여러 상징적 의미를 추구하면서 영적인 알레고리를 부각시켰으며, 자연세계에 있는 대상도 상징적 의미를 지니고 있다고 보았다. 바이블과 자연이라는 두 가지 책이 서로 조응된 것으로 나타난 것이다. 그런데 17세기가 되자, 이런 태도에 변화가 생겼다. 바이블 텍스트에 대한 알레고리적 해석이 붕괴되면서 자연계를 보는 새로운 개념이 나타난 것이다. 말과 사물 사이의 통합도 깨져서, 서로 간격이 벌어졌다. 의미는 말에만 할당되었고, 자연 대상에는 적용되지 않게 되었다. 사물은 더 이상 신의 기호나 형상이 아니게 된 것이다. 그 빈 공간을 채운 것은 바로 자연 영역을 탐구하는 과학이었다. 무엇이 이런 변화를 가져왔는가? 피터 해리슨은 프로테스탄트 종교개혁이 바로 그런 변화를 야기했다고 본다. 종교개혁으로 바이블 해석은 알레고리의 모호성을 제거하고, 문자 그대로 단일하게 이루어지게 되었다. 바이블을 문자적이고 단일하게 해석하려는 종교적 감수성의 변화로 인해 자연계의 탐구에도 새로운 방식이 필요해졌다. 자연계에 신적 의미를 부여하던 것이 중단되었고, 자연계의 사물에 대한 단일하고 분명한 파악이 이루어지게 되었다. 바이블 텍스트에서 하나의 해석만이 요청되듯이 자연계에서도 마찬가지의 태도가 요청되었다. 바이블은 문자 그대로 해석하면 되었고, 자연적 사물은 바이블 해석의 영역에서 벗어나 새로운 파악 방식이 요청되었다. 신자들 각각이 사제라는 만인사제설은 교회의 권위 및 기존 서적의 권위에 기대지 않고 사람들이 직접 자연계를 탐구할 수 있게 하였다. 교육도 스콜라 철학과 아리스토텔레스의 지배에서 벗어나 자연계의 경험적 탐구를 가능하게 했다. 칼뱅의 신은 절대자이고 멀리 있는 존재로 간주되어, 결정론적인 필연성을 자연계에 부여하고 있다고 보게 되었다. 그래서 자연계의 운행은 규칙적이고 질서가 있다고 여겨졌고, 이런 자연의 법칙은 오직 실험과 연구에 의해 발견될 수 있다고 간주되었다.

흔히 주장되는 바는 우선 자연계를 보는 관점이 변화했고, 그에 따라 바이블 해석 방식도 변화했다는 것인데 피터 해리슨은 이를 거꾸로 보았다. 바이블을 읽는 방식이 달라져서 자연계를 보던 전통적 개념이 사라지고 새로운 방식이 등장했다는 것이다. 그에 의하면 종교개혁의 문자주의가 유럽의 근대과학을 등장시킨 조건이 되었다. 자연현상에서 신의 뜻, 상징적 의미를 찾으려는 이전의 태도가 바뀌어, 자연에서 수학적, 기계적, 인과적 질서를 찾으려는 태도가 나타났다는 것이다. 바로 종교개혁의 의도하지 않은 결과이다. 즉, 유일신의 말씀의 책과 자연의 책을 서로 단절시킴으로써 자연 영역의 자율성이 이루어지고, 수학적 언어를 통한 자연 영역에 대한 탐구가 나타나게 되었다는 것이다.[4]

그에 따르면 자연철학(natural philosophy)이 끝나고 근대과학의 등장이 보다 분명하게 이루어진 것이 19세기이다. 좀 더 구체적으로 말하면 1780-1850년 사이의 기간이다. 박물학(natural history)이 생물학(biology) 및 지질학이라는 science로 바뀌게 된 것도 이런 변화 과정 속에서 이루 어진 것이다. 이 시기에 박물학을 주름잡고 있던 성직자 계층과 교회로부 터 독립된 연구자와 연구기관이 형성되기 시작하였다. 새롭게 등장한 이 런 영역이 자신의 입지를 넓히는 과정에서 science와 religion이 서로 분리 된 분야이며, 대립되고 갈등을 빚는 관계라는 담론이 퍼지게 되었다. 이 후 이런 갈등적 관계 설정은 태초부터 science와 religion이 대립해왔으며 앞으로도 계속될 것이라는 이데올로기를 만들게 되었다.[5]

19세기 말에 이르면 science의 영역은 독자성을 갖게 되었고,[6] religion 뿐만 아니라 윤리, 예술 등의 영역과도 구분된다는 관점이 점차 확고하게 자리잡았다. 주관적인 가치 및 의미 영역과는 달리 객관적이면서도 보편 적인 영역으로서의 science란 이미지가 정착되기 시작한 것이다.

science가 사회적인 정당성을 확보하면서 science의 권위가 상승하게 되 었다. 그리고 이렇게 변화된 science의 위상을 기반으로 하여, 이전의 지 배적 '권위 체제(authority regime)'였던 religion과의 관계가 새롭게 조정되 었다. science와 religion의 관계에 관한 담론은 이런 상황 속에서 등장하 였으며, 그 대립과 갈등관계를 부각하는 것은 새로이 부상(浮上)하는 권 력을 공고하게 하기 위한 전략이었다. science의 헤게모니 확립과 함께 서 구의 이전 시대를 science와 religion의 갈등이라는 시각에서 '회고적으로' 재단하는 작업이 이루어지게 되었으며, 동시에 비(非)서구 지역의 역사도 같은 시각으로 정리하게 되었다.

앞서 살펴보았듯이, 이제 학계에서 science와 religion이 원천적으로 양 립 불가능하다고 주장하는 본질주의적 관점은 설득력을 상실하였다. science와 religion은 현대 서구 문화에서 핵심적인 개념 범주로서, 경우에 따라 갈등을 빚기도 하지만, 서로 중첩되어 있거나 스며들기도 하는 관계로 설정되어 있다. science와 religion의 영역은 구분되어 유지되고 있지만, 그 관계의 성격은 일정하지 않고 역동적으로 변한다. 따라서 문제가 되는 것은 다음과 같은 물음이다. 즉, "양자의 경계선이 어떻게 변하는가? 경계선을 변화시키는 기제(機制)는 무엇인가?"이다. 혹은 양자의 경계선이 일정하게 묶일 경우, 그렇게 고정시키는 조건은 무엇인가? 또 유동적으로 움직일 경우에는 서로의 경계선을 트게 만드는 조건이 무엇이며, 양자 사이에 중첩이 일어나고 서로 스며들게 하는 조건이 무엇인가? 바야흐로 던져지는 질문의 방식이 새롭게 바뀐 것이다.[7]

science와 religion 사이의 경계선 설정과 그 변화를 묻는 질문은 science와 religion이라는 영역의 형성 과정 및 그 역사적, 문화적 맥락을 살피는 것이 중요하다는 것을 끊임없이 상기시킨다. 다음의 절은 그런 맥락 가운데 가장 포괄적인 측면이라고 할 수 있는 것, 즉 문명사적 맥락에 대한 논의이다.

'science'의 출현의 문명적 기반: 인도와 중국 문명의 비교

1. 'science'의 출현과 중국 문명

프랑수아 줄리앙(François Jullien, 1951~)은 프랑스의 대표적인 중국 연구자로서, 우리에게 생각할 거리를 많이 제공해주는 사상가다. 그가 하는 작업은 주로 서구 사상의 뿌리가 되는 그리스적 사유와 중국 전통을 비교하는 일이다. 하지만 그는 양자의 어느 쪽에도 속해 있지 않다. 굳이 말하자면 양자의 사이에 있다. 그리스 사상을 연구한 그가 중국의 사상을 공부하기로 마음을 먹게 된 것은 서구 사유의 바탕에 있으면서도 드러나지 않는 것, 즉 '사유되지 않은 것(unthought)'을 드러내기 위해서이다. 서구인에게는 너무나 당연해서 질문조차 할 수 없는 "사유의 밑바닥"을 중국을 통해 밝히고자 하는 것이다. 프랑수아 줄리앙은 서구와는 전혀 다른 바탕을 지닌 중국을 매개로 하여 자신이 속한 서구 사유의 기반을 재평가하고자 한다. 그의 작업은 서구 사상에 포섭되지 않는 '외재성(exteriority)'을 찾아 서구 사상에 근본적인 질문을 던지는 것이다. 그의 관점은 손쉬운 보편주의를 거부하며 동시에 게을러빠진 상대주의도 받아들이지 않는다. 그는 그 사이에 버티고 서서 긴장을 감내하면서 작업하고 있다. 그런 긴장 상태를 유지하기가 쉽지 않은 일이라는 것은 양쪽 모두에서 그가 비판받고 있는 점에서도 알 수 있다.

프랑수아 줄리앙이 과학을 어떻게 보고 있는지 생각해보기로 한다. 그는 그리스 전통에서 자연적 생성의 차원과 인간에게 고유하게 속한 창조 행위, 즉 기술의 차원이 분리되어 있었다고 본다. 반면 중국은 인간 행위를 자연적 생성의 운행(運行)과 순환에 따라 생각했다. 그래서 그리스 전통에서는 인간과 자연의 분리, 그리고 분리된 자연에 인간의 테크네(techne)를 적용한다. 반면 중국은 자연에 대립시킬 만한 것을 가치나 체계로 내세운 적이 전혀 없기 때문에 자연의 개념을 분리해낼 필요가 없었다.[8] 전통적으로 중국에서 자연을 나타내는 표현은 다양하고 많다. 계속되는 운행을 말하기 위해 '하늘'을 언급하고 풍요로운 상호작용을 말하기 위해 '천지'를 거론한다. 끊임없이 자발적으로 움직이고 있는 흐름, 그 운행의 에너지는 특정한 리듬을 가지고 있다. 바로 어떤 성향(性向), 혹은 세(勢)를 지닌다. 인간은 이 세(勢)를 거스를 수 없으며, 거스를 필요도 없다. 거기에 맞춰 최대한 자신에게 유리한 효율성을 갖추면 된다. 불리한 상황이면 물러나 있다가, 적합한 상황이 돌아오면 그 흐름을 타면 되는 것이다. 맹자에 나오는 일화(逸話)처럼 성장을 촉진하기 위해 싹을 잡아 올려서도 안 되며, 그렇다고 그냥 내버려두어서도 안 된다. 세의 흐름을 차단하고 간섭하는 것이 아니라, 성향에 따라 움직이는 것, 앞에서 이끌고 가는 것이 아니라, 옆에서 보조하는 것, 즉 영광도 없고, 심지어 주의를 끌지도 않으면서 겸손하게 둘째가 되는 것[9]이 중국적 사유의 기반인 것이다.

유럽의 사유는 전혀 다르다. 우선 가장 이상(理想)적인 모델을 세운 다음에, 그것을 달성하기 위해 행동에 착수한다. 목적(telos)이 설정되고, 이에 도달하기 위해 가장 효과적인 수단이 모색되는 것이다. 기하학과 수학이 부각되는 이유도 모델화의 중요성 때문이다. 모델화와 그 적용, 이론과 실천의 구분이 기본적이다. 프랑수아 줄리앙은 15~16세기에 유럽 문명이 놀랄 만한 비약을 하게 된 이유 가운데 하나가 바로 이런 모델의 사유에 모든 힘을 부여했기 때문이라고 본다.[10] 그래서 "우리 눈앞에 펼쳐진 우주는 수학적 언어로 쓰인 책이므로, 그 언어와 문자를 이해할 수 없다면 우주를 알 수 없다."고 생각했다. 자연에 대한 수학의 적용 가능성은 유럽에서만 나타났고, 이어서 기계론적 고전물리학이 등장하여 산업혁명을 이끌게 되었다. 중국에도 수학이 존재하기는 했지만 중국인들은 결코 수학이 언어일 수 있다고 생각하지 않았으며 수학이 자연현상의 설명에 사용될 수 있다고 생각하지 않았다.[11]

유럽에서는 자아-주체의 위치가 압도적으로 중요하다. 모델을 세우고 목적을 설정하며, 이를 달성하기 위해 효율적인 수단을 찾고 행동으로 옮기는 것이 바로 주체이다. "안 되면 되게 하라."의 표어는 이런 주체가 내걸 법한 것이다. 그리스 비극에서 두드러지는 영웅은 그 전형을 보여준다. 비극적 영웅은 이상적인 목표를 내걸고, 이를 달성하기 위해 목숨을 거는 모험을 마다하지 않는다. 비극적 영웅이 행위로서 이상(理想)적 모델을 추구한다면, 사색을 통해 그런 경지에 도달하려는 자도 있다. 감각을 초월하는 절대, 시간을 넘어서는 영원을 갈망하면서, 신적 절대자나 최고의 진리를 추구하는 자들이다. 이런 점에서 중세 기독교의 신학자와 근대 철학자는 별로 다름이 없다. 예컨대 데카르트의 '코기토'는 유럽 사유에 필수적인 절대 주체의 한 가지 양상이다.

반면 중국 사유의 출발은 주체가 아니라, 상황 자체이다.[12] 때에 맞는 상황의 조건이 저절로 만들어내는 흐름이 중요하다. 여기서 저절로 이루어진다는 점을 강조할 필요가 있다. 예컨대 양(陽)과 음(陰)은 대립하면서도 서로 포함하고 있다. 그러면서 끊임없이 상호작용한다. 이런 자발적이고 지속적인 흐름에는 애초에 이 흐름을 일으키는 원동자(原動者)나 인과율(因果律)이 나타날 필요가 없다. 흐름의 '자연적 배열'이면 족하다. 외부의 초월적 존재를 요청할 일이 없다.[13] 그 흐름을 정복하고자 하는 영웅적 주체도 필요 없다. 다만 인간이 해야 할 일은 적재적소에서 그 흐름에 올라타는 것일 뿐이다. 그런 흐름의 변화는 천천히, 그리고 눈에 띄지 않게 진행된다. "효율성은 우회(迂廻)적이고 은미(隱微)한 방식으로"이루어진다.[14] 중국 사유에서 존재하는 것은 바로 이렇게 변화하는 흐름뿐이다.[15]

> 중국적 사유는 또한 서양철학에서 가상(假像)과 진리를 대립하게 만든 감각적인 것에 대한 의심—이 의심은 서양의 철학적 활동을 추상적 구축의 방향으로 나아가도록 만듦으로써, 서술적이고 객관적인 목적성에 도달하도록 해주었다—을 전혀 염두에 두지 않는다. 중국적 사유에서 인식의 차원은 행위의 차원과 분리되어 있지 않다. 이에 따르면 현자(賢者)란 사물의 흐름에 함축되어 있는 역동성(道로서 강조되는)에 대한 직관에 따라 이 흐름에 거역하는 행동을 하지 않기 위해 조심하고, 반대로 어떤 상황에서도 이 흐름이 가능한 한 가장 완전하게 작용할 수 있도록 내버려두려는 자이다.[16]

유럽 사유의 기초를 이루는 여러 이분법, 즉 존재와 인식, 잠재태와 현실태, 실체와 우유(偶有)적 속성, 추상과 구체, 선험성과 후험성, 이론과 실천의 대립은 중국 사유에 나타나지 않는다. 세의 흐름과 그 변화의 전개 과정이 있다고 볼 따름이다.[17] 유럽적 사유 혹은 유럽적 상상은 모델과 목적의 관념 혹은 종착점의 관념에 결부되어 있다.[18] 소실점(消失點, vanishing point)으로 모이는 원근법(perspective)과도 같은데, 근대의 소실점 지향성을 일컫는 용어가 바로 진보(進步)다. 근대의 진보 관념은 유럽 사유의 발전 축이었다.[19] 중국에는 이런 종착점에 대한 관념이 없었다. 도(道)의 개념이 나타내는 바, 끊임없이 움직이는 운행(運行)이 있을 뿐이었다.

중국인들은 실재적인 모든 것을 장치(dispositif)로서 간주하기 때문에 필연적으로 무한한 일련의 가능한 원인을 찾기 위해 거슬러 올라가지 않는다. 그들은 성향(propension)의 불가피한 특성에 민감하기 때문에, 단순히 개연적일 뿐인 목적에 대해서도 사유하지 않는다. 우주발생론에 관한 목적론적인 전제도 이들의 흥미를 끌지 못한다. 그들은 세계의 시초에 대해 이야기하지도, 세계의 결말을 상상해보지도 않는다. 오래전부터 언제나 작동 중인 상호작용만이 존재할 뿐이며, 실재는 이러한 상호작용의 끊임없는 운행일 뿐이다.[20]

진보는 목적성을 함축하지만, 운행은 그 자체의 변화와 그 과정 중에 저절로 낳은 효과를 함축한다. 변화의 흐름 가운데에서 자신에게 유리한 기미를 알아채는 것은 뜻밖의 마주침이 아니라, 오랫동안 준비를 거쳐 얻게 된 결실과도 같은 것이다.[21] 하지만 19세기 중엽 이후 중국은 서구의 부국강병을 모방하기 위해 진보의 관념을 차용한다. 진화론과 마르크스주의의 수용을 통해 그 측면은 더욱 두드러지게 된다. 프랑수아 줄리앙은 그 변화가 가져온 효과를 이렇게 말한다.

사실 중국인들이 19세기 말에 유럽의 'nature'를 '자연'이라는 용어로 번역한 것은 중국인들의 사유가 당시까지 침잠되어 있던 운행성의 현상을 이제부터는 일의적이고 최소한 인간 행위와 독립된 방식으로 생

각하기 위해서였다.[22]

'세계'에 대하여 거리를 두고자 하지 않고, 실재를 문제삼지 않으며, 실재의 목적에 대해서 경이감을 갖지 않았던 중국적 사유가 변하기 시작한 것이다. 여태까지 '세계'는 해독해야 할 수수께끼로서가 아니라, 스스로 움직이는 효율성 자체로서 그대로 받아들이고 그 성향에 맞추어야 하는 것이었다.[23] 그동안 "하늘은 땅과 상호작용하면서 그들 사이의 상호 배열에 따라 아무런 원인 없이 진행"[24]되었다. 하지만 이제 인간 주체와 자연의 객체가 나누어져서 서로 대립하는 양상이 나타났다. 여기서 내세워지는 '근대적 주체'는 자신의 의지를 세계에 투사하고 사물의 성향이 전개되는 메커니즘을 파악하여, 그것을 마음대로 부리는 방향을 취하였다. 역사를 보는 원근법이 마련되어 진보(進步)의 소실점이 장착(裝着)되었고, 각종의 이분법이 가동되어 도(道)의 자발적 운행으로 이루어진 흐름을 조각내었다. 그리고 세계의 비밀을 파헤쳐 주제의 이익에 봉사하기 위한 활동이 왕성하게 등장하고 부추겨졌다. 그 활동을 일컫는 말이 바로 과학이다.

2. 'science'의 출현과 인도 문명

발라강가다라(S. N. Balagangadhara, 1952~)는 벨기에 갠트(Ghent)대학교의 교수이고, 비교문화과학연구소(Research Centre Vergelijkende Cutuurwetenschap, Comparative Science of Cultures)의 소장을 맡고 있다. 1991년에 제출한 그의 박사학위 논문 제목은 「비교문화과학과 종교의 보

편성: 세계관 없는 세계 및 세계 없는 세계관에 관한 논고(Comparative Science of Cultures and the Universality of Religion: An Essay on Worlds without Views and Views without the World)」인데, 그의 관심 주제를 잘 보여준다. 발라강가다라(이하 발라) 교수의 주요 연구 분야는 인도 문화와 서구 문화를 비교하는 것이다. 그의 첫 번째 책은 1994년에 간행된 『눈 먼 이교도…: 아시아, 서구, 그리고 종교의 역동성』[25]이다. 여기서 발라는 'religion'이 문화적인 보편성을 가질 수 없다는 흥미로운 주장을 펼친다. 서구가 자신 및 비(非)서구를 보는 관점은 기본적으로 바이블 및 기독교 신학에 바탕을 둔 것으로, 서구의 'religion'은 기독교가 자신의 이미지를 투사하여 만들어진 것으로 본다. 바이블은 특정한 종류의 질서로 우주를 경험하도록 가르친다. 그 질서는 어떤 질서인가? 그것은 나타난 현상의 배후에 심층적인 항구성(恒久性)이 있다고 주장하는 질서이다. 이 항구성을 부여하는 존재는 바로 유일신이며, 세상은 유일신의 의지대로 다스려지고 있다고 주장한다. 창조주 유일신의 의지와 목적은 바이블을 통해, 그리고 자연현상을 통해 드러난다고 본다. 이 세상의 모든 것에는 유일신의 의지가 깃들어 있다고 하면서, 이 세상의 원인에 대한 설명을 제공한다.[26] 기독교와 'religion'은 서로 긴밀하게 연관이 되어 있지만, 'religion'은 기독교적 관점을 보편화하기 위해 기독교의 성격을 탈색(脫色)시킨 것이다. 이런 은밀한 거래를 통해 유일신이 모든 장소, 모든 시대에서 인간에게 자신을 드러낸 것처럼, 'religion'은 인간에게 근본적으로 동일한 경험으로 나타나는 것인 양 되어버렸다. 창조주 유일신이 인간에게 계시를 내려서 바이블 텍스트를 만들 수 있게 하고 기독교를 제도화한 것처럼, 'religion'은 모든 인류에게 공통된 것처럼, 마치 모든 문화가 'religion'을 가진 것처럼 되었다. 기독교가 자신의 색깔을 탈색하여 스스로를 보편화하는 기제는 'religion'을 보편화하기 위해 탈(脫)'religion'화하여 세속(世俗)화가 이루

어지게 하는 데에도 작용한다. 이런 관점에 따르면 기독교의 탈(脫)기독교화, 'religion'의 탈(脫)'religion'화는 자신을 널리 퍼트리는 전략인 셈이다.[27]

발라는 기독교 및 'religion'의 핵심 성격 두 가지가 다음과 같다고 주장한다. 하나는 우주에 대한 설명을 가능하게 한다는 것이다. 즉, 우주를 만든 창조주의 의지 및 작업은 변덕스럽지 않고 신뢰할 수 있으므로 인간이 충분히 이해할 수 있다고 여기게 한다. 이는 "내가 왜 태어났는지, 사후 어디로 갈 것인지, 삶의 의미는 무엇인지"의 질문에 대해 구체적인 답변을 해준다는 것이 아니라, 그런 질문을 가능하게 만드는 기본 틀이 마련된다는 차원이다. 이 세상은 이해될 수 있다는 것, 이 세계에는 심층적인 질서가 있다는 것, 만일 이런 질서와 기저(基底)의 법칙을 알지 못하면 현상의 세계는 코스모스가 아니라 카오스로 경험될 수밖에 없다는 주장이 함축되어 있다.[28] 기독교 신앙을 가지면, 악마와 악령으로 가득 찬 혼돈의 세상에서 벗어날 수 있다고 하듯이, 'religion'의 틀은 우리 경험을 질서화하여 카오스의 두려움을 제거하게 만든다는 것이다.[29]

이 경우, 기독교 이전(以前), 'religion'이전(以前)은 카오스 상태에 해당한다. 카오스를 원시인의 경험이라고 주장하는 것도 이와 관련이 있다. 하지만 카오스의 경험이 질서에 대한 경험 없이 가능한가? 카오스에서 코스모스로 전이되는 것이 아니라, 코스모스의 경험이 전제되기 때문에 카오스를 경험할 수 있는 것이 아닌가?

다른 하나는 세계의 기원(起源)에 대한 주장인데, 앞의 논의와 긴밀하게 연관되어 있다. 이에 따르면, 기독교는 세상이 유일신에 의해 창조되었으며, 이런 주장이 절대 진리임을 스스로 확인한다. 'religion'이 말하는 기원은 세계에 대한 인류의 경험에 관한 것으로, 카오스의 세상에 직면한 인간이 예측 불허의 두려움에서 벗어나기 위해 질서정연함을 추구하게 되었으며, 이것이 'religion'을 출현케 했다고 본다.[30] 그래서 'religion'출현

이전의 원시인의 세계는 무질서, 불확실, 결핍의 두려움이 가득 찬 세계로 그려진다. 우리 주변에서 많이 볼 수 있는 관점, 즉 자연의 엄청난 힘 앞에서 공포를 느끼고 자신의 무기력함을 절감할 때, 비로소 신을 찾게 되고, 'religion'이 출현하게 된다는 발상은 여기에 연유한다. 이렇듯 기독교와 'religion'은 우주에 대한 설명 방식이며, 인간의 세계 경험 방식을 구조화하고, 스스로를 절대 진리로 간주한다. 그리고 기독교 및 'religion'은 모든 현상을 연결시켜 그 배후에 반드시 있을 질서를 찾도록 만든다.[31]

그렇다면 기독교 및 'religion'은 'science'가 등장할 바탕을 마련해놓았다고 볼 수 있지 않은가? 서로 다른 현상을 연결하여 표면적인 가지성(可知性, intelligibility)이 아니라, 모든 현상에 공통적으로 작용하는 심층적 법칙을 추구하는 것 말이다. 하지만 기독교 및 'religion'이 'science'의 출현과 연관되어 있다고 하더라도, 곧바로 연결되지는 않는다. 불가시(不可視)한 질서를 만든 힘의 원천으로서 신의 의지와 목적을 상정하고 무한한 절대 진리를 주장하는 것, 그리고 심층적 질서를 주장하더라도 그것을 하나의 잠정적 가설로서 주장하는 'science' 사이에는 간격이 있기 때문이다. 이런 측면을 강조할 경우에는 쉽게 'religion'과 'science' 사이의 갈등 혹은 무관심을 부각시키는 경향이 있다. 하지만 발라가 보기에 이런 차이는 양자 사이의 근원적 동질성을 은폐하기 위해 쳐놓은 연막에 불과하다. 아무리 기독교 및 'religion'이 'science'와 갈등 관계에 있더라도 자신의 모습을 'science'의 거울 안에서 발견할 수 있기 때문이다.

발라는 이 점에 대해 인도 문화와 비교하면서 그 차이점을 설명한다. 우선 인도 문화는 기독교 및 'religion'과 근본적으로 다른 관점을 지니고 있다. 발라는 그에 대해 다음과 같이 주장한다. 첫째, 인도 문화에는 우주 및 세계 기원(起源)에 대해 공통되거나 지배적인 견해가 없다. 둘째, 여러 가지 다른 기원 이야기는 절대적 진리의 지위를 가지고 있지 않다.

그것은 진리도 아니고 그렇다고 거짓도 아닌 위치를 갖고 있다. 셋째, 서구의 'religion'이 '이론적 지식(theoretical knowledge)'을 추구한다면, 인도는 '수행적 지식(practical knowledge)'에 의해 지배된다.

'이론적 지식'이란 '세계에 대한 지식(knowledge-about)'이며, 세계가 어떻게 존재하는가에 대한 겉모습의 질서가 아니라 현상 배후에 숨어 있는 질서를 설명하고자 하는 지식이다. 당연히 진위(眞僞)의 구분이 중요하다.[32] 반면 인도의 '수행적 지식'은 이와 전혀 다르다. 세계의 심층적 질서에 대한 지식을 추구하는 것이 아니라, 실제적으로 이 세상을 살아가다가 부딪히는 문제가 생길 때, 이를 푸는 지식이다. 이는 행위로 나타나는 수행적(遂行的)인 지식이기 때문에 진위의 논의가 무의미하다. 서구에서 지배적인 '이론적 지식'에서 행위는 행위자의 생각이나 신념이 그대로 표현된 것에 불과하다. 행위의 의미를 파악하기 위해서는 그 행위를 누가 했으며, 그가 어떤 의도를 가지고 있는가를 알아야 한다고 본다. 만일 행위의 주체(agency)도 없고, 의도와 목적도 알 수 없다면 '이론적 지식'은 그 행위를 이해할 수 없다. 저절로 이루어지는 행위, 의도 없이 반복되는 행위를 보면 '이론적 지식'은 혼란을 느낀다. 반면 인도의 '수행적 지식'은 추상적이고 이른바 합리화된 교리가 아니라, 구체적인 것이며, 반복적으로 행위가 이루어지는 모습으로 나타난다. 의례를 통한 학습이 중시되는 까닭도 여기에서 나온다. 세대에서 세대로 전달이 되는 '수행적 지식'은 사회를 만들고, 사회관계를 유지하는 데 결정적으로 작용한다.

발라는 'religion'이 '이론적 지식'과 긴밀하게 연결되어 있으며, 우주의 본성 및 기원에 관한 명제의 절대 진리와 필연적으로 연관되어 있다고 주장한다. 그래서 이 주장에 의하면 'religion'은 보편적일 수 없다. 이 세상, 이 우주에 관한 이론적 이해와 'religion'이 분리할 수 없이 연관되어 있다는 발라의 관점은 어째서 서구에서 과학이 등장하게 되었는지를 설명해준다. 발라는 기독교의 독특한 점, 즉 텍스트를 유별나게 중시하고, 참과 거짓을 준별하며, 신조(信條)의 측면을 강조하는 것이 인도 및 다른 전통과는 매우 다르다고 본다. 다른 전통의 경우, 조상 대대로 이어져온 관행, 수행적 행위가 중심적인 위치를 차지하고 있기 때문이다. 발라는 이런 점을 서구의 근본적인 질서 모델, 즉 가지(可知)성의 모델의 차원에서 규명하고자 한다. 세계 경험을 주조(鑄造)하는 방식의 차원을 묻는 것이다. 수행적인 지식은 진위를 가릴 수 없으며, 말해지는 것이 아닌 반면, 이론적 지식은 "~에 대해 아는 것(knowing about)"이기 때문에 말해질 수 있고, 진위를 가릴 수 있다. 이론적 지식은 '세계관(worldview)' 및 과학으로 발전할 수 있다. 수행적 지식은 의례를 통해 전수되며 교리, 신학, 이단의 논의에는 무관심하다. 반면 이론적 지식은 진리 주장에 몰두하는 경향이 있고, "따지는" 문화로 이끄는 경향이 있다.

발라의 가장 통찰력 있는 부분은 기독교의 유일신 개념이 어떻게 그 독특한 신념 구조로 말미암아 과학을 탄생시키는 근원적 질서 모델을 만들었는지 설명하는 것이다. 유일신의 행동 원인은 다름 아닌 그의 이지(理智)이며, 모든 것이 유일신 의지의 표현이므로, 우주는 설명 가능할 수밖에 없고, 우리의 노력으로 알 수 있다는 이른바 '우주의 이해 가능성'이 도출된다는 것이다. 그에 따르면 유일신의 의지가 규칙적이고 객관성을 지닌다는 점이 우주가 설명 가능하다는 관점을 가능케 한다. 그는 서구의 '진리 프로젝트(truth-project)'가 바로 여기에서 출발한다고 본다. "진리가 너희를 자유롭게 하리라."는 바이블의 구절이 이런 점과 닿아 있다는 것이다. 발라는 이처럼 우주의 규칙성을 보장해주는 존재로서의 유일신 신앙이 세계에 관한 객관적 지식을 얻기 위한 주요한 전제 조건을 마련해주었다고 주장한다.

발라의 관점에서 본다면, 인도가 19세기 이후 서구의 'science'를 수용하게 된 것은 인도의 전통과는 전혀 다른 방식으로 세상을 경험하게 되었음을 의미한다. 인도에서 이런 변화가 어떻게 진행되었는가? 'science'가 헤게모니를 장악하고 새로운 학습 방식을 강요함에 따라 이전의 학습 방식은 사라져버렸는가? 남아 있다면 어떤 상태에 처해 있는가? 분명한 점은 인도의 옛 학습 방식이 이전의 지위를 누리지 못하게 되었으며, 서구의 새로운 방식이 힘을 얻을 수밖에 없다는 것이다. 하지만 모든 변화는 아무리 심원한 것이더라도 그동안 물려받은 맥락 속에서 진행될 뿐이다. 여기에서 이전의 학습 방식과 새로운 방식이 서로 조우하는 기회가 열린다. 새로운 창조는 바로 이렇게 두 틈 사이의 열린 공간에서 이루어지는 것이다.

3장

동아시아 '과학과 종교' 담론의 출현: 일본과 중국의 경우

동아시아의 과학 담론은 아편전쟁 이후 서구의 군사기술의 압도적 우위가 자명하게 되고, 그 배후에 자연과학이 있음이 밝혀지면서 만들어지게 되었다. 그 이후 과학은 기존 권력집단의 생존 여부를 좌우하는 핵심 열쇠가 되었고, 과학을 중심으로 하는 담론과 권력 편성이 이루어졌다.

당시 서구에서는 과학을 구박하던 기독교 세력이 점차 강해지는 과학의 기세를 인정하고 과학의 관점에 맞춰 자신의 자리를 잡으면서 자체 정비를 하기 시작하였으며, 급변하는 상황에 적응하기 위해 스스로 변신을 모색하였다. 기독교가 하나의 종교라고 자신의 정체성을 밝히며, 보편적 종교 가운데 하나임을 인정한 것도, 그리고 종교가 과학과는 다른 영역에 있다고 주장한 것도 이런 맥락에서 일어난 일이다. 기독교가 일반적 종교 개념 안에 소속되어 하나의 종교가 된 것, 그리고 종교와 과학의 영역이 분리되었다고 주장하게 된 것의 두 가지 움직임은 자연히 종교의 성격을 외적인 행위의 측면보다는 내적인 측면을 강조하게 만들었다.[33] 왜냐하면 종교의 공통 속성을 찾아내고, 과학과의 마찰을 없애기 위해 내면성에서 종교의 본질을 찾는 것이 필요했기 때문이다. 물론 동아시아에서 내적인 측면이 강조되는 종교 개념이 쉽게 자리잡은 것은 아니다. 하지만 늘 서구 세력과의 결탁을 의심받던 기독교 측에서도, 그리고 동아시아의 기존 체제를 유지하려는 측에서도 종교의 내면성에 대한 강조는 별로 거부할 필요가 없는 것이었다.

1. 일본의 경우

일본에서 'shukyo(宗教)'가 현재와 같은 의미로 사용되기 시작한 것은 19세기 말이지만, 그 이전에 그 용어가 없었던 것은 아니었다. 근대 이전 동아시아에서 '宗'이라는 단어는 불교와 같은 신앙 집단 내의 하위 단위를 가리키는 말로 사용되었기 때문에 현재의 종파와 비슷한 의미를 지녔다. '宗敎'는 '宗'의 '敎'즉 각 종파의 가르침을 나타낸 말로 볼 수 있으므로, 그런 집단이 공통으로 견지하고 있는 관점을 지칭했으며, 그 의미는 '宗旨(shūhi, zongzhi)'및 지금의 '주의(主義)'에 해당한다[34]고 볼 수 있다. '종교'로서 지금 의미하는 바와 이전의 의미 사이에 큰 차이가 없다고 보고, 연속성을 주장하는 이도 없지는 않지만, 많은 오류를 지적받고 있기에 설득력을 인정받고 있지 못한 형편이다.[35]

여기서 일본에서 현재 사용되는 의미의 '종교'개념이 지닌 특징을 다음과 같이 열거할 수 있다. 첫째, 19세기 후반, 서구어 'religion'의 번역어로서 등장하였다. 정확하게는 1869년 1월 독일과 통상조약을 체결하면서 'Religionsübung'에 해당하는 단어로 사용하였고, 1880년대에 이르러 보다 널리 사용되었다.[36] 둘째, 서구 국가와의 외교적 조약 체결이 직접적인 계기가 되었다. 국가 간의 관계가 '국제법'에 따라 이루어지는 새로운 상황이 도래하자, 새로운 형태의 외교 관계가 행해지게 되었고 조약의 내용이 중요하게 대두된 것이다. 종교 개념은 계몽주의적 학술 담론의 소산이라기보다는 국제 외교의 권력관계에서 나타난 것[37]으로 볼 필요가 있다. 특히 1853~1872년 사이의 기간 동안, 외교적 조약을 둘러싼 새로운 용어가 도입되고, 번역되었던 상황이 그 역사적 배경이다. 종교 개념이 근대적 국민국가의 외교 관계 맥락 속에서 등장하였다는 점은 종교 개념을 검토할 때, 당시 국가 간의 권력 불균형 상태를 고려해야 한다는 것을 보여준다. 이런 면에서 종교 개념은 철저하게 정치적인 범주로서 나타난 것임을 알 수 있다. 셋째, 국가 간의 권력관계가 불균등하였다고 해서 종교 개념이 일방적으로 강요되거나 강제 수용된 것은 아니다. 종교 개념은 일본과 서구 제국(諸國) 간의 쌍방적인 타협으로 만들어진 것이다.[38]

넷째, 종교 개념의 암묵적인 모델로서 작용한 것은 바로 기독교이다. 당시 일본 정부는 막부 시절 천주교도가 일으킨 반란을 생생하게 기억하고 있고, 서구 열강과 기독교의 긴밀한 연관성을 크게 염려하고 있었다. 일본 정부는 어떻게든 기독교의 움직이는 범위를 한정하려고 했고, 선교 활동을 무제한으로 펼치지 못하게 하려고 했다. 기독교 선교를 체제에 대한 위협으로 보고 그 금지를 강하게 추진한 것이다. 이에 대해 서구 열강은 기독교 선교에 대한 일본 정부의 금지를 야만성의 표식으로 여겼다. 그리고 기독교 선교를 종교의 자유라는 문명국의 일반 원리라고 주장하며 조금도 양보할 기색이 없었다. 이에 대해 일본 측은 나름의 대처를 해나가야 했으며, 그렇게 밀고 당기는 맥락 속에서 종교 용어가 수용되어 사용되기 시작한 것이다. 서구 열강이 처음에 요구한 것은 일본에 거주하는 자기네 국민의 종교의 자유였다. 이에 따라 일본 정부는 종교라는 용어가 지닌 법적 의미를 규정해야 했다. 그것이 함축하는 바가 무엇인지, 그리고 그 의미의 경계(境界)를 어떻게 설정해야 하는지 분명한 지침이 필요했다. 그리고 이렇듯 윤곽이 정해진 종교 개념은 국제 관계뿐만 아니라, 국내 정치에도 해당되어, 기독교에 그치지 않고 불교 등에도 적용하여야 했다. 체제 전반에 걸쳐 변화가 파급된 것이다.[39]

다섯째, 이른바 국가신도의 등장은 이렇게 확정된 종교의 경계선과 밀접하게 연관된다. 한편으로 "문명"의 원리이기에 어쩔 수 없이 일본 국민에게도 보편적으로 적용되어야 하는 종교 자유의 보장을 인정하면서, 다른 한편으로 국가 통합의 기제를 만들어내야 하는 이중의 과제 때문에 종교 영역에 포함되지 않노라고 하는 국가신도가 등장하게 된 것이다. 바로 '비(非)종교'로서의 신도가 나타난 것이다.[40] 종교와 세속 영역의 관계는 서로 맞물려 있는 것이므로, 종교를 비(非)세속, 세속은 비(非)종교라고 볼 수 있다. 이럴 경우, 신도는 세속의 영역에 자리잡게 되는 것이고, 정치, 교육, 과학 분야와의 밀접한 연관성이 당연시되는 것이다. 한편으로 신도 가운데 종교적 색채를 의심받을 수도 있는 요소를 이른바 교파신도라는 이름으로 떼어내고, 다른 한편으로 '순수한' 신도는 정치 및 과학 영역과의 관련성을 당당하게 주장하게 된다. 이것이 바로 일본에서 어째서 신도와 과학이 합체화가 되며, 서구의 과학을 도입하는 것이 왜 일본의 신들의 환영을 받는다고 주장하게 되는지 설명해준다.[41] 이에 따라 서구 열강이 자랑하는 과학이 실은 이미 일본이 고대부터 가지고 있는 것에 불과하다는 주장도 나타난다. 예컨대 서양의 근대 천문학은 고대 일본 문헌에 기록되어 있다는 식이다.[42] 과학과 신도가 서로 양립 가능하게 되면서 천황과 과학, 그리고 신도의 신들이 하나의 시스템을 이루어 작동하게 된다. 일본에서 불교의 개혁을 강력하게 주장한 것도 바로 과학과 합체한 신도였으며, 불교는 스스로 생존하기 위해 과학을 표준으로 하여 스스로 자체 정비를 하지 않을 수 없었다.[43] 그 대표적인 사례를 이노우

에 엔료(井上円了, 1858~1919)의 작업에서 찾아볼 수 있다.[44]

일본에서 서구어 'science'가 '科學(kagaku)'으로서 처음 사용된 것은 메이지 7년인 1874년이다.[45] 이전에 흔히 사용되던 '學(gaku)'에 지식의 다양한 분할을 나타내는 '科(ka)'가 첨가되어 근대적 지식의 세분화가 강조된 용어였다. 그것은 1872년 후쿠자와 유키치(福澤諭吉, 1835-1901)가 간행한 『學問のすすめ』에 등장한 '一科一學'에서 유래한 것[46]이다. 당시 유명한 사상가 니시 아마네(西周, 1829-1897)가 1870년과 1871년에 걸쳐 강연한 내용을 담은 책으로, 모든 학문의 연관이라는 뜻의 『百學連環』에서는 아직 과학이라는 단어가 보이지 않는다. 여기서 니시 아마네는 서양의 다양한 학문이 각자 독자적인 영역을 가지고 있다는 것을 말하면서 '學域'이라는 용어를 사용한다. 서구어 사이언스의 번역어로서 '學(gaku)'이 쓰인 것이다. 하지만 1874년경에는 니시가 '所謂科學'이라는 표현을 사용하는 것으로 봐서[47] 1870년대 중반에 과학이라는 말이 자리를 잡아가고 있음을 알 수 있다.

비슷한 시기에 과학과 함께 사용되던 용어는 여럿이 있었는데, '실리(實理)', '학(學)', '학술(學術)', '궁리(窮理)', '이학(理學)', '학문(學問)', '지식(知識)' 등이 그러한 것이었다.[48] 메이지시대 말기에 이르러 과학이 점차 이러한 용어들을 물리치고 사전에 수록됨으로써 지배적인 자리를 차지하게 된다. 그 과정의 결과, 과학은 한편으로 전문적으로 분화된 다양한 영역의 근대적 지식, 다른 한편으로 이런 영역에서 획득된 지식을 총괄하면서 구성된 일반 법칙을 지칭하는 용어로 정착되었다.

2. 중국의 경우

중국 역사에서 아편전쟁이 지닌 중요성은 아무리 강조해도 지나치지 않을 정도다. 물론 아편전쟁의 전후를 나누어 시대를 구분하는 것에 대해 이견이 있을 수는 있지만, 아편전쟁을 기점으로 중국에서 커다란 인식의 전환이 이루어졌다는 점은 학자들 사이에 별로 이견이 없다. 아주 단순화하여 말한다면 아편전쟁 이후의 상황은 중국이 중화의 중국에서 국제법의 중국으로 스스로 인식을 바꾸도록 강요되었다고 말할 수 있다. 1840~42년의 아편전쟁, 1857~60년의 영불 연합군의 침공, 1883~85년의 청불전쟁, 1894~95년의 청일전쟁, 1900년의 "의화단의 난"을 거치면서 중국은 서구에게는 있지만 자신에게는 없는 것이 무엇인가라는 질문에 대해 답을 절박하게 찾아야 했다. 이 과정에서 이전의 천하(天下)관, 즉 천자를 중심으로 동심원적으로 만들어진 화이(華夷)관이 어쩔 수 없이 무너지게 되었고, 그 자리에 근대 국가의 수권 절대주의가 채워졌다. 만리장성 안에 위치한 핵심 부분과 그 주위에서 조공(朝貢)을 바치며 체제에 편입된 주변부로 이루어진 중화(中華)세계는 그 밖에 위치한 오랑캐 지역과 엄격히 구별되었다. 하지만 화이의 이런 수직적 세계관은 아편전쟁 이후 근대 주권국가의 이른바 수평적 세계관으로 대체되어야 했다. 국가 주권의 평등성을 강조하는 국제법 질서가 중국에 강요되었기 때문이다.[49]

하지만 주권국가 사이의 평등성을 강조하는 서구의 국제법 체제가 그 주장대로 국가의 수평적 등가성을 지향한 것은 아니었다. 서구 중심의 문명과 비서구적 야만의 위계적 관계가 새롭게 만들어졌기 때문이다. 화이의 위계성이 동심원적으로 이루어진 공간적인 것이었다면, 문명-야만의 위계성은 동일한 시간 축(軸) 위에 설정된 시간적인 것이었다. 문명이 시간을 앞서간 자가 먼저 선취한 것인 반면, 야만은 뒤처진 자의 시간대에 속한 것이다. 그래서 뒤처진 자가 해야 할 일은 앞선 자의 모범에 따라 열심히 좇아가는 것이다. 이런 경향은 옌푸(嚴復, 1854~1921)가 토머스 헉슬리(Thomas Henry Huxley)의 *Evolution and Ethics*(1893)를 번역하고 논평하여 1898년『천연론(天演論)』으로 출간한 후에 더욱 강화되었다. 중국에 사회진화론을 처음 소개한 이 책은 '우승열패(優勝劣敗)'와 '적자생존(適者生存)'이라는 말을 당시의 유행어로 만들면서 중국이 생존 경쟁에서 살아남기 위해서는 시급한 대처가 필요함을 당연하게 만들었다. 청일전쟁에서 일본에 패배함으로써 더욱 더 갖게 된 절박한 변화의 필요성에 대해 옌푸의『천연론』은 중국인에게 그 이해의 틀을 제공해주었던 것이다.[50]

1898년이라는 해는 또 다른 의미에서 주목할 만하다. 그동안 지역 공동체와 긴밀한 연관 관계를 맺으며 존속해오던 전통 사원에 대한 공격이 이 때에 집중적으로 시작됐기 때문이다. 중국의 자강(自强)을 위해 장즈동(張之洞, 1837~1909)은 기존의 사묘(寺廟) 재산에서 재원을 마련하여 학교를 세워야 한다는 '묘산흥학(廟産興學)'을 주장한 반면, 캉유웨이(康有爲, 1858~1927)는 흥학을 위해 사원 재산의 몰수가 필요함을 강조하였다. 캉유웨이의 급진적 교육 정책은 광서제(光緖帝)의 지지를 받아 1898년 6월의 무술변법(戊戌變法)으로 구체화의 계기를 만들었으나, 서태후(西太后)의 반대로 100일 만에 막을 내리게 된다. 캉유웨이는 공자(孔子) 이외의 어떤 숭배 대상도 용납하지 않으려 했고, 공교(孔敎)라는 이름으로 유교를 종교화하여, 중국의 국교로 만들고자 하였다. 공자를 모시는 곳 이외의 모든 사원을 전부 음사(淫祀)라고 몰아 폐지하고 학교로 바꾸어야 한다고 주장했다. 이와 같은 캉유웨이의 공교 운동에는 유교를 기독교의 모델에 따라 재정비하려는 의도가 놓여 있었다. 캉유웨이는 기독교에 대항하기 위해 유교를 기독교식으로 변형하고자 했던 것이었다. 캉유웨이가 광서제를 압박하여 기독교 신자로 개종시키려고 한다는 소문이 있을 정도였다.[51]

무술변법이 실패로 돌아감에 따라 캉유웨이의 공교 국교화 안은 현실화할 수 없게 되었다. 하지만 그의 주장 가운데 사원 재산 몰수와 음사 척결은 이후에도 반(反)미신(迷信)운동과 결합되면서 지속적인 영향력을 발휘하였다. 1901년부터 대규모로 시작된 사원 재산 몰수는 국가 권력이 지방에 보다 강력하게 파고드는 과정과 함께 진행되었고, '훼묘판학(毀廟辦學)'이라는 표어에 나타나듯이 근대적 교육제도의 추진과 긴밀하게 연관되었다. 여기서 '훼묘'는 음사 및 미신에 대한 적극적 배제와 직접 연결되며, 무엇이 미신인가는 종교-과학과의 관계에 따라 규정된다.

　　당시 '종교'라는 용어는 기독교를 모델로 하여 사회와 분리된 교회, 신(神)에 관한 교리체계 등으로 여겨졌으며, 서구 국가의 부국강병이 기독교에 근거하고 있다는 믿음이 광범위하게 퍼져 있었다.[52] 서구 세력을 하나로 단결시키며, 죽음을 무릅쓰고 선교할 정도로 강력한 힘을 과시하는 배후에는 종교인 기독교가 있다고 본 것이었다. 캉유웨이가 공자교 운동을 해야 한다고 믿었던 것도 중국도 이런 힘이 필요하다고 봤기 때문이다. 하지만 종교에는 늘 미신으로 빠지는 측면이 있으므로 종교가 미신에 '오염'되지 않게 감시하는 것이 필요하다고 여겼다. 여기서 기독교를 모델로 하는 종교의 기준이 만들어지게 되며, 기독교와 비슷하게 경전, 신, 창시자가 있으며, 체제 수호의 도덕성을 갖춘 것만이 종교라는 주장이 나타나게 되었다. 대체로 이런 기준은 엘리트 집단이 믿는 바와 부합하며, 지방의 전통 신앙과 민간신앙, 그리고 피지배집단의 신앙은 종교 밖의 영역, 즉 사이비 종교 및 미신에 속하게 된다. 여기서 과학은 합리성의 근거로 자리잡고, 종교와 미신을 구별해주는 절대적 권위를 과시한다. 종교가 과학과 양립할 수 있는 것인 반면, 미신은 비합리적인 것으로서 과학과는 맞지 않으므로 배척할 수밖에 없게 된다. 그런데 종교가 과학과 양립할 수 있는 필수 조건이 무엇인가? 그것은 부단하게 자체 안에 스며드는 미신적 요소를 스스로 제거할 수 있어야 한다는 것이다. 종교는 미신으로 몰릴 수 있는 잠재적 위험성을 지니고 있으므로, 늘 과학을 의식하며 긴장 상태에 있게 되었다. 하지만 과학을 신조로 삼는 집단이 종교의 이런 자정 능력에 대해 언제나 신뢰를 보낸 것은 아니었다. 특히 1919년 오사운동(五·四運動) 이후, 중국 내의 위기의식이 고조되면서 과학의 절대성을 내세우는 분위기가 강해짐과 함께 종교 자체를 미신으로 간주하는 관점이 널리 퍼지게 되었다.

청조(淸朝)에 이르기까지 지속되던 중화의 세계가 무너지고, 1911년 신해(辛亥)혁명 이후 민족 국가의 체제가 만들어지게 된 것은 서구의 침략에 대항하기 위해 서구의 부국강병책을 모방한 결과라고 볼 수 있다. 이제 중국이라는 말이 여러 근대 국가 가운데 하나를 의미하게 되었고, 중화민국(中華民國)은 중화의 세상이 아니라 국민 국가의 하나를 뜻하게 되었다. 새롭게 형성되기 시작하는 이런 분위기와 함께 1910년대 중국에서 신문화운동(新文化運動)이라고 불리는 것이 일어났다. 이 운동은 1919년 5월 4일의 오사운동(五·四運動)을 통해 더욱 확산되었고, 기존의 관점 및 구태와 완전 결별해야 함을 내세우면서, 새로운 시각의 필요성을 강하게 주장하였다. 낡은 것을 대표하는 것으로 여긴 것은 유교였고, 반면에 새로움을 구현하는 것으로서 반드시 따라야 할 바로서 나타난 것은 바로 덕선생(德先生)과 새선생(賽先生) 즉 민주주의와 과학이었다. 특히 중국에서 마르크스주의가 빠르게 수용되고, 중국공산당의 영향력이 커지게 되면서 과학에 대한 강조가 더욱 강해지고 반(反)종교운동이 점점 더 고조되었다.[53]

하지만 이와 같이 미신-종교-과학이라는 삼각형 꼭지점 사이의 관계는 역사적, 사회적 상황이 변화함에 따라 서로 밀고 당기면서 진행되었다. 제1차 세계대전이 끝나고, 전쟁의 파괴적 참상이 알려지자, 그동안 중국 지식인들이 서구 국가에 대해 품었던 기대가 상당한 정도 허물어지게 되었다. 이와 함께 과학에 대한 신뢰도 크게 손상을 입게 되었고, 서구 문화의 물질 중심주의를 비판하고, 중국 전통문화의 장점을 주장하는 관점이 등장하였다. 1922년 당시 컬럼비아대학교 박사과정 학생이었던 펑유란(馮友蘭, 1894~1990)이 「왜 중국은 과학이 없나?(Why China Has No Science?)」라는 글을 발표하여, 중국의 전통적 가치체계에서는 과학이 필요 없었다는 주장을 편 것은 그런 시대적 분위기에서 나타난 것이다.[54] 또한 1923년 독일 유학에서 돌아온 장쥔마이(張君勱)가 과학 자체는 인생의 가치문제를 해결해줄 수 없다고 주장하면서 시작된 과학-인생관 논쟁 혹은 과학-현학 논쟁도 이런 배경을 갖는다. 장쥔마이가 과학은 자연의 문제를 해결할 수 있어도 인간의 문제는 해결할 수 없다고 주장한 반면, 지질학자 딩원지앙(丁文江)은 인간사의 모든 문제를 과학의 방법으로 해결할 수 있다고 주장했다. 두 관점 가운데 공산당이 지배하는 동안 중국 대륙에서 어느 쪽에 기울 것인가를 아는 일은 그리 어렵지 않다. 종교와 기독교의 일체화 정도가 높고, 유물론적 반종교운동이 강한 중국에서 과학은 지존(至尊)의 자리를 차지하였으며, 그 그림자인 미신은 과학의 권위를 공고히 하는 배척의 대상이었다.

4장

19세기 말–20세기 초
한국 관련 사전에 나타난
'science'와 'religion', 과학과 종교라는 말

여기서는 한국의 경우 과학과 종교라는 개념이 어떻게 정착하고 서로 관계를 맺게 되었는지 알기 위해 우선 사전에 나타난 바를 검토한다. 어떤 말이 사전에 포함된다는 것은 해당 사회에서 이미 통용어로 인정되었음을 의미하며, 그 말에 기득권이 부여되기 시작하였음을 뜻한다. 사전에 과학과 종교라는 말이 등장하는 전후의 맥락을 살핌으로써 서구의 'science'와 'religion'에 대응하는 번역어로서 종교와 과학이 자리잡는 과정 및 그 특징적 모습을 살필 수 있다.

모리스 쿠랑(Maurice Courant: 古恒, 1865~1935)은 프랑스 리옹대학의 동아시아 언어 담당 교수로 재직하다가, 1890년부터 1892년까지 주한 프랑스총영사관 서기보로 있었던 사람이다. 그는 3,821권에 이르는 한국 서적을 수집 및 분류하여 1894년에 프랑스 파리에서 *Bibliographie Coréenne*를 발간[55]하였는데, 1896년까지 2-3권, 1901년에는 제4권을 간행했다. 그가 한국을 떠난 것은 1892년 2월이며 이후에 중국 북경 등에서 근무하다 1896년 말에 프랑스에 돌아갔다. 모리스 쿠랑은 자신의 저술을 그 나름의 분류 기준을 마련하여 체계화하였는데 다음의 9가지 구분이 그것이다.

Livre Ⅰ: Enseignement. Ⅰ部 敎誨部

Livre Ⅱ: Etude des langues. Ⅱ部 言語部

Livre Ⅲ: Confucianisme. Ⅲ部 儒敎部

Livre Ⅳ: Litterature. Ⅳ部 文墨部

Livre Ⅴ: Moeurs et coutumes. Ⅴ部 儀範部

Livre Ⅵ: Histoire et Geographie. Ⅵ部 史書部

Livre Ⅶ: Sciences et arts. Ⅶ部 技藝部

Livre Ⅷ: Religions. Ⅷ部 敎門部

Livre Ⅸ: Relations internationales. Ⅸ部 交通部

7번째의 'Sciences et arts'가 '技藝'로 병기(倂記)되어 있는 것이 수복할 만하며(Ⅶ部 技藝部), 그 하위 범주는 다음과 같다. 1章 算法類/ 2章 天文類/ 3章 術數類/ 4章 兵家類/ 5章 醫家類/ 6章 農蠶類/ 7章 樂譜類/ 8章 藝術類. 8번째의 'Religions'의 병기(倂記)는 '敎門'으로 나타나, 'science'='과학', 'religion'='종교'의 대응이 아직 이루어지지 않았음을 알 수 있다. 이런 점은 1880년에 일본 요코하마에서 간행된 『한불ᄌᆞ전(Dictionnaire Coreen-Francais)』에서도 확인할 수 있다. 이 사전은 파리외방선교회 한국선교단에서 펴낸 것[56]인데, 다음에서 'science'에 해당되는 것이 '격물(格物)궁리(窮理)' 혹은 '격물(格物)치지'임을 알 수 있다.

격물(格物)궁리(窮理)하다: science naturelle. 자연의 사물을 관장하는 법칙을 연구하다.

격물(格物)치지하다: philosophie, connaissance des lois qui gouverment les choses[57]

여기에서 '과학'이라는 용어는 찾을 수 없다. 'religion'은 '권교(權敎)ᄒ 다'항목에 나타난다. "권교(權敎)ᄒ다: enseigner la religion, instruire de la religion."[58] 아직 '종교'라는 용어는 찾아볼 수 없다. 이런 점은 1890년에 간행된 『한영ᄌ젼(A Concise Dictionary of the Korean Language)』에서도 마찬 가지다. 해당 용어의 번역어는 다음과 같이 등장한다.

'science': 학, 학문[59]
'religion of Confucious': 유도(儒道)[60]
'Buddhism': 불도(佛道)[61]
'The Holy doctrine, religion': 셩교(聖敎)[62]
'Roman catholicism': 텬주학(天主學)[63]
'religion': 도, 교, 셩교[64]
'religious': 도의, 교의, 졍셩스러운[65]

이처럼 언더우드(H. G. Underwood)가 편찬한 이 사전에서 영어의 reli-gion과 science가 어떤 말로 번역되었는지는 알 수 있지만, 아직 조선어에 서 종교 및 과학이란 용어를 찾을 수는 없다. 이런 것은 1891년에 간행된 제임스 스코트(James Scott)의 영한사전[66]에서도 확인할 수 있다. 제임스 스코트는 1881~1891년 동안 제물포 주재 영국 부영사를 지낸 인물인데, 이 책은 그의 두 번째 영한사전이다. science와 religion의 항목은 다음과 같다.

science: 학, 격물궁리

scientific: 박남ᄒ다[67]

religion: 교.

religious: 공경하다, 정성스럽다[68]

philosopher: 박물군ᄌ.

philosophy: 격물궁리[69]

여기서도 종교 및 과학이란 항목이 나타나지 않음을 알 수 있는데, philosophy가 science와 마찬가지로 격물궁리로 번역된 것이 흥미롭다.

그러나 제임스 게일(James Gale)이 1911년에 간행한 『영한ᄌ던(A Korean-English Dictionary)』[70]을 보면 상황이 바뀌었음을 알 수 있다. 게일은 1897년에 한영사전을 출판하고, 1부 개정판을 1911년에, 2부 개정판을 1914년에 발행하였다. 그가 1897년에 간행한 한영사전에서는 종교 및 과학의 항목이 없다. 교(敎), 도(道), 도학(道學), 도가(道家), 도교(道敎), 동학(東學), 유가(儒家), 불가(佛家), 불법(佛法), 불도(佛道) 유불선 삼도(三道), 천주학, 천주교 등뿐이다. 그러나 1911년의 개정판에는 다음과 같이 종교의 항목이 나타난다.

宗敎: the national religion

종교가: religionists, men of the church

종교개혁: religious reform

종교덕: in behalf of the natural religion

종교정치: theocracy[71]

그리고 1914년에 간행된 존즈 목사(George Herbert Jones: 조원시, 1867~1919)의 『영한ㅈ뎐(An English-Korean Dictionary)』[72]에는 종교뿐만 아니라 과학의 용례가 나타난다.

religion: 종교(宗敎).

In compounds, both 도(道)and 교(敎)are used

Buddhist-불도(佛道)

Christian-그리스도교(기독교), 야소교

Confucian-유도(儒道), 유교

Mohammedan-회회교

Natural-ㅈ연종교(自然宗敎)[73]

Science: 과학, 학슐, 학문, 지식, 학(學)

Abstract-: 형이상학

Applied-: 응용학, 실용학

Ethical-: 륜리학

Mathematical-: 수학

Medical-: 의학

Moral-: 슈신학(修身學)

Natural-: 博物學

Occult-: 妖術學

Physical-: 物理學

Political-: 政治學

Social-: 샤회학, 세태(世態)학[74]

1910년대에 이르러 정착되기 시작한 religion=宗敎, science=과학의 구도가 1920년대가 되면 안정화되는데, 1925년에 간행된 언더우드의 영한자전[75]에서 그런 점을 살펴볼 수 있다.

science: 과학, 학술, 학, 학문, 지식
scientific: 학술 상, 과학 상, 과학적
scientist: 과학자[76]

religion: 道, 敎, 聖敎, 宗敎, 敎門, 敎派
religious: 도의 道, 교의 敎, 종교의 종교, 정성스러운, 종교를 믿는[77]

이 절의 처음에서 언급한 것처럼 어느 용어가 사전 항목으로 등재된다는 것은 이미 사회 전반에 걸쳐서 광범위하게 사용되고 있다는 점을 보여준다. 앞의 논의를 통해 알 수 있는 것은 religion=宗敎, science=과학의 대응 구도가 1920년대에 이르게 되면 안정적으로 정착되었다는 것이다.

5장

'과학과 종교' 담론의 유형

근대성 체제에서 과학과 종교가 맺는 관계는 두 가지를 따로 떼어놓을 수 있는 것으로 설정하는가, 아니면 결국 어느 쪽이든 하나로 복속시킬 수 있다고 보는가에 따라 크게 둘로 구분할 수 있다. 즉, 이산(離散)하는 경우와 합집(合集)·복속하는 경우이다. 그리고 합집·복속하는 경우는 다시 두 가지로 나누어져 전체 세 가지의 구분이 성립한다.

합집(合集)·복속하는 경우: 이 관점은 종교와 과학이 결국 하나의 흐름에 합류·복속할 수밖에 없음을 주장한다. 종교와 과학은 서로 양립할 수 없으므로 대립하며, 제로섬 관계로 가게 된다. 그 방향은 두 가지로서, 한편으로 과학 쪽의 방향이고 다른 한편은 종교 쪽의 방향이다. 전자는 사회주의 혹은 공산주의의 관점에서 주장하는 종교소멸론이며, 후자는 사회주의나 공산주의는 종교를 탄압하므로 타도해야 한다고 주장하는 사회주의 악마론이다. 후자에서 주목할 만한 점은 대립 관계가 종교 대(對) 과학이 아니라, 종교 대(對) 과학주의(scientism)로 이동한다는 점이다. 여기에서 근대성 체제에서 과학이 차지하는 절대적 위상을 확인할 수 있다.

근대성의 체제에서 종교와 과학은 동등한 자리에 있지 않다. 종교는 없어도 되지만 과학은 그럴 수 없는 것이다.

이산(離散)하는 경우는 종교와 과학이 각자도생하는 경우이다. 여기에서 종교와 과학은 서로 다른 차원의 영역에 배치되기 때문에 대립하거나 갈등을 야기할 필요가 없게 된다. 이런 상황이 만들어지는 것은 종교가 스스로 만든 것이라기보다는 종교에 허용된 것이다. 과학이 스스로의 한계를 설정하기 때문에 그 너머의 자리에 종교가 배치된 것이다.

다음의 내용에서 20세기 초의 한국에서 이 세 가지 관점이 어떻게 나타나는지 좀 더 구체적으로 살펴보고자 한다.

1. 과학에 의한 종교의 해소

종교-과학의 대립 구도가 심화된 것은 1920년대 사회주의 및 공산주의의 종교 비판에서 비롯되었다. 사회주의적 종교 비판에 따르면 종교와 과학의 대립 관계는 결국 청산될 것이고, 과학의 방향으로 종교가 복속되며 종내 종교는 소멸될 것이다.

1922년 6월에 발간된 잡지 『개벽』에 「중국(中國) 비종교운동(非宗敎運動)의 현상(現像)과 그 원인(原因)」이라는 제목의 흥미로운 논설이 실렸다.[78] 당시 베이징에 살고 있던 임주(林柱)가 쓴 글인데, "중국사상계(中國思想界)의 종교(宗敎)에 대한 태도(態度)가 어떠한가?"라는 물음을 던지고 있다. 그는 다음과 같이 종교를 규정하면서 종교의 파산을 진단한다.

······종교도 '한울에서 바로 떨어진 것'이 아니며 또한 '신성불가침범(神

聖不可侵犯)'의 물건도 아니다. 곧 일시대(一時代) 그 인류의 이상에서 조출(造出)되어 이 사회에 존재한 이상에는 인류사회의 진화원리에 의하여 그도 또한 변천 혹 파괴되는 것이 정리(定理)다. 일언이폐지(一言而蔽之)하면 과학적 진리로 더불어 절대위반(絶代違反)인 원시인류의 자연계 현상에 대하야 회의(懷疑)와 공파(恐怕)의 약점으로 말미암아 산출된 종교 자신은 현대 과학적 세계에 이르러 그는 점점(漸漸) 파산시대(破産時代)로 들어가도다."[79]

여기에서 주장하는 바는 종교가 자연현상에 대한 무지와 두려움 때문에 생겨났지만, 과학 시대에는 사라져버릴 수 있다는 것이다. 그는 당시 중국에서 일어나고 있는 종교반대운동(宗敎反對運動)이 직접적으로는 1922년 4월 중국 북경(北京)에서 개최된 세계기독교학생동맹(世界基督敎學生同盟) 제11차 대회를 계기로 촉발되었다고 본다. 하지만 반(反)종교운동의 보다 심층적인 맥락은 과학 시대에 종교가 더 이상 설득력을 갖지 못하게 되었다는 점에서 찾는다. 필자인 임주는 중국에서 반종교운동을 펼치는 조직의 공통점을 다음과 같이 거론하고 그 대표적인 단체를 소개한다.

공통점을 간단히 들어 말하면 종교(宗敎)는 과학(科學)의 장애(障碍)며 진리의 모적(蟊賊)이며 자본주의(資本主義)의 주구(走狗)라는 이유 하에서 종교(宗敎)를 반대한다 하였다. 그뿐 아니라 각지 각 단체에서 비종교적(非宗敎的) 총간(叢刊) 혹 잡지(雜誌) 가튼 것을 출판하야 영구히 종교(宗敎)로 더불어 결전하려 한다. 이로써 보면 신교자(信敎者), 교회학교(敎會學校)를 제(除)한 이외에는 전국이 일치하다 할 수 있다. 그런데 이중에 가장 유력한 단체로 말하면 북경(北京) '비종교대동맹'(非宗

教大同盟)이다. ……해회(該會)의 특색은 회원에 대하여는 종족(種族), 국
가(國家), 계급(階級) 장유(長幼)를 불문하고 오직 해회(該會)의 종지(종교
의 覇絆을 해탈하고 과학적 진리를 발휘함)에 합한 자로써 한다 하였다. 이
것이 그네 종교반대운동(宗敎反對運動)의 대개 현상이다.[80]

임주는 종교와 과학의 제로섬 관계를 기본 맥락으로 하면서 중국에
서 종교반대운동이 일어난 원인을 세 가지로 부연 서술한다. 첫째는 중
국의 고대 학설을 기준으로 새로운 것을 평가하는 중국인의 국민성을 든
다. 새로운 것이 등장하면 중국인은 늘 공자, 맹자, 장자, 노자 등의 고대
철학에 바탕으로 두고 가치를 파악하기 때문에 "종교(宗敎)에 대해서도
역시 맹종적(盲從的)으로 숭배하지 아니한다."[81]는 것이다. 둘째는 중국에
서 사회주의, 공산주의, 무정부주의 등의 신사상이 커다란 영향을 미치
고 있다는 것으로, "그 세력이 대다수를 점령하였으며 그 풍화(風化)가 일
반적으로 감염되어 직접 간접으로 전(全) 사회를 시배하게 되었"[82]기 때
문이다. 셋째는 '세계기독교학생동맹(世界基督敎學生同盟)'의 대회에 자극을
받아 반대 운동을 펼치게 된 것이라는 주장이다.

여기서 알 수 있는 점은 종교가 새로운 것으로 받아들여지고 있다는
것, 기독교와 일체화되고 있다는 것, 그리고 중국에서 서구의 사회주의
대 기독교의 대립 구도가 재현되고 있다는 것 등이다. 이런 점은 한편으
로 기독교를 모델로 하는 종교, 다른 한편으로 자연 법칙 및 역사·사회
법칙을 구현하는 과학의 대립으로 모아지고 결국 과학이 종교를 해소 혹
은 소멸시키는 인류 진화의 방향을 제시한다. 그리고 이런 방향은 보편적
인 것인 성격을 지니므로 중국뿐만 아니라 당연히 한국사회에도 적용될
수밖에 없다고 보는 것이다. 시간이 얼마나 걸리느냐가 문제일 뿐 결국
과학에 의한 종교의 소멸이라는 방향은 거스를 수 없다는 관점이다.

2. 과학을 복속하는 종교의 자세

종교와 과학의 제로섬 관계를 종교 쪽 관점에서 살펴보기로 한다. 1921년 5월 3일 〈동아일보〉에는 「연합청년회대토론」이라는 제목으로 다음과 같은 기사가 실렸다.

> 진남포(鎭南浦) 각 청년회는 서선(西鮮)구락부의 주최로 대토론회를 거월(去月) 28일 오후 8시 천도교 대교구실 내에 개최하고 구락부장 이근식(李根軾)씨 사회 하에 사회(社會)계발(啓發)에는 과학이냐? 종교이냐? 라는 문제로 각 연사의 열변이 유(有)하였으며 갱(更)히 감리교 찬양대와 엡윗청년회[83]의 창가(唱歌)와 오례택(吳禮澤)씨의 코댓독주가 있어서 청중 700여명에게 더욱 다대한 흥미를 주었으며, 김영준, 홍기주 양인의 심판으로써 결국 종교 편(便)이 득승(得勝)하였는데 각 청년회의 대표 연사는 여좌(如左)하더라.
> ― 과학 편(便): 천주교 청년회 김석근(金錫瑾) 군, 억량기(億兩機)[84] 엡윗청년회 안동흡(安東洽) 군, 여자 기독청년회 김영리(金永利) 여사 군
> ― 종교 편(便): 천도교 청년회 김기혁(金基爀) 군, 억량기(億兩機) 기독청년회 김정선(金正善) 군, 엡윗청년회 최승걸(崔昇杰) 군[85]

이 기사에 따르면 당시 평안남도의 주요 도시 가운데 하나인 진남포에 여러 청년회가 합동으로 주최한 토론회가 열렸는데, 토론 주제가 사회를 계발(啓發)하는 데 과학과 종교 가운데 어느 쪽을 선택해야 하는가이다. 진남포는 청일전쟁과 러일전쟁을 계기로 인구가 급속히 성장하고 있던 곳으로 청년회의 활동이 활발하였다. 토론회는 각각 과학과 종교 편으로 나누어 진행되었다. 흥미로운 점은 토론자가 전부 종교 단체에 소속된 사

람으로 구성되어 있었다는 것이다. 즉, 토론자 모두 천주교 청년회, 엡윗 청년회, 여자 기독청년회, 천도교 청년회, 기독청년회에 소속되어 있었고, 토론회 장소도 천도교 대교구실이었다. 종교를 선택한 토론회의 결론은 처음부터 이미 나와 있던 셈이다.

이 토론회에서 주목할 만한 것은 주제가 제시된 형식이다. 이에 따르면 과학과 종교 중에서 하나를 선택할 수밖에 없고, 양자 사이의 절충은 불가능하다. 이와 같은 형식이 이 토론회에서만 채택된 것은 아니다. 예컨대 1922년 2월 인천 내리교회에서 열린 토론회 주제는 "인류향상(人類向上)에는 과학(科學)이냐 종교(宗敎)냐?"[86]였고, 1923년 2월 진주 천주교회에서 열린 토론회는 "인류존재(人類存在)의 대의(大意)가 종교(宗敎)냐? 과학(科學)이냐?"[87]였다. 1924년에도 "문명(文明)의 원리(原理)는 종교(宗敎)냐 과학(科學)이냐?"[88] 그리고 "안전(安全)한 생활(生活)을 함에는 종교(宗敎)냐 과학(科學)이냐?"[89] 등의 토론회가 이어졌다. 토론회의 주제를 설정하는 이런 방식을 통해 당시 종교와 과학의 관계가 내내 제로섬의 구도(構圖)로 마련되었다는 것을 알 수 있다.

하지만 "종교냐? 과학이냐?"의 질문을 던지고, 위의 사례처럼 종교를 선택한 것을 어떻게 봐야 하는가? 이런 태도를 과연 종교에 의한 과학의 해소로 볼 수 있는가? 이 질문에 답변하기 위해 개신교 근본주의 신학의 대표자 격인 박형룡(1897~1978)이 1931년에 제시한 주장을 살펴볼 필요가 있다.

과학과 종교의 전쟁은 종교에 대한 과학의 공격이지 그 반대는 아니다. 과학적 추론이 공격을 하고 있고, 종교는 방어를 하고 있는 상황이다. 상호공격으로 보는 것은 잘못된 것이다. 종교는 과학의 영역에 침공하는 것을 중지했다. 양자 사이의 평화가 달성되기 위해 먼저 공격 무기

를 내려놔야 하는 것은 과학이다.[90]

박형룡의 주장은 종교와 과학의 양자택일적인 질문을 제시하고 종교를 선택한 것이 과학의 공세에 대응해야 하는 단계에서 종교 측의 수세적인 반응임을 보여준다. 양자택일의 질문을 던지고 종교를 선택함으로써 마치 종교가 과학을 복속한 것 같은 자세를 취하고 있지만, 이런 모습은 잠정적일 수밖에 없다. 왜냐하면 근대성 체제에서 과학 자체에 대한 도전은 생각될 수 없기 때문이다. 종교 쪽에서 공격할 만한 대상은 과학 자체가 아니라, 과학주의인 것이다.

3. 종교와 과학의 각자도생(各自圖生)

1925년 10월 15일자 〈동아일보〉에는 종교-과학의 갈등에 관한 다음과 같은 기사가 게재되었다.

> 종교와 과학의 싸움은 그 역사도 오래였거니와 지금까지 일부 사회에서 그치지 않음을 봅니다. 그러나 과연 과학과 종교는 충돌하지 아니치 못할 것인가. 그러하다고 할 수 있고 그렇지 않다고도 할 수 있습니다. 그러하다는 것은 과학의 발달이 미신을 타파함으로 이미 믿는 종교의 미신적 부분과 충돌을 면치 못할 것이오, 그렇지 않다함은 과학과 종교가 본질 상 인류의 없지 못할 본능의 나타남이오, 각기 종류가 다른 진리를 가졌기 때문이외다.[91]

이 내용은 종교-과학 관계의 두 가지 측면을 잘 보여준다. 즉, 종교-과학이 충돌하게 되는 경우와 양립할 수 있는 경우가 있는데, 충돌하는 것은 종교 안에 있는 미신적 것과 과학이므로, 본질적 측면에서는 대립할 필요가 없다는 것이다. 이어서 이 기사는 역사적으로 과학과 종교가 충돌한 상황을 다음의 다섯 가지로 정리한다.[92] 첫째는 종교의 특정 교리가 과학과 배치될 때인데, 예컨대 지동설과 천동설이 대립하는 경우이다. 둘째는 과학과 종교를 서로 혼합할 때인데, 예컨대 진화론자가 과학적 논리를 벗어나 신비한 힘을 끌어들이려고 하는 경우이다. 셋째는 과학이 과학 자체와는 관계없는 측면에서 종교와 대치할 때인데, 예컨대 과학자가 흔히 가지는 유물주의의 경우이다. 넷째는 과학이 종교의 신비성을 벗겨내어 종교가의 분노를 일으킬 경우이다. 다섯째는 종교와 과학이 각각 감정과 이지의 영역에 속하기 때문에 서로 조화되지 않을 경우이다. 요컨대 "종교는 도덕의 '오더'에 속하고, 과학은 자연의 '오더'에 속하여 종교로써 과학을 재거나 과학으로 종교를 딜구는 것이 마치 저울로 리수는(?) 청량하려 함과 같으니 가소롭고 불가능한 일"[93]이라는 것이다. 종교와 과학이 비본질적인 문제로 서로의 영역을 침범하면 충돌이 일어나는 반면, 자신의 본질적 자리를 지키면 충돌이 일어날 까닭이 없다는 것이다. 하지만 하나의 단서가 붙는다. 종교가 인정을 받으려면 자신 안에 스며들 수 있는 미신은 제거해야 한다는 것이다. 이 기사의 마무리 말은 다음과 같다. "그러하나 '윌리엄 제임스'의 말같이 신앙을 들쳐 내어 환기를 시킬 필요가 있고 과학의 서북풍으로 모든 신념에부터 있는 야매와 병증을 불어 정결케 할 필요가 있습니다."[94]

종교-과학의 평화 관계는 그냥 이루어지는 것이 아니라, 종교가 과학의 규율에 따라 스스로를 정화하기로 동의할 때 비로소 생겨나는 것이다. 이런 점은 다음의 내용에서도 확인할 수 있다. 1930년 1월 21일부터 1

월 26일까지 모두 6회에 걸쳐 〈동아일보〉에 연재된 「종교(宗敎)와 과학(科學)」은 일제강점기의 신문과 잡지에 나타난 종교와 과학에 관한 글 가운데 분량이나 수준의 측면에서 주목할 만한 글이다. 이 연재물의 필자는 소설가 전무길(全武吉, 1905~?)[95]인데, 그의 글은 다음과 같이 시작한다.

생존경쟁의 흉화(凶禍)는 맑스로 하여금 유물사관을 초(草)케 하였고 현혹(眩惑)한 과학(科學)은 인간으로 하여금 물질 이외의 일체(一切) 백반(百般)은 망각하기에 적당케 하였다. 종차(從此)로 실증적 과학을 존숭하는 반면에 종교를 경멸하기에 지(至)하였다. 극단으로는 종교는 우매한 사람의 가공적 허위를 믿는 것으로서 과학자에게는 무관한 것같이 도외시되었다. 그러나 그 실(實) 종교는 그런 미신을 숭상하는 것이 아니라 과학자나 정치가나 상인을 물론(勿論)하고 모두 그 신념 하에서 생활하고 있는 것이 사실이다.[96]

전무길은 실증적 과학과 유물사관이 종교를 허구라고 보고 경멸하는 것을 비판한다. 그에 따르면 이런 관점은 종교를 피상적으로 본 것이며, 부분적인 결함을 종교의 본질로 착각한 것이다.

혹왈 비과학적(非科學的) 미신(迷信)이라고 하며, 또는 허무한 의식(儀式)이라고 한다. 이러한 종류의 비난이 허다하며 또 그 비난이 전적으로 종교를 격파한다고 보는 사람도 있는 듯하다. 물론 금일의 타락한 종교가들은 실질은 여하튼 형식만 치중하고 인간의 귀중한 노력의 결정(結晶)인 지식도 부인하려고 하며 심하게는 특권계급의 주구(走狗)가 된다. 그러나 참된 종교는 그러한 것을 일호(一毫)도 용납하지 않는다.[97]

그가 참된 종교를 말할 수 있는 것은 종교의 본질을 상정하고 있기 때문이다. 그가 "물 자체와 수단과 표현 양식을 혼동한다면 그보다 우심(尤甚)한 착각은 없을 것"[98]이라고 주장하는 까닭이다. 이런 전제 아래 그는 "종교는 여하한 것이며, 과학과 상적(相敵)할 것인가, 부(否)인가?"라는 질문을 던진다. 그의 답변은 "종교와 과학이 충돌되어온 유래를 말하고 양자(兩者)는 그 근저(根底)를 공통(共通)히 한 것이라는 것을 말하려"[99]는 것으로 시작한다.

전무길의 관점에서 특징적인 것은 종교와 과학의 충돌을 구(舊) 지식과 신(新) 지식의 충돌(그는 구 과학과 신 과학의 충돌이라고 표현하기도 한다)로 본다는 것이다. 그리고 금일의 교육이 과학에 기초를 두기 때문에 이전의 비과학적 종교와는 잘 어울릴 수 없으며, 금일의 청년에게 종교가 받아들여지기 어렵다[100]고 본다. 하지만 종교와 과학의 충돌을 이른바 신구(新舊) 과학의 충돌로 본다면 종교와 과학의 대립은 절대적인 것으로 간주하지 않아도 되게 된다. 종교는 사신 안에 있는 이진의 낡은 지식을 새로운 것으로 바꾸면 될 것이고, 과학은 이전의 지식을 무조건 비과학이라고 매도할 필요가 없기 때문이다.[101] 종교와 과학의 갈등이라는 "상서롭지 못한 일"이 일어났던 것은 한편으로 종교가 이전의 쓸모없는 지식을 묵수하고, 다른 한편으로 과학이 맹목적으로 자기의 전신(前身)에게 총부리를 들이댔기 때문이다.[102] 이전에는 과학이 종교의 시녀(侍女) 노릇을 하며 탄압을 받았다면, 지금은 그 반대로 종교가 과학의 압박을 받고 대두(擡頭)하기 어렵게 되었다.[103]

그에 따르면 과학이 고대(古代)에는 물리학(物理學), 수학(數學) 등에 그쳤지마는 금일에는 자연계(自然界)를 연구하는 일체백반(一切百般)을 총칭하게 되었고, 과학의 범위가 이렇게 광범(廣範)하게 되는 것을 보고 혹인(或人)은 종교의 범위가 축소되어간다고 주장하기도 한다.[104] 또한 종교는 원시시대에 객관적 현상과 주관적 인상을 구별하지 못하여 생긴 것에 불과하다거나, 자연력(自然力)에 대한 몰이해와 그에 수반하는 공포(恐怖)에서 출발한 것이라고 주장하는 이도 있다. 또한 종교는 미신(迷信)만을 작출(作出)한다고 비난하는 이도 있다.[105]

하지만 전무길은 이런 관점이 모두 종교와 과학의 본질을 혼동하여 관찰한 결과이며, "양자는 결코 상침(相侵)할 성질의 것이 아니"[106]다. 그렇다면 전무길이 파악하는 종교란 무엇인가?

> 종교는 지식이 아니오, 인간행위의 규범을 목적한 것으로서 당위(當爲)의 의식(意識)에서—마땅히 하지 않으면 아니 될 무상명령(無上命令)의 의식(意識)에서— 출발(出發)한 것임을 잊어서는 아니 된다. 종교는 본질적으로 진선미(眞善美) 이외에 아무 것도 구(求)하지 않는다. 종교의 소위 신(神)이라는 것은 주관적 진선미를 객관화한 것이며, 이상화(理想化)한 것이다.[107]

하지만 전무길이 보기에 이와 같은 종교의 본 모습은 흔히 도외시된다. 과학자에게 소개되는 종교는 그 본질 대신에 외각(外殼)과 사해(死骸)만을 전(傳)하고, 무지한 목사(牧師)의 구두(口頭)로 소개되는 종교는 미신(迷信)만 가득 찬 것[108]에 불과하다.

> 종교는…… 인간생활의 정대(正大)한 향상(向上)을 도모하는 정신적 노력이며 집단적 운동이라고 하겠다. 다시 말하면 종교는 진, 선, 미한 점(點)을 어디까지든지 지지(支持)하며 증오로부터 상호(相互) 애타(愛他)에, 개인적 이기주의로부터 사회적 구호주의에, 자포자기로부터 자기확립 인격완성에 나가려는 아름다운 시적(詩的) 운동이다.[109]

이와 같이 종교를 파악하게 되면, 종교의 부정적인 측면이라는 것은 모두 종교의 본질을 제대로 못 본 결과일 뿐이다. 그리고 종교와 과학은 전혀 상침(相侵)할 성질이 아니라고 했으므로, 과학은 종교의 영역에 간섭할 필요가 없고, 종교도 마찬가지다. 종교는 과학적 지식이 아니며, (지향하는 바는) 윤리적 인격 완성에 있는 것[110]이기 때문이다. 이런 관점에 의하면 과학은 종교 영역에 불간섭함으로써 종교가 그 본질적 방향인 인간의 윤리적 완성에 이르도록 기여한다. 종교 역시 과학의 영역에 간섭하지 않는다. 종교가 과학적 지식에 간섭할 능력은 없다. 오히려 종교는 과학의 도움을 받을 필요가 있다. 종교의 영역에서는 늘 종교의 본질적 정신이 망각되고 미신에 빠지는 일이 일어나기 때문이다. 과학은 종교에 간섭하지 않으면 되지만 종교는 "과학의 조력(助力)을 얻어 종교의 신(新) 가치를 발현(發現)할 수 있는"[111] 태도를 더 갖춰야 한다.

이런 조건을 구비하게 되면 종교와 과학은 따로 떨어져 있지만 서로 긴밀하게 작용하는 관계를 지니게 된다. 이처럼 종교와 과학이 제대로 직용하게 되면 서양과 같은 선진국이 될 수 있고, 인류가 행복해지는 방향으로 나아가게 된다고 보는 사람들이 당시 적지 않았다. 김창세(金昌世, 1893~1934)[112]도 그렇다고 생각했다.

> ……나는 과학과 종교가 일차(一車)의 양륜(兩輪)처럼 우리 인류를 행복되게 하고 구제해 내는 상즉불가리(相卽不可離)—서로 붙어서 떨어지지 못할 것으로 압니다. ……어찌함으로 우리의 지옥같은 나라를 천국같은 나라로 화(化)할 수가 있을꼬? 과학적으로 알고 종교적으로 행(行)하자. 과학적 정신과 종교적 정신을 가지자. 진리감(眞理感), 인과율, 신앙, 봉사의 정신을 가지고 새로운 우리, 개조된 우리를 짓자—오늘부터 짓자함에 있다고 생각합니다.[113]

김창세의 경우에 종교와 과학의 각자도생은 차의 두 바퀴처럼 우리나라를 앞으로 나아가게 하여 선진국으로 만들어주고, 인류 모두가 행복하게 되는 방향으로 이끌어준다. 과학적 지식과 종교적 실천의 각자도생은 전체의 도생이 되는 것이다. 하지만 전무길의 각자도생에서 종교가 과학의 조력을 받아야 한다는 조건이 첨부되어 있음을 간과할 수 없다.

과학/종교의 경계선과
그 관계의 양상

하나의 개념이 구별되어 나타나는 순간, 다른 개념과의 관계가 시작된다. 그 개념은 다른 개념과 연관되면서 자타(自他) 작용을 통해 스스로의 정체(正體)성을 만들어나간다. 그런 개념 관계가 특정 사회에서 중요한 담론의 담지자(擔持者)가 된 경우에는 그 관계를 둘러싸고 열띤 논의가 이루어진다. 곧, 서로 격리될 수밖에 없다거나 같이하기 마련이라는 주장이 등장한다. '따로' 혹은 '같이'의 방향이다. 그리고 그 각 방향에도 서로 다른 관점이 함축되어 각축을 벌이고 세력 관계를 반영하며 위계가 설정된다. 또 그런 개념 관계를 통해 세력의 차등(差等)을 나타낸다.

이 글은 19세기 후반과 20세기 초반이라는 특정 역사적인 조건의 한국에서 과학과 종교라는 개념이 어떻게 등장하고, 서로의 의미가 형성되는지 살펴보고자 했다. 과학과 종교의 개념이 각각, 그리고 서로 어떤 방향으로 자리잡아가는가, 그 맥락과 과정이 어떠한가를 논의하고자 하였다. 이 글에서 전개된 논의의 방식은 다소 우회적이라고 볼 수 있다. 우선 근대과학적 세계관을 낳은 서구에서 'science'와 'religion'사이의 관계가 어떻게 설정되고, 상호의 성격이 규정되는지 살펴보았다. 과학과 종교의 갈등 관계가 부각되거나, 양립 가능하다는 관점이 역사적 변화와 함께 부침한다는 것, 그리고 이런 관점의 변동은 과학과 종교의 개념 네트워크와 연동(聯動)된 권력 다툼에 이어져 있다는 것이 지적되었다. 'science'와 'religion'은 서로 갈등을 빚거나 아니면 '오불관언(吾不關焉)'의 자세를 취하기도 하고, 서로 우열을 가려서 위계의 관계를 맺기도 하는데, 이런 여러 관계의 바탕에는 두 가지 다른 영역으로 상정된 'science'와 'religion'이 있다. 다른 영역이라고 전제된 두 가지 개념 사이에 역사의 변화와 더불어 여러 가지 양상의 관계가 성립하는 것이다.

이런 관점을 수긍한다면 질문의 초점은 과학과 종교의 경계선에 관한 것이 될 수밖에 없다. 즉, "경계선이 애초 왜 만들어지게 되었는가?", "경계선의 변동은 어떤 과정을 거쳐 이루어지는가?", 그리고 "무엇이 경계선의 변동을 야기하는가?"등의 질문이다. 3장의 내용은 여기서 "과학과 종교의 경계선이 왜 만들어지게 되었는가?"의 질문과 관련이 있다. 서구와 비서구의 양분법이 힘을 발휘하게 된 것은 서구의 과학이 지닌 강력함에 기인한다고 해도 지나치지 않다. 그렇다면 서구에서 과학이 우세하게 된 맥락이 무엇인지 궁금해진다. 이 점을 설명하기 위해 여태까지 수많은 이론이 제기되었다. 그 가운데 많은 부분이 서구 과학의 충만한 조건과 비서구의 결핍된 조건을 강조하는 것으로 귀결되었다. 이는 서구 과학의 성공을 확인하고, 서구의 헤게모니를 강화하는 효과를 산출하였다. 하지만 3장에서 논의한 발라강가다라와 프랑수아 줄리앙의 관점은 인도와 중국의 문명적인 틀 안에서 과학적 관점이 지닌 의미가 무엇인지 근본적인 물음을 제기하고 있다. 즉, 인도와 중국에서 과학과 종교의 경계선이 어째서 당초에 만들어질 필요가 없었는지, 왜 그것을 "결핍"의 관점에서 보는 것이 부적절한지 물음을 던진다.

4장에서는 일본과 중국에서 과학과 종교의 개념이 어떻게 등장하여 관계를 맺어왔는지 검토하였다. 19세기 후반과 20세기 초반의 상황을 공유하는 중국과 일본의 경우를 비교의 준거로 삼는다면, 한국의 경우가 지닌 특성이 보다 분명하게 드러날 것이라는 생각이 밑에 깔려 있다. 서구의 '충격'에 직면한 동아시아라는 공통분모 아래에서 중국과 일본 그리고 한국이 처한 상황은 저마다 다르다. 같으면서도 다른 이런 처지가 서로를 비추는 거울로 작용할 수 있다.

동아시아 3국이 공유한 점은 이런 것이다. 서구 세력과 기독교를 동일시한 것, 서구의 부국강병의 배후에 과학이 있다는 것, 기독교가 종교의 한 부분이며, 종교 자유가 새로운 질서의 기본 원칙이라는 것, 종교와 과학이라는 독자적 영역의 설정을 수용해야 했다는 것, 정치와 종교의 분리가 당연하게 간주되었다는 것 등이다. 차이점은 일본의 경우 신도를 두 가지로 구분하여 하나는 세속 통치의 구심점으로 삼고, 다른 하나는 개인이 선택하는 종교로 삼았다는 것이다. 바로 일본이 취한 국가신도의 전략이다. 이는 서구 열강의 압력으로 종교의 자유를 문명의 보편적 원칙으로 받아들이면서도, 국가 통합의 중심적 기제를 마련하려는 의도였다. 국가신도라는 장치를 통해 교육과 과학 등의 영역에 대한 접근이 보장될 수 있었던 것이다.

세상의 중심인 중화(中華)에서 여러 국민 국가 가운데 하나로 변모할 수밖에 없었던 중국은 서구 열강의 수탈뿐 아니라, 청일전쟁의 패배 이후에는 일본의 위협까지 받게 되어 나라 전반에 걸쳐 위기의식이 팽배하게 되었다. 위기를 빨리 극복하려는 하나의 방책으로 새로운 교육의 필요성이 제기되었는데, 한편으로는 근대식 교육, 그리고 다른 한편으로는 체제 수호의 교육이라는 양 측면이 강조되었다. 이에 따라 교육의 재원 마련이 시급하게 요청되었는바, 각 지역에서 자율적으로 운영되던 사원의 재산을 몰수 혹은 이용하는 방안이 유력하게 제기되었다. 사원은 그 지역에서 전통적 신앙이 행해지던 곳으로, 음사(淫祀) 척결의 구호는 이후 사원 재산 몰수의 정책과 함께 빈번하게 등장하게 되었다. 중국에서 사회주의운동이 강화되면서 음사 척결은 미신 타파 운동으로 연결되었고, 과학 지상주의가 팽배하였다. 물론 제1차 세계대전이 끝나면서 서구 중심주의의 비판이 일어남과 더불어 과학주의에 대한 반성도 제기되었다. 하지만 중국에서 과학-미신의 대립 구도는 계속 우세한 위치를 차지했고, 종교는 자체 안에 미신의 가능성을 품고 있다는 혐의에서 항상 자유로울 수 없었다.

5장에서는 19세기 후반과 20세기 초반 한국 관련 사전에 나타난 과학과 종교의 용어를 살펴봄으로써 서구어 science와 religion에 대응하는 번역어로서 자리잡는 모습을 추적하였다. 어떤 용어가 사전에 등재될 경우, 그 항목은 해당 사회에서 이미 통용어로 인정되었음을 뜻한다. 이 점을 고려할 때, science와 religion의 번역어로서 과학과 종교가 안정적인 위치를 점하게 되는 것은 1920년대이다.

6장은 20세기 초의 한국에서 과학과 종교가 맺는 관계를 몇 가지로 나누어 논의한 부분이다. 우선 붙는 경우와 떨어지는 경우로 나눌 수 있고, 거기에서 또다시 나누어 질 수 있다. 즉, 과학과 종교를 따로 떼어놓을 수 있다고 보느냐, 아니면 하나로 합쳐질 수 있다고 보느냐에 따라 크게 둘로 나누어진다. 이산(離散)하는 경우와 합집(合集)·복속하는 경우이다. 그리고 합집·복속하는 경우는 다시 두 가지로 나누어져 전체 세 가지의 구분이 성립한다. 6장의 내용은 이 세 가지 유형에 관한 사례를 관련 문헌을 통해 구체적으로 제시한 것이다.

필자는 종교와 과학의 관계를 거론하는 작업에서 개념사적 관점이 필수적이라고 본다. 이 부분이 누락될 경우, 자칫하면 시대착오적인 논의로 빠질 수 있기 때문이다. 이 글은 한국에서 종교와 과학의 관계에 대한 논의가 이루어지기 위한 하나의 선행 작업의 성격을 갖는다. 이 글에서 좀 더 밝히지 못한 부분이 있다면 동아시아의 시대적 조건을 공유했던 중국 및 일본과 비교하여 한국의 차별적 성격을 분명하게 부각시키는 것이다. 차후의 과제라고 생각한다. 이 주제에 대한 지속적인 논의의 필요성을 절감하고 있다. 독자 여러분의 많은 참여와 생산적인 비판을 고대한다.

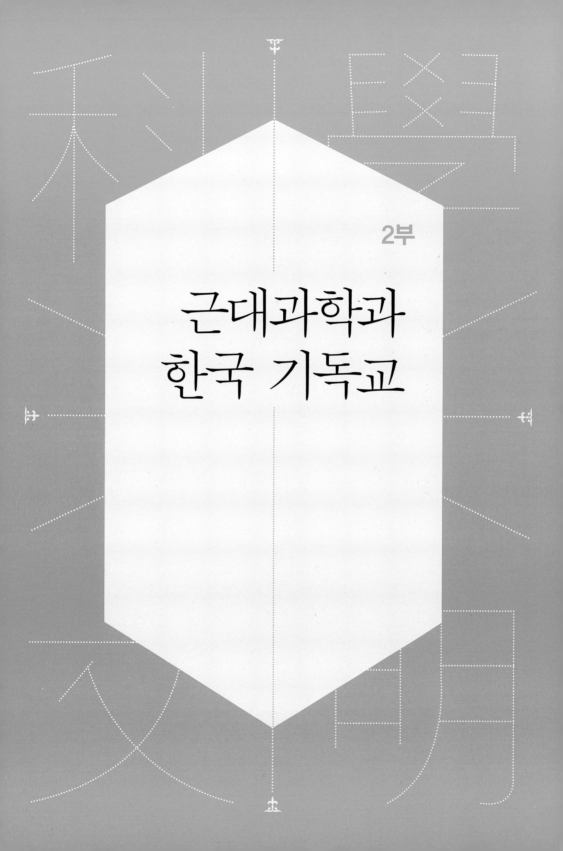

2부

근대과학과
한국 기독교

1장

근대과학과 한국 천주교: 서학 수용론의 인식 구조[1]

1. 동아시아에 소개된 천주교

17세기 초부터 조선 사회에는 낯선 문물들이 소개되기 시작하였다. 세계 지도, 천구의, 망원경, 그리고 한문으로 된 여러 종류의 서적들은 북경을 왕래하던 조선 사신들이 중국에서 가져온 것이지만 서역을 넘어서 더 먼 서쪽에서 온 사람들이 만든 것이었다. 명나라 말기 중국으로 진출한 예수회 선교사들이 중국인들에게 소개한 이 문물과 지식 체계를 일반적으로 '서학(西學)'이라는 이름으로 부른다. 가장 널리 사용되는 개념 정의를 따를 경우에 서학은 다음과 같이 정의된다. "서학은 중세적 스콜라 철학에 입각한 가톨릭적 그리스도교 사상과 야소회사(耶蘇會士)라는 특수신분을 지닌 인사들이 소화 수용한 서양 중세와 루넷산스기(期)의 서양과학기술문명을 포괄하는 서구문명의 학적 측면이라 할 것이다."[2]

18세기에 오게 되면 영조와 정조 치세하에서 조선의 유학자들 사이에서 서학에 속하는 문헌들이 매우 빠른 속도로 퍼져나갔다. 아울러 서학이 던져준 지적 충격에 대해서 다양한 논의들이 일어났다. 이것은 한국 사상사 속에서도 매우 독특한 의미를 지닌 사건이라고 할 수 있겠다. 왜냐하면 유교나 불교의 수용과 비교할 때 서학의 유입은 상당히 이질적인 풍토에서 배태된 문화 요소들을 동반하고 있었기 때문이다. 또한 시대적인 상황으로 보더라도 주자학의 경직성이 완화되는 18세기의 지적 분위기가 19세기로 넘어가게 되면 급변하여 이양선의 출몰 등 외부적인 자극에 대해서 배타적이면서 공격적인 태도를 취하게 된다. 따라서 18세기 서학 유입에 대한 조선 유학자들의 반응을 검토하는 것은 지금까지 사상사 학계의 많은 관심을 유발하였으며, 이에 따라서 상당한 정도로 연구 성과들이 축적되어 있다.

그런데 많은 논자들은 중국의 서학 관계 문헌들이 과학 방면의 서적들과 종교 방면의 서적들로 나뉜다고 전제하고 있다. 그래서 중국에서도 청나라 황실을 비롯하여 중국의 유학자들이 유럽의 과학과 기술을 소개하는 지식들은 수용하되 천주교라는 종교의 유입에 대해서는 금지하였다고 본다. 그 연장선 위에서 조선의 유학자들 역시 과학지식은 받아들여 활용하되 종교적인 가르침은 배척하였다는 견해가 학계에서 널리 자리잡고 있다.

18세기 조선 유학자들의 인식 속에 과학과 종교의 구분론이 들어 있었다는 해석은 당시 서학 유입에 따른 반응을 분석하는 데 뛰어난 장점을 지니고 있다. 다양한 모습으로 표출된 반응들을 체계적으로 분류할 수 있게 할뿐더러 조선후기 사상계의 지적 흐름을 현대적인 안목으로 재구성하는 데에도 큰 도움을 줄 수 있다. 그러다 보니 서학 유입의 역사를 종교와 과학의 대립 구도로 읽는 것이 대단히 자명한 논리로 간주되고 있다. 그래서 종교를 탄압하려다가 과학도 배척하여 조선의 근대화가 늦었다거나, 종교 때문에 과학마저 희생되었다는 식의 현재적인 해석이 암

암리에 작동하고 있다.

하지만 중국 서학과 조선 서학에는 분명히 중요한 차이점이 존재한다. 중국에서 서학이라는 지식 체계를 수립하고 보급한 주체는 예수회 선교사였다. 즉, 중국 서학을 구성하는 핵심 요소에는 천주교 선교 활동에 종사할 각오로 입국한 서양인 선교사, 그리고 그들에게 감화되어 천주교를 신봉하는 신자 집단이 존재하였다. 그렇기 때문에 중국에서 서학에 대한 반응은 선교사들의 인식과 신자 집단의 활동, 이에 대한 중국 황실과 조정 대신들의 인식 등이 복합적으로 얽혀 있다.

이에 비해서 조선 서학은 순수하게 지식과 관념으로만 이루어진 담론이었다. 적어도 18세기 후반까지는 그러했다. 천주교 선교사가 조선에 입국하여 서학 서적을 저술하고 유포한 것도 아니었으며, 신자 집단이 가시적으로 형성되어 활동하고 있었던 것도 아니다. 이런 이유로 조선에 유입된 서학의 내용과 이에 대한 유학자들의 반응을 종교와 과학이라는 이분법적인 대립 구도로 파악하는 것이 뛰어난 장점을 지닌 설명 방식일 수는 있겠지만, 당대의 인식을 그대로 드러내기에는 부족한 점이 아직 많다고 하겠다.

먼저 사상사 연구 자체가 단일한 개념과 설명 틀에 의해서 완결될 수는 없다. 다른 시각에서 다른 개념을 사용하여 설명하려는 시도를 포기하는 순간에 사상사 연구가 경색되고 만다. 그래서 종교와 과학의 구분론으로 조선 서학을 읽어서는 안 된다는 것이 아니라, 다른 시각으로 읽을 때 새로운 이해가 가능하다는 것이다. 즉, 사태를 바라보는 관점 내지 시각을 바꿔보자는 것이다. 더 나은 이해를 위한 인식 시도를 모색하고자 하는 것이 이 글의 목표이다.

핵심적인 골자는 두 가지이다. 첫째, 마테오 리치(Matteo Ricci: 利瑪竇, 1752~1610)를 비롯하여 중국에서 활동한 예수회 선교사들이 과학과 종교를 구분하였는가? 그래서 종교적인 목적을 위하여 과학이라는 수단을 사용하였다고 말해도 무방한가? 둘째, 조선후기 유학자들, 특히 성호학파에 속한 이익, 신후담, 안정복 등과 북학파에 속한 홍대용, 박지원, 박제가 등도 서학을 평가할 때 종교와 과학을 구분하였고, 이에 입각하여 천주교의 교리를 비판하였는가? 조선 유학자들의 서학 인식을 다른 시각으로 볼 수 있는 가능성은 없는가? 이러한 문제의식을 바탕으로 하여, 이하에서는 먼저 마테오 리치의 중국 선교 패러다임에서 종교와 과학의 구분이 존재하였는지를 살펴보고, 그런 다음에 조선후기 유학자들의 서학 인식을 종교와 과학의 구분으로 보는 논리들을 재검토하고, 다른 방식의 해석 가능성을 모색하겠다.

2. 리치 패러다임에 대한 재검토

예수회 선교사들이 중국에서 활동하면서 간행한 문헌들과 그 속에 담긴 지식 체계를 총칭하여 서학이라고 한다면, 이 서학의 사유 체계를 리치 패러다임이라고 부르는 것이 온당할까? 물론 마테오 리치의 뒤를 이어서 예수회 중국 선교를 이끌었던 니콜로 롱고바르도(Niccolò Longobardo: 龍華民, 1565~1655)는 리치와는 달리 천주교에서 경배하는 신의 이름을 상제(上帝)로 번역하는 것을 반대하였다고 한다. 그리고 예수회 일본 관구장이었던 발렌팀 카르바요(Valentim Carvalho, 1559~1630/1631)가 1614년 중국 마카오에 와서 잠시 체류하면서 수학과 과학을 가르치는 행위를 금지하는 교령을 반포한 적이 있었다.[3] 포르투갈 출신이었던 카르바요는 직접적으로 복음을 전파하는 일에 더 많은 노력을 기울이기를 원했던 것이다. 하지만 전체적으로 보아서 마테오 리치가 마카오에 도착한 1582년부터 1742년까지,[4] 나아가서 1773년까지[5] 중국에서 활동하던 예수회 선교사들의 사유 방식은 마테오 리치가 밑그림을 그린 패러다임에 토대를 두고 있었다고 말해도 큰 무리는 없으리라고 본다.

1) 예수회의 중국 선교에 대한 기존 해석

마테오 리치와 동료 선교사들의 중국 활동을 보면서 다음과 같은 평가가 일반적으로 존재한다. 즉, "리치는 서양 과학을 가르침으로써 친해진 중국인을 그리스도교로 개종시키려고 했다. 이런 개종방법은 이미 1590년대 후반에 생각했던 것이다. 리치가 바라고 있었던 것은 과학의 문제에 대한 진지한 논의를 통해서 비중 있는 중국인 학자 몇 명 정도를 개종시키는 것이었다. 그리고 실제로 그 희망은 이루어졌다."[6] 이런 주장은 마테오 리치가 소수의 중국인 유학자들, 그리고 궁극적으로는 중국 황제를 정점으로 하는 지배 엘리트 집단만을 선교의 대상으로 놓고 있었다는 인상을 준다.

하지만 이는 사실과 다르다. 마테오 리치가 중국의 유교 지식인들과 교류하는 데 많은 노력을 기울인 것은 분명하지만, 그의 선교 활동은 평민층을 포괄하여 폭넓게 진행되었다. 이것은, 후술하겠지만, 그가 남긴 활동 보고서에 분명하게 나타나 있다. 예수회 선교사들이 중국에서 주요 선교 대상으로 어느 집단을 상정하였는지에 관한 문제는 차치하고, 그들이 가졌던 선교 패러다임 속에 과학을 수단으로 종교를 전파하려는 사고가 들어 있었는지에 관해서 좀 더 집중하도록 하자.

이와 관련하여 또 다른 논자는 리치와 동료 선교사들의 선교 활동에 대해서 다음과 같이 정리한다. "사대부층의 유교적 독서인들을 주요한 선교대상으로 하였으며, 또한 수학과 천문학을 중심으로 한 르네상스기 유럽의 과학과 기술을 이들에게 적극적으로 소개하여 이를 선교에 이용하는 이른바 과학 선교 방식을 사용하였다. 이것은 예수회가 해산되던 1773년까지 예수회 중국 선교의 중심원리로 기능하였다."[7] 이러한 논리에 따르면 예수회의 중국 선교는 과학 선교 패러다임이라고 부를 수 있고, 예수회 선교사들은 중국인들이 과학에 대해 관심이 많다는 사실을 알고 이를 천주교라는 종교의 전파에 활용하였다는 것이다. 나아가서 예수회 선교사들의 사고 속에는 과학과 종교를 구별하는 의식이 실제로 존재했다는 논리로까지 이어질 수 있다.

예수회의 중국 선교 정책, 즉 리치 패러다임을 과학 선교, 과학과 종교의 구분법으로 접근하는 것에는 두 가지 문제가 있다. 첫째는 예수회 선교사들이 종교와 과학을 별개의 범주로 구분하는 사고를 가지고 있었느냐 하는 점이다. 둘째는 그들이 종교와 과학이라는 용어를 실제로 사용한 적이 있는가 하는 점이다. 이하에서는 먼저 예수회 선교사들의 인식 속에 종교와 과학을 나누는 사고방식이 존재했는지를 되물어보고자 한다. 그런 다음에 리치의 기록 속에 종교라는 어휘가 과연 등장하는지, 그리고 그것이 과학과 구별되는 용어였는지를 검토하겠다.

2) 자연신학적 사유

우선 마테오 리치와 동료 선교사들이 전달한 유럽의 지식은 근대과학이라고 말할 수 없다. 그것은 자연철학, 즉 자연신학의 연장선 위에 있는 스콜라주의 지식이었다. 자연에 대한 합리적 지식 즉 이성을 통해서 신적인 계시의 흔적을 발견할 수 있다는 관점에서 자연을 연구한 것이다. 그러므로 예수회 선교사들의 의식 속에는 종교적 사유와 구별되는 과학적 사

유라는 관념이 존재하지 않았고, 종교와 과학을 별개의 영역으로 보지도 않았다.[8]

서구에서 근대과학이라 부를 수 있는 사유방식이 완전히 자리를 잡은 것은 뉴턴의 고전 역학이 수립된 이후에나 가능한 일이었다. 그러니까 1687년에 뉴턴이 『자연철학의 수학적 원리(Philosophiae Naturalis Principia Mathematica)』를 간행한 것이 유럽 과학혁명의 절정이자 현대과학의 기반을 닦은 하나의 종합이었다고 할 수 있다.[9] 물론 서구 근대과학의 시작 기점에 대한 논의는 다양하다. 이미 1543년에 코페르니쿠스의 저서 『천구의 회전에 관하여(De Revolutionibus Orbium Coelestium)』가 출판되었다. 그렇지만 17세기에 들어와서 갈릴레이, 케플러, 뉴턴 등이 출현하면서 실험적인 연구를 통한 새로운 지식의 축적이 시작되었다. 유럽 과학사에서는 이를 천문학과 역학(力學)을 중심으로 한 과학혁명의 요람기라고 본다. 그래서 아리스토텔레스와 프톨레마이오스의 우주관이 결정적으로 몰락하고, 근대과학의 핵심이 되는 고전 역학이 수립된 것은 17세기 후반이었다.

그렇지만 그때에도 여전히 종교와 과학은 오늘날과 같은 의미로 쓰이지 않았다. 당시에는 과학자라는 개념 자체도 없었다. 즉, 19세기가 되어서야 과학자라는 용어가 등장하였던 것이다.[10] 그 이전의 시기에 자연현상을 관찰하고 그 법칙을 기술하는 학문은 '자연철학'이라고 불렸다. 심지어 뉴턴도 자신의 저서에서 자연철학이라는 용어를 사용하였다. 이러한 현상은 18세기까지 지속되었다. 그러므로 마테오 리치와 그의 동료 선교사들이 중국에서 활동하던 17세기에 유럽의 자연철학자들은 근대과학자가 아니었다. 이들의 자연세계에 대한 탐구에서는 종교적 관점 내지 신학적 추론을 배제할 수 없다. 결국 17세기 자연철학자 대다수에게 종교와 과학, 좀 더 정확하게 말하자면 신학과 자연철학은 분리될 수 없는 성질의 것이었다.[11] 아니, 당시 유럽인들은 애당초 종교와 과학을 구별적인 범주로 사고한 적이 없었다.

심지어 존 헤들리 브룩크와 그의 제자들은 서구에서 오늘날 생각하는 과학 개념이 자리잡은 것은 18세기와 19세기에 일어난 일이라고 본다. 피터 해리슨은 단정적으로 오늘날 우리가 이해하는 학문 범주로서 과학은 오로지 19세기를 거치는 동안에 출현한 것이라고 말한다. 그리고 종교라는 관념 역시 근대 시기에 전개된 것이며, 믿음과 실천들로 이루어진 별개의 집합체이면서 동시에 공통적이고 포괄적인 '종교'개념과 연결된 여러 개의 종교들이 존재한다는 사고 자체가 유럽 계몽주의 시대의 산물이라고 본다. 따라서 종교와 과학이라는 두 가지 범주가 출현하는 역사적 상황들을 추적해보면 19세기 이전 유럽에서 종교와 과학 사이의 관계를 설정하려는 관념 자체가 몰역사적이라는 결론에 도달하게 된다는 것이다. 더 근본적인 오류는 종교와 과학을 서구 역사의 전 시기, 나아가서 비서구 문화의 역사적 발전 과정에도 적용할 수 있다는 가정에 들어 있다고 한다.

결국 자연에 대한 연구의 역사는 서구에서 긴 가계도를 가지고 있지만, 우리가 오늘날 이해하는 과학은 19세기 동안에 특정한 형태를 띠고 출현한 범주이다. 그러므로 그 시기 이전에 종교와 과학의 관계를 말하는 것은 매우 조심스럽게 한정해서 사용해야 한다는 것이 최근 서구 과학사 연구자들이 종교와 과학의 범주에 대해서 다가가는 대체적인 자세라고 말할 수 있다.[12] 피터 해리슨의 주장은 존 헤들리 브룩크가 서구 과학사 연구에 새로운 충격을 던져준 저작에 힘입은 것이기도 하다. 즉, 브룩크는 17세기 과학혁명부터 19세기 진화론 논쟁까지의 역사를 살펴보면서 지금까지 서구 과학사 연구가 개념의 문제에 대해서 지나치게 몰역사적인 태도를 취해왔음을 비판한 바 있다. 그래서 종교나 과학과 같은 개념들을 다룰 때에, 특히 종교와 과학이 맺어온 상호관계의 역사를 접근할 때에는 현재적인 개념의 틀로 과거의 사건을 자의적으로 판단하는 오류를 조심해야 한다고 주장한다.[13]

그러므로 종교와 과학을 대립적인 범주로 바라보는 패러다임이 출현한 것은 매우 늦은 시기에 일어난 사건이다. 심지어 현대과학에 와서도 여전히 종교적 언어가 작동하고 있음을 강조하는 경우도 있다. 예컨대 다윈도 자연에서 경험했던 아름다움을 신에 대한 자신의 믿음과 결부지어 묘사한 적이 있다는 것이다.[14] 이처럼 종교와 과학이라는 두 가지 사회문화적 범주는 그렇게 자명하지도 않고, 역사적으로 오랜 것도 아니다. 실제로 17세기 과학혁명이 출현하게 된 데에는 유럽 천주교, 특히 예수회 회원들의 지적 활동이 큰 역할을 하였던 것으로 평가된다. 여기에는 자연을 연구하는 것 자체가 신의 비밀을 풀기 위한 활동이라고 인식하고, 자연세계를 정확하게 관찰하고 이해하면 창조주에 관해서 더 잘 알 수 있다는 자연철학적 관점이 작용하였던 것이다.[15] 그리고 종교와 과학을 대립적인 범주로 사고하면서 양자의 긴장에 대해서 본격적으로 논의하기 시작한 것은 유럽에서도 19세기 초반에 와서야 이루어졌다.[16] 다윈의 『종의 기원』이 발표된 1859년 이후에 신학과 과학이라는 두 가지 논증 형식 사이의 충돌이 비로소 세인의 주목을 끌었으며, 종교와 과학이라는 두 가지 독립된 세계관이 존재하며 양자 사이에는 화해할 수 없는 대립이 존재한다는 사고가 널리 확산되었다.

이처럼 유럽 과학사의 흐름으로 볼 때에도 마테오 리치가 로마를 떠나 아시아로 향하던 1577년에 유럽에서는 근대과학이 아직 제대로 일어나기 직전이었다. 그러므로 리치가 유럽에서 배웠던 천문학과 수학 등 자연에 관한 지식은 근대과학 직전의 중세적인 것이었다.[17] 또한 아직 유럽 어디에서도 종교적 세계관과 구별되거나 대립되는 과학적 세계관이 존재한 것도 아니었다. 따라서 종교와 과학의 패러다임 내지 구분법을 가지고 마테오 리치의 중국 활동을 해석하는 것은 현대적인 개념으로 과거의 사실을 재구성하는 행위라고 하겠다.[18] 이것은 예수회 선교사들의 중국 선교가 지닌 특성을 좀 더 선명하게 드러내는 데에는 장점을 지닐 수 있다. 하지만 그들이 가지고 있었던 사고방식 내지 선교 패러다임을 당대의 맥락이나 그들 자신의 언어로 이해할 수 있는 가능성을 차단해버리는 위험을 안고 있다.

3) 예수회 신학교의 교육 내용

마테오 리치와 동료 선교사들의 의식 속에서 종교와 과학은 구별되는 범주가 아니었으며, 자연신학의 체계 속에 통일되어 있는 요소였다는 점은 그들이 받았던 교육 내용을 통해서도 확인된다. 최근 연구 성과들에 따르면 예수회 선교사들, 특히 로마에 있던 예수회 교육기관 콜레지움 로마눔에서 공부한 선교사들은 일종의 르네상스적 인간이었다고 한다.[19] 즉, 그리스어와 라틴어로 된 고전 작품들을 암기하는 인문학적 훈련에서 출발하여 아리스토텔레스의 논리학, 자연철학, 윤리학을 이수하고, 최종적으로 토마스 아퀴나스의 신학 체계를 학습하였다는 것이다. 그 과정에서 이들이 배운 토마스 아퀴나스의 신학은 일종의 자연신학이라고 할 수 있다. 말하자면 자연의 운행 질서에서 신의 섭리를 이성적으로 추론할 수 있으며, 이를 기반으로 하여 신적인 존재에 대한 체계적인 지식으로 나아갈 수 있다는 것이다. 그러므로 예수회 선교사들은 과학을 신학으로부터 독립된 별개의 지식으로 간주하지 않았다는 말이 된다.

마테오 리치와 같은 예수회 선교사들은 모두 예수회의 설립자 이냐시오 로욜라가 제정한 규칙에 따라 교육을 받았다. 기존 연구에 의하면 모든 예수회 사제들은 먼저 2년간 라틴어와 그리스어 수업을 이수하고 추가로 2년간 인문학 수련을 더 받아야만 사제가 되기 위한 철학과 신학 수업을 시작할 수 있었다고 한다. 철학을 위해서는 3년의 교과과정, 그리고 신학을 위해서는 모두 4년의 추가 교육과정이 부과되었다. 그러므로 사제로 서품받기 전에 모든 예수회 사제 지망자들은 12년의 엄격한 교과과정을 이수해야만 하였다. 이 가운데에서 인문학 수업에서는 라틴어와 그리스어를 습득한 토대 위에서 그리스와 라틴 고전들을 교육하였다. 철학 수업에서는 아리스토텔레스의 저작들을 교재로 하여 논리학, 자연철학, 도덕철학, 형이상학을 가르쳤다. 그리고 신학교육에서는 토마스 아퀴나스의 『신학대전』과 불가타 성서 등을 가르쳤다.[20]

그러니까 예수회가 세운 교육기관에서 학습을 받은 사제 지망생들은 2년의 인문학 교육 그리고 3년의 철학 교육을 받게 되는데, 그 세부적인 교과과정은 토마스 아퀴나스의 중세 스콜라주의에 기초를 두고 아리스토텔레스의 학문 분류를 수용한 것이다. 토마스 아퀴나스에 따르면 신으로부터 부여받은 은총의 빛과 인간 본성에 속하는 이성의 빛이 각각 고유한 영역을 지니고 있다. 하지만 인간은 이성의 한계를 넘어서는 초자연적인 목적을 추구하도록 운명적으로 규정되어 있기 때문에 자신의 사고와 행위를 달성하려는 과정에서 신의 계시를 받아야 한다고 주장한다.[21] 즉, 라틴어와 그리스어에 대한 지식을 습득하는 과정에서 시작하여, 그리스와 라틴 고전들을 학습하는 과정을 거친 다음에, 논리학과 자연철학, 도덕철학, 형이상학을 배우고, 최종적으로 토마스 아퀴나스의 신학을 연마하는 것은 토마스 아퀴나스가 체계화한 자연신학의 틀 속에서 체계적으로 배치되어 있는 것이었다고 하겠다. 따라서 예수회 선교사들이 유럽에서 배운 교육은 거의 전적으로 스콜라주의 신학의 패러다임 속에 있었다고 보아야 한다. 이러한 사유 속에서는 자연이성을 통해서 신에 관한 지식에 도달하는 것이 가능하다고 전제된다. 그러므로 수학이나 천문학 등 자연에 관한 다양한 지식들은 이성의 작용에 의존하는 한에서 신학의 궁극적 목적과 배치되지 않는다. 토마스 아퀴나스의 언명에 따르면, "은총은 자연을 파기하는 것이 아니고 오히려 완성하기 때문에 자연이성은 신앙에 조력해야 한다."는 것이다.[22]

이처럼 예수회 선교사들은 자연신학과 르네상스적 사유를 자양분으로 하여 형성된 인간형이었기 때문에 대단히 독특한 사고방식을 가진 인물들이었다. 앞에서 보았듯이 종교와 과학을 오늘날 사고하듯이 그렇게 대립적인 지식으로 보지 않고, 신적인 지식으로 나아가는 궁극적인 과정의 중간 단계들로 생각하였다. 따라서 예수회 선교사들은 유럽의 천문학, 수학, 지도 제작술 등의 지식 전달을 자신이 가졌던 본연의 임무인 선교 활동과 배치된다고 생각하지 않았다. 그 모든 지식의 원천에는 신의 계시가 숨겨져 있으므로, 이러한 지식을 통해서도 충분히 신에 대한 앎으로 나아갈 수 있다고 보았다. 이런 지적 패러다임 속에는 유럽인뿐만 아니라 중국인도 마찬가지로 포함되는 것이었다.

또한 예수회 선교사들은 중국에서 선교 활동을 벌이면서 중국의 문화에 대해서도 독특한 견해를 가지게 되었다. 자연이 신에 대한 지식을 전달해주는 책이라고 여겼던 것처럼, 중국이라는 이방 민족의 고대 역사 속에서도 신적인 계시의 흔적을 발견할 수 있다는 생각을 품게 된 것이다. 말하자면 신의 섭리는 자연과 인간 사회의 역사 어디서나 작동한다고 보았다.

특히 그리스도교에서 말하는 신적인 계시의 흔적을 고대 중국의 경전, 특히 『주역』에서 찾으려는 경향을 색은주의(索隱主義: Figurism)라고 부른다. 마테오 리치 사후에 중국으로 와서 활동한 장-프랑수아 제르비용(Jean-François Gerbillon:張誠, 1654~1707), 요아킴 부베(Joachim Bouvet: 白晉,

1656~1730), 조셉 프레마르(Joseph Prémare: 馬若瑟, 1666~1736) 등 프랑스 예수회 선교사들이 그 대표적인 인물이다. 일률적으로 그 특성을 추리기는 어렵지만, 대체로『주역』을 비롯한 중국 경전들에서 창조, 인류의 타락, 홍수 등 그리스도교에서 말하는 인류의 기원에 관한 설명을 찾을 수 있다는 점, 중국 경전에 예수 그리스도의 도래, 삼위일체, 성만찬 등에 관한 예언이 들어 있다는 점, 그리고 중국 고대의 성왕들에 대한 묘사는 구약성서에 나오는 성인들에 관한 언급과 같다는 점 등이 대체적인 주장이다.[23] 그러므로 색은주의자로 불리는 선교사들 역시 리치의 패러다임을 공유하고 있었다고 보아야 한다. 다만 리치와 그의 동료들이 자연신학의 토대 위에서 유럽의 천문학과 수학 등 자연에 관한 지식들을 섭취하여 중국인들에게 소개하였다면, 색은주의자들은 동일한 자연신학에 기반을 두고 있으면서 중국이라는 이방 민족의 고대 문헌에서 신적인 계시의 흔적을 찾으려 하였던 것이다.[24]

4) 리치 자신의 언명에 나타난 선교 방법론

리치 패러다임에서는 종교와 과학의 구분이 존재하지 않았다는 주장에 대해서 여러 가지 반론을 예상할 수 있다. 우선 리치 자신이 서학과 서교를 구별하는 언명을 남겼다는 주장이 있다.[25] 이 주장을 받아들일 경우에 이미 리치의 의식 속에 과학과 종교의 구분론이 들어 있었다는 말이 된다. 하지만 그 근거로 제시된 문헌을 검토한 결과, 서학과 서교를 나누는 식의 발언을 한 것은 리치 자신이 아니라, 예수회 선교사들의 역법과 수학에 대한 소개 활동을 연구한 책의 저자였다.[26] 그러므로 리치가 종교와 과학을 구분하여 사고하였다는 주장은 그 근거가 희박하다.

또한 리치의 요청에 따라 중국으로 와서 활동한 예수회 선교사 사바

티노 데 우르시스(Sabatino de Ursis: 熊三拔, 1575~1620)는 리치가 죽던 해인 1610년 9월 2일에 유럽으로 보낸 서한에서 리치가 생전에 했던 말을 인용한 적이 있다. 즉, 리치가 자신에게 "우리는 반드시 두 손으로 일해야 한다. 오른손으로는 신의 업무를, 왼손으로는 이 [수학] 일을……"이라고 말했다는 것이다.[27] 이를 근거로 하여 리치의 선교방침 속에 신학 저작의 번역과 과학 저작의 번역이라는 중층 구조가 들어 있었다는 주장이 있다.[28] 하지만 예수회가 채택한 공식 신학이었던 토미즘의 체계에서 자연신학은 자연에 대한 지식과 신에 대한 지식을 별개의 것으로 다루지 않았다. 게다가 우르시스가 리치의 말을 인용한 맥락은 수학과 천문학에 정통한 신부를 피견해달라고 요청하기 위해서였다. 그러면서 편지의 말미에서 이것은 "주님께 바치는 큰 봉사(great service to the Lord)가 될 것"이라고 썼다.[29] 즉, 수학과 천문학에 관한 지식을 중국인에게 전하는 것 자체가 선교 활동의 일환으로 인식되고 있었던 것이다. 따라서 우르시스의 전언에서도 리치의 사고 속에 종교와 과학의 구분법이 들어 있었다는 충분한 근거를 찾을 수가 없다.

그렇다면 리치나 동료 선교사들이 종교와 과학을 구분하는 인식을 가지고 있었는지를 직접적으로 확인할 수 있는 자료는 없는가? 이 대목에서 유심히 살펴보아야 하는 기록이 있다. 그것은 리치가 사망하기 전에 예수회의 중국 선교를 회고하면서 직접 이태리어로 작성하였다고 알려진 원고이다. 이 원고는 1911년 로마 예수회 문서고에서 발견되었으며, 파스쿠알레 델리아가 상세한 주석을 붙인 뒤에 1942년부터 1949년까지 세 권으로 간행하였다.[30] 여기에는 리치가 중국에서 어떤 식으로 활동했는지,[31] 그리고 중국 문화에 대해서 어떻게 생각하였고, 자신의 선교 활동에 대해서는 어떤 생각을 가지고 있었는지 등이 생생하게 기록되어 있다. 그러므로 리치 자신이 모국어로 남긴 기록 속에서 종교와 과학의 구분법에 대한 실체를 파악할 수 있으리라고 생각한다.

먼저 리치의 원고 전반부에는 중국에 대한 개괄적인 소개를 담은 글이 실려 있다. 그중에서 제10장의 제목은 '중국에서 종교와 관련된 다양한 교단들'[32]이다. 그 속에는 당시 중국에서 행해지던 여러 종교들이 소개되어 있다. 하지만 이태리어 원문을 살펴보면 어느 구절에서도 종교라는 용어를 사용하고 있지 않다. 또한 유교, 불교, 도교 대신에 유학자들의 법, 석가의 법, 노자의 법(legge)[33] 또는 교단(setta)[34]이라는 용어를 사용하고 있다.[35] 그리고 중국의 유교와 불교, 도교에 대해서 설명하면서도 종교라는 용어를 한 번도 사용하지 않는다.[36] 물론 제목에서는 종교 관련 교단이라고 하였으며, 제일 마지막에 중국인들이 종교에 관해서는 많을수록 좋다고 믿는다는 언급을 하였다. 그러나 유교, 불교, 도교, 천주교 등의 용어를 확립하고 그 모든 개별 종교들을 추상화한 상위 범주로서 종교라는 용어를 사용하고 있지는 않다.

적어도 리치를 비롯하여 17세기 중국에서 활동하던 예수회 선교사들은 종교라는 용어를 현재 사용하고 있는 용어법이 아니라, 지고의 신에 대한 숭배, 사후의 구원 문제에 관한 가르침 등 몇 가지 특정한 기준을 충족하는 문화 요소를 지칭하는 개념으로 사용하고 있었다.[37] 따라서 리치가 종교라는 범주를 사용하였다고 할지라도 이에 속한 것은 천주교였으며, 중국의 전통적인 요소들은 잘못된 교단 혹은 우상을 따르는 교단 등으로 인식되었던 것이다. 리치는 때때로 천주교를 가리키는 용어로도 종교를 사용하지 않고, '우리의 거룩한 법(la nostra santa legge)'이라는 표현을 사용하였다.[38]

더구나 리치는 자신의 중국 선교 활동을 보고하면서 천주교 서적과는 무관한 과학 서적을 간행하였다는 식으로 말하지 않는다. 물론 자신이 중국의 지식인들과 고관들에게 찬탄을 받은 이유 가운데 하나가 새로운 지식을 소개한 데 있다는 사실을 잘 알고 있었다. 그래서 리치의 글에서도 그와 유사한 언급이 나온다.[39] 즉, 리치는 자신이 중국에 소개한 대표적인 유럽의 지식으로서 땅이 둥글다는 사실을 들었다. 하지만 리치는 이런 종류의 지식을 종교와 구별되는 과학의 영역에 해당한다고 보지 않았다. 다만 중국의 지식인들이 호기심을 가지는 분야에 관하여 유럽의 지식을 소개함으로써 어느 정도 명성을 얻을 수 있었다는 것이다. 또 이런 활동들 덕분에 더 이상 중국인들은 예수회 선교사들을 야만인이라고 부를 수 없게 되었다는 것이다.[40]

결국 리치를 비롯한 예수회 선교사들이 서학에 관한 저술들을 지을 때에 종교와 과학을 구분하고, 과학을 선교 수단으로 여기는 인식을 가지고 있었다는 해석은 재고되어야 한다. 적어도 리치와 동료 선교사들이 받았던 교육 내용, 신학 체계, 모국어로 기록된 자료에 등장하는 개념들 등을 바탕으로 판단할 때 그들의 선교 패러다임에서 종교와 과학은 구분되는 범주가 아니었다. 토마스 아퀴나스 신학에 바탕을 둔 자연신학의 체계 속에는 자연철학이 포함되어 있었고, 리치는 이에 입각하여 당시 서양의 천문학, 수학, 지리학, 음악학, 농업 관련 지식들을 소개하였다. 그리고 자연신학의 정점에는 자연을 통해 드러나는 신적인 계시를 이성을 통해서 파악할 수 있다는 인식이 자리잡고 있었다. 그러므로 리치와 동료 선교사들의 서학 관련 저술 활동을 종교와 과학의 구분론으로 접근한다면 그들의 사고방식을 이해하는 데 상당한 제약을 가하게 된다.

3. 조선 유학자들의 서학 인식

16세기 이후 예수회 선교사들이 중국에서 간행한 서학 관련 문헌들이 조선에 소개된 경위에 관해서는 다음과 같은 일반적인 진술이 널리 받아들여진다. "서양 선교사와 일부 중국 서학자들은 그들의 선교 대상이 이질문화 세계의 중국인임을 의식하고, 서양과 서양문화에 관한 일 가운데 중국 지식인들이 영합될 수 있을 내용을 선정하고, 그 내용을 중국인이 이해하기 좋게 번안 조정하여 한문으로 저술한 이른바 한역 서학서를 저술하였다. 이것이 계속 조선 땅에 도입되어 조선 사회 한문지식인들 사이에 유포되었으며, 그 일로 자극되어 문화적 호기심에서 한역 서학서를 가까이하는 학인들이 조선 사회에 늘어나게 되었다. 청국에서 도입되는 한역 서학서의 종류와 수량이 늘어나면서 호기심에서가 아니라 서학서를 연구하는 유학지식인들이 생겨나게 되었고, 개중에는 자기 소견과 연구 결과를 글이나 책으로 엮어내는 학자도 생겼다. 나아가 중국에 들어가 중국 교회의 선교사와 접촉하여 서학의 일부인 한역 천학서를 조선으로 도입하여 연구한 끝에 신앙으로 수용하여 봉교하는 젊은 학인이 생겨나게 되었다."[41]

말하자면 예수회 선교사들이 한문으로 저술한 서적들이 중국을 거쳐서 조선에 전래되자, 일부 유학자들이 문화적 호기심에서 서학 서적들을 탐독하였다. 그중에는 깊이 연구하여 나름의 평가를 내리는 경우도 있었으며, 심지어 서학 서적 가운데 천주교를 소개하는 문헌들을 접하자 이를 신앙으로 수용하는 유학자들도 출현하였다는 것이다. 그렇다면 서학에 대해서 긍정적인 또는 부정적인 인식을 형성하는 데에는 어떤 인식론적인 기제가 작동하였을까? 다시 말해서 서학 서적에서 발견한 특정한 종류의 지식에 대해서는 긍정적으로 파악하여 조선에도 수용하자는 태도가 있었던 반면에, 또 다른 종류의 지식은 부정적인 것으로 인식하여 배척하는 태도를 취했다. 이것을 가르는 준거는 무엇이었을까?

1) 과연 과학과 종교를 구분하였을까

조선후기 유학자들이 서학에 대해서 보인 반응을 파악하려면 우선 그들이 어떤 종류의 서학 서적들을 읽었는지를 검토해야 한다. 다행히 이에 관해서는 상당한 연구들이 축적되어 있다.[42] 당시 조선의 유학자들이 어떤 서학 서적들을 읽었는지를 실증적으로 검토하는 것은 그들의 서학 인식을 연구할 때 가장 기본이 되는 작업이다. 그러므로 이후로도 조선에 유입된 서학 관련 서적들을 문헌학적으로 검토하는 연구가 지속되어야 하리라고 본다. 여기서는 조선의 유학자들이 읽은 서학 서적에 대한 문헌학적 검토는 배제하고, 조선 유학자들의 서학 인식에 대한 기존 연구들이 바탕에 두고 있는 인식론적 기제, 즉 종교/과학 구분론을 집중적으로 검토하고자 한다.

서학 관련 문헌들이 조선에 유입된 경위를 다루는 연구들과 더불어, 조선 유학자들이 서학에 대해서 보인 반응에 대해서도 다양한 연구들이 제출되어 있다. 대략적인 평가는 다음과 같다. "조선에 전래된 '서학'이라는 개념 속에는 구라파의 기술문명과 기독교(천주교) 사상이라는 두 가지의 의미가 내포되어 있었다. 18세기 당시 구라파의 기술문명을 수용하는 데는 별다른 문제점이 없었다. 대부분의 인물들은 이에 대해 긍정적인 태도를 가지고 있었다. 그러나 기독교 사상의 유입에 대해서는 전통사상과의 충돌이 필연적으로 일어나게 되어 여러 학자들은 이 기독교사상에 대하여 회의와 비판을 가하였다."[43] 그래서 유럽의 기술 문명을 조선에 도입하자는 주장에 대해서는 대부분 긍정적인 태도를 취하였다.[44] 다만 논란의 대상으로 부상한 것은 천주교와 관련된 서적들이었다. 말하자면 천주교의 종교적 성향이 전통 사상과 충돌을 일으켰다는 것이다. 이 때문에 조선 유학자들의 서학 인식에서 가장 첨예한 영역은 천주교의 존재였다고 보는 시각이 연구자들 사이에 널리 퍼져 있다. 그렇다면 천주교에서 제시한 가르침에 대해서 어떤 범주로 다루고 있는가?

18세기 후반에 가서 "조선사회에서는 서학이라 일컬어지는 서양의 문물과 종교의 영향이 두 방향에서 동시에 일어난다. 한편으로 북학파의 홍대용이나 성호학파 가운데 공서파의 경우처럼 자연과학에 대한 관심과 이해를 넓혀가고 있었던 사실과, 다른 한편으로 이벽, 이승훈, 정약용 등 신서파의 인물들을 중심으로 천주교 신앙운동을 전개하였던 사실이다. 전자의 경우인 과학기술의 지식은 17세기 초부터 서학의 전래와 더불어 미약하게나마 축적되어 왔고 특히 역학(曆學)의 분야에 대해서는 조선 정부도 상당한 관심을 보여 왔다. 그러나 후자의 경우인 종교적 신념에 대해서는 조선사회의 통치이념인 도학의 기본성격인 정통론 내지 벽이단론에 따라 이단 또는 사설로 규정되고 강력한 억압을 받을 운명이 예비되어 있었다."[45] 이런 시각으로 바라보면 조선의 유학자들은 자신들이 가지고 있는 세계관이 천주교의 종교적 신념과 충돌하는 것으로 파악했다고 해석할 수밖에 없다.

그래서 남인 계열의 성호학파에서는 이익(李瀷, 1681~1763)부터 서양 과학에 대해서는 긍정적이었고, 천주교라는 종교의 가르침에 대해서는 비판적이었다고 보게 된다. 그리고 성호학파가 분기한 이후에는 이른바 공서파(攻西派)에 속한 신후담(愼後聃, 1702~1761)과 안정복(安鼎福, 1721~1791), 나아가서 채제공(蔡濟恭, 1720~1799)까지 모두 학문적인 연구의 차원에서 서학을 이해했고 신앙의 종교로는 받아들이려 하지 않았다고 평가한다.[46] 반면에 신서파(信西派)로 분류되는 이벽(李蘗, 1754~1785)과 이승훈(李承薰,

1756~1801) 그리고 정약용(丁若鏞, 1762~1836) 등은 천주교를 종교로 수용했다는 것이다. 또는 설혹 천주교를 신앙이라는 이름으로 받아들였지만, 그들의 천주교 신봉은 그리 오래가지 않았으며 1791년 진산사건 이후 대부분 천주교 신봉을 철회하였다고 본다. 그래서 정약용의 경우에 서학의 영향이라고는 과학사상에 국한될 뿐이며, 그의 근본사상은 유교적이었다고 주장한다.[47] 이런 해석에서는 서학의 영향을 과학과 종교의 두 가지 방면으로 구분하여 사고하려는 경향이 강하며, 성호학파가 신서파와 공서파로 나뉜다고 하더라도 대부분의 유학자들은 과학 수용에 긍정적이었던 반면에 종교 수용에는 부정적이었다는 식의 해석을 내리고 있는 것이다.

한편 노론 계열의 북학파에 속한 유학자들, 가령 홍대용(洪大容, 1731~1783), 박지원(朴趾源, 1737~1805), 박제가(朴齊家, 1750~1805)의 경우에는 서학 관련 문헌에 실린 서양 과학에 대해서는 긍정적인 태도를 보인 반면에, 종교로서의 천주교에 대해서는 거의 무관심했다고 보는 경향이 강하다.[48] 가령 황윤석(黃胤錫, 1729~1791) 같은 이는 노론계 낙론의 영향 속에 있었던 인물인데, 서양의 과학사상에 관해서는 누구보다 해박한 지식을 가지고 있으면서도 천주교에 관해서는 별반 언급이 없으며 그에 관한 이해의 범위도 이수광(李睟光, 1563~1628)이 『지봉유설(芝峯類說)』에서 마테오 리치의 『천주실의』를 소개한 수준을 넘지 못했다고 평가한다.[49] 즉, 과학에 관심을 가졌으며 종교에는 무관심했다는 것이다. 따라서 대부분의 연구자들은 북학파의 경우에도 종교와 과학을 구분하는 의식이 존재했으리라고 추정한다.[50]

대부분의 연구자들이 이러한 도식에 동의해왔고, 또 그에 입각하여 각자의 논지를 펼치는 것으로 보인다. 그래서 이익을 종장으로 하는 성호학파이건, 홍대용으로 대표되는 북학파이건 예수회 선교사들이 저술한 문헌을 통해서 근대 서양 과학을 접하고 이를 수용하였다는 식의 서술은 대부분의 실학 관련 연구나 과학사 관련 연구에서 널리 발견된다.[51] 심지어 조선후기에 도입된 서양의 과학은 조선후기 지식인들의 우주관과 세계관이 변화하는 데에 중요한 영향을 미쳤으며, 이에 따라서 조선의 지식인들이 근대과학적인 사고를 할 수 있도록 자극하였다고까지 평가한다.[52]

반면에 천주교에 대해서는 성호학파와 북학파에 속한 유학자들 대부분이 불교와 유사한 이단사설로 판단하여 배격하였다고 해석한다. 그러니까 서구의 기술은 수용하되 그 교를 배격하자는 논의가 당시 실학자들 사이에서는 일반적인 견해였다는 것이다.[53] 이런 맥락에서 서학과 서교를 나누어 사고하는 것이 필요하다는 주장도 제기된다.[54] 다만 남인 계열의 인물로 알려진 홍정하(洪正河)의 경우에는 전통적인 오행사상에 입각하여 알레니의 저서 『만물진원』을 비판하는 논리를 전개하였다는 주장이 있다. 즉, 홍정하는 성호학파의 전통적인 입장보다 약간 오른쪽으로 기울어 서학 전체를 비판했고, 이를 종교 비판과 더불어 서양 과학 비판을 함께 제시한 것으로 해석하는 경우도 있다.[55]

간혹 당시 유학자들의 사고 속에 오늘날 사용하는 종교와 과학의 이분법이 명확하게 설정되지는 않는다는 주장도 제기된다.[56] 하지만 이 주장을 제기한 연구자는 조선후기 유학자들의 서학 인식을 종교와 과학의 이분법으로 볼 수 있느냐에 대해서 더 이상의 논의를 진전시키지는 않았다. 뿐만 아니라 비이성, 초자연 등의 용어를 신앙이나 종교의 영역에 할당하고, 윤리적 수행과 자연과학적 지식과 구별되는 것으로 서술하고 있기 때문에 여전히 종교/과학 구분론에 입각하여 당시 유학자들의 서학 인식을 바라본다고 하겠다.

결국 조선 유학자들의 서학 인식을 다루는 기존 연구들은 종교와 과학이라는 두 가지 구별되는 범주를 적용하여 서학에 대한 반응을 해석하고 있다. 그런데 대체적으로 보아서 유교를 종교로 보고, 유교와 천주교의 만남을 종교와 종교의 만남으로 해석하는 논자들은 유학자들이 과학을 수용하되 또 다른 종교적 세계관인 천주교를 배척하였다고 해석한다.[57] 한편 역사학과 유학 그리고 한문학 등을 전공하는 학자들은 유교를 종교가 아니라고 보기 때문에 유교와 천주교의 만남과 충돌을 종교와 종교의 갈등으로 해석하지 않는다. 그렇다면 천주교 배척의 이유를 어떻게 설명하는가? 그 대안으로 상정하는 것은 천주교 배척이 실제로는 당쟁에서 비롯한 정치적인 동기에서 나왔다는 해석이다. 이러한 두 가지 해석 방식은 유교가 종교인지 아닌지를 둘러싸고 갈라지는 것으로 보인다. 그래서 유교도 종교이기 때문에 천주교가 표방한 종교적 세계관을 용납할 수 없었다는 것이며, 반대로 유교는 종교가 아니기 때문에 천주교와 직접적으로 충돌할 이유는 없었고 다만 정치적인 이유로 배척했다는 것이다. 둘 중 어느 쪽의 해석을 취하더라도 조선후기 유학자들이 서학에 대해서 보인 반응 가운데 긍정적인 인식은 과학 관련 서적을 향해 있었고, 반대로 부정적인 인식은 천주교라는 종교에 관한 서적을 주요 대상으로 하고 있었다고 보는 점에서는 동일하다.

　조선후기 유학자들의 서학 인식을 종교와 과학의 구분법으로 다가가는 역사 해석은 심지어 어떤 특정한 종류의 역사상을 수립하고 있는 것으로 보인다. 가령 다음과 같은 진술이 있다. "서학의 이(理: 종교 윤리 측면)와 기(器: 과학기술)를 가리는 혜안과 분별을 가지지 못한 박해자들의 강력 탄압으로 조선 후기 사회의 근대화에 기여할 서구의 과학 기술의 수용마저 전면 거부하는 역사적 과오를 범하게 된다. 설사 그리스도적인 종교와 윤리를 배격 거부하더라도 물질문명의 발전을 위하여 선진된 과학과 기술은 수용되고 활용하여야 했던 것이 당시의 역사적 당위였다. 그러나 이를 전면 외면 거부함으로써 조선왕국은 전통의 고수에 침잠하여 근대화로의 도약이 늦어지기만 했다."[58] 말하자면 종교를 배척하다가 과학마저 거부하였기 때문에 조선의 근대화가 지연되었다는 해석이다. 이런 식의 역사 인식은 여러 논자들에게서 찾아볼 수 있다. 즉, "집권세력은 천주교를 정치적으로 탄압하고 서양의 모든 것에 대하여 적대감을 나타내기 시작하였다. 전래 초기와는 달리 서양의 과학 문물 자체도 비판의 대상이 되고, 마침내 조선사회는 근대과학화의 흐름에서 뒤지게 되었다."[59]

나아가서 중국과 일본이 서구 문물에 대해서 취한 태도와의 차별성을 강조함으로써 동아시아 근대화의 맥락 속에서 조선 사회의 서학 배척을 평가하기도 한다. "정조 때까지만 하더라도 과학은 적극 도입되어야 한다고 생각하였지만, 그가 타계한 후 신유박해 등 연이은 천주교 박해가 일어나면서 서양 과학사상까지 배척하는 분위기가 일반화되었던 것이다. 이러한 점은 중국의 경우 종교로서의 천주교는 박해를 받았지만 서양의 과학기술은 여전히 존중되었던 사정과 다르다. 당시의 이러한 정책과 사회 분위기는 서양문화의 유입을 지체시킨 결정적 요인이었고, 결국 갑작스런 개항과 이에 따른 사회 혼란을 야기한 원인이었다."[60] 말하자면 중국은 종교를 배척하면서도 과학은 계속 수용하였던 데에 반해서 조선은 그렇지 못했다는 것이다. 이렇게 중국과 조선의 서학 정책을 변별하는 시각은 다른 연구자들에서도 찾아볼 수 있다.[61] 이러한 논리는 일본에까지 확장된다. 즉, 일본은 난학(蘭學)을 통해서 네덜란드로 대표되는 서양 과학기술을 지속적으로 수용하여 근대 시기를 주동적으로 준비한 데 반해서 조선은 종교와 과학이 포괄되어 있었던 서학을 송두리째 배척하였다는 것이다.[62] 그리하여 서학 즉 서양 과학 수용의 시간차가 근대화에서 일본의 성공, 조선의 좌절을 결정지었다는 역사적 평가로 귀결된다.[63] 이처럼 서양 과학의 수용=근대화의 성공이라고 보는 역사 인식에 대해서 재검토

할 필요가 있다는 주장은 아주 최근에 들어서 조심스럽게 제기되고 있는 실정이다.[64]

서학에 대한 조선 유학자들의 인식 태도를 종교와 과학의 구분론으로 설명하고, 나아가서 동아시아의 근대화라는 역사적 도정 속에서 평가하고자 하는 태도는 사상사 연구의 한 주제인 개념사의 문제의식을 간과할 위험을 안고 있다. 즉, 현재 사용되는 용어나 개념 자체도 역사성을 지니고 있기 때문에, 개념들의 역사를 탐구하지 않은 상태에서 이런 개념들을 가지고 과거의 역사적 시점에 존재했던 사상이나 사건을 설명하고자 한다면 몰역사적이라는 비판을 받을 수 있다는 것이다. 게다가 여러 연구에 따르면 당시 조선 사회에서는 종교나 과학과 같은 근대적 개념이 성립되지 않았다. 근대 개항 이후에 가서야 생겨난, 혹은 중국이나 일본에서 수입한 용어들이었다.[65]

그래서 이익이 『천주실의』에 대해서 천주의 인격성이나 천주의 영이(靈異)한 자취에 대한 설명 등을 비합리적인 것으로 보아 비판적으로 평가하였다는 식의 해석[66]은 과학=합리, 종교=비합리라는 매우 근대적인 이분법을 가지고 18세기 상황을 설명하는 태도라고 하겠다. 나아가서 주자학과 천주교의 대립을 신앙과 신앙의 대립으로 파악하는 견해[67] 역시 종교라는 문화 형식을 초역사적인 것으로 바라보고, 18세기 조선 사회에도 여전히 적용될 수 있다고 보기 때문에 문제가 있다. 왜냐하면 서학 수용, 특히 천주교 수용의 문제를 유교라는 종교에서 천주교라는 또 다른 종교로 이행하는 개종의 과정으로 보게 만들기 때문이다.

이렇게 종교와 과학의 구분론으로 조선후기 유학자들의 서학 인식을 바라보는 해석은 도날드 베이커의 주장에 가장 확연하게 드러난다. 도날드 베이커 역시 조선후기 유학자들의 서학 인식에 종교와 과학의 구분이 들어 있었다고 본다. 그래서 그는 이익, 홍대용과 마찬가지로 정조 역시 서양의 과학과 종교를 구분하였고, 이 때문에 조선의 유학자들 가운데 극소수만이 천주교를 믿게 되었다고 주장한다. 그리고 예수회 선교사에게는 너무나도 당연하게 보인 과학과 종교 사이의 고리가 조선 신유학의 논리와 마주쳤을 때 끊어지고 말았으며, 이것은 신학에서 과학을 분리시키는 유교의 성향에서 말미암은 것이라고 해석한다. 결국 예수회 선교사들이 의도했던 바대로 서양 과학에 대한 신뢰에서 서양 종교에 대한 믿음으로 나아가는 일이 결코 조선에서는 일어나지 않았으며, 그 원인은 천주교의 서양과 유교의 동양 사이에 존재하는 간극이 그리스도교에 과학의 옷을 입힌다고 극복될 수 없는 성질의 것이라는 데서 나온다고 보았다.[68]

지금까지 살펴본 바에 따르면, 현대 학자들은 대부분 조선후기 유학자들이 종교/과학의 이분법을 가지고 서학 서적들을 대했다고 해석한다. 하지만 종교/과학의 이분법이 지닌 문제점에 대해서는 본문에서 이미 여러 차례 지적하였다. 만약 조선후기 유학자들이 서학 서적을 읽는 과정에서 선별적인 수용 또는 선별적인 배척의 태도를 취했다는 사실을 해석하면서 종교/과학의 구분론이라는 유력한 해석 틀을 기각한다면, 그들의 인식 태도를 다른 각도에서 다룰 필요가 있을 것이다. 이를 위해서는 무엇보다도 당대의 용어로 그들의 인식을 이해하는 것이 중요하다고 본다. 그러자면 당시 유학자들이 즐겨 사용하였던 개념 가운데 그들의 인식 태도를 설명하는 데 적합한 용어들을 찾아서 적극적으로 활용할 필요가 있다. 아울러 그런 개념들이 유학자들의 의식을 지배하던 유교 경학적 세계관의 틀 속에서 어떤 위상을 부여받는지를 설명함으로써 일관된 설명의 논리를 만들 수 있을 것이다. 이하에서는 종교/과학의 구분법이 간과하고 있는 부분들을 조명하기에 적절한 개념 장치들에 대해서 논하고자 한다.

2) 대안적인 해석

조선후기 유학자들이 서학 관련 서적들을 읽으면서 어떤 기준으로 평가하였는지를 파악하려면 무엇보다도 당시 그들이 사용하던 용어를 통하여 그들의 사고방식을 이해하는 것이 중요하다. 19세기 이후 유학자들이 서학을 평가하면서 사용하던 명칭 가운데 가장 일반적인 것은 사학(邪學) 또는 이단사설(異端邪說)일 것이다. 하지만 이것들은 조선에서 천주교 집단이 형성되고 제사 문제를 둘러싸고 천주교의 이질성이 극대화된 이후에 정착된 용어들이라 하겠다. 그 이전 시기에 유학자들이 서학 서적을 읽으면서 장단점을 평가할 때에는 확고하게 정착된 단일한 용어를 사용하지는 않았다.

유학자로서 중국을 통하여 들어온 낯선 가르침을 대했을 때 이 낯섦을 완화시키고 이미 정립되어 있던 익숙한 용어로 새로움을 이해하고자 한다면 어떤 개념을 사용하였을까? 그들의 의식 세계를 반영한 용어들 가운데 서학의 새로움을 포착하기에 적합한 것은 아마 명물도수학(名物度數學)과 위기지학(爲己之學)이라는 개념이 아니었을까 생각한다.

본래 위기지학은 위인지학(爲人之學)과 함께 쓰여서 쌍을 이루는 개념이다.[69] 먼저 위인지학은 원래 중의적인 것이라고 할 수 있다. 이황(李滉, 1501~1570)의 언급에서 보듯이, 위인지학은 사람들의 삶을 이롭게 하기 위한 공부라고 말할 수도 있지만, 위기지학과 대비할 때에는 과거 시험에 급제하기 위해서 사서를 읽는 것, 즉 남에게 보이기 위한 공부를 지칭하는 경우가 많다.[70] 이에 비해서 위기지학은 유교적 가치를 체득하기 위한 수양의 관점에서 성현들이 남긴 글과 경서를 읽는 것을 말한다.[71] 그러므로 위기지학은 조선의 유학자들이 유교 경학의 세계관이라는 틀 속에서 서학을 인식하고 평가하였음을 분명하게 드러내 보여준다는 장점을 지니고 있는 용어이다.

한편 명물이란 각종 사물의 명칭과 특징을 가리키고, 도수는 계산을 통해 얻은 각종 수치를 말한다. 이것을 붙여서 명물도수라고 할 때에는 이기심성(理氣心性)이나 성명의리(性命義理)에 대한 논의와 대비되는 의미를 지닌다.[72] 즉, 유교적 수양론에서 볼 때 가장 지엽적인 말단에 해당하지만, 백성들의 삶을 안정시키고 세상을 가지런히 하기 위해서 필요한 공부를 말한다. 말하자면 명물도수의 중요성을 자각하여 경세(經世)와 치용(致用)이라는 구체적인 목표를 달성하는 데 필요한 것을 수용하여 흡수하려는 자세가 중시될 때에는 서학 서적에 실린 수리와 천문역산, 각종 기계 제작술 등과 같은 지식들은 긍정적인 평가를 받을 수 있었다.[73]

실제로 서학 서적에 실린 서양의 지식들을 명물도수에 속하는 것으로 설명하는 인물들이 있었다. 17세기의 윤휴(尹鑴, 1617~1680)나 18세기의 박지원(朴趾源, 1737~1805)이 대표적인 경우라 하겠다. 윤휴는 "서양 학문이 크게 나누어 과(科)가 다섯인데, 그것은 도과(道科), 치과(治科), 이과(理科), 의과(醫科), 문과(文科)이다. 이과 내에서 갈라진 한 지류가 또 일곱 가(家)로 나뉘는데 즉 수학가(數學家), 기하가(幾何家), 시학가(視學家), 음률가(音律家), 경중가(輕重家), 역학가(曆學家), 지리가(地理家)이다. 그리고 이 모두는 도수가(度數家)에 총괄된다."[74]라고 하여, 서양에서 들어온 지식들을 명물도수 또는 줄여서 도수학으로 분류하였다. 그리고 박지원도 "저 야소교는 애당초 정확치도 않게 불씨의 조박만을 얻어 가지고는 중국에 들어오자 곧 중국의 서적을 배워서 비로소 중국 사람들이 불씨의 배격함을 알고서, 곧 중국을 본받아 불씨를 같이 배격하되 중국 서적 중에서 상제(上帝)니 주재(主宰)니 하는 말들을 따서 우리 유학에 아부하였을 뿐이었으나, 그 본령인즉 애초부터 명물과 도수의 범위에서 벗어나지 않은 만큼 이는 벌써 우리 유학에서의 제이의(第二義)에 떨어진 것"[75]이라고 하였다. 이처럼 조선후기 유학자들 사이에는 서학 서적에 실린 내용들을 명물도수에 속한 것들로 인식하는 경향이 분명히 존재하였다. 이것은 서학의 가르침을 유학보다는 열등하며 지엽말단에 해당하고, 또 나아가 이미 중국을 원류로 하는 조잡한 모방품으로 보고 있었음을 알려준다. 그렇지만 명물도수의 지식도 시류에 따라서는 쓸모 있는 것으로 간주된다. 그러므로 조선후기 유학자들이 어느 시점까지는 서학의 가르침을 완전히 부정하거나 또는 결코 유교 경학의 가르침과 공존할 수 없는 이단사설로 배격한 것은 아니었다고 하겠다.

하지만 위기지학을 중시하는 풍토에서 유교적 수양을 강조할 경우에는 서학 서적, 특히 천주교 관련 서적에 나오는 천주 및 귀신, 영혼, 상선벌악 등의 주장은 오히려 군왕의 덕성 함양과 백성 교화를 저해하는 것으로 평가되었을 것이다. 그러니까 조선후기 유학자들의 사고방식으로 보자면 유럽 과학을 합리적이라는 이유로 수용하고, 천주교를 종교라서 배척한 것이 아니다. 그보다는 유교적 이상을 실현하는 구체적인 방법론과 관련하여 수용 가능한 부분과 반드시 배제해야만 하는 부분이 구분되었고, 이런 기준에 따라서 서학을 인식하였다고 볼 수 있다.

서학 서적들이 조선에 처음 소개되었던 17세기에는 위기지학으로 유교 경학에 대한 이해가 심화되던 시기였다. 이에 따라서 17세기 후반 조선의 유학자들은 군자불기(君子不器)라는 입장에서 명물도수의 지식을 부차적인 것으로 여겼다. 그러므로 그들은 명나라 말기의 사대부였던 이지조(李之藻, 1565~1630)가 1628년에 편찬한 대표적인 서학 서적인 『천학초함(天學初函)』을 읽을 때 그 독서법의 틀은 바로 위기지학에 도움이 되느냐 아니냐 하는 것이었다. 『천학초함』의 리편(理編)에 실린 글들이 서양 종교에 관한 것이고, 기편(器編)에 실린 글들이 서양의 과학기술에 관한 것이라는 인식은 애초에 존재하지 않았다.[76] 다만 위기지학의 입장에서 천주교의 유용성과 타당성을 평가하였다. 그래서 서학 서적들이 그들에게는 그다지 큰 관심을 끌지 않았던 것이다.

한편 18세기에 들어와서 조선 사회를 개혁하고 민생을 안정시키려는 목적 하에서 관료적 실무 지식에 대한 관심이 증대하자, 조선 유학자들은 서학 서적에 대해서 새로운 접근을 시도하게 되었다. 위기지학을 기본으로 하면서도 명물도수의 실용적인 가치도 중시하는 풍조가 발생한 것과 연관이 있다고 본다. 이렇게 볼 경우에 이익이 서학 서적에 나오는 천문, 역산, 수리에 관한 지식을 칭찬한 것은 명물도수학으로서 쓸모가 있다는 점을 인정한 것이라고 할 수 있다. 또한 이익은 『천주실의』와 더불어 『천학초함』의 리편에 실려 있었던 『직방외기』와 『칠극』을 읽고 긍정적인 평가를 내렸다. 즉, 유럽 천주교 성직자의 금혼이나 금욕주의가 인간의 욕망을 다스리는 데 도움이 된다는 입장에서 이를 높이 평가하였고, 천주교에서 일곱 가지 악덕을 다스리는 극기의 가르침도 수양론의 일환으로서 유용하다고 판단하였다. 이것은 모두 위기지학의 입장에서 나온 것이었다. 그러니까 이익은 경세론과 수양론의 입장에서 서학의 유용성을 판단하였다. 하지만 천주교에서 주장하는 천당지옥의 설에 대해서는 화를 피하고 복을 구하는 태도로서 사람들의 이기심을 조장하기 때문에 유학자들이 덕성 함양에서 취할 바가 아니라고 보아 위기지학으로는 쓸모가 없다고 비판하였다.

이익의 제자 신후담이 자신의 저서 『서학변(西學辨)』에서 『영언여작』, 『천주실의』, 『직방외기』를 비판한 것은 서학이 유교 성현의 가르침을 어지럽힌다는 이유 때문이었다. 즉, 위기지학의 근본을 이루는 이기심성론에서 보았을 때 천주의 존재나 영혼불멸설 등은 유교 경학의 체계에 부합하지 않는 이단사설(異端邪說)이라는 것이었다. 게다가 천주교에서 말하는 천당과 지옥의 설은 조선의 유학자들이 왕조를 개창하던 초기부터 그토록 비판하였던 불교의 주장을 그대로 답습하는 것으로 보았다.[77] 천주교와 불교의 유사성을 지적하는 논리는 여러 유학자들의 천주교 비판에서 반복적으로 나타난다. 따라서 신후담의 서학 인식 역시 이익의 경우와 마찬가지로 수기(修己)를 강조하는 위기지학의 입장에서 나온 것으로 보인다. 다만 실용적 지식으로서 명물도수학의 효용성을 무시하지 않았던 이익과는 달리, 신후담은 서학 서적이 제공하던 각종 자연에 대한 지식과 유럽의 교육제도에 대한 소개에 대해서 무관심하거나 철저히 위기지학에 입각하여 판단하였다.

『천주실의』, 『기인십편』, 『변학유독』, 『칠극』 등을 읽었음을 밝힌 바 있는[78] 안정복도 40대에 이익의 문하에서 공부하던 당시부터 스승의 입장과는 달리 서학 서적에 실린 천주교 교리를 위기지학의 수양론적인 입장에서 비판하였다. 즉, "서양 서적에 실린 주장은 이단의 학문이니, 우리 유자들이 자신을 닦고 성품을 기르며 착한 일을 행하고 악한 일을 제거하는 것은 마땅히 해야 할 바이기 때문에 하는 것인데, 서학에서 자신을 닦는 것은 오로지 하늘의 심판 때문에 그렇게 하는 것이므로 우리 유자들과 크게 다르다."[79]는 것이다.

나아가서 안정복은 말년에 「천학고」와 「천학문답」 등의 저술에서 서학의 역사와 「천주실의」에 나타난 천주교 교리를 거론하면서 벽이단의 관점에서 비판을 가하였다. 이때의 서학 비판론은 위기지학의 이론적 관점을 공고히 하는 한편, 이와 더불어 1785년 무렵에 남인 계열의 후배 유학자들 사이에서 천주교를 신봉하는 풍조가 일어나는 것을 경계하는 현실적인 필요가 작동하였다. 그러므로 안정복의 서학 인식도 위기지학의 관점에 입각하여 서학 서적에 등장하는 주장들이 수양론으로서 받아들일 만한 것인가 아닌가를 주요한 판단 기준으로 세웠다고 볼 수 있다. 한편 안정복이 천주교에 대해서 비판적으로 보았지만, 서학 관련 문헌들에 나타난 자연에 대한 지식들에 대해서 비록 구체적인 이해와 수용을 위한 노력을 뚜렷하게 보이지는 않았으나 기본적으로 긍정적인 입장을 가지고 있었다는 주장이 있다.[80] 그렇다면 이것 역시 이익과 같이 위기지학의 입장에서 서학의 일부 요소를 비판하였고, 경학적 세계관에서 볼 때 지엽 말단의 요소이기는 하지만 실무적으로 필요한 지식이었던 명물도수학의 관심에서 서학의 여타 요소들은 긍정한 것이라고 해석할 수 있겠다.

　이상에서 이 글은 자기 자신을 닦고 하늘을 섬기는 유교적 수양론으로서 위기지학, 그리고 천문, 지리, 역법, 수리 및 관개 등에 관한 지식을 연마하여 백성들의 삶을 이롭게 하는 관료적 실용지식으로서 명물도수학, 이렇게 두 가지 범주가 조선후기 유학자들의 서학 인식 속에 들어 있었음을 주장하였다. 그래야만 유학자들이 서학 서적 내에서 어떤 것을 배척하고, 또 어떤 것을 긍정적으로 평가하는지, 그 내적 논리를 이해할 수 있다는 것이다. 그리고 이는 종교/과학의 이분법보다는 당대의 인식에 더 근접한 것으로 평가할 수 있다. 하지만 이 글의 시도는 일종의 시론적인 성격에 불과하다. 종교와 과학이라는 구분론으로 해석하는 기존 경향에 대해서 또 다른 해석의 가능성을 제기하려는 문제의식에서 나온 것일 뿐이다. 그러므로 이 논리를 좀 더 정교하게 보완하기 위해서는 조선후기 유학자들의 논변들을 실증적으로 검토하는 작업이 뒤따라야 할 것으로 생각된다. 그리고 이 글의 주장에 대해서 다양한 반대 논거들이 충분히 제시될 수 있을 것이다.[81] 이에 대해서는 여러 가지 해석의 가능성이 존재한다. 그러므로 조선후기 유학자들이 사용하던 개념들의 용례를 좀 더 치밀하게 분석하는 작업이 수반되어야 할 것이다.

4. 과학과 종교의 구분을 넘어서

지금까지 마테오 리치 등 중국 예수회 선교사들의 선교 활동과 서학 관련 저술 활동이 어떤 패러다임에서 나온 것인지를 살펴보았다. 리치의 패러다임은 중세 스콜라신학의 틀 속에 존재하는 것이었다. 즉, 교회와 성경만이 아니라 피조물의 세계인 자연 역시 신적인 계시의 흔적을 담고 있으며, 이에 대한 이성적인 추구를 통하여 신에 대한 지식을 얻을 수 있다고 보는 토마스 아퀴나스의 자연신학에 기반을 둔 것이었다. 따라서 예수회 선교사들의 의식 속에는 종교적 지식과 과학적 지식을 구분하는 논리가 들어 있지 않았다. 이것은 그들의 신학적 입장, 교육 내용, 중국에서의 선교 활동에 관한 기록 등을 통해서 확인할 수 있다.

또한 조선에서 서학에 대하여 유학자들이 어떤 반응을 보였고, 이것을 종교/과학 구분론으로 설명할 수 있는지에 관해서 검토하였다. 기존의 논의들은 대개 조선의 유학자들이 서학 서적 가운데에서 과학에 관한 내용들은 수용하되, 종교적인 가르침을 담은 내용은 배격하였다는 해석을 내리고 있다. 이런 해석의 시각이 유학자들의 서학 인식을 일목요연하게 정리하는 데 뛰어난 장점을 지닌 것은 사실이다. 하지만 현대적인 개념을 사용하여 과거의 사실을 해석할 때 범하기 쉬운 오류를 감안한다면, 조선 유학자들의 서학 인식을 다른 시각으로 읽어보려고 시도하는 것 자체도 의미 있는 작업이라고 본다. 이에 이 글에서는 조선후기 유학자들의 인식을 잘 담고 있다고 판단되는 그들 자신의 언어를 사용하여 사태를 해석하는 것이 필요함을 제안하였다. 즉, 명물도수학과 위기지학의 용어법이 그것이다.

이 시도는 나름대로 제3의 시각을 찾아보려고 하였다는 데에서 의의를 지니지만, 몇 가지 한계를 안고 있다. 먼저 이른바 과학 관련 서학 문헌, 천주교 호교론 문헌, 그리고 기타 문헌들의 내용을 실증적으로 분석하는 데에까지 이르지는 못하였다. 주로 관련 분야의 전문가들이 내놓은 기존 연구들을 참조하여, 그 해석 틀을 점검하는 방식으로 논의를 진행하였다. 그러므로 앞으로 진행해야 할 과제로는 무엇보다 중국 예수회 선교사들이 지은 문헌들에 대한 연구가 더 진행되어야 한다. 특히 한문으로 된 문헌들과 라틴어, 불어, 이태리어 등 서구어로 된 문헌들을 교차 검토하는 작업이 앞으로 필요하다. 그리하여 종교/과학의 구분론을 전제하지 않고 그들 자신의 사유 방식을 찾아야 할 것이다. 아울러 조선의 유학자들이 서학에 관해서 저술한 글들을 체계적으로 수집하여 종합적으로 검토하는 작업도 이루어져야 할 것이다.

그리고 이 글에서는 리치와 그의 동료 선교사들을 중심으로 그들의 중국 선교에 대한 인식을 리치 패러다임이라는 이름으로 다루었다. 하지만 17세기 중엽부터 18세기 중엽까지 약 100년 동안 예수회 선교사들이 중국 선교 과정에서 어떤 선교 방침을 가지고 있었는지, 그리고 이것이 리치 시대의 방침을 그대로 계승한 것인지, 아니면 모종의 변화상을 겪었는지에 관해서는 다루지 않았다. 1742년 조상 제사 금지령이 내려질 때까지, 나아가서 1773년 예수회 해산령이 선포될 때까지 예수회 선교사들의 사고방식이나 선교 방침에 큰 변화가 없었을 것으로 추정되지만, 이역시 실증적인 검토가 필요한 영역이다. 또한 해당 시기에 유럽에서는 갈릴레오 갈릴레이(Galileo Galilei, 1564~1642)나 르네 데카르트(René Descartes, 1596~1650) 그리고 아이작 뉴턴(Isaac Newton, 1643~1727) 등의 활동에 힘입어 과학혁명의 여파가 널리 확산되고 마침내 계몽주의 사조가 출현하였다.[82] 그러므로 리치보다 한 세대 뒤에 중국에서 활동하던 후배 선교사들이 유럽에서 벌어지던 과학적 발견이나 과학이론의 변화를 어떻게 인식하고 있었는지도 역시 검토의 대상이 될 수 있다.

마지막으로 조선 유학자들의 서학 인식이 결정적인 변화를 겪게 되는 사건과 관련하여 새로운 물음이 제기될 수 있다. 종교와 과학을 나누는 구분법으로 조선 유학자들의 서학 인식을 읽어내는 것을 재검토해야 한다면, 그래서 당시의 인식 체계 속에는 종교와 과학의 구별이 존재하지 않았다고 말한다면, 이벽과 이승훈 등 천주교를 받아들인 극소수 유학자들의 출현은 어떻게 해석해야 할 것인가? 많은 논자들은 남인 계열 신서파 유학자들이 학문적인 관심에서 서학 서적을 읽다가 천주교를 신앙으로 받아들였다고 말한다. 또는 성호학파의 일부 유학자들이 양명학을 공부하는 과정에서 새로운 사유를 흡수할 수 있는 지적 훈련을 거쳤고, 이를 바탕으로 하여 천주교라는 종교를 받아들일 수 있었다고 말한다.[83] 이벽 등이 서교 즉 천주교를 일반적인 서학과는 다른 것으로 생각하였고, 종내에는 종교 또는 신앙으로 받아들였다는 것이다.

　　'종교'나 '신앙'이라는 개념이 존재하지 않던 시기에 있었던 사건을 어떻게 서술할 것인가? 또는 이승훈이 북경에 돌아와 이벽 등에게 세례를 주고 함께 모여서 천주교 교리를 학습하고 의례를 실천하는 모임을 개최한 1784년 사건을 어떤 개념으로 포착할 수 있을 것인가? 그들이 새로 가지게 된 천주교 서적은 그 이전 시기에 유학자들이 읽었던 책들과는 어떤 점에서 새로운 것이었을까?[84] 그래서 이벽과 이승훈 이후에 서학을 인식하는 기제가 완전히 변화된 것으로 보아야 하는가? 현재로서는 개항 이후 조선에 들어온 번역어로서 '종교'라는 개념이 쓰이기 이전에 활동했던 배타적 종교 공동체,[85] 유교나 불교, 무속과는 다른 방식으로 존재했던 천주교에 대해서 우리는 아직 설명의 논리를 제대로 갖추고 있지 못하다. 다만 '종교'개념 이전의 종교이면서, 동시에 '종교'개념 형성과 연결된 천주교의 존재는 다양한 사유와 관념의 혼효 현상들을 담고 있었을 것으로 짐작된다. 따라서 이에 대한 천착은 19세기 한국 종교사를 해명하는 데에도 중요할 뿐만 아니라, 이와 더불어 이 책에서 지속적으로 문제를 제기하는 '종교'와 '과학'이라는 구분 도식이 어느 시대나 지역을 막론하고 역사적 필연인 적은 없었으며, 나아가서 다양한 사회적, 문화적, 사상적 흐름들이 우연적으로 결합하면서 만들어진 벡터 값에 불과하다는 사실을 보여줄 것이다.

근대과학과 일제하 개신교: 일제하 한국 개신교의 과학 담론과 진화론에 대한 태도

1. 일제하 한국 개신교의 과학과 종교의 관계에 대한 이해[1]

19세기 말 동아시아의 지식인 사회에서 가장 빈번하게 등장한 구호는 '부국강병'과 '문명개화'였을 것이다. 이 시기에는 외세의 침략으로부터 살아남기 위해 막강한 부(富)와 군사력[兵]을 갖춘 강력한 국가의 건설이 절박하게 요청되었고, 이를 가장 효과적으로 달성하기 위한 방편으로 서구 근대(western modernity)를 모방하는 '문명개화'의 길이 선택되었기 때문이다. 이처럼 '문명개화'와 '부국강병'은 위기에 처한 개항기 동아시아 지식인 집단의 핵심 화두였다.

　이러한 부국강병과 문명개화의 구호 속에서 가장 주목받은 것은 서구의 근대과학이다. 당시 정부 관료들과 개화 지식인들은 서구 열강의 막강한 군사력과 경제력에 압도되어 처음에는 외형적인 '기술'에 주된 관심을 보였지만 곧 이러한 기술의 배후에 과학이 자리잡고 있음을 간파하게 되면서 과학의 수용에 주력하게 된다.

이러한 근대과학의 전파 및 수용 과정에서 개신교는 중요한 위치를 차지하고 있다. 특히 한국 사회에서는 개신교계 학교가 근대 교육에서 차지하는 비중이 매우 높았기 때문에, 일본이나 중국에 비해 과학의 전파 및 수용에서 차지하는 개신교의 위상이 더욱 높았다고 볼 수 있다. 당시 개신교는 학교만이 아니라 병원이나 교회와 같은 다양한 제도적 장치를 통해 근대과학을 적극적으로 소개하였을 뿐만 아니라 이를 선교의 방편으로 적극 활용하였다.[2] 따라서 당시 한국 사회는 근대과학과 개신교를 분간할 수 없을 정도로 양자를 거의 동일시하는 경향이 있었으며, 개신교가 '문명의 종교'로 간주된 것은 이러한 맥락에서였다.

그러나 시간이 흐르면서 개신교와 근대과학이 같은 것이 아니라는 사실이 점차 인지되기 시작하였다. 특히 제1차 세계대전과 3·1운동 이후 서구의 다양한 지적 사조들이 청년 지식층 사이에 급격하게 확산되면서 양자의 차이에 대한 인식이 더욱 강화되었다. 그중에서도 과학적 합리성을 강조하는 계몽주의와 사회주의는 종교와 과학을 날카롭게 대립시키면서 과학의 이름으로 종교를 비판하였으며, 이러한 흐름은 마침내 반종교운동으로 귀결되었다.

반종교운동에 의한 반종교 담론의 확산은 개신교 지식인들을 심각한 위기의식으로 몰아넣었다. 반종교 담론은 종교의 하나로 존재하는 개신교의 정체성을 전면적으로 부정하기 때문이었다. 따라서 이 시기의 개신교는 이러한 종교 비판에 대응하여 나름대로의 대응 논리를 전개하게 된다. 1920, 30년대의 개신교 언론에서 종교와 과학의 관계를 둘러싸고 다양한 논의가 등장한 것은 바로 이러한 위기의식의 반영이다.

그동안 학계에서는 일제하의 사회주의 진영에 의한 반종교운동에 대해 많은 관심을 가지고 적지 않은 연구 성과를 축적해왔다.[3] 그러나 사회주의의 출현 이전에도 이미 한국 사회에 반종교 담론이 존재하고 있었고,[4]

또 과학의 이름으로 전개된 이러한 지적 도전에 대하여 개신교가 '종교와 과학'이라는 인식 틀을 마련하여 대응한 것은 별로 주목되지 않았다.

이 글은 바로 이러한 반종교 담론의 등장과 전개를 재검토하는 동시에 이러한 인식론적 차원의 종교 비판에 대해 개신교가 보여준 대응 논리에 주목한다. 특히 개신교가 이러한 지적 도전에 직면하여 '종교와 과학의 관계'에 초점을 두고 생산한 과학 담론의 특성을 몇 가지로 유형화하여 검토하고자 한다. 이를 통해 한국 근대 지성사에서 개신교가 차지하고 있는 위상을 밝히는 데 일조하고자 한다.

1) 반종교 담론의 등장과 전개

앞서 언급하였듯이 개신교는 선교 초기부터 '문명의 종교'로 비쳐졌기 때문에 근대 지식인들로부터 적극적으로 환영받았으며 짧은 시간 안에 상당수의 지식층 개종자를 얻는 데 성공하였다.[5] 당시 지식층의 이러한 인식과 태도는 한국 사회의 종교 지형에서 개신교가 확고한 발판을 마련하는 데 매우 유리한 요인으로 작용하였다.

그러나 모든 지식인이 개신교에 대해 우호적이었던 것은 아니다. 당시 개신교에 부정적 입장을 취한 지식인 집단은 크게 둘로 나누어볼 수 있다. 하나는 개신교를 오랑캐의 종교로 보면서 전면적으로 거부한 척사위정론 계열의 전통 지식인이고, 다른 하나는 개신교를 비합리적 세계관으로 규정하면서 거부한 근대 지식인들이다.[6] 전자가 개신교의 '외래성'에 주목하여 비판의 논리를 전개하였다면 후자는 개신교의 '종교성'에 주목하여 비판의 논리를 전개하였다.

그런데 개신교에 대해 부정적 인식을 보였던 근대적 지식 체계는 다시 둘로 나누어볼 수 있다. 하나는 초기부터 등장하는 합리주의(rationalism)

이고 다른 하나는 1920년대 이후 본격적으로 등장하는 사회주의(social-ism)이다. 이 두 흐름은 공통의 기반을 가지고 있음에도 불구하고 구체적 현실 속에서는 종교에 대해 어느 정도 다른 태도를 취하기도 한다.

(1) 합리주의

합리주의는 이성(reason)을 인간의 최고 능력이자 성취로 보면서 종교사에 대한 초자연적 설명을 전적으로 거부한다. 그리고 종교의 시대는 과학의 시대에 의해 밀려나고 있다고 본다. 이러한 관점은 고대 그리스 철학에서 이미 나타난 적이 있지만 근대 계몽주의 시대 이후 더욱 강하게 나타났다.[7] 개항기의 여러 문헌에서도 이러한 관점이 이미 출현하고 있다.

> 유럽은 천지(天地)의 이치(理致)를 궁리하고 만물(萬物)의 성질(性質)을 탐구하고 망탄부회(妄誕附會)한 말은 단절하고 정확하고 진실한 논(論)만이 흥행하는데 비해⋯⋯ 아시아는 물리(物理)는 깨치지 못하고 사설(邪說)이 유행하며⋯⋯ 유럽 사람들은 사물을 쉽게 믿지 않고 근원을 탐구하는데 비해 아시아 사람들은 사물을 너무 쉽게 믿는다.[8]

이 글은 유럽의 부강과 아시아의 빈곤을 대조하면서 그러한 현상을 초래한 원인을 찾고 있는 글의 일부분이다. 유럽에서는 '물리'와 '이치'를 중시하는데 아시아에서는 '사설(邪說)'이 난무하기 때문에 유럽은 부강하게 되고 아시아는 낙후되었다는 지적이다. 물론 여기서 '물리'와 '이치'는 과학적 태도를 의미하며 '사설'은 미신을 가리킨다.

이 시기의 문헌에서는 과학이 '허문(虛文)'에 대립하는 '실학(實學)'으로 지칭되거나 '격치학(格致學)' 혹은 '격물학(格物學)'이라는 용어로 표현되는 경우가 많다. 보다 구체적으로는 "계통적 학리(學理)"를 지닌 학문 혹은 해당 사실을 정확히 관찰하고 검증하여 원인과 결과의 관계를 연구하여 '통일적 설명을 제공하는 지식'으로 정의되기도 한다.[9] 그리고 과학의 영역을 보다 세부적으로 분류하면서 과학의 범주가 지닌 특성을 드러내는 작업이 많이 등장하고 있다.[10]

반면 미신은 '망탄부회(妄誕附會)한 말'혹은 '이단곡학(異端曲學)'이라는 말로 표현되었으며 이 범주에는 주로 목우(木偶), 옥황(玉皇), 관제(關帝), 삼청(三淸), 남무(南巫), 불족(佛足), 축복(祝福) 등과 같은 민간신앙의 요소들이 포함되었다.[11] 특히 "귀신(鬼神)이라는 것은 당초에 없는 것이요 귀신이 있는 줄 알고 마음을 먹으면 귀신이 생기는데 그것은 그 사람의 마음속에 있는 귀신"이라거나 "학문이 없을수록 허한 것을 믿고 이치 없는 일을 바라는 것"이라고 하면서 전통적인 귀신 신앙을 대표적인 미신으로 간주하였다.[12]

그런데 합리주의 관점에서 행한 이러한 종류의 미신 비판은 이 시기의 개신교가 선교의 장에서 전개한 미신타파 담론과 그 내용이 사실상 일치한다. 당시 개신교는 앞서 언급한 것과 같은 다양한 형태의 민간신앙을 미신의 범주로 분류하고 이를 '구습타파'혹은 '미신타파'의 기치하에 철저하게 배격하였기 때문이다. 이처럼 미신은 근대 합리주의와 개신교의 '공동의 적'으로 존재하고 있었던 것이다.

이 시기의 합리주의와 개신교는 이처럼 미신타파 담론을 공유하고 있었지만, 그 비판의 근거는 달랐다. 합리주의가 과학/미신의 이분법에 근거하여 미신을 비판하였다면, 개신교는 종교/미신의 이분법에 근거하여 미신을 비판하였기 때문이다. 즉, 합리주의는 미신의 '비합리성'에 초점을 두고 비판한 반면, 개신교는 미신의 '거짓된 종교성'에 초점을 두고 비판하였던 것이다.

미신에 대한 이러한 접근방식의 차이는 합리주의와 개신교 사이의 중요한 인식론적 단절을 이미 드러내고 있는 것이다. 개신교의 시각에서는 종교와 미신의 차이가 매우 중요했지만 합리주의의 시선 속에서는 양자의 차이가 그리 중요하지 않았기 때문이다. 합리주의자의 눈으로 볼 때 종교와 미신은 정도의 차이에 불과하였다. 따라서 개신교와 민간신앙 사이에도 불연속성이 인정되지 않았다. 하나는 조금 세련된 '고등종교'이고 다른 하나는 조금 거친 '원시종교'일 뿐이었다. 그리고 이 양자는 종교라고 불리건 미신이라고 불리건 모두 과학적 합리성을 결여하고 있는 것이었다.

> 예수가 아비 없이 출생하였다는 말이나 떡 다섯 개, 생선 두 마리로 수 천 명을 먹였다는 이야기, 물을 가리키니 술로 변했다는 이야기, 십자가에 못박혀 죽은 후 3일 만에 부활하고 40일 만에 승천했다는 이야기 등은…… 근거 없고 거짓된 것.[13]

이처럼 극단적 합리주의의 관점에서는 개신교도 '면책특권'을 지닐 수 없기에 기독교의 전통적 신앙과 교리들이 모두 근거 없는 허구적 이야기로 간주된다. "인세(人世)는 천국(天國)과 지옥(地獄)의 본가(本家)오 천국(天國)과 지옥(地獄)은 인세(人世)의 분점(分店) 같은 것이라. 고(故)로 천국(天國)이니 지옥(地獄)이니 하는 것이 객관적(客觀的)으로 존재(存在)하는 것이 아니오. 단(但)히 오인(吾人)이 정신(精神) 상(上)의 쾌락(快樂)과 고통(苦痛)을 구체적(具體的)으로 형유(形喩)한 것이라."[14]라는 언급들도 역시 '투사론(projection theory)'에 근거한 합리주의의 산물이다. 이처럼 초자연의 세계를 철저하게 배제하는 합리주의의 시선 속에서는 종교와 미신이 차지할 자리가 없었던 것이다.

그러나 이러한 합리주의적 종교관은 이 시기의 지적 담론의 장에서 반기독교적 담론을 많이 생산해내지는 않았다. 민간신앙에 대해서는 미신타파의 기치 아래 수많은 비판 담론을 산출하였지만[15] 개신교에 대해서는 비판의 칼날을 많이 휘두르지 않았다. 여기에는 문명개화론과 사회진화론의 입김이 큰 역할을 한 것으로 보인다.

당시 계몽지식인 사회에 널리 확산된 문명개화론과 사회진화론은 개신교를 '문명의 종교'로 간주하면서 그것에 적극적 가치를 부여하였다. 즉, '적자생존'과 '우승열패'의 논리가 휩쓰는 치열한 경쟁의 시대에 개신교는 실력 양성과 자강 운동의 논리에 도움을 주는 유용한 종교로 간주되었던 것이다.[16] 이러한 시대적 상황 속에서는 합리주의에 내재한 반종교적/반기독교적 성향이 수면 위로 올라오기 어려웠다. 이러한 반종교적/반기독교적 성향이 수면 위로 분출되기 위해서는 계몽주의의 후예로서 보다 급진적 성격을 지닌 사회주의를 기다려야 했다.

(2) 사회주의

3·1운동 이후 해외에서 유입된 지적 사조 중에서 사회주의는 청년 지식층에서 가장 강력한 영향력을 행사한 이데올로기였다. 사회주의는 민족운동의 지형에서 새로운 대안으로 급격하게 부상하였을 뿐만 아니라 반종교 담론의 생산에서도 주도적 역할을 하였다. 즉, 합리주의의 반종교적 관점을 계승한 사회주의는 마르크스와 엥겔스의 종교론에 근거하여 보다 과격한 형태의 반종교 담론을 생산하고 유통시켰던 것이다.

1920년대 반종교운동의 구호나 강령 속에는 "무산군중을 종교적 미신으로부터 해방시키기 위하여 과학적 문화운동 및 종교배척운동을 전개할 것,"[17] "종교의 존재의의를 부인하기로 가결,"[18] "과학적 지식의 보급을 꾀하여 대중으로 하여금 자본가적 편견, 미신, 특히 종교적 미몽으로부터 탈출하게 할 것"[19] 등과 같은 표현이 자주 등장하고 있다. 이러한 표현들

속에서는 종교와 미신이 동일시되어 있고 이러한 종교와 미신은 다시 과학과 날카롭게 대립되고 있다. 그리고 과학에 의한 종교의 대체가 인류의 궁극적 해방으로 강조되고 있다.

사회주의의 반종교 담론은 먼저 '종교의 기원'에 주목함으로써 종교의 기반 자체를 붕괴시키려고 한다.

> 과학지식이 발달하지 못한 때 즉 인간의 생산기술이 아직 자연력을 정복하지 못한 시대에는 '자연'이 거의 다 인간을 지배하였다. 태양, 천, 전광, 화(火), 산, 목(木), 천(川), 동물 등이 인간 종족을 위하야 가장 중요한 물건이었다. 이에 그들은 자연물을 숭배하게 되었나니 이것이 곧 종교의 기원이다.[20]

여기서는 종교의 기원을 자연의 힘에 대한 공포와 두려움에서 찾고 있다. 이는 엥겔스의 종교기원론에 근거한 것으로서 계급사회의 형성 이전부터 종교가 존재하였고 그만큼 역사적 뿌리가 깊음을 보여주고 있다. 그리고 이러한 종교는 '환상'을 필요로 하는 사회에서만 존속할 수 있다고 주장한다.

> 종교는 행복의 가상적 욕구이다. 환영에 니취(泥醉)할 수 있는 사회상태에서만 그 마력을 발휘할 수 있는 것이다.…… 즉 종교의 마취적 세력은 문화의 사회적 계제가 극히 저급이어서 이지가 극히 둔하고 감정이 극히 조박(糟粕)할 때에만 출현하는 것이다.[21]

종교의 본질은 현실에 기초하지 못한 '가상적 욕구'에 불과하며, 그러한 욕구는 '이지'와 '감정'이 미발달한 저급한 사회문화의 단계에서만 존재할 수 있다는 것이다. 그리고 이러한 종교론에 의하면, 자연과학의 발전에 따라 '우상숭배열,' '사후에 대한 공상적 갈앙심' '환영(幻影)의 동경심' 등과 같은 종교적 의식(religious consciousness)이 소멸되고,[22] 인간은 '전능한 지위'에 오르게 되어 더 이상 고대인의 '신탁'과 같은 종교적 행위는 불필요하게 된다.[23] 즉, 과학이 발전하면 인간은 '신'과 '종교'를 부인하게 되고 자신의 '성능(性能)'을 최대한 발휘하는 '새로운 인간'으로 새롭게 탄생하게 된다.[24]

당시 사회주의자들은 식민지 민중의 의식이 점차 각성되어가고 있으며 따라서 종교적 의식이 점차 사라져갈 것이라고 확신하고 있었다.[25] 그렇지만 현실 사회에서는 종교가 아직도 뿌리 깊게 존속하고 있으므로 종교의 소멸 시기를 의도적으로 단축시키기 위한 운동이 필요하다고 보았다.

> 과학이 발달이 되고 그 발달된 과학을 모든 사람이 모도다 고르게 배우게 되어 종교에 대한 정당한 지식을 가지게 되는 시대가 돌아오면 필연적으로 종교가 소멸되겠지오만은 소멸되기까지는 기회 있는 대로 그 기회를 이용하여 그 기회에 적당한 방법과 수단으로 종교병(宗敎病) 퇴치운동을 하여야 되겠지오.[26]

즉, 사회주의에 의한 '종교병 퇴치운동'이 필요하다고 본 것이다. 이 시기에 사회주의 청년단체들이 각종 강연회나 궐기대회 등을 계획하여 반종교운동을 전개한 것은 바로 이러한 종교 박멸 전략의 일환이었다. 비록 그러한 운동들이 일제의 개입에 의하여 대부분 무산되었지만 그러한 운동의 논리 속에는 과학에 의한 종교의 대체라고 하는 그들의 기본적 인식 틀이 강력하게 작동하고 있었다.

사실 이러한 반종교/반기독교 운동은 중국에서 먼저 일어났는데 당시의 한 지식인은 중국과 조선의 경우를 다음과 같이 비교하고 있다.

> 금번 조선 반기독교운동은 그 주도자가 전부 사회운동자인 것을 보아
> 그 기조가 중국에 그것과 같이 외래의 압박에 못 이기어 나온 배외감
> 정 우(又)는 기독교만 한(限)한 어떤 반감에 있는 것이 아니고 오직 신
> (神) 자체로부터 근본적으로 부정하는 순과학적(純科學的) 견지에 있는
> 것을 또한 추단할 수 있다.[27]

중국의 반종교운동은 외세에 대한 저항과 기독교를 '주적(主敵)'으로 하는 운동인 반면,[28] 식민지 조선의 경우에는 기독교를 포함한 종교 일반에 대한 철저한 과학적 운동의 성격이 강하다는 진단이다. 요컨대 한국 사회에서의 반종교운동은 기독교를 '제국주의의 전위'로 보면서 반대하는 정치운동의 성격보다는 종교의 본질 자체에 대한 인식론적 비판의 성격을 더 강하게 띠고 있다는 것이다. 실제로 그러한 측면이 있는지는 좀 더 검토해보아야 할 문제이지만, 어떻든 당시 사회주의자들의 의식 속에서는 종교의 범주 자체에 대한 본질적 비판이 강조되고 있었던 것이다.

지금까지 살펴보았듯이 계몽주의의 토양 속에서 등장한 근대 합리주의와 사회주의는 모두 과학적 합리성을 강조하면서 종교에 대해 비판적 태도를 취하고 있었다. 이 두 세계관은 초자연/자연의 이분법을 전제하고 있었는데 그러한 인식론적 구조 속에서는 초자연의 세계가 비합리성의 범주로서 궁극적으로는 배제되어야 할 영역이었다. 그리고 종교는 초자연의 세계에 속하는 것으로 간주되었기 때문에 결국 합리성의 영역인 과학에 의해 대체될 것으로 이해되었다.

이처럼 합리주의와 사회주의는 모두 종교와 과학을 대립 관계 혹은 투쟁의 관계로 파악하고 있었다. 하지만 합리주의가 종교적 의식에 대한 지

적 차원의 비판에 머문 반면, 사회주의는 이론적 비판을 넘어 반종교운동이라는 실천적 몸짓까지 보여주었다. 그리고 당시에는 이러한 반종교운동의 주된 목표물이 개신교였으므로 개신교 진영의 지적 대응이 나타나게 되었던 것이다.

2) 일제하 한국 개신교의 과학 담론

이처럼 사회주의 진영의 반종교운동이 종교와 과학의 관계에 대한 개신교 진영의 본격적 관심을 촉발시켰지만, 그 이전부터도 개신교는 종교와 과학의 관계에 대해 나름대로의 지적 담론을 전개하고 있었다. 그리고 그러한 지적 담론은 매우 다양한 자리에서 전개되었다. 따라서 여기서는 종교와 과학의 관계를 축으로 전개되는 개신교의 과학 담론을 크게 4가지 자리, 즉 (1) 기독교적 문명개화론 (2) 신학적 자유주의 (3) 신학적 근본주의 (4) 두 언어 이론으로 나누어 검토할 것이다.

(1) 기독교적 문명개화론: 문명화의 두 바퀴로서 과학과 종교

개항 이후 근대 지식인의 지배 담론으로 자리를 잡아온 문명개화론은 식민지시대에도 실력양성론의 형태로 지속되었다. 이러한 실력양성론은 기독교 밖에서도 전개되었지만 개신교 진영에서도 그 모습을 드러내었다. 그리고 그러한 실력양성론의 중요한 축으로 종교와 과학이 등장한다. 근대 지식인의 한 사람이었던 김창세(金昌世)[29]는 다음과 같이 말하고 있다.

> 대관절 서양과 우리나라를 그다지도…… 정반대의 양극으로 보이게 할 것이 무슨 까닭인가…… 모든 대답보다도 근본적이요 통괄적인 기본 답이 있다고 봅니다. 그것은 저 사람들은 과학적이어늘 우리네는

비과학적이요 저 사람은 종교적이어늘 우리네는 비종교적이라 함이외다. 이것이, 이 차이가 저 나라를 천국같이 보이게 하고 우리나라를 지옥같이 보이게 하는 근본적 이유가 되는 것이라고 나는 보겠습니다.[30]

요컨대 서양 사람들은 과학적이고 종교적인 데 비해서 우리나라 사람들은 비과학적이고 비종교적이기 때문에 서양은 '천국'이 되고 우리나라는 '지옥'이 되었다는 것이다. 그는 과학이 "인류를 생산의 고역에서 해방하고 질병과 고통에서 해방하고…… 여러 가지 자연의 속박에서 해방하여 안전하고 한가한 또는 컬추어[culture] 있는 생활"[31]을 가능하게 한다고 하면서 과학의 '실용'에 주목하고 있다.

그렇지만 그는 한국 사회에 더욱 필요한 것은 '과학의 실용'이라기보다는 '과학적 정신'이라고 역설하고 있다. 그는 '과학적 정신'의 특징을 1)진리를 사랑하고 허위와 미신을 배척하는 '진리감(眞理感)', 2)인과의 법칙(물질불멸과 정신불멸의 양 진리)을 믿는 것, 3)'학리[과학적 진리]'에 대한 신뢰라고 주장하고 있다.[32] 여기서는 과학과 미신이 날카롭게 대립되고 있다.

이와 함께 그는 종교의 힘을 강조한다. 그에 의하면 '종교적'정신은 "최고의 선과 애와 최고의 진리인 하나님에 대한 신앙"그리고 "그를 본받고 따라가려 하는 인생의 애와 선과 희망에 대한 신앙"이다. 서양인들의 경우에는 종교적 정신이 '혈과 육'으로 되어 있기 때문에 '일신의 쾌락'을 위하여 살지 않고 항상 타자(후손, 민족, 국가, 단체, 인류)를 위해 살며,[33] '문명인'의 특색인 '정의감'에 불타기 때문에 언제나 '자기희생'과 '봉사(Service)의 생활'을 한다.[34] 이와 반대로 우리나라 사람들은 '무신앙'과 '무봉사'의 생활을 하기 때문에 언제나 자기중심, 자기 가족 중심, 구복(口腹) 중심, 현재 중심의 생활을 한다는 것이다.

이처럼 과학과 종교의 힘을 각각 설명한 다음에는 종교와 과학의 관계를 규정하고 있다.

> 종교와 과학, 과학과 종교 이것이 현대인의 맘에, 그 중에도 맑쓰의 유
> 물론을 문자대로 존숭하는 이들의 생각에는 전혀 서로 배치되는, 마치
> 불가입성(不可入性)의 지배를 받는 양성(兩性)인 것 같이 생각되는 모양
> 이나 나는 과학과 종교가 일거(一車)의 양륜(兩輪)처럼 우리 인류를 행
> 복되게 하고 구제해 내는 상즉불가리(相卽不可離), 서로 붙어서 떨어지
> 지 못할 것으로 압니다.[35]

　요컨대 종교와 과학은 '일거의 양륜'처럼 서로 떨어질 수 없는 관계에
있으며 이 양자는 인류에게 '행복'과 '구제'를 제공한다는 것이다. 따라
서 우리는 '지옥'의 나라를 '천국'의 나라로 새롭게 '개조'하기 위해 과학
적 정신과 종교적 정신을 동시적으로 가져야 하며, '스승'인 서양인들처럼
"과학적으로 알고 종교적으로 행하사."고 역설하고 있다.[36] 이처럼 긴창세
의 의식 구조 속에서는 종교와 과학이 문명화의 두 바퀴로 설정되어 있
으며 양자에 대해 동등한 관심과 가치가 부여되고 있음을 알 수 있다.

　이와 비슷한 문제의식을 가지고 종교와 과학의 관계를 논한 또 한 사
람의 지식인은 동초(東樵)라는 필명의 소유자이다. 그는 "종교와 과학"이
라는 제목의 짧은 글에서 양자의 관계를 다음과 같이 규정하고 있다.

> 만근(輓近) 이래로 종교를 신앙하는 자가 과학을 반대하는 자도 유(有)
> 하고 과학을 강구하는 자가 종교를 저배(抵排)하는 자도 유(有)하니 시
> 기(是豈) 본의(本意)의 위연(爲然)함이리오 과학의 원인이 종교에서 생
> (生)하며 종교의 지류(支流)가 과학을 성(成)함이니 일이이(一而二)오 이
> 이일(二而一)이 되는 자(者)가 아닌가.[37]

과학은 '종교의 지류(支流)'에서 생겨난 것이므로 양자는 "하나이면서 둘이고 둘이면서 하나"라는 것이다. 그러면서 그는 먼저 종교의 힘을 강조하고 있다. 그에 의하면 종교적 신앙은 '단결', '외도(畏悼)', '용분(勇奮)', '극기'의 힘을 키우는 능력을 가지고 있다.[38] 그렇다고 해서 '사공(事功)'에 능한 종교만 중시하고 '재지(才智)'에 능한 과학을 하찮은 것으로 보아서는 안 된다고 주장한다. 즉, "종교사상만 도유(徒有)하고 과학사상이 전매(全昧)한 즉 미신에 수함(邃陷)하며 공허를 시상(是尙) 인지(人智)가 마멸하고 세운(世運)이 막진(莫進)하리니 차(此) 역(亦) 천하의 공도(公道)가 아니라."[39]고 하면서 과학의 협력을 강조하고 있다.

이처럼 그는 종교와 과학이 각자의 역할을 다할 때 이상사회가 건설된다고 역설하고 있다.

> 오인(吾人)의 품격을 완전케 하며 사회의 질서를 정정(整正)케 하는 대공덕(大功德) 대사업을 성(成)함에는 필야(必也) 종교를 신앙하야 근본을 확립하고 과학을 강구하야 재기(材器)를 배양한 연후에 진미진선(眞美眞善)한 역(域)에 달(達)할가 하노라.[40]

다시 말해, 인격의 완성과 올바른 사회질서의 확립이라는 '대사업'을 이룩하기 위해서는 종교와 과학의 역할 분담이 있어야 한다는 주장이다. 요컨대 문명화를 위해서는 종교적 신앙과 과학적 기술이 필수적이라는 것이다.

이처럼 김창세와 동초의 글은 모두 문명화의 견인차로서 종교와 과학의 역할을 강조하고 있다. 그런데 이때의 종교는 사실상 기독교를 가리키고 있다. 김창세의 글에서는 종교적 정신을 "최고의 선과 애와 최고의 진리인 하나님에 대한 신앙"이라고 표현하고, 동초의 글에서는 "무상(無上)

의 진신(眞神)을 신뢰하야 무한의 완전을 기도(企圖)하고 요요(撓擾)한 세계를 증구(拯救)함은 기독교가 지차진의(至且盡矣)라.[41]라고 하고 있듯이, 두 사람에게서 이상적 종교는 기독교이다. 이처럼 기독교적 문명개화론/실력양성론에서는 종교(기독교)와 과학이 충돌이나 모순 관계가 아니라 서로를 필요로 하는 동반자의 관계로 나타나고 있다.

(2) 신학적 자유주의: 종교의 과학화

1918년 '조선기독교회'를 세워 선교사 중심의 기성 교회로부터 분립한 목사 김장호(金庄鎬)는 교회 재건설의 첫 번째 과제를 '종교의 과학화'에 두었다. 그는 과학과 등진 종교는 미신의 암굴 속으로 도피한다고 비판하면서 기독교는 무엇보다도 우선 '과학적 종교'가 되어야 한다고 주장하였다.[42] 그러면서 종교와 과학의 관계에 대해 다음과 같이 말하고 있다.

> 과학과 종교는 상극하는가. 아니나. 과학은 세성의 물리를 연구 개척하는 것이요 종교는 기존의 모든 현상에다가 다시 과학이 발굴 개척한 것과 또 미래에 발굴 개척할 모든 것을 통합 정리하는 것이다.[43]

과학은 '세상의 물리를 연구'하는 학문이고 종교는 '모든 현상을 통합'하는 것이기 때문에 서로 충돌할 필요가 없다는 논리이다. 그런데 최근에 종교는 과학을 향해 '외람(猥濫)'하다고 비난하는가 하면 과학은 종교를 '몽매'하다고 비난하면서 서로 충돌하는 현상이 나타나고 있다.[44] 그는 이러한 충돌의 원인 제공자를 과학이 아니라 종교로 보고 있다.

> 첫째 우리는 종교가(宗敎家: 물론 여기서는 기독교를 논함)의 완미(頑迷)를 들지 않을 수 없으니 성경은 천당에서 나려온 책이요 그 안에 있는 말

씀은 전부가 다 하느님 친필로 쓰신 것이니 일점 일획이라도 변개(變改)할 수 없는 것으로 알기 때문에 성경에 없는 진화론을 부인하고 성경에 없는 비행기와 라디오와 테레비죤의 출현에 당황하야 억지로 말세가 왔다고 말하고 재림의 날이 가까이 왔다 설명하는 것이다.[45]

요컨대 최근의 종교와 과학의 충돌은 종교인, 특히 기독교인의 '완미'에서 기인한다는 것이다. 과학은 나날이 발전하는 데 비해 종교는 '고색창연한 옛 시대의 이야기'만 반복하고 있기 때문에 양자의 상극은 불가피하다는 것이 그의 진단이다. 그는 특히 성서에 대한 문자주의적이고 축자적인 해석이 과학과 종교 사이의 충돌을 일으키는 주요 원인이라고 보고 있다. 축자적 해석은 신자들에게 온갖 '미신'과 '허황된 교리'와 '모순'을 강요하기 때문이다. 따라서 그는 이러한 태도에서 벗어나 성서를 "지고한 문학적 수법으로 기록 서술된"[46] 책으로 볼 것을 요구하고 있다. 이는 성서에 대한 근대주의적 비평 즉 고등비평의 수용을 의미한다.

그가 볼 때 과학은 결코 종교의 적이 아니라 종교에 큰 도움이 될 수 있다.

우리는 기성의 종교인에게 과학이 우리와 용납되는 것은 물론 과학이야말로 신의 섭리를 증명하고 종교의 견실성과 발전성을 조장하는 유일한 영양소인 것을 고조하야 저들의 가진바 온갖 미신 온갖 허황한 교리와 및 모순의 중하(重荷)를 버릴 것을 권하고……[47]

즉, 과학은 '신의 섭리'를 증명하고 '종교의 견실성과 발전성'을 조장하는 '유일한 영양소'임을 기성 종교인들은 깨달아야 한다는 것이다. 이와 비슷한 맥락을 지닌 글이 자유주의 신학을 수용한 잡지에서는 자주 등장하고 있다.

> 과학은 비판적이오 회의적이다. 이 비판적 방법을 도덕과 종교에 적용
> 한 즉 무려(無慮)히 채용하는 신앙의 경동(輕動)을 반대하게 되는 것이
> 다.…… 신앙도 합리에 근거하여야 한다는 것이다. 비판적 정신은 도덕
> 상으로 인생의 근본적 경험의 요구를 인정하며 종교신앙에 있어서는
> 알맹이와 쭉정이, 필요한 것과 불필요한 것, 진과 위를 분간하는 것이
> 다. 성경연구에 있어서 과학적 방법은 구신약(舊新約)에 대한 다소 오
> 해를 제거하야 성경의 의의를 더 밝히며 성경학자로 하여금 난관을 면
> 케 하였다.…… 과학의 비판적 정신은 도덕과 종교계에 들어가서 오류
> 를 발견하고 제거할 때에 누구나 환희하지 안이할 수 없다. 과학은 이
> 방면에 있어서 많은 공헌이 있었고 이후에도 계속 공헌함이 있을 것이
> 다.[48]

과학의 비판적/회의적 방법을 종교와 도덕과 성서 해석의 영역에 적극 수용하자는 것이 주된 논점이다. 그래야 보다 건강하고 건전한 신앙과 신학이 형성될 수 있다는 것이다. 여기서 한 발 더 나아가면 성서적 창조론과 과학적 진화론과의 적극적 대화도 나오게 된다. 실제로 자유주의 신학 진영에서는 창조론과 진화론을 접목시키려는 다양한 시도가 이루어졌다.[49]

이처럼 자유주의/근대주의 신학은 과학적 태도의 적극적 수용을 요구하고 있지만 과학에 대해서도 일정한 주문을 하고 있다. 즉, 과학이 종교와 일정한 관련을 맺을 것을 요구하고 있다. "종교의 수양이 없는 과학은 방탕한 대로 기울어지기 쉽고,"[50] "기독교와 성경이야말로 그대들에게 좋은 반려와 지침이 될 것"[51]이며, "우리들의 과학은 예수의 세례로써 유종

의 미를 맺어야 할 것이다"와 같은 말은 바로 이러한 맥락에서 등장하고 있다.

그렇지만 신학적 자유주의의 주안점은 어디까지나 근대적 과학 정신의 수용에 있었다. 이는 기성 교회의 신학이 축자적 성서 해석을 통하여 근대과학과의 불필요한 갈등을 초래함으로써 오히려 기독교의 존립 기반을 위협한다고 보았기 때문이다. 그리고 여기에는 신학적 보수주의나 근본주의에 대한 적대감도 반영되어 있다고 볼 수 있다.

(3) 신학적 근본주의: 과학 제국주의에 대한 반격

신학적 자유주의가 근대과학의 적극적 수용을 통하여 근대적 종교로 거듭나려고 했던 것에 비하여, 신학적 근본주의는 근대과학이 지니고 있는 위험성에 주목하고 있었다. 근대과학에는 기독교의 정체성을 뒤흔들 수 있는 파괴적 요소가 있다고 보았기 때문이다. 더구나 이 시기는 격동과 혼란의 시기로 비쳐지고 있었다.

> 근대에 지(至)하야 조선뿐 안이라 전 세계 교회가 여러 가지로 곤란을 당하게 되었는바 이 곤란은 각국을 통하야 동일함이 다(多)한 중(中) 주요한 자(者)는 과학과 종교의 충돌로 인(因)함이라 할 수 있습니다. 보통으로 현대는 과학시대라 하나니 차(此) 역시 인(認)할 바이외다. 과거 백년 이래에 과학은 전고(前古) 미증유의 현저한 발달로서 인간의 일상생활에 비상한 편의가 유(有)하게 되었으며 종(從)하야 인간의 사상도 종래에 비하야 막대한 변동이 기(起)하였습니다.[52]

요컨대 과거 백 년 동안 과학은 미증유의 발전을 거듭하여 사상계에 커다란 혼란을 초래하였으며 종교와 과학의 충돌 현상이 나타나고 있다는 진단이다. 그리고 이러한 상황을 반영이나 하듯이, 청년 지식인들은 '절대복종'과 같은 '명사(名詞)'에 대해서는 '일종의 악담(惡談)'으로 간주하면서 각종 권위에 저항하고 있는 것으로 비쳐졌다. 따라서 이 시기는 '혁명의 시대'[53] 혹은 '자유의 호성(呼聲)'만이 요란한 '회의시대(懷疑時代)'[54]로 불리었다.

이 시기의 개신교는 특히 마르크스주의의 종교소멸론을 '가장 기괴한 예언'으로 규정하면서 경계의 태세를 늦추지 않았다.[55] 그리고 이러한 유물론과 무신론의 확산을 '마군의 천국 습격'으로 규정하면서 '그리스도의 정병(精兵)의 총출동'을 요구하고 있다.[56] 보다 구체적으로는 신앙의 용기, 열성적 선교, 변증신학의 연구와 활용을 대안으로 제시하고 있다.[57]

이러한 지적 위기 상황을 타개하기 위해 변증신학에 주력한 대표적인 개신교 신학자가 박형룡이다.[58] 그는 변증신학을 전공하게 된 이유를 자신의 박사학위논문 서문에서 다음과 같이 고백하고 있다.

미국으로 유학을 가던 중 태평양 배 안에서 재일본 유학생들이 발간하는 한 잡지에 실린 "어느 무종교인의 종교관(An Irreligionists'View of Religion)"이라는 글을 읽고 참을 수 없는 모멸감을 느꼈다. 그들은 반기독교적 감정을 가지고 있었으며 근대 과학에 대한 단편적이고 불완전한 지식을 가지고 기독교와 과학을 갈등 관계로 파악하고 있었다. 나는 청년 지식인들이 기독교에 대한 잘못된 이해를 가지고 있음을 알고 이를 교정하기 위해 변증학을 공부하기로 결심했고, 결국 미국에서의 박사학위 논문 제목도 "Anti-Christian Inferences from Natural Sciences"로 잡았다.[59]

요컨대 당시의 청년 지식인들이 과학과 종교에 대해 지닌 잘못된 관념을 교정하기 위해 변증학을 공부하기로 결심했다는 내용이다. 그는 먼저 당시의 상황을 '과학과 종교의 전쟁'으로 규정하면서 그 전쟁의 발발 원인을 찾고 있다.

'과학과 종교의 전쟁'은 종교에 대한 과학의 공격이지 그 반대는 아니다. 과학적 추론이 공격을 하고 있고 종교는 방어하고 있는 상황이다. 상호 공격으로 보는 것은 잘못된 추론이다. 종교는 과학의 영역에 침공하는 것을 중지했다. 양자 사이의 평화가 달성되기 위해 먼저 공격 무기를 내려놓아야 하는 것은 과학자이다. 반종교적 추론을 만든 사람들이 현재의 불행에 책임이 있는 것이다.[60]

한마디로 이 '전쟁'은 과학의 선제공격에 의해서 일어난 것이고 종교는 단지 방어하고 있는 상황이므로 양자의 평화를 위해서는 먼저 과학이 공격 무기를 내려놓아야 한다는 주장이다. 이는 앞서 언급한 신학적 자유주의와는 정반대의 자리에서 종교와 과학의 충돌 원인을 찾고 있는 것이다.

그러면 그는 왜 과학이 선제공격을 하고 있다고 믿고 있는가? 그는 과학의 오만한 태도에서 그 해답을 찾고 있다. 자연에 대한 정복을 통해 자연과학이 현대 사회의 놀라운 물질문명을 가져오자, 사람들은 과학을 '전능한 신'으로 찬미하고 '대중적 숭배'의 대상으로 삼게 되었다.[61] 그러자 오만해진 과학은 자신의 고유한 영역을 넘어 다른 분야에까지 개입하게 되고 그 과정에서 지금과 같은 과학과 종교의 충돌 현상이 나타나게 되었다는 것이다.

그러면 이 전쟁을 어떻게 중지시켜 양자 간의 평화를 이룩할 것인가? 그는 먼저 과학의 영역과 그 한계를 분명히 하는 작업을 한다. 그에 의하면 과학은 "관찰과 실험, 기록과 측정에 의해 획득되는 한 종류의 지식"이며, "비인격적 자료에 대한 반성에 의해 획득되는 체계화되고 검증가능하고 소통 가능한 모든 지식"이다.[62] 그리고 자연과학은 '설명(explanation)'이 아니라 '기술(description)'의 학문이며, 본질적으로 귀납적(inductive) 방법에 의존한다.[63] 여기서 그가 강조하고 있는 것은 과학은 만능의 지식이 아니라 '여러 가지 지식 중의 하나(a kind of knowledge among many others)'라는 점이다. 즉, 이 세상에는 다양한 지식이 존재하며 과학은 단지 그중에 한 부분을 이루고 있을 뿐이라는 것이다.

이와 동시에 그는 인간의 과학 활동의 근거에 주목하여 과학의 한계를 제시한다. 그에 의하면 과학 활동을 가능하게 하는 것은 인간의 이성 혹은 지성이다. 그런데 인간의 정신은 지성(intellect), 감정(emotion), 의지(will)의 세 측면으로 이루어져 있고, 과학은 이 중에서 단지 이성의 작용일 뿐이다. 그리고 이 이성은 매우 불완전하다.

> 그들은 이성이 전지한 줄로 존경하야 최고 권위를 헌(獻)함이나 이성이 전지(全知)할 것이면 하고(何故)로 진리를 해설함에 자상(自相) 모순 충돌하는가? 철학에 유신론과 무신론이 호상(互相) 모순하고 유심론과 유물론이 호상 충돌하지 않는가? 이성으로써 묵시를 해득(解得)하는 기계를 가작(可作)이나 기(其) 이상(以上)에 최고 권위를 탐(貪)함은 무리한 일이다.[64]

즉, 이성은 전지한 능력을 가지고 있는 것이 아니므로 지식의 장에서 최고의 권위를 주장해서는 안 된다는 것이다. 더구나 이러한 이성의 활동에 근거한 자연과학은 지금까지 수많은 시행착오를 거듭해왔으며 불확실한 궤도와 위험한 길을 계속 따르고 있으며, 가장 완전한 상태에 도달했을 때에도 그것은 단지 실재(reality)에 근접한 불완전하고 일시적인 지식에 불과하다.[65] 이처럼 과학은 뚜렷한 자기 한계를 지니고 있다는 것이다.

박형룡은 이렇게 과학의 한계를 폭로함으로써 종교와 과학의 충돌을 방지하고 양자의 관계를 재설정하고자 한다. 그러면 그는 과학과 대비되는 종교의 영역을 어떻게 규정하고 있는가? 그는 먼저 종교의 기반을 인간의 정신적 능력과 관련시켜 파악한다. 과학이 인간의 지성에만 관련된 반면, 종교는 지성만이 아니라 감정과 의지에도 동시적으로 관련되는 인간 활동이다. 따라서 종교는 과학보다 더 넓은 정신적 기반을 가지고 있다는 것이다.

그리고 과학이 현상 세계를 대상으로 하여 법칙을 탐구하는 데 비하여 종교는 보다 심층적인 세계를 다룬다. 즉, 종교는 현상계(the phenomenal)를 넘어 본체계(the noumenal), 근접한 사실(the proximate fact)을 넘어 궁극적 실재(the ultimate reality)로 들어가려고 한다.[66] 다시 말해 과학이 멈추는 곳에서 종교가 발언하기 시작한다는 것이다.

이처럼 종교는 과학보다 더 광범위한 정신적 기반을 가지고 있는 동시에 더 심층적인 세계와 관련을 맺고 있다. 박형룡은 종교의 이러한 특성을 다음과 같이 표현하기도 한다.

> 종교의 신앙은 초자연적 초과학적 초인식적으로 인생에게 계시되는 것이라고 생각한다. 초인(超人)이란 것은 범인(凡人)의 하는 일을 할 수 있는 동시에 범인(凡人)의 못하는 일까지 할 수 있는 것과 같이 종교는 자연과 과학에 초월하면서도 자연과 과학으로 하여금 자연과 과학이 되게 하는 것을 취급하는 것이다.[67]

즉, 종교는 과학에 대립하는 비과학적인 것이라기보다는 과학을 넘어서는 '초과학적'세계이다. 따라서 종교와 과학은 서로 충돌할 수 없다. 그런데 현실 사회 속에서 과학과 종교의 충돌이 끊임없이 일어나는 것은 과학이 들어가서는 안 되는 세계인 종교의 세계로 들어와 자기의 목소리를 높이고 있기 때문이라는 것이다.

> 과학자가 자신의 영역을 넘어 종교의 영역으로 들어가는 것은 정당하다. 하나의 인간으로서 그도 삶의 철학적 종교적 측면과 실제로 관련을 맺고 있기 때문이다. 그는 본체적 실재와 신학적 문제에 대해 나름대로 발언할 수 있다. 문제는 그가 종교의 영역에서 그 자신의 원리들을 가지고 발언할 때이다. 그는 자신이 신학과 종교의 영역으로 들어갔을 때에는 과학자가 아니라 하나의 종교인이라는 사실을 의식해야 한다. 이 특별한 영역에서는 보다 높은 고차적 원리들을 무시해서는 안 된다. 종교에는 과학이 분석하고 분류할 수 없는 것이 있음을 인정해야만 한다.[68]

요컨대 과학자가 개인적 차원에서 종교의 영역으로 들어갈 수 있지만 그 경우에는 그 자신이 하나의 종교인이라는 사실을 염두에 두어야 한다는 것이다. 종교의 세계에서는 과학의 논리를 들이대어서는 안 되고 어디까지나 종교의 고유한 논리를 존중해야 하기 때문이다. 그럼에도 불구하고 현실 속에서는 이러한 규칙이 자주 무너진다. 박형룡은 그 이유를 '과학'과 '추론'의 혼동에서 찾고 있다.

> "우주에는 법칙과 질서가 있다"는 것은 과학 자체의 발언(an utterance of science itself)인 반면, "우주에는 법칙과 질서가 있기 때문에 신의 존재는 불가능하다"라는 것은 과학으로부터의 단순한 추론(mere inference

from the statement of science)이다. 전자는 현재의 과학 체계가 지속되는 한 논박될 수 없는 반면 후자는 논박될 수 있다. 왜냐하면 우주 안에서 법칙과 질서가 발견되기 때문에 우주 안과 너머에는 위대한 설계자가 있음에 틀림없다는 유신론자의 추론도 가능하기 때문이다.[69]

요컨대 "우주 안의 법칙과 질서"라는 과학적 사실로부터 무신론적 추론과 유신론적 추론이 모두 가능한데, 사람들은 여기서 무신론적 추론만을 끌어내는 것이 문제라는 것이다. 이는 '과학'과 '추론'을 엄격하게 구별하지 못하고 양자를 혼동함으로써 나타나는 현상이다. 따라서 그는 '잘못된 추론'을 반박하고 '올바른 추론'을 제공하는 것을 자신의 변증신학의 핵심 과제로 삼았다.

그러므로 그에게서 '종교와 과학의 전쟁'은 종교와 과학의 전쟁이 아니라 종교와 '잘못된 추론'사이의 전쟁이다. 여기서 '잘못된 추론'은 물론 유물론이나 무신론과 같은 세속주의 세계관을 가리킨다. 그리고 이러한 세속주의 세계관은 과학의 이름으로 포장된 또 하나의 종교일 따름이다. 즉, 그것은 '과학의 종교(the Religion of Science)'[70]인 것이다. 따라서 종교와 과학의 전쟁에는 종교와 종교의 전쟁이 숨어 있다는 것이다. 유신론적 종교와 무신론적 종교 사이의 투쟁이 오늘날 '종교와 과학의 충돌'로 표상되고 있을 뿐이라는 것이다.

물론 그는 이러한 '종교전쟁'에서 분명히 한쪽에 서 있다. 유신론적 종교 진영에 서서 무신론적 종교 진영과의 전투에 참여하고 있는 것이다. 그런데 전세(戰勢)가 불리하다. 현대인의 마음을 사로잡는 과학이 무신론과 동일시되고 있기 때문이다. 그렇지만 과학은 결코 무신론과 동일시될 수 없는 하나의 중립적인 지식 체계일 뿐임을 그는 잘 알고 있다.

그에 의하면 과학과 종교는 합리성과 비합리성의 관계가 아니라 자연과 초자연의 관계에 조응하고 있다. 초자연의 세계가 자연의 세계를 배제하지 않고 포용하되 그것을 넘어서듯이, 종교의 세계는 과학을 부정하지 않으면서 그것을 넘어선다. 요컨대 종교의 세계는 과학보다 상위의 질서에 속하는 것이다.[71] 그런데 이러한 과학이 유물론적/무신론적 세계관에 포섭되어 과학 제국주의라는 지적 폭력의 형태를 띠고 종교를 공격하고 있는 것이다. 따라서 그는 이러한 과학 제국주의에 반격을 가하면서 그것이 지닌 지적 폭력성을 고발하는 것을 자신의 순교자적 사명으로 삼고 있는 것이다.

(4) 두 언어 모델: 분리를 통한 영구평화

지금까지 검토한 3가지 유형과 상당 부분 중첩되는 점이 있지만 종교와 과학의 차이를 보다 강조하는 또 다른 담론의 흐름이 발견된다. 앞에서 다루었던 입장들도 모두 종교 언어와 과학 언어의 차이를 인정하고 있었지만 이 입장에서는 두 언어 사이의 넘을 수 없는 장벽을 더욱 상소한다. 즉, 과학 언어와 종교 언어는 '구별'정도가 아니라 아예 '분리'되어야 한다는 입장이다.

> 과학의 도구는 오인(吾人)의 지각과 그 지각을 결합시키는 관계의 고찰임에 대하야 종교의 도구는 아등의 표현적 정신인 것이다.…… 과학의 취급하는 바는 사실이오 종교의 취급하는 것은 표현이다.[72]

> 과학은 보편적 사실을 취급하는 학문이오 차(此)에 반(反)하여 종교는 개인적 경험을 취급하는 것이라 한다. 과학이 '자연'을 독(讀)하는 학문이라 하면 종교는 '인생'을 독하는 학문이다.[73]

요약하면 과학과 종교는 사실/표현, 보편적 사실/개인적 경험, 자연/인생의 이분법적 질서 속에서 각자의 고유한 자리를 할당받는다. 과학과 종교의 이러한 양분법은 다음의 글에서 보다 세련되게 표현되고 있다.

> 자연과학은 자연문제를 취급하고 종교는 정신문제를 취급한다. 자연과학은 何와 如何문제 곧 〈What과 How〉문제를 취급하니 대관절 이것이 무엇이냐 이것과 또 어떻게 이렇게 되느냐 하는 것을 궁구하고, 종교는 하고(何故)와 수위주(誰爲主) 문제 곧 〈Why와 Who〉 문제를 취급하니 대관절 웨 이렇게 하는가 또 누가 무슨 목적으로 이렇게 하는가 하는 것을 구명하려는 것이다.[74]

　요컨대 과학이 무엇(what)과 어떻게(how)의 세계를 다룬다면 종교는 왜(why)와 누구(who)의 문제를 취급한다는 것이다. 과학에 '늬우톤의 만유인력'이 있고 종교에 '기독의 구원'이 있다[75]는 주장도 이러한 맥락에서 나온다. 뉴턴의 만유인력과 그리스도의 구원 사이에 아무런 관련이 없듯이 과학 언어와 종교 언어도 전혀 다른 문법을 가진 언어로 파악되어야 한다는 것이다.

　이처럼 이 네 번째 입장은 과학 언어와 종교 언어를 철저하게 분리하는 방식으로 양자 사이의 충돌을 봉쇄하려는 담론이다. 이러한 담론 속에서는 종교와 과학이 전혀 다른 질서에 속한 것으로 간주되기 때문에 서로 간섭할 수 없으며 둘 사이에 충돌이 일어날 수 없다. 그래서 오히려 과학과 종교는 양립 가능하게 된다. 그런데 현실 속에서는 때로 종교와 과학의 충돌이 일어나는데 이는 "종교가 과학인체할 때나 과학이 종교의 영역에 침입할때 발생"[76]한다. 따라서 이러한 문제를 근본적으로 해결하기 위해 사실(fact)/의미(meaning)의 양분법이 동원된다.

이 사실/의미의 양분법은 존재(sein)/당위(sollen)의 이분법에 상응한 것으로서 신학적 근본주의가 전제하는 초자연/자연의 이분법과는 그 놓여 있는 맥락이 전혀 다르다. 사실/의미의 양분법에서는 초자연의 세계를 직접적으로 언급하지 않으면서 종교의 세계를 특징짓는 것이 가능하다. 즉, 여기서는 초자연적 계시를 전제하지 않는 종교의 정의가 가능하다. 인간이 살아가면서 끊임없이 직조하는 '의미의 그물망(web of meaning)'이 종교의 본질로 정의될 수 있기 때문이다. 따라서 이러한 사실/의미의 이분법에 근거하여 과학과 종교의 관계를 바라보는 관점은 초자연/자연의 이분법에 서 있는 신학적 근본주의에게는 매우 위험한 시도로 보인다.[77] 이러한 입장은 종교와 과학의 영역을 엄격하게 분리함으로써 양자 간의 충돌을 예방하는 데 성공했을지는 모르지만 종교의 초자연적 기반 자체를 붕괴시키는 것으로 보이기 때문이다.

그러나 어떻든 이 네 번째 입장은 종교와 과학 사이에 '비무장지대(DMZ)'를 설치하여 서로의 영역을 침투하지 못하게 함으로써 양자 간의 '영구평화'를 달성하는 데 성공한 것으로 보인다. 이처럼 과학 언어와 종교 언어의 소통 불가능성을 전제하면서 양자 사이의 관계를 설정하는 전략은 서구 기독교 지성사에서 등장하는 '두 책 이론(Two Books Theory)'과 대비되는 '두 언어 이론(Two Languages Theory)'에 해당한다고 볼 수 있다.[78] 그리고 종교와 과학의 관계에 대한 이러한 시각은 세속적 근대주의와 신학적 근대주의 양 진영에 의해 수용되었다.

지금까지 살펴보았듯이 과학과 종교의 관계를 둘러싸고 전개된 한국 개신교의 지적 담론은 근대 합리주의와 사회주의의 도전에 대한 응답 형식으로 이루어졌다. 서구 근대 계몽주의의 두 후예로서 개항 이후 순차적으로 수용된 합리주의와 사회주의는 그 자체 내에 반종교적 성향을 내포하고 있었다. 이 양자는 초자연의 세계를 거부하는 자연주의적 인식론을 공유하고 있었으므로 미신만이 아니라 초자연적 세계를 전제하는 종교로서의 개신교에 대해 부정적 태도를 지닐 수밖에 없었던 것이다.

그런데 개항기에는 문명개화론과 사회진화론에 의해 문명의 종교로 부상한 개신교의 효용성이 일정 부분 인정되고 있었으므로 개신교는 계몽주의의 반종교적 화살로부터 한 발 벗어나 있었다. 그렇지만 3·1운동 이후 개신교가 그동안 누려왔던 '문명의 종교'로서의 위상이 급격히 추락하고 보다 급진적인 형태의 합리주의를 내장한 사회주의가 출현하면서 개신교는 심각한 지적 위기에 직면하게 되었다. 사회주의 진영의 반종교 운동이 반기독교운동의 형태를 취하면서 개신교를 주된 목표물로 설정했기 때문이다. 이러한 지적 위기를 반영하면서 등장한 것이 바로 '종교와 과학'담론이다.

종교와 과학의 관계를 둘러싸고 전개된 이러한 담론에는 크게 4가지 형태가 발견되고 있다. 첫째는 기독교적 문명개화론의 자리에서 등장한 것으로서 종교와 과학을 문명화의 두 바퀴로 설정하는 담론이다. 여기서는 종교 언어와 과학 언어를 구별하지만 그 초점은 양자의 협력에 의한 문명화에 놓여 있다. 이 담론은 사회주의의 종교 비판이라는 지적 화살을 문명화라는 방패를 통해 막아보려고 한 것으로 보인다.

둘째는 신학적 자유주의의 자리에서 전개된 담론이다. 여기서는 종교와 과학의 충돌 원인을 과학이 아니라 기성 종교의 비합리성과 미신성에서 찾는다. 따라서 당시에 등장한 고등비평이나 진화론과 같은 과학적 성과의 적극적 수용을 주장한다. 즉, 종교의 과학화를 해법으로 제시한다. 그런데 선교사 중심의 기존 교회를 미신적 집단으로 규정하고 자신의 신생 교회를 과학적 진영으로 규정하는 이러한 담론 속에는 개신교 지형 내에서의 헤게모니를 둘러싼 투쟁의 정치학이 함께 작동하고 있음을 알

수 있다

셋째는 신학적 근본주의의 자리에서 등장한 담론이다. 신학적 근본주의는 신학적 자유주의와 달리 종교와 과학의 충돌 원인을 과학주의에서 찾는다. 과학 자체에 책임을 묻는 것이 아니라 근대과학의 후광을 빌려 스스로를 과학적 세계관으로 선전하는 유물론과 무신론에 그 책임을 돌리는 것이다. 요컨대 유물론과 무신론에 기초한 과학주의가 초자연적 계시에 근거한 종교의 세계를 박멸하려고 하기 때문에 종교와 과학의 충돌이 일어나고 있다는 것이다. 따라서 신학적 근본주의는 이러한 과학 제국주의의 침략으로부터 종교 영역을 수호하기 위해 과학과 과학주의를 구별하는 전략을 구사한다. 그러면서 자연의 세계를 탐구하는 과학은 적극 수용할 수 있지만 초자연의 세계를 거부하는 과학주의는 수용할 수 없다고 주장한다. 이러한 신학적 근본주의의 인식론적 구조 속에서는 종교와 과학이 각각 초자연과 자연의 영역에 할당되는 동시에 자연(과학)에 대한 초자연(종교/신학)의 우월적 지위가 암묵적으로 전제되고 있음을 알 수 있다. 따라서 이러한 인식론적 관점과 대립하는 것으로 보이는 자유주의 신학과 사회주의에 대해 투쟁적 태토를 보이게 되는 것이다.

마지막은 '두 언어 이론'으로 이름 붙일 수 있는 담론이다. 종교 언어와 과학 언어의 차이를 전제한다는 점에서는 앞의 세 담론들과 중첩되지만 종교 언어와 과학 언어의 급진적 분리를 주장한다는 점에 그 특징이 있다. 종교 언어와 과학 언어는 단지 구별되는 것이 아니라 두 언어 사이의 의사소통 자체가 불가능할 정도로 분리되어 있음을, 또 분리되어야 함을 강조한다. 신학적 근본주의가 종교 언어와 과학 언어의 차이를 인정하면서도 궁극적으로 두 세계의 수렴을 인정하는 '두 책 이론'에 가깝다면, 이 관점은 양자의 영원한 평행선을 전제하는 '두 언어 이론'인 것이다. 이러한 관점은 기독교 밖의 근대적 자유주의 지식인과 신학적 근대주의 진영에서 지배적으로 나타나고 있다.

이처럼 개항 이후 해방 이전까지 전개된 한국 개신교의 과학 담론 지형에서는 이러한 4가지 유형이 발견되고 있다. 분석의 편의를 위하여 엄격하게 분리하여 서술하였지만 구체적 현실 속에서는 이 4가지 유형이 서로 중첩되어 있는 경우가 많으며 서로 간에 일정한 영향을 미치기도 한다. 그리고 현재 한국 개신교에서는 이러한 4가지 유형 중 '두 책 이론'과 '두 언어 이론'으로 범주화할 수 있는 세 번째와 네 번째 유형이 지배적 위치를 점하고 있다고 볼 수 있다. 일반 지식인들과 자유주의 개신교 진영에서는 '두 언어 이론'이 지배적 위치를 점하는 반면, 근본주의 진영에서는 '두 책 이론'이 지배적 힘을 발휘하고 있는 것이다.

사실, 종교와 과학의 관계를 둘러싼 이러한 담론 투쟁은 한국 사회보다 훨씬 먼저 서구 유럽과 미국 사회에서 일어났다. 그리고 한국 개신교의 장에서 이루어진 이러한 담론 투쟁은 그곳에서 이루어진 논쟁을 재현하는 경우가 많았다. 개신교의 과학 담론 전개 과정에서 핵심적 역할을 한 '종교', '과학', '합리주의', '사회주의', '초자연/자연'등의 용어들이 이미 서구 근대의 산물이며 이 외에도 이 담론의 전개 과정을 둘러싸고 있는 수많은 개념들이 서구 근대성을 떠나서는 존재할 수 없는 개념들이기 때문이다. 따라서 종교와 과학의 관계를 중심으로 하는 한국 개신교의 과학 담론은 서구 근대성의 수용과 전개의 맥락 속에 위치하고 있는 것이다.

그렇지만 한국 사회가 놓여 있던 역사적 특수성으로 인해 서구에서의 담론 전개 과정과 다른 부분이 출현하기도 했다. 특히 문명개화와 민족의 독립이라고 하는 시대적 요구는 과학과 종교의 관계에 대한 개신교 지식인의 담론 형성에 중요한 변수로 작용했을 것이며 이것이 서구와는 다른 담론 전개의 맥락을 제공했던 것으로 보인다. 그리고 기독교 언론 이

외에 일반 계몽 언론에서 전개된 종교와 과학의 관계에 대한 담론도 개신교의 과학 담론 형성에 일정한 영향을 미쳤을 것으로 추정된다. 따라서 이러한 부분들이 보다 심층적으로 해명된다면 한국 개신교 지성사에서 중요한 위치를 차지하고 있는 '종교와 과학'담론의 성격이 보다 뚜렷해질 것으로 보인다.

2. 일제하 한국 개신교의 진화론에 대한 인식과 태도[79]

몇 년 전 '교과서진화론개정추진위원회(교진추)'라고 하는 단체가 교육과학기술부에 고등학교 과학 교과서에서 실린 '시조새 화석'을 삭제해달라는 청원을 하였다. 이 화석 자료는 진화론의 증거가 될 수 없기 때문에 삭제해야 한다는 취지의 청원이었다. 이 청원이 수용되어 몇몇 출판사가 개정 작 기업에 나서자 국제 과학저널 〈Nature〉가 "한국, 창조론자들 요구에 항복"이라는 제목의 기사를 게재하였다.[80] 이 소식이 알려지자 국내 과학계가 적극 나서면서 청원은 무효화되었지만,[81] 이 해프닝은 진화론을 집요하게 문제삼는 움직임이 우리 사회의 일각에 존재하고 있음을 알려주는 계기가 되었다.

이 사건을 주도한 교진추는 창조과학회와 밀접한 관련을 맺고 있으며 사실상 창조과학회의 산하 조직이라고 할 수 있다.[82] 1980년대 초부터 국내 활동을 시작한 창조과학회는 진화론 비판 작업만이 아니라 진화론의 대항마인 '창조과학(Creation Science)' 혹은 '과학적 창조론(Scientific Creationism)'의 확산을 위한 다양한 활동을 전개하고 있다. 특히 교육의 장을 중심으로 창조과학의 보급에 주력하고 있다. 이러한 노력에 힘입어 일부 개신교계 대학에서는 창조과학회가 집필한 과학 개론서를 교재로 채택하였으며,[83] 창조과학의 연구와 확산을 목표로 한 연구소를 운영하는 대학도 있다.[84] 얼마 전에는 연세대학교에서도 창조과학 과목 개설을 둘러싸고 논란이 있었다.[85] 이는 개신교 내부에 창조과학에 대한 입장 차이가 존재하고 있음을 의미하지만 한국의 주류 개신교는 창조과학을 적극적으로 지지하고 있다.

그러면 창조-진화를 둘러싼 논쟁은 우리 사회에서 언제부터 나타난 것인가? 창조과학이라는 이름으로 진화론에 반대하는 운동은 1980년대 초에 시작되었지만 반진화론의 흐름은 그 이전부터 한국 개신교 안에 존재했다. 한국에 개신교가 들어올 때부터 진화론에 반대하는 흐름이 존재했다고 할 수 있을 정도로 그 뿌리는 깊다. 창조와 진화를 둘러싼 논쟁은 종교와 과학의 관계를 둘러싼 논쟁의 한 부분이자 그 핵심을 이루고 있다.

따라서 이하에서는 한국 개신교의 과학 담론을 파악하기 위한 작업의 일환으로 해방 이전 진화론에 대한 개신교의 인식과 태도를 검토한다. 이를 위해 먼저 한국 개신교의 성격에 지대한 영향을 미친 19세기 말~20세기 초 미국 개신교계의 창조-진화 논쟁을 검토하고, 이어서 1920~30년대에 진화론을 둘러싼 한국 개신교의 태도를 교파별로 나누어 분석한다.

1) 미국 개신교계의 창조-진화 논쟁

18세기 후반 영국으로부터 독립한 미국은 국교 설립의 금지와 종교 자유의 원칙을 헌법에 명문화한 최초의 국가이다. 따라서 건국 이후 미국 정부는 종교적 중립을 줄곧 표방했지만 19세기까지 미국 사회와 문화는 사실상 개신교에 의해 주도되었다. 헌법적 차원에서는 정치와 종교의 엄격한 분리가 요청되었지만 시민사회 영역에서는 개신교가 문화적 헤게모니를 행사한 것이다. 19세기의 미국 사회를 '개신교 미국(Protestant America)'이라고 부르거나 이 시기의 개신교를 "시민종교(civil religion)"[86]라고 부르는 것은 이 때문이다. 퓨리턴 전통을 토대로 하는 이러한 사회체제에서는 신앙, 과학, 바이블, 도덕, 문명 등이 분리되기 힘들 정도로 서로 뒤얽혀 있었다.[87]

그러나 19세기 후반이 되면 이러한 개신교 지배 체제에 금이 가기 시작한다. 유럽에서 밀려온 유대인과 가톨릭계 이민의 급증, 남북전쟁 이후의 급속한 산업화와 도시화,[88] 그리고 세속문화와 세속주의의 급격한 확산이 개신교 중심의 체제에 균열을 일으켰기 때문이다. 특히 이 무렵 유럽 자유주의 신학으로부터 도입된 성서비평은 개신교 신앙의 토대인 성서의 권위를 뒤흔들었다.

이러한 사회문화적 변동의 와중에서 등장한 새로운 지적 사조의 하나가 진화론이다. 진화론은 기독교 신앙의 출발점인 창조주의 존재와 창조론을 의심하는 것으로 보였기 때문에 개신교 내부에서 열띤 논쟁을 불러 일으켰다. 이 과정은 좀 더 구체적으로 살펴볼 필요가 있다.

1859년 영국에서 다윈의 『종의 기원』이 출판되었을 때 과학자들은 대체로 진화론에 대해 회의적인 반응을 보였다. 그러나 진화론을 수용하는 과학자들이 점증하면서 19세기 후반 영국에서는 진화론이 과학계의 정설로 자리잡는다. 더구나 토머스 헉슬리(Thomas Huxley, 1825~1895)나 허버트 스펜서(Herbert Spencer, 1820~1903) 등과 같은 열렬한 지지자들에 의해 진화론은 생물학의 영역을 넘어 사회진화론으로까지 발전하였다.

진화론의 유입 이전 미국에서는 개신교가 고전적인 '자연신학(natural theology)'의 논리에 의해 기독교 신앙과 과학의 조화를 꾀하였다. 자연신학에 의하면 이 세계는 신에 의해 창조되었으며, 창조주의 뜻을 알기 위하여 자연세계의 질서와 작용을 탐구하는 학문이 과학이다. 이러한 논리의 연장선상에 있는 것이 '두 책 이론(Two Books theory)'이다. 이 이론에 의하면 신은 '성서'와 '자연'이라는 두 책을 인류에게 주었는데 성서를 통해 얻는 지식이 신학이고 자연에 대한 탐구를 통해 얻는 지식이 과학이다. 따라서 신학과 과학은 창조주의 뜻을 이해하기 위한 두 길로서 궁극적으로는 하나로 수렴된다. 이처럼 자연신학에 의하면 신학은 물론이고 과학의 배후에도 초자연의 세계가 존재한다.

그런데 19세기 말 미국 사회에 유입된 다윈의 진화론은 초자연적 세계를 전제하지 않고 모든 것을 자연주의적으로 접근하는 이론으로 비쳤다. 즉, 진화론은 신에 의한 창조를 말하지 않고 자연선택에 의한 진화만을 인정하기 때문에 신의 섭리를 원천적으로 부정하는 것으로 비친 것이다.

이러한 진화론의 도전에 대해 미국 개신교계는 다양한 반응을 보였다. 프린스턴신학교의 벤자민 워필드(Benjamin B. Warfield, 1851~1921)는 성경무오설을 주장하는 매우 보수적인 신학자였지만 성서의 내용에 진화론과 상충되는 부분이 없다고 주장했다.[89] 하버드대학의 식물학자 아사 그레이(Asa Gray, 1811~1888)는 진화론이 정통 기독교의 삼위일체론만이 아니라 하나님의 우주적 계획과 양립한다고 주장하였으며, 나아가 자신은 과학적으로는 다윈주의자, 철학적으로는 유신론자, 종교적으로는 니케아 신조의 수용자라고 주장했다.[90]

진화론과 기독교 신앙을 결합시키는 이러한 주장들은 '유신론적 진화론'에 속한다고 볼 수 있는데 여기서는 신이 자연 안에서 활동하는 존재로 간주된다. 따라서 유신론적 진화론에서는 자연과 초자연, 인간적인 것과 신적인 것, 일상적인 것(the mundane)과 기적적인 것의 날카로운 경계가 무너지면서 진화가 신의 창조 방식으로 이해된다.[91]

그러나 당시 개신교계에는 진화론을 비판하고 거부하는 인사들도 적지 않았다. 프린스턴신학교 구학파의 태두로 불리는 보수 신학자 찰스 핫지(Charles Hodge, 1797~1878)는 진화론을 무신론이라고 비난하였으며, 회중교회 목사로서 진보적 신학의 대변자였던 호러스 부쉬넬(Horace Bushnell, 1802~1876)도 진화론이 도덕감정과 유신론적 가정을 모욕한다고 거부하였다.[92]

이처럼 초기에는 신학적 보수나 진보와 상관없이 개인의 성향에 따라 진화론에 대한 태도가 다르게 나타났으나 점차 유신론적 진화론이 대세를 장악해갔다.[93] 20세기 초가 되면 미국의 대다수 공립학교의 생물학 교과서와 학문기관은 물론 보수적인 남부의 교회와 관련된 대학들도 진화론을 가르치게 된다. 이러한 시대적 변화에 자극을 받은 일군의 '성난 근본주의자들'이 등장하여 진화론에 대해 대대적인 공격을 시작하였다.[94] 이들은 '진화'를 '잘못된 모든 것'을 지칭하는 보편적 상징으로 삼았으며 이들에게서 '진화'는 '과학적 자연주의'를 총괄하는 '신화적 용어'였다.[95]

이러한 시대적 흐름 속에서 등장한 사건이 저 유명한 스코프스 재판(Scopes Trial)이다. 1925년 테네시주의 소도시 데이턴(Dayton)에서 일어난 이 재판은 창조-진화 논쟁의 대명사로 자리잡고 있다. 당시 근본주의 신학의 영향권에 있던 '바이블벨트(Bible Belt)'에 속하는 대부분의 주는 법적 공방 대신 출판사에 압력을 가하여 진화론 교과서의 학교 유입을 막는 방식을 취하였다. 그런데 몇몇 주는 법안을 제정하여 진화론 교육 자체를 막는 방식을 취하였는데 테네시주의 '버틀러법(Butler Act)'이 가장 대표적인 사례이다. 이 법안의 통과로 공립학교에서 진화론을 가르칠 수 없게 되자 미국시민자유연대(America Civil Liberties Union)라는 시민단체가 소송을 제기하면서 마침내 스코프스 재판이 벌어진 것이다.

이 재판에서 근본주의 진영은 비타협적이고 독선적인 모습으로 인해 '반지성적'집단이라는 부정적 이미지를 얻었지만, 법안은 그대로 존치되었다. 1968년 연방대법원에 의해 이 법안이 위헌판결을 받으면서 폐지되자 근본주의 진영은 커다란 위기의식을 갖게 되었고 이러한 상황을 타개하기 위해 '창조과학'을 태동시키게 된다. 근본주의 진영은 창조과학이 진화론과 마찬가지로 하나의 과학이론임을 내세워 학교 진출을 시도하였으나 실패하였다. 1987년 연방대법원이 '창조과학'은 과학이 아니라 종교적 신념의 산물이므로 공립학교에서 가르칠 수 없다고 판결하였기 때문이다. 1990년대 들어 보수 개신교 진영에서는 창조과학의 대타로 '지적설계론'이 등장하기도 하였으나 이 역시 2005년 '도버 재판'을 통해 과학이론으로 승인받지 못함으로써 교육 영역으로의 진출에 실패했다.

이처럼 미국에서는 19세기 후반 진화론의 등장 이후 지금까지 창조-진화 논쟁이 '문화전쟁'의 형태로 지속되고 있다. 자유주의 신학과 친화성을 지닌 개신교 진영은 유신진화론의 형태로 진화론을 수용하는 경향이 있는 반면, 근본주의 신학의 영향을 받는 보수 개신교 진영은 진화론을 거부하는 경향이 강하다. 그러면 미국 개신교의 영향을 강하게 받은 한국에서는 진화론을 둘러싼 논쟁이 어떻게 진행되었는지 살펴보자.

2) 일제하 한국 개신교의 진화론에 대한 태도

19세기 말 동아시아 각국은 서구 근대성 수용의 일환으로 진화론을 적극적으로 받아들였다. 그러나 다윈의 생물진화론보다는 사회진화론이 지식인들로부터 더욱 환영을 받았고 그들의 세계관에 지대한 영향을 미쳤다. 중국에서는 엄복(嚴復)에 의해 스펜서의 *Evolution and Ethics*가 『천연론(天然論)』(1901)이라는 이름으로 번역되면서 사회진화론이 널리 알려졌으며 캉유웨이(康有爲)나 량치차오(梁啓超)와 같은 근대 지식인에 의해 급속히 확산되었다. 일본에서도 다윈 이론은 생존 경쟁과 적자생존이라는 단순한 공식으로 이해되면서 사회진화론이 빠른 속도로 확산되었다.

한국의 경우에는 계몽사상가 유길준에 의해 '진화'개념이 처음 소개된 것으로 알려져 있지만 20세기 초 애국계몽기에 들어와서 본격적으로 확산되었다. 1906년 창립한 서우학회(西友學會)의 취지문에는 '생존경쟁은 天然이요 우승열패는 公例'라고 나와 있을 정도로 사회진화론이 한말 사회를 휩쓸었다.[96] 그러나 생물진화론에 대한 관심은 거의 없었는데 다윈의 『종의 기원』이 우리말로 출판된 것이 1950년대였다는 사실은 이를 증명한다.[97]

이처럼 근대 동아시아에서는 사회진화론이 적극적으로 수용된 반면, 생물진화론의 수용과 논의는 매우 피상적인 차원에 머물렀다. 생물진화론은 별다른 논의 없이 과학이론의 하나로 그대로 수용되었기 때문일 것이다. 그러나 기독교 특히 개신교에서는 생물진화론이 유일신 신앙에 근거한 창조론과 갈등을 일으킬 수 있으므로 종교 정체성의 유지와 관련하여 매우 중요한 관심사로 존재했다. 미국 개신교가 진화론을 둘러싸고 서로 다른 입장을 보여주었듯이 한국 개신교도 진화론 수용 여부를 둘러싸고 다양한 입장을 보였는데 주류 교파에 해당하는 장로교와 감리교, 그리고 비주류 진영에 속하는 무교회 그룹과 안식교를 중심으로 살펴본다.

(1) 장로교: 창조론과 진화론의 양립 불가능

장로교는 초기부터 한국 개신교의 최대 교파였으며 선교사들의 신학적 성향과 노선이 지대한 영향을 미쳤다. 당시 장로교 선교사들은 대체로 보수적 신학을 지니고 있었으며 이는 진화론에 대한 인식에도 영향을 미쳤다. 여기서는 진화론에 대해 가장 적극적인 논의를 전개한 미국인 선교사 플로이드 해밀턴(Floyd E. Hamilton: 咸日頓, 1890~1969)과 한국인 신학자

박형룡을 중심으로 살펴본다. 두 인물은 목회자 양성 기관인 평양신학교에서 성서학이나 조직신학을 가르쳤기 때문에 진화론에 대해 예민한 관심을 가지고 있었다.

보수 근본주의 신학의 대표 주자였던 해밀턴은 먼저 과학의 측면에서 진화론을 비판한다.[98] 그에 의하면 당시까지 생물학이나 지질학과 같은 과학 분야에서 발견된 증거 중 진화론을 지지하는 것은 하나도 없다. 따라서 진화론은 과학이론으로 성립할 수 없다.[99] 반면 과학에 의해 원자의 구조와 우주의 구조의 유사성이 발견되었는데 이는 '하나님의 능력'을 보여주는 증거이다. 즉, 미시 세계의 구조와 거시 세계의 구조 사이의 유사성은 "지력(智力)이 있는 전능한 하나님"에 의한 창조를 증명한다. 따라서 진화론은 과학적 증거가 없는 "허설(虛說)"인 반면 '직접창조설(special creation)'은 과학적 증거에 기초한 참된 진리다.[100] 일종의 '증거주의'라고 할 수 있는 이러한 논리에는 '증거'와 관련하여 선택과 배제의 메커니즘이 작동하고 있다. 진화론자들에 의해 진화의 결정적 증거로 제시되는 화석이나 지층과 같은 자료는 배제되는 반면, 만물의 구조적 유사성은 하나님에 의한 창조의 증거로 선택되기 때문이다. 해밀턴은 진화론에 대한 비판을 넘어 기독교계 일각에서 수용되는 '간접창조설'도 비판한다. 간접창조설은 하나님이 '진화의 방식'으로 세상만물을 창조한다는 주장으로 유일신 신앙의 입장에서 진화론을 수용한 것이다. 여기서는 창조의 형식과 내용이 진화이므로 창조와 진화는 사실상 같은 의미를 지니게 된다. 창조론의 자리에서 보면 진화론적 창조론이고, 진화론의 자리에서 보면 창조적 진화론이 되기 때문이다. 그런데 해밀턴에 의하면 "이성의 하나님"이라면 "간접으로 장구한 진행을 통하여 창조"하는 것보다 "일타(一打)에 생명의 세계를 창조"하는 것이 더 용이하다.[101] 오랜 시간이 필요한 진화의 방식으로 생명의 세계를 창조하는 것은 전능한 하나님에게는 시간 낭비가 될 뿐 아니라 합리적인 하나님의 속성에도 위배된다. 따라서 해밀턴은 진화론을 수용한 간접창조설을 비판한다.

이처럼 오랜 시간이 소요되는 진화에 의한 창조에 대해서는 거부하면서도 해밀턴은 '육일간의 창조'에 대해서는 다소 유보적인 입장을 취한다. 하나님의 우주 창조와 관련하여 성서에 등장하는 히브리어 '욤(yom)'이 24시간의 의미와 장구한 시대의 의미를 동시에 지니고 있기 때문에 하나님이 일주일 만에 우주를 창조했는지 장구한 여섯 시대에 걸쳐 창조했는지는 알 수 없다는 것이다.[102] 이처럼 그는 지구의 나이를 두고 대립하는 젊은지구창조론(Young Earth Creationism)과 오랜지구창조론(Old Earth Creationism)에 대해서는 열려 있는 태도를 취하지만 진화에 대해서는 전혀 인정하지 않는다.[103]

이처럼 진화론에 대해서는 철저한 배척의 태도를 취하면서도 해밀턴은 진화론이 과학적 기반을 갖고 있으면 수용할 수 있다고 말한다. 진화론을 입증하는 과학적 사실이 발견되면 '창세기 1장의 기사'를 "기독교적 진화론"으로 해석할 수 있다는 것이다.[104] 그러나 과학적 사실과 증거가 없는 이상 직접창조설을 받아들여야 한다는 것이 그의 확고한 입장이다.

이처럼 해밀턴은 기독교의 유일신이 세상을 직접 창조했다는 직접창조설(특별창조설)이 진화론보다 더 과학적이라고 주장하는 동시에 진화론을 수용한 간접창조설(기독교적 진화론)을 거부한다. 이러한 입장은 진화와 창조의 이분법을 토대로 진화론을 '거짓 과학'으로 배격하고 기독교의 창조론을 '참된 과학'으로 주장한다는 점에서 1960년대 미국에서 등장한 '창조과학'을 연상시킨다.

일제하 장로교 보수 신학을 대표하는 박형룡은 당시 기독교 신학과 신앙을 위협하는 것으로 보이는 다양한 사조에 대해 논박하였는데 거기에 포함된 지적 사조 중의 하나가 진화론이다.[105] 그는 당시 교계나 학계에 의해 진화론이 무비판적으로 수용되고 있다고 한탄하면서 진화론이 지닌 문제점을 드러내고 그에 대항하는 '반진화론'의 존재를 소개함으로써 신자들에게 신앙적 위안을 제공하는 것이 자신의 임무라고 밝힌다.[106]

박형룡은 먼저 과학자들의 '배타적 태도'에 대해 비판한다. 과학자들의 지식은 부분적 지식에 지나지 않고 그들이 소유하고 있는 전문적 지식도 많은 오류를 포함하고 있지만 과학자들은 자신들만이 과학 분야에 대해 논평할 자격이 있다는 일종의 '과학적 귀족주의'에 빠져 있다는 것이다. 박형룡에 의하면 "맹종적 태도"를 취하는 과학자보다는 과학에 진지하게 임하는 평범한 시민이 더 훌륭한 성과를 낼 수 있다.[107] 이는 과학자들의 배타적 태도를 비판하는 동시에 과학자가 아닌 신학자로서 진화론을 논하는 자신의 입지를 구축하기 위한 논리로 보인다.

이처럼 자신의 문제의식과 입지를 밝힌 후에 박형룡은 진화론의 문제점에 대해 언급한다. 그에 의하면 진화론은 '순전한 과학설'이 아니라 '철학적 사변'에 지나지 않는다. 그런데 이러한 진화론이 종교의 분야에까지 침입하여 "영계사(靈界事)"[108]를 멋대로 농단하고 있다는 것이다. 진화론이 성경의 '이적과 신비'를 '신화와 미신'의 영역으로 추방하고 복음적 신앙의 가장 신성한 교리들을 배척하고 죄와 구속(救贖)에 관한 교리들을 대수술한 것이 대표적인 예이다. 진화론은 심지어 "그리스도의 품위"에 관한 것까지 진화의 산물로 간주하면서 기독교 신앙을 손상시키고 도덕적 타락을 유발하고 있다는 것이다.[109] 요컨대 진화론은 기독교 신앙의 토대가 되는 성서, 교리, 도덕의 근간을 뒤흔드는 주범인 것이다. 따라서 박형룡은 이 문제를 묵과할 수 없는 중대한 사안으로 간주하고 진화론의 주요 형태들에 대한 본격적 비판을 시도한다.

먼저 생명의 기원에 관한 유기진화론(생물진화론)의 입장을 비판한다. 그는 신화의 과정에서 가장 현저한 '열극(裂隙)'을 보이는 곳은 "생명의 기원의 개소(個所)"[110]라고 하면서 진화론이 생명의 기원 문제를 해결하지 못한다고 주장한다.

> 생명의 기원의 문제는 결코 화학과 물리학의 법칙에 의하여서만은 필경 해결될 것이 아니다.…… 거기에는 필히 그것들을 적당히 배합하여 조화시켜 생명을 있게 하는 大智를 소유하신 心(神)의 지도와 관할을 필요로 하게 되는 것이다. 생명은 결코 우연히 발생되었을 것이 아니다. 그렇게도 복잡한 활력과정이 물리적 화학적 세력들의 우연적 동작에 의하여 창시되었다고는 상상할 수 없는 일이다.[111]

요컨대 복잡한 생명계가 단순한 물리적 화학적 작용에 의한 우연의 산물일 수 없으며 생명의 탄생 과정에는 필히 "대지(大智)를 소유하신 신(神)의 지도와 관할"이 있었다는 것이다. 따라서 그는 '자연론적 원리'로써 생명의 기원을 설명하려는 유기진화론자들의 시도는 실패와 오류로 종결되었다고 주장한다.[112] 그러면서 유기적 생명의 탄생에는 자연계의 운동과는 근본적으로 다른 어떤 과정이 개입하였다고 결론을 내린다.[113]

다음에는 인간의 영혼 혹은 정신과 관련한 진화론의 주장을 비판한다. 진화론자들은 "인(人)의 심(心)의 동물적 기원을 증명"하려고 하는데 그러한 노력은 공연한 시도에 지나지 않는다. 왜냐하면 성경에 "하나님이 자기 형상대로 사람을 창조"하였다고 분명히 나와 있기 때문이다. 즉, 성경은 '영혼의 신적 기원'과 '신에 의한 영혼의 직접창조'를 분명히 보여준다는 것이다.[114]

마지막으로 '기독교진화론'으로 불리는 유신진화론을 비판한다.

> 기독교도 중에서 진화론을 반대할 시기는 이미 지나갔다고 사유하고,

진화론을 승인할뿐 아니라 이것을 기독교와 조화시키려고 노력하는 학자들이 없지 않아 있다. 그들 중에는 진화론을 믿는 과학자들도 섞여 있다. 이 조화적 노력의 공작하에 어느덧 진화론은 기독교화하고 기독교는 진화론화하여 양자는 공히 기본색을 그대로 유지하지 못하게 되었다. 여사히 절충되고 혼동되어 나온 중간적 존재가 소위 기독교진화론이라는 것이다.[115]

요컨대 기독교계 일각에서 진화론과 기독교의 절충을 시도한 이른바 '기독교진화론'이 등장했는데 이는 "변이적 잡색체계"에 지나지 않기 때문에 '철저한 진화론자'와 '철저한 기독교도' 양자로부터 배격을 당하고 있다는 것이다.[116] 따라서 박형룡은 "확실무의(確實無疑)한 원인과 증거"를 지니고 있지 못하고 불완전한 가설에 불과한 진화론을 경솔하게 끌어들인 기독교진화론은 "다난무익(多難無益)한 논(論)"이라고 비판한다.[117]

이처럼 박형룡은 생명의 기원 및 인간 영혼의 기원과 같은 '난제'에 초점을 두고 유기진화론과 정신진화론을 비판하는 동시에 진화론과 기독교의 조화를 시도하는 기독교진화론도 비판하고 있다. 이는 성서에 대한 고등비평을 거부하고 성서에 대한 문자적 해석을 선호하는 박형룡의 보수 근본주의 신학이 낳은 자연스러운 산물로 보인다.

지금까지 살펴본 두 인물의 주장에서 나타나듯이 일제하 한국 장로교의 주류는 진화론과 기독교의 양립 가능성 모색보다는 진화론 비판과 배척에 주력하였음을 알 수 있다. 그러면 이제 장로교와 함께 해방 이전 한국 개신교의 쌍벽을 이룬 감리교의 진화론 인식을 살펴보도록 하자.

(2) 감리교: 유신진화론

감리교는 장로교와 동시에 선교 활동을 시작하였지만 두 교파는 신학적 측면에서 상당히 다른 성격을 보여주었다. 장로교가 칼뱅주의 신학을 토대로 한 반면 감리교는 웨슬리 신학을 근간으로 하고 있기 때문이다. 웨슬리 신학은 엄격한 교리의 준수보다는 종교 경험을 중시한다. 따라서 초기부터 한국 감리교는 장로교에 비해 신학적 측면에서 개방성과 유연성을 보였고 이는 진화론에 대한 태도에 일정한 영향을 미친 것으로 보인다. 해방 이전 진화론과 관련하여 적극적인 논의를 편 대표적 인물은 선교사 반버스커크(James Dale van Buskirk: 潘福基, 1881~?)와 신학자 정경옥이다. 따라서 이 두 사람의 입장을 중심으로 살핀다.

세브란스 의전 교수로 활동한 선교사 반버스커크는 『과학과 종교』라는 책을 저술하였는데 과학 탐구와 종교 활동의 조화가 이 책의 집필 의도라고 밝히고 있다.[118] 그에 의하면 과학과 종교는 조물주와 인간의 사명을 가르쳐주는 "이체동성(異體同性)의 진리"이며, 진화론은 '하나님'과 '기독의 구속(救贖)'및 '성경'에 배치되지 않는다.[119] 요컨대 과학과 종교, 진화론과 기독교 신앙은 양립 가능하며 특히 진화론은 '신의 창조에 대한 진행' 및 '그 방법'을 명료하게 해준다.[120]

이처럼 반버스커크는 진화론에 대해 긍정적 태도를 보이지만 모든 형태의 진화론을 수용하지는 않는다. 그에 의하면 진화론에는 세 형태가 있다. 첫째는 '유물론'혹은 '기계적 진화론'으로서 진화의 원인 및 능력을 물질의 본성에서 찾고 모든 생명체의 기원도 물질에서 찾는다. 그런데 이러한 진화론은 "생명체는 무생물에서 나올 수 없다."는 과학의 기본 원칙에 위배되기 때문에 '허설'이다.[121]

두 번째는 '범신론적 진화론'이다. 범신론은 신의 존재를 인정하지만 그 신은 자연계를 초월하지 않고 "성격이 무(無)한 세력 혹은 원칙"에 지나지 않는다. 따라서 사실상 자연계를 신으로 간주하는 이러한 범신론적 진화론은 성경과 동시에 수용할 수 없다.[122]

세 번째는 '유신론적 진화론'으로서 진화를 "지혜와 성격을 구유하신 신의 관할"에 의한 것으로 본다. 즉, 진화는 "신의 역사(役事)하시는 방법"의 하나이며 신은 "자연계에 내재하시고 당신의 의사대로 진화의 진행을 관할"한다.[123] 따라서 이 세 번째 유신론적 진화론만이 타당하다.

이처럼 반버스커크는 유물론이나 범신론에 근거한 진화론에 대해서는 거부하고 유신론적 진화론만을 타당한 것으로 받아들이면서도 인간 창조의 구체적 방법에 대해서는 유연한 태도를 취한다.

> 신께서 직접으로 사람을 창조하셨다 함과 혹은 진화함으로 사람을 형성케 하였다 하는 此 二 방법 중에 여하한 법으로 하였던지 신께 대하여는 동일한 사업이니 故 此에 대하여 吾人의 부족한 지식으로 可否를 판단키 불능하니라.[124]

요컨대 인간이 직접창조(특별창조)의 산물인지 간접창조(진화에 의한 창조)의 산물인지 알 수 없지만 어느 경우든 신이 주관한 것은 분명하므로 문제가 되지 않는다는 것이다. 이러한 태도는 간접창조설을 강하게 부정하고 직접창조설을 주장하는 장로교 인사들의 입장과 뚜렷한 대조를 보여준다.

이처럼 반버스커크는 유신진화론을 통해 진화론과 기독교의 결합을 추구할 뿐만 아니라 양자 사이에 존재하는 원리의 동일성도 강조한다. 이는 사회진화론에 대한 비판과 관련되어 있다. 그에 의하면 1차 대전은 진화론에 대한 '오해'에서 기인한 전쟁으로서 독일을 비롯한 몇몇 국가가 이기심에서 나온 약탈과 '강자가 약자를 멸함'을 진화 발전의 원리로 오해하여 각 국가에 극심한 고통과 막대한 손해를 초래했다. 그러나 그는 진화의 원리를 '호상투쟁'과 '약탈'이 아니라 "봉사, 희생, 애정"이라고 주장한다. 심지어 하등동물의 진화에도 봉사와 희생의 원리가 작용한다는 것이다. 그에 의하면 신은 "사람이 상애(相愛)하며 호상희생(互相犧牲)함으로 진화하기를 권면"[125]하기 때문에 진화론의 원리와 기독교의 주의는 모순되지 않고 일치한다.

진화론에 대한 이러한 해석은 스코프스 재판에서 검사 측 대변인 역할을 한 윌리엄 브라이언(William Jennings Bryan, 1860~1925)의 해석과 대조된다. 브라이언은 1차 대전 당시 독일이 침략국이 된 주된 이유를 적자생존과 우승열패를 특징으로 하는 진화론의 수용에서 찾았으며 '힘이 정의(might make right)'라는 다윈주의 철학이 독일의 침공과 잔인성에 영감을 주었다고 확신했다.[126] 그리고 적자생존 이론이 영토 정복과 무한한 부의 축적을 옹호하는 증오의 법칙이라고 주장하면서 어떤 사회가 진화론을 수용하게 되면 전쟁과 폭력의 사회가 된다고 경고했다. 이처럼 브라이언은 전쟁과 침략의 원인을 진화론에 대한 '오해'가 아니라 진화론의 '본질'에서 찾았던 것이다. 그런데 반버스커크는 사회진화론자들을 통해 약육강식과 우승열패의 이데올로기로 '전유된'진화론을 기독교적 희생과 봉사의 원리에 근거한 새로운 사회진화론으로 '재전유한'것이다.

일제하의 대표적인 감리교 신학자 정경옥은 진화론에 대해 논하기 전에 기독교가 진화론을 경계하게 된 이유를 먼저 제시한다. 장구한 시기에 걸쳐 일어나는 변화를 전제하고, 신의 초자연적 능력과 종교 경험의 초자연적 요소를 부인하고, 사람과 동물의 발생을 동일한 근원에서 파악하는 진화론의 경향이 주요 요인으로 제시된다.[127] 요컨대 점진적 진화의 과정, 초자연적 세계의 부인, 인간의 존엄성 훼손 등이 기독교인들이 진화론을 기피하는 주요 요인이라는 것이다. 그는 실제로 진화론자들이 자연에서 얻은 규범으로 도덕과 종교의 영역까지 침범하는 "과중단순화(過重單純化)"나 "신의 섭리와 능력을 무시하는 과오"에 빠진 경우가 있었음

을 인정한다.[128]

그러나 기본적으로 정경옥은 진화론과 기독교의 양립 가능성을 인정한다. 그에 의하면 사람의 기원과 발달이 "유구한 진화계단"을 밟아왔다고 가정한다 해도 하느님의 창조를 배제할 필요가 없다.[129] 인간의 진화와 하느님의 창조가 모순되지 않는다는 것이다. 이는 하느님이 진화의 방식으로 인간을 창조했다는 간접창조설 혹은 기독교진화론으로 이어지는 주장이다.

이처럼 정경옥은 기독교 신앙의 틀 안에서 진화론을 수용하려고 할 뿐만 아니라 진화의 개념이 신앙생활에 도움을 줄 수 있다고 강조한다. 진화의 개념을 명확히 하면 신앙과 관련하여 매우 유익한 진리를 깨달을 수 있다는 것이다. 그는 과학에서 말하는 진화의 의미를 다음과 같이 요약한다.

이는 우주적 실체에 대한 구경적(究竟的) 의의나 원리를 제시하려는 것이 아니요 자연세계의 제현상의 생성과정을 좀더 질서와 계통이 있게 이해하려는 방법에 지나지 아니한다. 진화의 사실은 고정불변한 법칙이 된다는 것도 아니요 우주의 일관된 원리가 된다는 것도 아니다. 그들은 먼저 모든 자연현상이 유동(流動)하고 변천하고 있는 것을 관찰하고 그 다음에 이러한 변천무궁한 잡다한 사실들은 역사적으로 서로 연락(連絡)이 있는 계통적 관계를 지을 수 있다는 것과 이러한 역사적 계통 안에서 어떠한 질서 있는 세력이 움직이는 것은 찾을 수 있다는 것이다.[130]

요컨대 진화는 우주의 궁극적 원리와 관련된 것이 아니라 자연현상의 변화 과정 및 계통 관계 규명과 관련될 뿐이기 때문에 진화의 사실이나 진화의 원리와 종교 생활이나 신 개념 사이에 아무런 충돌이 없다는 것이다.

이와 관련하여 정경옥은 현대의 진화론이 제공하는 '종교적 가치'에 주목한다. 그에 의하면 현대 진화론은 신의 창조 능력과 섭리의 목적을 자연과 역사의 과정을 통하여 좀 더 분명하게 깨닫게 해준다. 즉, 자연, 생명, 의식(意識), 가치의 모든 단계에 나타나는 창조적 목적의 현존과 어떠한 능동적 의지의 활동 현상이 신의 계속적 지지와 섭리에 대한 신념에 구체적인 예를 제공한다는 것이다. 나아가 진화의 사실은 하느님께서 '생장과 발달의 법칙'으로 이 세계와 인간을 다스리고 있음을 가르쳐준다. 세계는 부단히 발전하고 종교와 종교 경험도 진보하는데 이는 하느님이 점진적인 교육과 훈련을 통해 인간의 품격을 향상시키고 사회를 정화하는 방식이라는 것이다.[131]

이처럼 정경옥은 신화론과 기독교의 양립 가능성을 찾는 단순한 작업을 넘어 진화를 신의 주재하에 자연과 역사, 인격의 장에서 일어나는 다양한 변화와 발전, 진보와 성장, 향상과 정화 등을 설명하는 유용한 개념으로 활용하고 있다.

반버스커크와 정경옥의 경우에서 잘 드러나듯이 감리교의 주류는 장로교의 주류와 달리 기독교와 진화론의 양립과 조화를 추구하는 유신론적 진화론의 입장을 보여주고 있다. 앞에서 언급했듯이 이는 교리주의보다는 경험을 중시하는 감리교의 신학적 특성에서 연유한 것으로 보인다.

(3) 무교회 그룹: 분리 혹은 융합을 통한 창조론과 진화론의 양립

일제하 무교회 그룹은 장로교나 감리교와 같은 교파 교회가 아니라 극소수의 사람들에 의해 결성된 성서 공부 중심의 그룹이다. 무교회주의자들은 교회의 권위를 인정하지 않기 때문에 주류 교회로부터 이단시되었지만[132] 한국 기독교사에서 중요한 위치를 점하고 있다. 따라서 당시 무교회주의 신앙을 주도한 김교신과 함석헌을 중심으로 진화론에 대한 무교회 그룹의 태도를 살핀다.

일제시대에 교사로 활동했던 김교신은 「지질학상으로 본 하나님의 창조」라는 글을 통해 창조-진화 문제를 다루었다.[133] 이 글에서 김교신은 성서의 내용과 지질학적 성과가 모순되는 것으로 보이는 점을 크게 둘로 보고 그 해결책을 모색하고 있다.

첫 번째는 창세기의 6일간 창조와 지질학적 시간의 차이에서 생기는 문제이고, 두 번째는 창세기에서는 식물이 먼저 창조되고 동물이 나중에 창조되는데 동물 화석과 식물 화석이 함께 발견되는 문제이다. 요컨대 창조의 시간과 순서에 관한 문제이다. 이 문제를 해결하기 위해 그는 먼저 창세기를 보는 태도에 대해 말한다.

> 우리가 모세의 기사(記事)를 읽을 때 주의하여야 할 것은 창세기는 학생이 교실에서 필기하거나 기자가 의장(議場)에서 속기한 것처럼 하여 된 것이 아닌 것을 알아야 할 것이다. 묵시 혹은 계시는 일언일구식(一言一句式)을 청취한다기보다도 환영(幻影)을 통하여 일폭(一幅)의 회화를 직관(直觀)함과 방불하니 모세의 육일창조기(六日創造記)는 육막물(六幕物)의 연극을 보고 기록한 것인 줄로 보면 해석에 대단 유조(有助)할 것이오.[134]

요컨대 성서는 신의 계시를 한 자 한 자 받아쓴 것이라기보다는 한 폭의 그림이나 6막으로 된 연극을 보고 난 뒤의 느낌을 기록한 것으로 보아야 한다는 것이다. 성서비평학적 용어로 하면 축자영감설(verbal inspiration)이 아니라 개념적 영감설(conceptual inspiration)의 입장에서 접근해야 한다는 말이다.

이처럼 김교신은 성서 해석에 유연성을 보이면서 첫 번째 문제인 지구의 연대 문제를 다룬다. 그는 원생대, 고생대, 중생대, 신생대로 이어지는 지질학적 시대 구분에 근거하여 지구의 연대가 매우 오래되고 인류의 출현도 매우 오래되었음을 인정하면서 다음과 같이 덧붙인다.

> 모세가 일생대(一生代)의 연수(年數)가 수왈(雖曰) 수만년 식(式)이었다 할지라도 기일(其一) 기간에 현시(現示)되는 일폭(一幅)의 화(畵), 연출되는 일장(一場)의 극(劇)을 '일일(一日)'이라는 시간의 용어로 표시하였다 한들, 계시(revelation)란 하(何)임을 짐작하는 자(者)에게 이십사(二十四) 시간이란 개념이 하등의 장애가 될까?[135]

즉, 모세는 신에 의한 창조 과정을 '한 폭의 그림'이나 '한 마당의 극'으로 보고 '하루'라는 용어를 사용한 것이므로 계시가 무엇을 의미하는가를 아는 사람에는 하등 문제가 될 수 없다. 이는 앞서 언급한 바 있는 창세기에 등장하는 '하루'를 24시간이 아니라 지질학적 시기로 간주하는 '날-시기이론(Day-Age theory)'[136]과 성서 본문에 대한 은유적 해석에 근거한 해결책으로 보인다.

두 번째 문제인 동물과 식물의 출현 순서에 대해서는 다음과 같이 해결한다.

> 지질학상으로라도 대체를 관찰하는 때에 생물발현에 삼대 시기(Three Great Epoch)가 유(有)하였음을 시인치 않을 수 없나니 제일(第一)은 석탄기의 식물전성기, 제이(第二)는 양서류의 전성기, 제삼(第三)에 포유동물의 발생에 지(至)하였으니 대체의 광경으로 보아서 식물이 동물적

생물보다 앞서서 전성(全盛)을 향락(享樂)하였다 함은 오히려 지질학이 쾌락(快諾)하는 바라.[137]

요컨대 미시적으로 보면 지질학과 창세기 사이에 모순이 있음을 부인할 수 없지만 거시적 시각에서 보면 일치한다는 것이다.

이 외에도 창세기 1장에 나오는 몇 가지 기사를 근대과학의 성과에 비추어 해명한다. 예를 들면 식물의 출현 이후에 태양이 등장하는 기사는 근대과학의 눈으로 보면 모순으로 보이지만 모순이 아니라는 것이다. 천지창조 첫날에 존재한 빛이 식물의 성장에 필요한 광선을 태양 광선보다 더 많이 포함하고 있었고 이 빛에 의해 식물이 성장할 수 있었기 때문이다. 그러면서도 김교신은 "모세는 기원전 십오(十五)세기의 인(人)이고 오인(吾人)은 기원후 이십(二十)세기 인(人)"[138]이라고 덧붙이고 있는데 이는 자신의 해석이 지닐 수 있는 문제점을 완화하기 위한 시도로 보인다.

또한 그는 인류의 시작을 아담과 하와 부부에서 찾는 창세기의 기사가 오래전부터 많은 과학자에 의해 '인종의 단일성'을 전제하는 '독단'으로 공격받아왔지만 오늘날에는 과학에 의해 오히려 이 사실이 증명되었다고 주장한다. 즉, 오늘날 과학자들에 의해 동식물계와 인류를 포함한 모든 생명체가 "하나의 유기체세포, 유기적 생명의 근원"으로부터 발생하였음이 증명되었다는 것이다.[139]

그런데 그는 현대의 진화론과 정면 배치되는 주장을 끝부분에서 하고 있다.

창세기 기자(記者)는 제칠일만에 신의 안식일을 명언(明言)하였다. 즉 제칠일에 지(至)하여서는 신의 창조적 능력이 전혀 중지되었다 한다. 일방(一方)에 지질학은 인류의 현출(現出) 이래로 모든 신종(新種, New Species)의 중지를 사실에 거(據)하여 증명한다. 인류의 출현으로서 완결을 획(劃)한 후 대안식(大安息)에 입(入)한 신의 창조의 경륜에 어찌 우연을 허(許)하랴? 이에 모든 자연은 다시 신종의 출생을 불요(不要)하고 창조의 목적물인 전인류(全人類)는 안식시대에 거(居)하여 순전히 도덕적 수련에 무(務)할지며 조물주를 찾아 그의 품을 향하여 귀향의 달음질을 시작할 것이다.[140]

이는 '안식일'을 통한 '신의 창조 능력 중지'라는 종교 언어와 인류의 등장 이후 '신종의 출현 중지'라는 지질학적 이론을 연결시킨 것인데 이러한 주장은 진화론의 핵심인 '종의 영구적 진화'와는 배치된다. 나아가 그는 지질학을 비롯한 근대과학의 성과가 계시의 산물인 성경의 내용과 일치하는 방향으로 나아가고 있다고 말하기도 한다.[141] 이는 앞서 언급한 '두 책 이론'을 연상시킨다.

이처럼 김교신은 창세기에 나타난 창조의 과정을 당대의 지질학적 연구와 관련시키고 있다는 점에서 종교와 과학을 '분리'하기보다는 '융합'의 관점에서 접근하고 있다. 그 과정에서 현대과학의 성과와 배치되는 해석이 나오기도 하지만 문자적 성서 해석에 매몰되지 않기 때문에 창조과학과 같은 '강한 융합'이 아니라 '약한 융합'에 가깝다고 할 수 있다.[142]

한편 식민지 치하에서 김교신의 신앙적 동지로서 활동했던 함석헌은 성서적 사관에 입각한 세계사를 서술하는 과정에서 진화론에 대해 다루고 있다. 그는 먼저 진화론과 성서의 차이에 주목하는데, 진화론은 이성의 요구에 의하여 생물계의 변천 과정을 설명하려는 시도인 반면, 성서는 사람의 영혼을 향하여 이 세계의 정신적 의미를 말해 주는 책이다. 즉, 진화론은 생명의 역사에 대하여 '지식적'으로 접근하는 반면, 창세기는 '인격적'으로 접근한다. 따라서 성서를 과학서로 취급하는 것도 잘못이고 진화론을 가치적으로 취급하는 것도 잘못이다.[143] 성서와 진화론을 혼동하지 말고 엄격하게 구분하는 것이 무엇보다 중요하다는 말이다.

이러한 구분에 기초하여 함석헌은 생물계의 진화를 '사실'로 받아들인다. 따라서 창세기의 기사를 문자대로 해석하여 '특수창조설'을 주장하기보다는 모든 생물은 동일 근원에서 파생한 것으로 본다.[144] 그렇지만 이 대목에서 진화론의 한계를 분명히 지적한다. 진화론은 변천의 과정을 끝없이 밟아 올라갈 뿐 '근본 원인'을 말하지 못하기 때문에 사물의 근본 원인을 알기 위해서는 사물의 근본 의미와 목적을 알아야 한다는 것이다.[145] 이는 '목적론적 세계관'에 근거한 논리이다.

그가 서 있는 목적론적 세계관에 의하면 이 우주는 단지 '물질의 바다'가 아니라 '일개자아(一個自我)'를 가진다. 그 '우주적 자아'를 무시하고는 우주의 가장 복잡한 현상인 생명의 과정을 설명할 수 없다. 이러한 논리에 따르면 "태초에 하나님이 천지와 만물을 창조하시었다."는 창세기 기사는 "진화의 원인은 하나님"에 있음을 가리킨다. 요컨대 하나님의 아가페가 식물을 만들고 동물을 만들고 원숭이를 만들고 사람을 만들었다는 것이다.[146] 따라서 창세기는 단순한 과학서나 역사서가 아니라 "계시에 의한 우주사(宇宙史)"이다. 물론 여기서 계시는 인과율과 논리 법칙에 국한된 과학의 세계에 근거한 것이 아니라 '영계'로부터 오는 '근본정신'과 '근본 진리'이다.[147] 이는 창세기에만 해당하는 것이 아니라 성서 전체에 해당한다. 따라서 성서의 진리는 "영계의 진리의 인사적(人事的) 표현"이다.[148]

함석헌에 의하면 진리는 항상 그 시대의 최고 지식을 '표현의 의상'으로 삼는다. 따라서 창세기는 당시의 인류가 가지는 과학을 빌려 우주의 정신적 역사를 쓴 것이며 만일 창세기 기자가 오늘날에 산다면 진화론을 빌려서 썼을 것이다.[149] 그러면서 그는 창세기가 가르치는 근본 진리와 정신을 인격신의 존재, 그의 자유의지로 창조된 우주, 사랑의 하나님, 도덕

적 역사, 자유선택으로 역사의 방향을 결정하는 인류 등의 용어로 표현한다.[150]

따라서 진화론과 관련하여 함석헌에게 문제가 되는 것은 "종(種)이 변하느냐 않느냐, 원숭이의 자손이냐 아니냐"하는 것이 아니라 이 우주가 "의지소산이냐 우연소산이냐", 역사의 동인이 "애(愛)냐 자연이냐"하는 데 있다.[151] 이와 관련하여 함석헌은 선택과 배제의 태도를 취한다. 만일 진화론이 생물 변화의 사실에 대한 설명으로 머물 때에는 신앙에 배치되지 않는 것으로 간주하여 수용한다. 그러나 진화론이 사실 소개의 차원을 넘어 '의미의 세계'에 침입하고 "생명은 자연히 발생한 것이오 신은 없다." 는 등의 말을 하면서 "정신은 물질적 변화의 점차 복잡화한 것"에 지나지 않는 것이므로 "도덕종교는 무용"이라는 등의 말을 할 때는 단호히 배척한다.[152] 요컨대 함석헌은 세계관의 측면에서는 유물론, 자연주의, 무신론에 대해 비타협적 태도를 취한다.

이처럼 함석헌은 진화론의 위험성을 경계하면서도 진화론이 신앙에 매우 유익한 역할을 할 수 있음을 강조한다. 즉, 진화론은 이 우주에 정연한 질서인 자연법칙과 정신법칙이 있음을 알려줌으로써 이 세계가 일개 자아를 가진 것임을 믿게 해줄 뿐만 아니라, 만물이 동일 근거에서 나왔다는 성서의 진리를 증명해준다. 따라서 진화론을 잘만 받아들이면 무신론에 빠지기보다는 도리어 하나님에 대한 경이와 외경, 영적 생명에 대한 확신을 지닐 수 있게 된다. 요컨대 함석헌은 과학과 진화론을 선용하는 것이 중요하다고 주장하는 동시에 과학의 열매를 담대히 소화함에 의하여 보다 깊은 세계사의 이해에 도달할 수 있다고 말한다.[153]

이처럼 무교회 그룹에 속한 김교신과 함석헌은 창조와 진화 문제에 접근하는 데서 강조점의 차이를 보여주기는 하지만 기본적으로 유신론의 관점에서 진화론을 수용하는 '유신론적 진화론'의 자리에 서 있다고 볼 수 있다.

(4) 안식교: 진화론의 악마화

해방 이전 안식교는 군소 교파에 속하였을 뿐만 아니라 장로교나 감리교 등과 같은 주류 교파에 의해 이단으로 지목되었다. 일요일 주일성수를 강조하는 기성 교회와 달리 토요 안식일 제도를 고수하는 신앙적 특성이 이단으로 지목되는 주요 요인의 하나였다. 성서에 대한 문자적 해석과 임박한 종말 신앙 등도 안식교의 특징이었는데,[154] 이러한 신학적·신앙적 성격이 진화론 인식에 중요한 영향을 끼친 것으로 보인다. 그러면 일제하 안식교의 기관지였던 『시조』를 중심으로 진화론에 대한 안식교의 태도를 살펴보도록 하자.

먼저 안식교는 성서에서 모든 진리, 심지어 과학적 진리도 찾아낼 수 있다고 확신한다. 즉, 성경은 '세상에 둘도 없는 기이한 책'으로서 "누구나 무엇을 알고자 하면 먼저 성경에서 물어보아야 할 것"이라고 하면서 성경을 '과학의 교과서'라고 주장한다. 나아가 아주 오래전에 쓰인 성서의 기록이 '최근의 과학상 발견'과 일치한다고 주장한다.[155] 이러한 맥락에서 안식교는 '두 책 이론'의 관점을 보여주고 있다.

> 창조주는 이대(二大) 저작의 저술자시니 하나는 자연이라는 위대한 저작이요 또 하나는 성경이라는 훌륭한 저작이다. 이들은 서로 완전한 조화를 이루고 있나니 같지 않은 방법과 같지 않은 언어로 동일한 진리를 증거하며 초자연적 존재의 자취를 드러낸다. 인간의 탐색욕은 경이로운 과학을 건설하였으나 하늘로부터 오는 계시와 반대되는 사실은 아무 것도 발견하지 못하였다.[156]

요컨대 자연이라는 책과 성경이라는 책은 모두 창조주 하나님을 저자로 하고 있으며 동일한 진리를 서로 다른 언어와 방법으로 사용하고 있다는 것이다. 이때 과학은 "실제사물에 대한 계통적 학문"이고 성경은 "우주만물을 창조하신 하나님이 인류에게 주신 교훈"이다.[157] 따라서 과학과 성경은 모순되지 않는다는 것이다.

성경과 과학이 충돌하는 경우가 간혹 있는데 이 경우 충돌의 원인 제공자는 성경이 아니라 과학이다. 과학처럼 보이지만 정당한 과학이 아닌 "허구의 학설"혹은 조물주 알기를 싫어하고 만유현상을 잘못 이해하는 자들의 "착오된 학설"때문에 충돌이 일어난다는 것이다.[158] 안식교에 의하면 진화론이 바로 이러한 '사이비 과학'에 속한다.

따라서 안식교는 먼저 진화론과 기독교의 양립 불가능성을 강조한다. "진화를 믿으면서도 하느님을 믿을 수 있을까?"혹은 "하느님이냐? 진화냐? 제위(諸位)는 어떠한 도리를 믿겠는가?"라고 하면서 여호와와 바알의 대결을 연상시키는 양자택일의 물음을 제기한다.[159] 그러면서 "개미가 건축물의 기초를 훼파하는 것"같이 기독교 교리의 기초를 위협하는 것이 진화론이라고 답한다.[160]

안식교가 진화론을 비판하기 위해 사용하는 무기의 하나는 '자연신학'이다. 19세기 자연신학자 윌리엄 페일리(William Paly, 1743~1805)는 눈[眼]의 경이로운 구조와 작용을 예로 들면서 하느님의 창조를 주장하고 진화론의 허구성을 비판한다.[161] 나아가 가금류에서 발견되는 모래주머니[砂囊], 꿀벌의 사회에서 발견되는 계급제도 등의 예도 진화론을 궁지에 몰아넣는다고 주장한다.[162]

또한 안식교는 이른바 '젊은지구창조론'의 입장에서 진화론을 비판하고 있다.

약 육천년 전에 '말씀'이 계시사 우리가 사는 이 세계를 형성하여 놓으시었다. 그가 육일간에 날마다 여러 가지 물질과 생물의 각 부류를 있으라고 명령하였다. 이것이 곧 우리가 사는 이 세계와 이 세계가 속한 성계(星界)가 창조된 간단한 역사이다.[163]

요컨대 지구의 역사는 6천 년이며 6일 동안 우주 창조가 이루어졌다는 것이다. '책 중의 책[書中之書]'인 성경이 '유일 진정한 세계 역사'를 가르쳐주기 때문이다.[164] 지구가 수백만 년의 진화 과정을 겪은 것이라는 잘못된 주장에 대해서는 노아홍수 사건을 근거로 비판한다.

인류의 죄악으로 인하야 그 수려하든 낙원적 세계가 노아 시대의 대홍수로 몰매멸망(歿埋滅亡)한 사실은 어대든지 크게 기록되었다.……우리는 가장 높은 산봉에서나 가장 낮은 협곡에서나 인류의 반역에 대한 하나님의 분노의 증표(證票)인 해서(海棲)생물과 열대림의 화석을 볼 수 있는 것이다.[165]

요컨대 이 지구상의 화석은 모두 인류의 죄악에 대한 하나님의 심판인 노아홍수 시에 매몰된 것이라는 주장이다. 즉, 암석이나 석탄 속에 포함되어 있는 어류, 수류(獸類), 산호, 패류(貝類), 수목 등은 모두 지구 전면을 휩쓰는 대홍수와 같은 돌발적 재난에 의해 매몰되었다고 보는 것이 가장 정당한 해석이라는 것이다.[166]

한편 안식교는 진화론의 약점으로 간주되는 진화론의 '빠진 고리'를 공격한다. 즉, 진화론은 무생명에서 생명이 탄생했다는 증거, 종의 변화를 보여주는 증거, 지구의 나이가 수십억 년이나 된다는 증거를 제시하지 못한다는 것이다.[167] 나아가 진화론은 조류와 수류와 곤충의 경이로운 본능, 경배하려고 하는 사람의 통유성(通有性), 빛의 근원, 지구의 인력, 화학적 친화력, 공간, 전기(電氣)의 현상, 그 외에 수많은 중요한 현상을 과학적으로 설명할 수 없다는 것이다.[168]

이와 달리 성경은 세상의 근원과 현대에 생기는 현상의 원인을 잘 설명할 수 있다는 것이다.[169] "오늘날 암석들이 소리를 질러 성경역사의 진실함과 그것의 신성함을 증거한다."고 하면서 성경을 진실한 것으로 믿어야 한다고 주장한다.[170]

나아가 진화론 주창자들이 진화의 증거를 찾으려고 하면 할수록 하나님의 창조를 증명할 뿐이라고 하는가 하면,[171] 진화론은 성서에서 악마의 표상으로 등장하는 '바벨론'에서 기원했다고 주장하기도 한다.

> 고대 바벨론의 문헌을 보면 진화론을 신봉한 흔적이 있다. 바벨론 사람들은 만물의 근원은 물이요 물 가운데서 신이 처음으로 생겼다고 믿었다. 진화로 말미암은 변화는 신들 사이에 있은 투쟁으로 되었다는 기록이 바벨론 문헌에 있다. 이런 생각은 진화사상을 배태하였다고 할 수 있다.[172]

이처럼 안식교는 진화론을 오류에 근거한 과학이론으로 비판하는 차원을 넘어 기독교의 근간을 뒤흔드는 '악마의 과학'으로까지 표상한다. 이때 주요 무기로 사용하는 것은 지구6천년설로 대변되는 젊은지구론, 그리고 화석과 지층을 노아홍수로 인한 대격변에서 찾는 홍수지질학이다. 요컨대 안식교는 '두 책 이론'을 내세우면서도 실제로는 성서를 과학교과서로 간주하고 성서에 대한 문자적 해석에 근거하여 진화론에 대항하는 일종의 '창조과학'을 만들어낸 것으로 보인다. 과학사가 넘버스(Ronald L. Numbers)가 '창조과학'의 뿌리를 안식교에서 찾은 것은 이 때문이

다.[173]

　지금까지 살펴보았듯이 한국 개신교의 과학 담론에는 창조와 진화의 관계에 대한 인식이 핵심을 차지하고 있다. 사회주의 진영의 반종교운동이 확산되던 1920~30년대에 진화론은 과학의 이름으로 창조론을 공격하기 시작하였고 이러한 진화론의 도전에 대하여 개신교계는 여러 반응을 보였다.

　보수 신학의 영향권 하에 있던 장로교 선교사와 한국인 신학자들은 기독교의 창조론과 진화론의 양립 불가능을 내세우면서 진화론을 배격하였다. 이들의 눈에 비친 진화론은 과학적 증거를 지니지 못한 거짓 과학인 반면, 기독교의 창조론이야말로 과학적 증거에 근거한 참된 과학이었다. 성서무오설과 성서적 문자주의에 근거한 이러한 논리는 1960년대 미국에서 등장한 창조과학의 논리와 다르지 않다.

　장로교에 비해 신학적으로 개방적인 태도를 취하고 있던 감리교는 기독교의 창조론과 진화론의 양립 가능성을 모색하면서 진화론을 수용하였다. 이때 감리교가 수용한 진화론은 유물론적 진화론이나 범신론적 진화론이 아니라 유일신 신앙을 견지하는 유신론적 진화론이다. 이러한 유신론적 진화론에서는 신이 진화의 방식을 통해 창조를 하기 때문에 진화가 창조이고 창조가 진화이다. 따라서 유신론적 진화론은 진화의 입장에서 보면 창조적 진화론이고 창조의 자리에서 보면 진화적 창조론이다. 이처럼 감리교는 창조와 진화를 동일시하는 전략으로 진화론의 도전을 극복하고자 한 것이다.

　당시 제도교회에 의해 이단시되고 있었던 무교회주의자들은 성서에 대한 문자적 해석 대신 성서비평을 수용하고 있었기에 기독교 신앙과 진화론의 양립을 모색하는 데 커다란 어려움이 없었다. 같은 무교회주의자였지만 김교신은 성서와 진화론의 융합에 강조점을 둔 반면, 함석헌은 종교 언어와 과학 언어의 구별을 강조하면서 창조신앙과 진화이론의 공존에 주안점을 둔 것으로 보인다.

선교 초기부터 주류 교회에 의해 이단으로 간주된 안식교는 토요 안식일 신앙의 엄격한 준수와 성서적 문자주의를 특징으로 하였다. 이러한 신앙적 특성으로 인해 안식교는 지구의 나이를 6천 년으로 보는 '젊은지구창조론'을 채택하는 동시에 진화론을 '악마의 과학'으로 공격하였다. 요컨대 안식교는 진화론의 도전에 대해 가장 전투적으로 대응하는 창조과학의 기수라고 할 만하다.

이 네 입장을 종합해보면 장로교와 안식교는 진화론에 대해 부정적 태도를 취하고 감리교와 무교회 그룹은 긍정적 태도를 취하고 있다. 다시 말하자면 장로교와 안식교는 기독교의 창조론과 진화론이 양립할 수 없다고 보면서 진화론을 배격하는 반면, 감리교와 무교회 그룹은 기독교의 창조론과 진화론이 양립 가능하다고 보면서 진화론을 수용하고 있다. 진화론에 대한 이러한 대응의 차이를 초래한 것은 일차적으로 각 교파의 성서관과 신학적 노선의 성격이다. 성서비평을 거부하고 근본주의 신학에 가까울수록 진화론을 적극 배척하게 되는 반면, 성서비평을 수용하고 자유주의적 신학에 가까울수록 진화론을 수용하게 된다. 이를 종교와 과학의 관계에 적용해도 비슷한 결과가 도출될 것이다.

서두에서 언급했듯이 한국 개신교의 주류 교회는 창조과학을 적극 지지하면서 진화론을 배격하고 있고 진화론을 수용하는 교회는 한국 개신교 내에서 상대적으로 소수세력이다. 천주교의 경우에는 로마 교황청의 노선을 따라 과거에는 진화론을 정죄하였으나 현재는 수용하고 있다. 불교나 다른 종교의 경우에는 어떠한가? 이 대목에서 우리가 기억해야 할 것은 진화론은 창조론과 뗄 수 없는 관계에 있다는 사실이다. 유일신에 의한 우주 창조 관념을 공유하지 않는 문화나 종교에서는 창조-진화 논쟁이 일어날 수 없거나 무의미하다. 다시 말하자면 진화론은 서구 유일신 종교 전통의 산물이며 진화론을 핵심으로 하는 과학 역시 서구 유일신 전통을 배경으로 등장한 것이다. 현재 우리 사회에서 창조-진화 논쟁이 사회적 쟁점이 되고 있다면 이는 한국 사회가 서구 유일신 종교의 영향을 지대하게 받고 있음을 의미한다.

근대과학과 해방 이후 개신교: 해방 이후 개신교의 '과학과 종교' 담론[1]

1. 한국 개신교와 과학문명 논쟁

이 장에서는 해방 이후 한국 개신교에서 '과학과 종교'담론이 어떻게 드러나는지를 과학문명사의 관점에서 조명한다. 곧, 시기적으로 일제강점기를 넘어 20세기 중반 이후 한국 개신교의 신학적이며 역사적인 흐름 안에서 과학과 종교 이해가 어떻게 표출되었는지를 검토한다. 특히 방법론적으로 한국 개신교에서 전개되는 과학과 종교 담론의 양상을 한국 개신교의 보수와 진보의 분리와 연관지어 이해하고자 한다. 왜냐하면 20세기 중반에 전개되는 개신교의 진보와 보수적 신학의 갈등 역사는 '종교'와 '과학'의 관계를 성찰하게 한 중요한 동력이었으며, 이는 오늘날 21세기 개신교 내부의 과학과 종교에 대한 태도에도 지속해서 드러나기 때문이다. 이에 한국 개신교의 신학적 논쟁의 중심에 서 있었던 대표적인 신학자인 장공 김재준(長空 金在俊, 1901~1987)을 중심으로 20세기 중반 전개되었던 한국 개신교에서의 진보적 신학 그룹의 출현과 '과학과 종교' 이해를 검토한다.

장공 김재준을 중심으로 한 진보적 신학의 관점이 과학 정신을 어떻게 이해하였는가를 연구하는 것은 한국 개신교의 과학과 종교 해석의 중요한 근거가 된다. 동시에 21세기 개신교의 역사와 과학 해석에도 중요한 전망을 제시해준다. 현대는 극도로 분화되고 개별화된 삶, 사유, 존재방식을 특징으로 한다. 기독교는 과학과 종교의 대화를 둘러싼 역사적인 발현, 논쟁, 갈등, 화합의 주체로서 다양한 유산을 가지고 있다. 이 유산을 헤아려볼 때 개신교는 개방적인 전망으로 자연과학, 기술문명, 자연주의적 사유와 대화해야 할 필요성이 있다. 그러나 오늘날에는 비교적 협소한 관점으로 과학 정신과 개신교와의 대화가 이루어지고 있다. 여전히 과학 정신과 개신교의 대화를 위한 적절하고 올바른 규범과 방향이 미흡한 상황은 역설적으로 개신교의 과학과 종교에 관한 심화 연구를 요청한다.[2]

20세기 중반 한국 개신교 신학 논쟁의 핵심 쟁점은 '축자영감설'과 '역사비평학'간의 신학적·교회적 대립과 접점의 확보였다. 이는 단순한 토론과 논쟁을 넘어서서 한국 개신교의 결정적인 전환점과 새로운 신학적 흐름을 형성하게 한 사건이다. 특히 20세기 중반 개신교의 해석학적 갈등은 당대 한국 개신교가 '과학과 종교'를 어떻게 수용하였는가를 확인할 수 있는 중요한 역사적 단서이다.

20세기 한국 개신교의 논쟁은 근본주의에 입각한 종교적 실재론(religious realism)과 합리적 실재론(rational realism), 혹은 과학적 실재론(scientific realism) 간의 긴장과 대립을 기반으로 이루어졌다. 역사적으로 성서를 글자 그대로 이해하는 '축자영감설'이라는 근본주의적 종교 실재론의 관점에 대항하여, 성서 자체의 합리적이며 역사적인 비평 가능성을 긍정하는 '역사비평학'의 도입은 20세기 한국 개신교의 중요한 사건이었다. 이 논쟁은 근본주의적 종교적 실재론과 합리적-과학적 실재론의 조화를 타진하는 문제였다. 그리고 20세기 중반의 축자영감설과 역사비평학의 논쟁은 여전히 21세기에서 전개되는 한국 과학과 종교의 해석 프레임에도 연동되어 있다.

이를 위해 본 글은 첫째, 20세기 한국 기독교의 유입과 그 문화역사적 변천 속에서 과학문명을 어떻게 이해하였는지를 조명한다. 둘째, 진리의 관점에서 종교와 과학이 어떻게 정의될 수 있는지를 검토한다. 셋째, 과학과 종교에 대한 개신교의 정의와 역사적 재구성을 다룬다. 넷째, 한국 개신교의 종교와 과학 쟁점이 핵심적으로 반영된 논쟁 역사를 다룬다. 마지막으로 한국 개신교의 과학과 종교 담론의 의미와 과제를 다룬다.

2. 해방 이후 한국 개신교의 과학문명 이해

서학보다 늦게 한국에 유입된 개신교의 정체성은 '서구의 제국주의적 팽창'의 요소와 '과학문명과 결부된 기독교 신앙'의 요소가 양면적으로 결부되어 있었다. 전자에 대한 분석과 그 현실적 영향력은 다양한 연구와 교회사적 조명 속에서 논의되었다. 여기에서는 20세기 한국 기독교와 과학의 지형에 대한 재구성을 중심으로 후자에 대하여 더 주목한다. 근본적으로 한국의 그리스도교 수용은 새로운 신앙과 지성에 대한 갈망의 산물이었다. 19세기 영미를 주축으로 들어온 개신교는 새로운 그리스도교적인 사상, 지성, 과학문명을 한국적 토양 안에서 이식하고 확산하는 것이 중요한 과제이자 동력이기도 하였다.

19세기와 20세기 공간에서는 서구 문명과 과학적 지식의 사회적 구현을 목적으로 한 새로운 기독교적 교육 공간과 의료 공간 및 다양한 프로그램들이 적극적으로 확산되었다. 기독교가 새롭게 구성한 자유와 지성의 인간론은 한편으로 한국의 고유한 민족의식과 역사의식과의 교호작용 속에서 사회적·정치적 주체성 확립에도 기여한 측면이 있으며, 또한 20세기 중반부터 민중신학과 토착화신학을 중심으로 전개된 기독교 사상의 고유한 문화–사회적 토착화로 귀결되기도 하였다.

그러나 서구 제국주의적 팽창과 확산의 측면과 연결된 기독교의 유입은 기독교의 근본주의적 측면을 배태하고 발현하였으며, 특히 기독교 사상의 중요한 원천이기도 한 과학적 합리성과 기독교적 문명의 가치를 배반하는 역설적 상황을 잉태하기도 하였다. 예를 들어 1934년 제23회 장로교총회에서 창세기 저자 문제의 논쟁이나 여권 문제에 대한 논쟁에서 드러난 교회적/신학적 민낯은 한국 교회의 보수성과 분열상을 매우 강력하게 예증하였다. 또한 장공 김재준을 중심으로 한 한국 기독교의 신학적 논쟁이 본격적으로 발화되었던 20세기 중반 격동의 시기는 1920년대 미국의 근본주의 논쟁과 다를 바 없는 사상적 동형의 구조와 전거를 지니고 있었다.[3] 한국 교회의 사상적 분열은 한국적 프로테스탄트 신앙의 문화적, 정치적, 사회적, 과학문명적 성육신에 관한 골 깊은 해석의 갈등이기도 하다.

이러한 점에서 20세기 한국 기독교의 신학적 논쟁, 즉 축자영감설(성서근본주의)과 역사비판학(성서의 합리적 해석)의 대립은 21세기 한국 기독교의 종교와 과학을 둘러싼 해석의 갈등의 양상 속에서 그대로 재현된다. 즉, 성서와 계시의 근본을 강조하는 관점에서 자연, 그리고 자연과 매개된 과학문명은 비판과 청산의 대상이 된다. 한편 성서의 합리성, 그리고 이성과 자연을 중요시하는 관점에서는 과학문명의 합리성을 중요하게 평가하고 적극적으로 수용한다.

그러므로 20세기 한국 기독교와 과학의 지형에 관하여 우리는 다음과 같은 해석을 가할 수 있다. 한국에 유입된 그리스도교의 정신은 한편으로는 근본주의적, 제국주의적 요소를 담고 있었으나 다른 한편으로는 교육과 과학문명의 적극적인 감수성을 바탕으로 한 복음의 문화사회적 토착화의 요소를 담고 있었다. 초기 한국 기독교의 다양한 기여는 민족주체성의 체현, 교육 사업의 추진 및 제도화, 의료와 다양한 기술 과학문명의 긍정적이고 적극적인 인식과 도입의 프로그램 속에서 빛을 발하였다.

그러나 기독교가 가지고 있었던 두 대립적 유산들, 즉 근본적인 관점과 합리적인 관점 사이의 맹아적 갈등은 본격적으로 20세기 중반 성서 해석에 대한 논쟁과 교권의 강렬한 대립의 양상으로 역사에서 선명하게 표출되었다. 성서 해석을 둘러싼 근본적/교권적 해석과 합리적/과학적 해석은, 성서 권위의 인증이 표면적 쟁점으로 보이나 사실상 그리스도교 정신의 반지성화와 지성화 사이의 해석의 갈등이었으며, 여전히 자연과 과학문명에 대한 반지성적 배제와 지성적 해석의 양상이 21세기 한국 기독교의 '종교'와 '과학'의 이해에서 그대로 재현되고 있다. 이에 20세기 중반 한국 기독교에서 펼쳐진 종교와 과학에 대한 해석의 갈등이 김재준과 박형룡의 논쟁에서 어떻게 펼쳐지는지를 다룬다.

종교의 핵심 특징은 이 우주와 삶의 '궁극성'을 모색하는 것에 있다. 이러한 종교적 양식의 궁극성에 대하여 기독교 신학은 '궁극적 실재(ultimate reality)', 혹은 '궁극적 관심(ultimate concern)'이라는 개념으로 정립하기도 하였다. 그렇다면 개신교는 궁극적 차원의 종교적 실재와 '자연'의 관계를 어떻게 정립하고 있는가? 20세기 중반 펼쳐지는 개신교 종교와 과학의 여러 논쟁을 이해하기 위하여 장공 김재준의 '종교적 실재'와 '자연적 실재'에 대한 정의를 검토할 필요가 있다.

장공은 처음부터 자신의 정체성을 그리스도교라는 종교적이며 문화적인 토양에 뿌리내리지는 않았다. 그는 유교의 문화와 그 유산에서 자신의 삶과 정신의 기반을 두었으나, 21세에 김익두 목사의 부흥 집회를 통하여 그리스도인으로 변모된다.[4] 장공은 그리스도교가 생명, 삶, 죽음, 세계, 인간의 본질을 구체적으로 드러내 보여주었기 때문에 그리스도교를 선택하였으며 그 전승 안에서 장공은 인생의 모든 것을 걸었다. 장공은 그리스도교가 보여주는 그 '진리의 세계' 안에서 무릎을 꿇고, 그리스도교의 우주관과 인생관을 자신의 삶 안에서 체현하고 관철했다. 바로 이 점에서 장공이 '실재'라는 표현을 자주 사용하는 의도와 그 맥락을 어렴풋이 헤아릴 수 있다. 장공은 평생 진리를 찾아 헌신한 순례자였으며, 우주와 인생의 궁극적 실재를 찾아 평생을 탐구하고 고투한 한국 개신교 신학의 매우 중요한 신학자이자 지식인이었다. 그렇다면 그의 '실재'에 대한 사상적 관점과 견해는 구체적으로 무엇인가.

장공은 그의 나이 30대 중반이 되는 1934년 "실재를 찾아서―전도서를 읽음"(1934. 10. 5)이라는 글을 『낙수(落穗)』에 발표한다. 이 글에서 장공은 '생의 의의'를 찾아 실재의 세계를 더듬어 빈 들에 헤매던 순례자의 피 엉킨 속임 없는 기록인 '전도서'의 의미를 헤아린다. 장공은 그저 성서 경전의 중요한 메시지를 담고 있기 때문에 큰 의미가 있다고 보는 태도로 전도서를 주목하지 않는다. 오히려 전도서의 순례에는 "탐구를 더하고 관찰을 더하여 오직 실재를 찾아 순례의 걸음을 이어나간 용감한 진리의 탐구자"[5]의 생생한 모습이 담겨 있다고 해석한다. 이에 그는 전도서를 자신의 진리 탐구의 중요한 교훈서로 채택한다.

장공은 전도서에 나타난 소위 '인간의 지혜와 지식의 무의미'를 '자연주의적 사유(naturalistic thinking)'에 기반하고 있는 '지식과 과학'에 대한 비판과 연결한다. 장공에 의하면 이들은 실재의 본질을 꿰뚫어보지 못하는 이들이다. 그들은 "지식만능, 과학만능의 망상 아래에서 오직 현상만을 보고 실재를 볼 줄 모르"[6]는 이들이다. 장공은 지식과 과학 자체를 비판하기보다 지식과 과학을 절대적인 것으로 숭상하는 이들을 비판한다. 즉, '지식과 과학' 자체에 대한 비판보다는 편협한 사고로 실재의 본질을 가리는 '만능'이라는 망상에 대한 비판을 한다. 왜 장공은 실재의 본질 해명에서 지식과 과학의 열쇠가 그 본질을 온전히 드러낼 수 없으리라는 견해를 가지고 있는가.

장공은 삼라만상이 철칙에 의하여 움직이고 있는 모습을 실재의 실상과 본질이 아니라고 본다. 그래서 표면적이고 현상적인 철칙에만 몰두하고 있는 이들을 "현대 대다수의 과학자, 실험심리학자, 유물론적 역사관의 주창자"[7]라고 지적한다. 하지만 이들과는 달리 전도서의 '전도자'는 그 철칙의 배후에 신의 예정이 있음을 시인하였다고 말하면서 다시 철칙에 몰두한 이들과의 비판적 거리를 둔다.

20세기의 개신교는 자연 질서에서 발견하지 못하는 가치의 문제를 기독교가 담고 있다는 전제를 가지고 현실에 접근한다. 자연주의적 사유에 대한 새로운 이해와 가능성은 20세기 초중반의 시기에는 발현되지 않았음을 추론할 수 있다. 그렇다면 왜 실재의 탐구를 행함에 있어서 실재의 물리적 본성과 삼라만상의 원칙을 다루고 그 자연의 질서를 해명하는 이들은 진리와 참 실재를 조명하지 못하는 불우한 이들이라고 장공은 이해했던 것일까? 이 단서를 찾기 위하여 다음은 진리의 관점에서 본 종교와 과학의 지형을 논의할 것이다.

3. '진리'의 관점에서 본 종교와 과학의 지형

20세기 한국 개신교는 '종교'가 철저하게 실재의 궁극성, 그리고 물질적 세계를 넘어서는 '영적 세계'의 가치를 담고 있다는 이해 위에 서 있었다. 그렇다면 종교에서 이야기하는 '진리'의 구체적인 형태와 내용은 무엇일까? 종교적 진리에는 자연과 문화와 기술문명의 문제가 어떻게 상관관계를 가지고 있는 것일까? 만약 종교가 진리를 다루고자 한다면 그 진리의 여러 형태와 유형은 어떻게 20세기 개신교의 사유 안에서 정립되어왔던 것일까? 장공 김재준은 종교적 이해의 존재방식에 대한 모델을 설정하는데, 이러한 모델 또한 매우 원형적인 틀을 보여주고 있다. 더 나아가서 종교가 과학과의 관계를 어떻게 정립할 것인가를 모색하는 중요한 방법론적 근거가 되고 있다.

장공은 그의 나이 47살에 "종교와 과학"(1947)이라는 글을 발표한다.[8] 이 글에서 장공은 하나님, 자연, 인간이라는 세 중심을 '진리'의 관점에서 제시한다. 우선 장공은 진리의 존재방식을 첫째 '영적인 진리', 둘째 '감각적 진리', 셋째 '이론적 진리'로 구분한다. 장공에 의하면 영적인 진리의 내용은 다음과 같다: "1) 영적인 진리 ― 이것은 하느님의 은총으로 계시된 진리로서 하느님의 대언자인 예언자, 신비 영험자를 통하여 우리에게 보여진 진리라 하겠습니다. 신비적 영험, 직접 계시, 직관 또는 직각, 영감 등을 통하여 우리 영혼의 안테나에 감촉되는 진리라 할 수 있습니다. 이 것은 초감각적(supersensual)이어서 정확 무오를 주장하며, 진정한 실재(reality)에 대한 가장 정확한 지식을 자부합니다. 종교적 진리, 또는 신앙의 진실이라고 합니다."[9]

장공에 의하면 영적인 진리는 하느님의 은총에 의하여 인간에게 계시된 진리를 뜻한다. 신학적으로 철저하게 계시신학적 전통 안에서 그를 바탕으로 하여야만 인간이 영적 본질과 실체를 헤아릴 수 있다는 점이 영적인 진리의 요체이다. 장공은 영적인 진리의 내용에서 하나님의 본질 경험과 관련된 신비 체험, 직관, 영감 등의 역할을 매우 강조한다. 특히 초감각적인 측면과 정확 무오를 강조한다. 현대적인 맥락으로 해석하자면 장공에게서 소위 '비감각적 지각(non-sensuous perception)'의 측면은 영적인 진리 경험의 중요한 요소이다.

영적인 진리에 대한 장공의 이해에서 진리의 개별적 인식과 공동체적 인식의 상호 관련성에 대한 논의는 구체적으로 진행되지 않는다. 단지 장공은 우선 신과 피조물의 대칭적 관계에 초점을 맞추어서 문제에 접근한다. 하나님의 행위(divine action), 혹은 영적인 진리의 전달에 있어서 오늘의 현대 신학에서 매우 쟁점이 되는 신의 보편성(universality)과 피조물의 개별성(individuality), 혹은 다자성(diversity)을 기반으로 한 신과 피조물의 비대칭성과 복합성의 문제는 본격적으로 다루어지지는 않는다.

이제 장공은 영적인 진리 다음으로 두 번째 진리로서 감각적 진리를 제시한다: "2) 감각적 진리 — 감각을 통하여 얻은 사실의 진실성에 근거한 것으로서 '눈이 희다'하는 것이 감각을 통하여 얻은 사실이라면 '눈은 검다'하는 논리는 허위로 되는 것입니다. 이것은 감각의 진리, 실험의 진리로서 과학은 주로 이 영역에 속한다 하겠습니다."[10]

장공은 여기에서 감각적 진리를 실험의 진리로 보고 이를 과학(science)의 영역으로 정의한다. 이는 매우 짧고 단순하지만 과학적 방법론의 본질을 매우 핵심적으로 간파한 정의이다. 허블망원경과 같이 아무리 최고의 기술로 구현한 대형 천체망원경으로 적막한 은하계의 그 방대한 실재를 포착한다고 하더라도, 그것은 결국 '확대된 인간의 감각'일 뿐이다. 아무리 디테일한 해상력으로 작은 입자들의 미세한 운동 현상을 관찰하는 양자현미경을 동원하여 미시 세계를 고찰한다고 하더라도 그것 또한 결국 '확대된 인간의 감각'일 뿐이다. 이러한 점에서 모든 자연에 대한 지식인 과학(science)은 근본적으로 감각(感覺: sense data)을 기반으로 한 인간의 경험과 종합적 지식(scientia)을 그 기원으로 삼고 있다. 감각적 진리는 신체성의 진리이며 몸에 기반을 둔 진리이다. 바로 그것이 과학이다.

장공은 영적인 진리와 감각적 진리와 더불어 마지막으로 이론적 진리를 말한다: "3) 이론적 진리 — 이것은 이상의 두 진리를 이성으로 종합한 것으로서 말하자면 철학적인 진리라 하겠습니다. 한 사람은 말하기를 '나는 감각을 통하여 경험한 것만이 진리라고 생각한다'고 합니다. 그러나 다른 한 사람은 '절대적인 하느님의 직접 계시만이 진리'라고 주장합니다. 그 사이에서 우리의 이성은 논리와 변증법 등을 통하여 진리의 어떤 체계를 구성합니다. 수학적 진리같은 것은 감각을 통한 것도 아니며 직접 계시로 된 것도 아닙니다. 다만 인간 이성의 논리적 정당성을 통하여 얻어지는 것입니다."[11]

세 번째 진리는 이론적 진리이다. 이 이론적 진리는 영적인 진리와 감각의 진리를 종합하는 진리이다. 영국의 수학자이자 철학자인 버트런드 러셀(Bertrand Russell, 1872~1970)은 철학을 신학과 과학의 중간 영역의 학문이라고 이미 설파한 바 있다. 철학은 신학과 과학이라는 두 고유한 방법론을 종합적으로 매개하는 일종의 '방법론의 방법론'이다. 철학이 신학을 성찰할 때 그것은 종교철학과 조직신학이 되고, 철학이 과학을 성찰할 때 그것은 과학철학과 자연철학이 된다.

장공은 이론적 진리로서의 철학의 과제, 특히 영적인 진리인 종교와 감각의 진리인 과학의 조화를 구현해냄으로써 참 진리의 실재를 드러내야 하는 메타 방법론으로서의 철학의 지위를 정확하게 파악하였다. 그리고 이론적 진리의 그 근거를 종교의 원천인 '계시'가 아닌, 과학의 원천인 '자연적 질서'가 아닌 인간 이성과 논리로 바라보았다.

장공의 진리에 대한 이러한 세 가지 접근은 21세기를 살아가는 우리의 지적인 감각 안에서도 매우 원형적이며 유용한 의미를 지닌다. 오히려 21세기의 분화된 세계상 안에서 각 분과 학문의 개별성과 지엽성에 머무른 나머지 우리는 진정한 의미의 진리와 실재에 대한 드넓은 전망을 크게 상실한 듯하다. 이러한 점에서 장공의 진리에 대한 세 가지 구분은 '종교', '과학', '철학'이라는 진리를 추구하는 학문과 삶의 태도에 관한 유기적이며 통전적인 인식을 제공하고 있다.

장공은 영적, 감각적, 이론적 진리가 진리를 추구하는 인간의 3대 시스템이며, 모든 진리는 이 셋 중의 하나로 귀속될 수 있다고 말한다. 우리가 주목해야 할 점은, 장공은 여기에서 영적인 진리가 감각적 진리보다 우선한다고 말하지 않는다는 점이다. 동시에 감각적 진리가 영적인 진리를 대변할 수 있다고도 말하지 않는다. 오히려 장공은 진리를 향한 인간의 태도에서 최선을 다하여 이 세 측면을 상호 종합적으로 고려하는 것이 매우 중요하다는 입장을 취하고 있다. 이 세 측면 가운데 한 측면을 과하게 강조하거나 "균형감각"을 상실할 때 심각한 문제가 발생한다. 이 균형감각이 상실될 때 종교와 과학은 서로 충돌한다고 장공은 이해한다. 장공은 이를 다음과 같이 말한다: "종교와 과학의 충돌이란 것은 결국 어느 한 편이 모든 진리를 독점한 것으로 자부하고, 감정적으로 자기 주장을 절대화함과 동시에 다른 한 편을 비진리로 규탄하는 데서 생긴 비극이라고 봅니다."[12]

종교와 과학, 영적인 진리와 감각의 진리는 원래 충돌의 관계는 아니다. 오히려 각각의 관점이 진리를 독점적으로 담지하고 있다는 배타적 태도와 착각으로 인하여 충돌이 발생한다. 그렇다면 구체적으로 종교와 과학의 충돌을 통하여 발생하는 내용을 장공은 무엇으로 이해했는가. 우선 감각적 진리를 주요하게 생각하는 실험과학이 그 진리 체계를 '유일한 진리'로 주장하는 경우에 대하여 장공은 상당히 밀도 있는 분석을 가한다. 종교와 철학의 지위를 고려하지 않는 과학의 과학적 환원주의에 대한 장공의 분석은 다음과 같다.

첫째, 초감각적 실재와 그 가치에는 전혀 몰취미하게 된다. 즉, 신, 하나님, 궁극적 실재는 일종의 부차적인 요소이거나 망상이며 사태와 가치의 두 측면에서 가치는 사태의 수반이거나 파생으로 소극적으로 이해된다. 둘째, 그 대신 감각적인 세계에 대한 연구는 활발하게 전개된다. 셋째, 실증적인 철학의 경향성이 역사적으로 매우 확산된다. 넷째, 감각적인 진리는 불가피하게 유물론으로 귀결된다. 다섯째, 감각 문화의 세계에서는 자연과 물질의 가치가 그 문명의 왕좌를 점령한다. 여섯째, 이러한 흐름에서 진리는 일시적으로 변하고, 상대적으로 평가되며, 개념화와 이론화가 빈약해지며, 실리주의와 힘의 철학으로 귀결된다.[13] 장공은 자연과학적 환원주의의 관성이 결국 (1) 비종교적 태도, (2) 실증주의와 유물론, (3) 물질주의, (4) 상대주의와 힘의 철학으로 귀결된다고 지적한다.

장공은 과학과 종교와 철학의 목적과 과제를 진리를 추구하는 세 가지 방법론의 차원에서 종합적으로 헤아린다. 그는 이 세 가지 전통을 소중하게 생각한다. 그러나 이 셋 중의 한 관점을 절대화하고 독단화하여 발생하는 폐해를 지적한다. 특히 당대 서구 정신을 주요하게 사로잡았던 과학주의적 경향성과 그 그림자를 장공은 심각하게 바라보았다. 그러므로 '진리'의 관점에서 본 종교와 과학의 지형은 다음과 같이 정리될 수 있다. 우선 개신교의 균형주의적인 관점에서는 자연에 대한 '감각적 진리'또한 진리의 중요한 요소가 될 수 있음을 주목한다.

장공의 관점 속에서 우리는 20세기 개신교에서도 감각적 질서에 입각한 과학적 진보와 진화 또한 진리의 중요한 요소로 인식하고 있음을 확인할 수 있다. 물론 감각적 진리만을 절대적으로 바라보는 모든 자연주의적, 감각주의적 세계관에 대한 비판은 여전히 당대의 개신교의 관점에서 모두 작동된다. 중요한 것은 감각적·과학적 지식을 진리를 구성하는 중요한 요소로 주목하였다는 것은 한국 진보적 개신교의 관점에서 종교와 과학의 대화 토대와 가능성을 충분히 담지하고 있음을 보여준다.

그렇다면 과학과 종교의 개별적인 원리와 기능을 넘어선 이 양자의 올바른 관계를 한국 개신교는 어떻게 더 구체적으로 이해하고 심화하고 있는가? 이를 위하여 장공이 종교와 과학의 관계를 어떻게 심화하고 재구성하고 있는지를 검토한다.

4. '과학'과 '종교' 개념의 재구성

장공은 '영적인 진리'를 포착하는 종교를 어떻게 이해하고 있는가? 장공에 의하면 종교적 진리는 "하느님을 최고의 권위로 모시고 하느님 나라, 즉 하느님의 뜻인 거룩한 사랑의 땅 위의 전 사회에 이루어지게 하는 하느님의 건국대업에 동참하는 길[道]"[14]이다. 이러한 하느님으로부터 나오는 진리는 감각-과학적으로 물적 현상 '안에서(in)' 물적 현상을 '통하여(through)' 온전히 추출될 수 없다. 그 진리는 철저하게 절대 타자인 하느님의 계시 사건을 통해서만 파악되는 진리이다. 그러나 장공은 종교적 진리의 정당성을 과소평가하거나 '과학적'이라는 신화로 모든 진리를 유폐시키는 현대인들의 태도를 꼬집는다. 그렇다면 과학적 신화에 사로잡힌 현대인들을 향하여 종교적 진리의 정당성을 장공은 어떻게 제안하고 있는가?

첫 번째, 장공은 종교적 진리의 실재적 측면에서 종교의 의미를 확보한다. 이는 인간이 종교적 진리를 통하여 무상함에서 영원을 체득하고, 파멸에서 영생을 체험하며, 알파와 오메가가 일직선으로 연결된 역사의 종말을 본다. 그것은 절대적·항존적·유심적·신앙적·인격적 성격을 지니고 있기에 상대적·일시적·유물적·실험적·비인격적인 '과학'의 영역에서는 이해되거나 포착될 수 없는 진리이다. 이렇게 장공은 '감각적 진리'로 포착이 안 되는 '영적인 진리'의 특성을 강조한다. 종교적 진리는 영적인 진리이며 이는 하느님에게서 오는 진리를 실재적으로 담보하는 진리이다.

두 번째, 장공은—종교적 진리의 실재성을 제시하면서— 더 나아가서 종교적 진리의 유용성(availability)을 제시한다. 종교적 진리는 "크게 유익할 뿐 아니라, 인간에게 전인격적인 봉헌을 스스로 요청할 만큼 강력한 것"[15]이라고 강조한다. 종교적 진리가 하나의 진리의 실재로만 의미를 갖는 것이 아니라 그 실재에 대한 대면을 통해서 인간과 인류의 삶이 유익해지고 풍요로워졌다는 점을 장공은 매우 중요하게 포착한다.

세 번째, 과학적 정신 또한 근원적으로는 종교성을 요청하며, 종교적 신앙 또한 과학적 진리를 거부할 수 없다. 장공은 과학 활동의 동기를 '진리에 대한 충성'으로 이해한다. 그러므로 과학적 정신 또한 근본적으로 진리에 대한 충성과 열망의 감각이라는 종교적 감수성을 상실해서는 안 된다는 점을 강조한다. 이는 종교에도 마찬가지이다. 장공은 종교적 신앙이 과학적 진리를 전적으로 거부한다면 그 신앙 자체는 고루해질 수 있다고 지적한다.[16]

네 번째, 과학주의의 비판적 전거로서 종교의 의미를 강조한다. 장공은 제2차 대전 후 현대과학의 급속한 발달과 그로 인한 과도한 과학주의를 매우 심각하게 진단하였다. 장공은 우리의 자연적 요소만으로는 진정한 실재(ultimate reality)에 대한 감각적 진리를 획득할 뿐이라고 비판하며 자연주의적이며 감각적 인식을 상대화한다. 감각은 실재에 대한 제한적 진리일 뿐이다. 감각은 영적인 진리에 대하여 궁극적인 조명을 던져주지 않는다. 특히 성찰이 결여된 과학주의는 인간과 인류를 파멸로 몰고 갈 수 있음을 주목하고, 상공은 과학주의에 브레이크를 걸 수 있는 종교의 재

건에 정력을 기울이는 시기라고 사상적인 진단을 한다.[17]

다섯 번째, 조선 땅에서의 종교의 과제를 구체적으로 제시한다. 조선에서는 실질적으로 과학이 제대로 발달하지 못하였다고 장공은 평가한다. 그러나 과학적 정신이 뿜어내는 그 사상적인 힘과 분위기는 실감나게 느끼고 있다고 말을 하며 그 현상은 결코 긍정적인 현상이라고 할 수 없다고 진단한다. 장공이 비판하는 내용은 건강한 과학 정신이 아니라 모든 철학과 종교의 긍정성과 지평에 대한 고려 없이 치닫는 거친 '과학주의'의 신화이다. 장공은 과학을 과학대로 발전시키면서 바로 그 '과학'의 세계를 '철학'으로 감싸고 '종교'로 순화하여 전 우주적인 구원의 과제를 수행하고 추진시켜야 할 때라고 강조한다.[18]

마지막으로, 과학의 진보는 빠른 속도로 진행되지만 종교적 정신은 오히려 후퇴한다는 관점으로 장공은 과학과 종교의 관계를 바라본다. 장공은 "인간성의 한계와 복음"(1948)[19]이라는 글에서 당대 과학문명과 기술문명에서 드러난 인간 능력의 발전을 경탄하고 칭송한다. 그러나 정작 종교, 철학, 예술, 문화 등에 관한 인간의 정신 활동은 오히려 기술보다 훨씬 더 명백한 제한 안에 놓여 있다고 지적한다. 수천 년이 지나도 고대의 현자나 지혜자, 그리고 석가모니, 예수, 바울을 능가할 인물은 없다고 지적한다. 이러한 이유로 과학의 진보와는 달리 정신 활동은 퇴행을 겪고 있다고 말한다.

과학 정신의 진보와 종교적 정신의 퇴행에 관한 장공의 지적은 그가 얼마나 자연주의적 사유와 종교적 사유 사이의 심연을 민감하게 보고 있는지를 헤아릴 수 있다. 장공의 이러한 과학 정신의 진보와 종교 정신의 퇴행에 관한 지적은 양자물리학자이자 신학자인 존 폴킹혼(John Polkinghorne, 1930~)의 지적과도 일치한다. 존 폴킹혼은 오늘날 물리학자들은 단지 삼백 년 후에 살고 있다는 이유로 천재 뉴턴(Issac Newton,

1643~1727)이 평생 우주에 관하여 이해했던 것보다 더 많이 이해할 수 있었지만, 정작 2천 년 전의 예수가 보여준 종교적 심원함을 우리는 폭넓게 계승하고 있는지를 묻는다.[20]

장공이 40대에 형성한 진리의 세 가지 차원에 대한 매우 균형 잡힌 안목은 종교와 과학에 관한 신학적 성찰과 사유의 완숙으로 이어진다. 특히 사실과 신앙, 물질과 정신, 육체와 영혼과 같이 2천 년 그리스도교 역사의 중요한 전승이자 오늘날 여전히 첨예한 쟁점이 되는 신학적 실재론(theological realism)의 주제들을 더욱 종합적으로 구성한다. 우선 장공은 1952년 발표한 "인생과 종교"(1952. 11.)에서 사실(fact)과 신앙(faith)의 관계에 대한 조명 속에서 자신의 신학적 실재론을 제시한다: "사실이 사실 제 힘으로 생기는 것이 아닙니다. 사실을 발굴 또는 발견하는 것은 인간입니다. 그리고 위대한 사실은 '신앙'을 내포합니다. 신앙적 사실이 모든 사실 창건의 동력이 되고 근본이 됩니다."[21]

사실 그 자체는 아무런 대답을 주지 않는다. 사실을 참 사실로서 드러나게 하는 동력이 바로 믿음이다. 믿음이 없으면 사실은 아무런 의미가 없다. 믿음의 사실이야말로 모든 사실의 근거이자 동력이다. 이러한 점에서 믿음은 그저 주관적이고 소박한 망상이 아니다. 장공이 40대에 고민하였던 실재의 두 기둥이 '영적인 차원(spiritual dimension)'과 '감각적 차원(sensual dimension)'이라면 이제 50대 장공은 더욱 구체적으로 '믿음의 차원(dimension of faith)'과 '사실의 차원(dimension of fact)'의 문제로 실재의 본성을 성찰한다. 이러한 변화는 장공의 신학적 실재론과 그리스도교적 세계관이 더욱 신학적이며 윤리적 방향으로 전회하였음을 강하게 드러낸다.

장공은 "과학과 종교"(1953. 5.)[22]라는 글을 발표한다. 부제는 "실험과학과 기독교"이다. 이 글은 50대를 걸어가는 장공이 섭렵했던 과학과 종교의 최신 경향에 대한 정리와 신학적 전망을 담고 있다. 여기에서 장공은 '감각적 진리'(과학)와 '영적 진리'(종교) 사이의 관계를 매우 비판적으로 다루고 있다. 특히 감각적 진리에 의존하는 과학이 그 올바른 방향성을 상실할 때 이는 과학주의의 폐단을 야기하며 그 부분을 종교의 관점에서 지적하고 비판한다. 이 글의 핵심 내용은 다음과 같다.

(1) 과학은 조직화한 지식(systematized knowledge)으로 이해될 수 있으며 구체적으로 실험과학으로 정의될 수 있다. (2) 과학연구의 불순한 부산물로 과학주의(scientism)란 것이 있어서 여러 가지 폐단을 일으킨다. 과학주의의 내용은 구체적으로 유물론과 감각문화(sensual civilization)이다. (3) 그러나 성숙한 자연과학은 연구 능력이 깊어질수록 자연철학으로 상승한다. 물질적인 관심에서 정신적인 관심으로, 사실의 세계에서 가치의 세계로 발전한다. (4) 성숙한 자연과학은 깊이 들어가면 자연철학이 되고 더 깊이 들어가면 창조주 신앙으로 나아간다.

장공은 '사실'의 관점에서 종교와 과학을 규범적으로 접근하는 태도를 넘어서서 '가치'의 관점에서 종교와 과학의 그 위치와 과제를 긴밀하게 성찰한다. 특히 감각의 진리와 영적인 진리의 날카로운 구분은 자연에 대한 지식과 하나님에 대한 지식의 구분, 그리고 자연세계와 하나님에 대한 구분 안에서 일관되게 드러난다. 장공은 "하느님 안에서 사는 사람"(1953. 11.)이라는 글에서 과학주의에 대한 정의를 다음과 같이 가한다: "실증적인 과학주의 사변은 현상(phenomena)만을 말하고 그 의미(meaning)는 말하지 않습니다."[23]

장공은 과학주의를 비판한다. 그렇다면 비판의 역사적 상황은 무엇인가. 1953년에 쓴 장공의 글 "사랑의 글"(1953. 7. 19.)에서 우리는 장공의 과학주의 비판의 역사적 상황을 작게나마 확인할 수 있다. 여기에서 장공은 오엔의 『과학주의, 인간, 종교』라는 책의 내용을 인용하며 과학주의의 핵심을 다음과 같이 정리한다: "(1) 진리는 과학만을 통하여 얻어진다. (2) 물질이 유일한 실재다. (3) 모든 행동(Behavior)은 기계적으로 결정되어 있다. (4) 가치는 사회적 편의에 따라 정해진다(Relativism). (5) 이상사회(理想社會)는 과학의 발달에 의하여 보장되고 있다(Utopianism)."[24]

장공은 이러한 '감각적' 진리가 진리 전체로서 둔갑하여 교육되는 현대 교육기관에 자녀들을 보내고 안심한다는 것은 어리석은 일이라고 통탄한다. 즉, 장공은 "과학, 문학, 예술"이라는 '감각적 진리'는 결코 영적인 진리를 온전히 포섭할 수 없다는 점, 그리고 영적인 진리인 '종교'가 여전히 진리를 탐구하는 교육기관과 사회에서 폄하와 소외를 당하고 있다는 점을 매우 안타깝게 지적한다.[25]

장공은 1954년 "존재현상의 저편"(1954. 5.)이라는 글에서도 영적인 진리와 감각적 진리의 깊은 심연을 더욱 선명하게 부각한다. 우리 인간은 결코 존재 현상의 저편을 감각으로 이해할 수 없다. 그는 여기에서 '물체'와 '생명'을 구분한다. 생명은 물체처럼 보이지도 않고 무게도 없고 피도 없다. 그러나 생명은 물체나 우리가 바라보고 있는 "육체와는 별개의 세계"[26]에 속한다고 장공은 강조한다. 그는 육체와 생명을 별개로 바라본다. 그렇다면 우리의 육체, 우리의 자연, 우리의 우주 안에 깃든 생명과 진정한 실재의 본질을 어떻게 알 수 있는가? 장공은 "하느님을 믿는 심정"[27]으로 우주와 자연을 볼 때만 그 진상이 알려진다고 말한다.

우리는 여기에서 장공이 구상한 신학적 실재론의 핵심을 본다. 장공은 진정한 사실(fact)을 인간이 자연주의적으로 파악할 수 있다고 보는 자연주의적 사유를 부정하지는 않으나 그것에 안주하지는 않는다. 오히려 사실의 핵심은 '감각적 진리'를 넘어선다. 사실은 자연적으로 인간에게 파악되지 않는다. 사실 그 자체는 우리에게 대답이 아니라 미궁이다. 진정한 사실은 오히려 하나님의 눈으로, 하나님의 마음으로, 사랑으로 바라

볼 때만 우리에게 드러난다는 견해를 가지고 있다. 참 사랑과 믿음 안에서 사실은 참 의미를 우리에게 드러낸다.

5. '과학과 종교' 논쟁의 핵심 쟁점

한국의 진보적인 개신교의 입장을 반영하고 있는 장공은 영적인 진리와 감각적 진리를 진리의 중요한 두 축으로 파악하였다. 동시에 가치의 관점에서 감각적 진리보다 더 고양된 지위에 영적인 진리를 설정하였다. 감각적 진리와 영적 진리의 연속성과 불연속성은 장공 진리론의 변증법적인 두 선율이다. 장공은 감각적 진리를 영적인 진리보다 우위로 생각하는 태도를 비판한다. 그러나 동시에 영적인 진리를 감각적 진리와 동등하게 생각하는 태도 또한 비판한다. 더 나아가서 영적인 진리로 모든 진리를 환원시켜 독단적으로 포섭하는 태도 또한 비판한다.

그렇다면 장공이 '영적인 진리'를 어떻게 변증법적인 선율 안에서 종합적으로 파악했는지를 장공의 글 "축자영감설과 성서무오설에 대하여"(1950. 3, 십자군)에서 발견할 수 있다.[28] 여기에서는 종교와 과학에 대한 매우 날 선 논쟁이 진보주의적 신학과 보수주의적 신학의 관점에서 등장한다. 우선 장공은 이 글에서 성서무오설을 강조하는 박형룡 박사에 대하여 두 가지 신학적 비판을 가한다.

첫째, 감각적 진리와 영적인 진리의 고유한 지위를 조화롭게 배려하지 않고, 영적인 진리로 모든 진리를 독점적으로 환원하는 태도에 대한 장공의 비판이다. 즉, 영적인 진리가 감각적 진리를 독점할 때 그것은 감각적 진리도, 영적 진리도 될 수 없음을 장공은 보여주고 있다. 이를 근거로 장공은 박형룡 박사의 '성서의 과학적 무오류성'을 비판한다.

둘째, 영적인 진리의 가치를 강조하기 위하여 그 의미를 감각적 진리로 증명하려는 태도 또한 장공은 비판한다. 이를 근거로 장공은 박형룡 박사의 '성서의 과학적 증빙 가능성'을 비판한다. 구체적인 내용은 다음과 같다.

장공은 박형룡 박사가 『신학난제』에서 주장하고 있는 내용, 즉 "성경은 과학서류가 아니다."라는 주장은 동의하나 "성경에는 과학적 오류가 없다."라는 주장에는 비판한다. 만약 박형룡 박사가 성경이 과학책이 아니라고 말한다면, 장공은 오히려 "성경은 과학적 오류가 있다."고 말할 수 있으며, "과학적 서술은 성경의 핵심 관심이 아니다."라고 말할 수 있다고 강조한다. 장공은 박형룡 박사의 주장—(1) 자연계에 관한 성경 기사는 저서 당시의 지식 정도보다 훨씬 뛰어난 과학적 서술이 아니다. (2) 어떤 학자는 그 기사는 자연과학의 예시이다. (3) 과학이 발달된다면 성경과 합치될 것이다—에 대하여 "성경을 사랑하는 그의 고충을 상상할 수 있으나 성경의 권위는 이런 구차한 변호를 요하지 않는다는 것을 말해드리고 싶다."[29]고 반론한다.

장공에 의하면 성경 자체의 사실은 문자적 무오를 입증해주지 않는다. 그럼에도 그 학설을 고집한다는 것은 '경건한 기만'이라고 장공은 지적한다. 장공에 의하면 성경의 역사적, 과학적 오류와 문장의 오류가 다소 있다고 하여 무슨 큰일이나 난 것 같이 야단법석하는 것은 가소로운 일이다.

장공은 성경의 '사실성'과 '가치'의 관계를 다음과 같이 신학적으로 결론 내린다. 첫째, 성경에는 문자적, 과학적, 역사적 오류가 있다. 둘째, 이 오류로 인하여 '성경무오설'은 무너지지 않는다. 왜냐하면 성경의 목적은 과학적 해명이 아니라 우리에게 영생을 얻게 하려는 것이기 때문이다. 세 번째, 성경은 과학 교과서, 철학 개론서가 아니라 영혼의 구원을 위하여 예수를 지향 증언하는 책이며, 예수를 만나 구원을 얻었다면 성경의 과제는 "완수"된 것이다. 진정한 의미의 성경의 진리는 성서에 있는 것이 아니라 성서를 체현한 구체적인 인간의 삶에 있기 때문이다. 바로 이것이 진정한 의미의 '성서무오설'이다.[30]

위의 논쟁은 성서무오설과 역사비판학의 논쟁을 담고 있지만, 동시에 종교와 과학에 대한 한국 개신교의 중요한 역사적 논쟁점이기도 하다. 첫째, 장공은 성서가 과학적 진리를 넘어서는 종합적 진리의 유산이기 때문에 성서를 과학적 진리의 증빙 자료로 채택하는, 그리고 한 글자도 오류를 갖지 않는 축자영감설의 해석학을 거부한다. 다시 말해서 성서적 진리는 과학적 교과서가 아니라는 점이다. 둘째, 성서가 과학적 교과서가 아니어서 성서의 결격 사유가 있는 것이 아니라, 성서의 관심은 과학적, 자연주의적 사유에서 포착되지 않은 생명의 실재에 대한 진술을 담고 있기에 오히려 과학적 환원주의에 얽매일 필요가 없다는 점이다.

이러한 관점은 20세기 한국의 종교와 과학의 지형 분석에 대한 유용한 해석학적 상상력을 제공한다. 종교를 절대적인 언어로 강하게 채택하고 있는 근본주의적 사유방식 안에서는 개신교의 경전인 성서 또한 절대성과 무오성을 강조하는 것이며, 종교와 성서는 현존하는 과학적 진실과 합치되거나 그것을 완전히 반영한다는 견해가 있다. 그러나 김재준을 중심으로 한 진보주의적 관점에서 성서는 당대의 과학적, 문화적 조건을 반영한 '역사적 산물'이기에 현대의 발전하는 과학문명의 모든 산물을 성서의 경전에 가둘 수 없으며, 가둘 필요도 없다는 관점을 가지고 있다. 오히려 성서의 영적 진리가 과학의 감각적 진리와 어떠한 관계를 맺고 있는가를 역사적, 해석학적으로 검토하고 대화하는 것이 개신교 신학의 중요한 과제임을 보여주었다. 특히 장공은 역사비판학을 동원하여 성서의 정신을 잘 헤아릴 수 있는 방법론적 가능성을 확보하고자 노력하였다. 또한 장공은 성서의 종교적 가치와 자연과학적 지식의 긴밀한 대화와 화해의 가능성을 모색하고자 노력하였다.

6. 한국 개신교와 과학문명의 과제

20세기 한국 개신교에서 진보주의적 관점을 지닌 장공은 '감각적 진리'와 '영적 진리'는 상호 조화 가능하다는 관점을 가지고 있었다. 그것은 단순히 진리에 대한 장공의 추상적 신념만이 아니었다. 장공이 당대 축자영감설의 전통을 보완, 비판, 극복하기 위하여 역사비판학을 소개하고 그 의의를 주목한 이유도 이러한 영적 진리(축자영감설)와 감각적 진리(역사비평설)에 대한 균형 감각에 기인한다. 그러나 이러한 균형 감각의 태도가 전혀 형성되지 않았던 당대 한국 개신교의 신학적이며 교회적인 환경으로 인하여 장공은 소위 '이단'으로 축출당하였다. 장공은 실재의 본성에 접근하는 '위에서 아래로의 방법론'과 '아래에서 위로의 방법론'의 의의를 모두 중요하게 생각하였다. 그는 20세기 한국 개신교의 문화 안에서 우로 기울어졌던 당대 한국 신학과 교회의 중심을 잡기 위하여 좌로 그 축을 이동하였다. 그러나 우에게 이는 중심의 지향이 아니라 불온한 좌였다. 하지만 장공으로 인하여 한국 신학은 전 세계적인 신학 지평의 근거와 신학적 균형 감각의 기초를 획득할 수 있었다. 이러한 점에서 20세기 한국 개신교는 종교적 근본주의의 파고 안에서 '역사비판학'의 도입과 '종교와 과학'의 기본적인 감각을 사유할 수 있는 토대를 획득하게 된 것이다.

즉, 20세기 한국 개신교는 단지 축자영감설과 역사비평의 도입과 관련된 다양한 논쟁의 유산뿐 아니라 자연적, 감각적 진리가 종교적 진리 안에서 어떠한 관련성을 맺는지를 검토하는 '자연의 신학'이라는 소중한 유산을 가지고 있다. 하여 20세기 중반 개신교는 창조와 진화의 변증법적 종합을 자신의 창조신학을 통하여 구상하며 오늘날의 한국 개신교의 지형 안에서도 더욱 점진적인 중요성을 획득하고 있다. 이는 오늘날의 시선에서 보아도 매우 소중한 통찰이다. 20세기 개신교는 '과학 정신'을 소중하게 생각하였으나 '과학주의'를 비판하였다. 과학을 진리를 추구하는 인류공동체의 중요한 유산으로 보았으나 종교적 감수성이 배제된 '과학주의'를 비판하였다. 과학의 사실성을 옹호하였으나 '종교의 가치'에 대한 고려 속에서 이 둘의 협력과 공생을 꿈꾸었다. 그리고 과학주의와 연동되는 유물론, 자본주의와의 연결고리를 매섭게 비판하였다.

20세기 중후반의 개신교는 그리스도교가 한 영적인 진리만을 붙잡고 다른 모든 것을 도외시하는 그러한 속 좁은 진리관과 실재관을 추앙하지 않았던 것으로 보인다. 이러한 '대승적 실재관'의 고백과 구현은 당시의 신학과 교회의 역사에서 첨예하게 격동했던 축자영감설과 성서비판학의 대립과 현실적 소용돌이 가운데에서 거침없이 드러났다.

또한 성서를 사실의 보고가 아니라 가치의 보고로 보았다는 점도 20세기 진보적 개신교 신학의 중요한 성과였다. 특히 장공에게 '축자영감설'은 가치와 사실이라는 '사유의 범주를 혼동'[31]한 오류이다. 장공에게 '성서무오설'은 성서 자체가 무오하다는 것이 핵심이 아니라 성서를 삶으로 온전히 체현할 때 성서의 진리가 완성되는 것을 의미한다고 이해하며, 성서무오설을 주장하는 이들보다 더 급진적이며 창조적으로 성서무오설의 구체적인 의미를 성육신적 신학의 관점에서 재해석하였다.[32]

여전히 영적인 진리와 감각적 진리에 대한 혼동, 그리고 이에 관한 담론과 성찰이 미약한 상황에서 종교와 과학의 창조적 관계의 부재를 21세기의 한국 교회는 경험하고 있다. 그리스도교의 진리는 그저 일방적인 도그마와 교권과 영적인 가치만을 절대시하는 그러한 진리는 아닐 것이다: "우리 그리스도교는 어느 한 구석에서 수군거리는 적은 일이 아닙니다. 이것은 전 세계적인 거대한 유기체입니다. 우리는 그리스도의 몸의 한 지체입니다."[33] 이러한 점에서 교회는 '진리를 추구하는 공동체'[34]라는 정체성 속에서 종교와 과학의 대화는 더욱 촉진될 가능성을 얻을 수 있다.

종교와 과학의 긴밀한 관계를 심원하고 조화롭게 추구하였던 20세기 개신교의 '자연의 신학'에 관한 논쟁과 토론은 여전히 한국 기독교의 중요한 유산으로 작동하고 있다. 동시에 20세기 논쟁의 유산을 기반으로 하여, 21세기의 개신교는 단지 내적으로 종교와 과학의 대화를 수행하는 것을 넘어서서 더욱더 간(間)학문적으로 자연과학자, 철학자, 신학자, 그리고 종교/문화학자들 간의 대화와 연구를 심화해나가고 있으며 이는 매우 고무적인 현상으로 평가된다. 이러한 담론의 진화는 21세기 과학기술 문명에 대한 한국 개신교의 종합적인 해석에 긍정적으로 기여할 수 있을 것이다.[35]

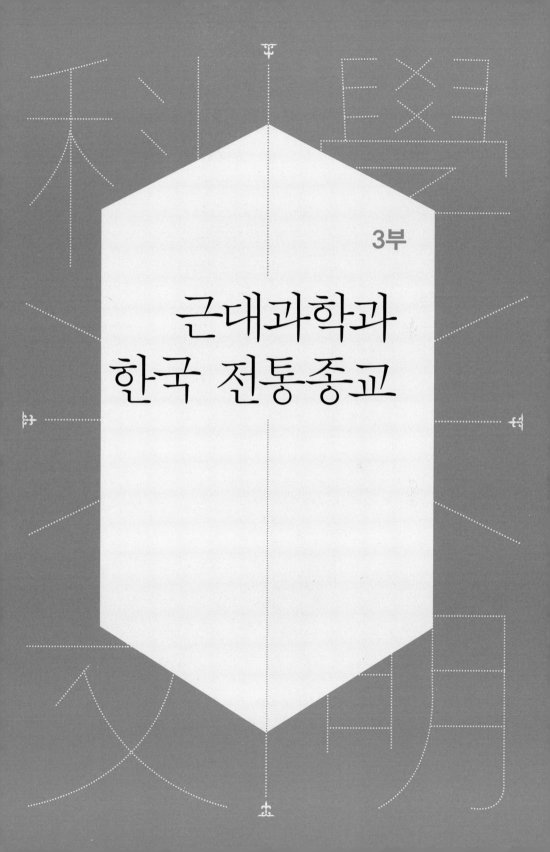

3부

근대과학과
한국 전통종교

1장

근대과학과 한국 불교: 근대 불교 지식인의 과학 개념과 과학기술 수용

1. 한국의 불교와 과학

4세기경 한반도에 전래된 불교는 통일신라와 고려시대에 융성기를 맞으며 오늘날의 관점에서 과학기술이라고 일컬어질 수도 있을 기능들을 특화시켰다. 당시 상류층 인사들의 사찰로의 피병(避病)을 사찰에서 다량으로 소비되던 향(香)의 항균적 기능과 관련지어 설명하는 것은 그 같은 해석의 한 사례이다.[1] 일부 연구자들은 수준 높은 제약술(製藥術)과 치병기술을 지닌 의료승(醫療僧)들의 활동에 주목하기도 한다.[2] 또한 민관(民官) 공히 수공업이 발달하기 이전부터 이미 각종 공예품 및 생활필수품의 제작에 사찰의 승려들이 동원되곤 하였다는 사실[3] 역시 넓은 범주에서 당시 불교계의 기술력 수준을 보여주는 것으로 설명될 수 있다. 그러나 이 같은 기능들을 '과학'이라고 부르는 데에는 재고의 여지가 있다. 이들은 오늘날 과학이라는 개념에 함축된 서구의 근대적 합리주의의 전통과 전혀 다른 맥락에서 발현된 단지 기능적인 측면의 기술일 뿐이기 때문이다.

한국의 지식사회 일반이 그러했듯이 조선의 불교계 역시 처음으로 서구의 근대성을 경험한 계기는 1876년의 강화도조약을 전후한 무렵이었을 것으로 보이며, 그마저도 일부 인사에 국한된 것이었다. 부산 범어사(梵魚寺) 출신의 승려로서 서울의 봉원사(奉元寺)에서 활동하던 이동인(李東仁, 1849?~1881?)은 초기 개화사상가인 유홍기(劉鴻基, 1831~?)를 만나 개화사상에 눈을 뜬 뒤 그 문하의 김옥균(金玉均, 1851~1894) 등 젊은 급진개화파 지식인들과 어울렸으며, 설악산 백담사(百潭寺)에서 강사로 활동하던 탁정식(卓鼎埴, ?~1884)은 북한산 화계사(華溪寺)에서 김옥균을 만나 개혁적 사고를 적극적으로 교감하였다. 이들은 개화파들과의 지속적인 접촉 속에서 수차례 도일(渡日)을 통해 신문물을 시찰하고, 조선 정부의 밀사로 일본에 파견되기도 하였다.[4] 그러나 신문물에 대한 관심이나 정치외교적 정세에 대한 안목을 넘어 이동인이 인식했던 개화사상의 이론적 토대와 구조가 어떠한 것인지에 대해서는 전모가 소상히 밝혀져 있지 않다.[5] 과학 개념은 물론 근대적 합리주의에 대한 이해도 또한 잘 알려져 있지 않다.

개항기의 불교 지식계에서 비로소 과학을 호명하기 시작한 것은 그로부터 한 세대가 지나 한용운(韓龍雲, 1879~1944)의 시대에 이르러서였다. 그런데 한용운이 이해하는 과학 개념은 바로 근대 서구의 합리주의적 태도 자체에 다름 아니었다. 그리고 그 같은 과학 개념은 한용운뿐 아니라 당대 한국의 불교 지식인 일반에게 공유된 것이기도 했다.[6] 당시 동아시아 지식사회의 일반적인 에토스는 진화론에 입각한 적자생존의 사상이었으며, 이 속에서 불교 지식인들은 불교의 존재 근거를 찾고 타 종교와의 경쟁 속에 포교론을 전개하면서 불교 자체의 개혁을 위해 궁리하였다. 그들의 목적은 불교의 변증(辨證)과 복권(復權)에 있었고, 그것을 위하여 과학과 철학이 동원되었다.

한국의 경우도 사정은 크게 다르지 않았다. 하지만 근대 한국의 불교계에서 비교적 명확히 '과학'을 호명하며 자신의 과학관 내지 과학적 불교관을 구축한 사례는 많지 않다. 한용운의 등장 이후 대중불교운동이 확산되면서 근대 합리적 세계관의 연장에서 과학 및 과학기술을 실용주의적으로 추구한 사례가 김태흡(金泰洽, 1899~1989) 등 소수의 인사들에게서 발견될 뿐이다. 본고에서는 먼저 근대 동아시아 불교 지식인들의 일반적인 과학 이해를 살펴보고, 그 영향력 하에 성장한 한용운의 과학 개념 및 이후 근대적 합리주의의 자장 내에서 1920~30년대에 진행된 국내 대중불교주의자들의 과학 개념과 활용을 김태흡을 중심으로 살피고자 한다. 나아가 그렇게 수용된 과학 및 과학기술에 대해 불교 대중들이 갖게 된 이미지의 일단을, 근대성의 심화와 함께 일제의 군국주의적 통치가 강화되어가던 1939년 서울 흥천사(興天寺)에서 제작 안치된 감로탱(甘露幀)의 사례를 통하여 가늠해보고자 한다.

2. 근대 동아시아 불교계의 과학 이해: 합리주의적 세계관과 사회진화론

영어의 modern에 해당하는 서구의 근대는 르네상스, 지리상의 발견, 종교개혁 등 일련의 역사적 사건으로부터 촉발되어, 신으로부터의 인간 해방과 실존적 자각이라는 철학적 각성으로 확립되어갔다.[7] 일찍이 데카르트(R. Descartes, 1596~1650)가 직관적으로 사유하는 존재로서 인간의 형이상학적 본질을 규정한 이래[Cogito, ergo sum], 칸트(I. Kant, 1724~1804)가 인간의 선천적 이성의 객관성을 승인하고 지식과 행위와 윤리의 차원에서 인간을 확고부동한 이성적 존재로서 자리매김하자[3대 이성비판], 마침내 헤겔(G. W. H. Hegel, 1770~1831)은 인식의 변증법적 자각으로 세계에 대한 절대지(絕對知)가 가능해지는 절대정신의 경지를 선언함으로써 인간 이성의 차원을 신성(神性)의 그것으로까지 극대화하였다[정신현상학]. 결국 서구에서 확립된 근대성이란 곧 인간 이성에 대한 신뢰와 그로 인하여 가능해지는 세계에 대한 합리적 이해를 그 본질로 하는 것이었다. 코페르니쿠스(N. Copernicus, 1473~1543)와 갈릴레오(G. Galileo, 1564~1642)가 천동설(天動說)에 반하여 지동설(地動說)을 제기한 이래, 데카르트와 뉴턴(S. I. Newton, 1642~1727)이 자연계를 수학적 원리에 입각하여 파악하는 데에 성공한 것은 철학의 그 같은 합리주의적 인간 이해에 자연과학적 근거를 더해주었다. 물론 물질세계에 대한 자연과학적 이해가 과학기술의 발전으로 이어져 근대 물질문명의 발달에 크게 기여한 측면은 과학의 발전과 관련하여 중요하게 다루어져야 할 또 다른 주제이다. 하지만 근대성과의 관련에서 볼 때 과학은 무엇보다도 근대성의 합리주의적 성격 확보에 물리적 근거가 되었다는 점, 나아가 합리주의 그 자체로서 간주되었다는 점이 가장 중요하게 고려되어야 한다.

이성에 대한 신뢰와 합리적 세계 이해, 다시 말해 신으로부터의 인간 해방을 핵심으로 하는 서구의 이러한 근대성은 필연적으로 민권 의식의 발현으로 이어졌으며, 왕정통치의 봉건체제를 무너뜨리고자 하는 시민혁명의 시대를 낳았다. 그러나 이 민권 의식은 오직 서구의 역사문화에 한정된 것으로서, 지리상의 발견으로 만나게 된 비서구 세계에는 적용되지 않았다. 영국 사회학의 창시자인 스펜서(H. Spencer, 1820~1903)는 다윈(C. Darwin, 1809~1882)이 발표한 생물진화론에 입각하여, 생물계뿐만 아니라 인간 사회 역시 단순한 상태에서 복잡한 형태로 진화한다는 사회진화론을 주장하며 사회문화적으로도 적자생존의 원칙이 적용되는 것으로 보았다. 결과적으로 이는 문화 또는 인종 간의 투쟁을 자연스러운 것으로 받아들이게 하였으며, 비서구에 대한 서구의 제국주의적 침략과 식민지 확대를 뒷받침하는 이데올로기로 활용되었다. 이처럼 서구의 근대성이란 인간 이성에 대한 신뢰를 바탕으로 한 합리주의를 본질로 하되, 정치적 민권 의식의 향상과 동시에 타자에 대한 문화적, 민족적 침략을 승인하는 사회진화론의 양면을 구비하는 현상이었다. 그 과정에서 서구의 종교인 기독교는 반이성(反理性)과 비합리의 주범으로 간주되어 근대론자들로부터 끊임없는 견제를 받았지만, 동시에 비서구의 종교 신앙에 비해 월등히 진화된 형태로 자인하며 스스로를 종교의 최종 국면이라 표방하였다. 또한 과학과의 관계 설정에서도 '이성/과학/공공성(公共性)'과 '신앙/종교[기독교]/사사화(私事化)'라는 상호의 영역을 인정하며, 점차 상보적으로 공존하는 안정기에 접어들게 되었다.

한중일 동아시아 삼국 중 서구의 근대문명을 가장 먼저 수입한 나라는 일본이었다. 1868년에 단행된 메이지유신(明治維新)은 근대문명을 바탕으로 막번체제(幕藩體制)의 봉건주의를 타파하고 천황 중심의 근대국가를 세우고자 했던 국가적 기획이었다. 그러나 왕정복고와 근대성이라는 이질적인 두 개념을 병립시키는 과정에서 민권의 이상은 상실되고 일본의 근대국가는 불가피하게 침략적 군국주의의 성향을 띠게 되었다. 결국 일본에게 서양의 근대성이란 민주주의의 개념이 소거된 채 침략과 전쟁을 정당화하는 논리적 도구로 가장 먼저 이해되었으며, 이는 곧 사회진화론의 수용을 의미하였다.[8]

우리의 논의와 관련하여 여기에서 주목해야 될 것은 바로 일본 사회를 지배해온 주요 종교 전통에 대한, 또는 종교 전통 스스로의 근대성에 대한 입장 정리이다. 메이지유신의 기획자들은 서구의 근대성을 받아들이면서 종교 개념 또한 함께 수용하였다. 이때 근대 서구에 의해 명실상부한 종교로 승인된 기독교가 그 목록의 첫머리에 놓인 것은 자연스러운 일이었다. 문제는 일본의 전통문화 속에서 기독교와 비견될 만한 것을 또 다른 종교로 선택하는 일이었다. 여기에서 공식적으로 인정되는 종교는 말할 것도 없이 일본의 근대국가 수립 계획에 도움이 되는 것이어야만 했다. 그 결과 채택된 것이 바로 신도(神道)와 불교이다. 일본 고유의 신앙 전통인 신도는 천황을 국조신(國祖神) 아마테라스의 후손으로 간주하였으므로 그들이 기획하는 천황 중심의 왕정복고에 더없이 맞춤한 것이었다. 불교의 경우 일찍이 도쿠가와 막부에서 시행했던 단카제도(檀家制度)[9]와 메이지유신기의 폐불훼석(廢佛毁釋)을 통해 국가에 장악된 형편이었으므로, 위정자들의 입장에서는 이를 종교로 범주화하는 데에 이견이 있을 까닭이 없었다. 그리고 이처럼 일본의 군국주의적 근대국가 수립에 도움이 되지 않을 여타의 신앙 전통은 모두 종교가 아닌 미신으로 간주되었다.

이제 일본의 '공식' 전통종교—특히 불교—는 스스로를 과학도 아니지만 동시에 미신도 아닌 존재로 각성하며, 공식적인 타 종교—특히 기독교—에 대해 스스로의 우월성을 입증하는 데에 근대성의 이념을 활용해야 하는 처지에 놓이게 되었다. 요컨대 불교는 종교의 자리에 버티고 서 있으면서도, 한편으로는 미신의 오명을 벗고 다른 한편으로는 기독교에 대한 우월성을 주장하기 위해 '과학' 개념과 '합리성'을 동시적으로 솜씨 있게 운영해야만 했다. 그리고 그 존재론적 토대가 되는 원리는 타자에 대한 공격과 침략으로 자신의 존속 가능성을 증명케 하는 사회진화론이었다.

이러한 필요성에 입각하여 불교의 종교적 정체성을 확립하고 동아시아의 불교 지식사회를 선도한 이가 바로 이노우에 엔료(井上丹了, 1858~1919)

이다. 그는 일본 메이지시대의 대표적 불교사상가로서 전통불교의 근대화라는 과제에 대해 해답을 모색했으며, 동아시아 전반에 영향을 미쳤다.[10]

불교의 근대화 또는 근대성에 대한 이노우에 엔료의 언설은 "불교는 철학적 종교"라는 명제로 정리된다. 이 명제를 논증하기 위해 그는 두 가지의 논거를 제시하였다. 첫 번째 논거는 불교와 서양철학의 내용, 목적, 전개 법칙이 일치한다는 주장이다. 이노우에 엔료는 스펜서의 사회진화론을 적용하여 서양철학이 유물→유심(唯心)→유리(唯理), 주관→객관→이상(理想), 경험→본연(本然)→통합(統合), 공리(空理)→상식→절충의 변증법적 발전 과정을 따른다고 전제한 뒤,[11] 불교 역시 유물→유심→유리, 유(有)→공(空)→중(中)의 교리적 발전을 거쳤다고 주장하였다.[12] 또 다른 논거는 불교는 그 반이 철학이며 나머지 반이 종교라는 주장이다. 그는 "불교 안에 존재하는 철학적 부분과 종교적 부분을 분리하여, ……각각의 종류에 따라 모아 개괄하여 일관된 합리성의 맥락[理脈]을 추출하고 각 부분의 관계를 판명"함으로써 불교를 계통적으로 조직하는 것이 가능하다고 보았다.[13]

결국 불교는 그 교리의 태반이 철학적 이치[哲理]의 연구에 속하는 이지적[智力的] 종교인 까닭에 철학적 종교라고 부를 수 있다는 것이다.[14] 그리고 이 이지성(理智性)은 불교적 해탈에 이르는 두 길인 자력난행(自力難行)의 성도문(聖道門)과 타력이행(他力易行)의 정토문(淨土門) 중 전자인 성도문에 해당한다고 한다.[15] 이로 보건대 철학적 이지성이 아닌 나머지 반은 타력이행의 정토문인 셈이며, 이것이 바로 불교의 종교적 측면이라고 할 수 있다. 요컨대 이노우에 엔료에 따르면, 구래로 자력과 타력의 두 가지 방식으로 구성되었던 불교의 수행이 곧 불교의 철학적 성격과 종교적 성격을 대변하는 것이며, 이로써 불교는 '철학적 종교'라고 말할 수 있게

되는 셈이다.[16]

이상, 이노우에 엔료의 불교 정체성을 수용하여 동아시아 불교계 전체에 파급한 인물이 중국의 량치차오(梁啓超, 1873~1929)이다. 그는 중국 근대사에서 가장 큰 영향을 끼친 인물 가운데 한 사람으로, 칸트 철학을 처음으로 중국에 소개한 근대 지성인이기도 했다.[17] 아편전쟁(1840~1842)의 패배로 인해 서구 자본주의 열강의 반식민지 반봉건 상태로 전락한 중국 사회를 불교라는 종교를 통하여 구하고자 했던 선각자였다.

그는 스승인 캉유웨이(康有爲, 1858~1927)가 1898년에 주도한 변법자강운동이 100일 만에 실패로 끝나자[무술변법(戊戌變法)], 스승의 도덕 중심적 사유에서 벗어나 서양철학과 진화론적 사고를 적극 수입하였다. 서구적 근대국가의 건설을 목표로 삼아 국가주의적 강권론에 입각하여 서양 사상을 해석하였던 것이다. 이 과정에서 그는 서구의 근대성과 근대과학을 동일한 맥락에서 이해하였다. 즉, 그에게 근대적 인식을 가장 단적으로 보여주는 단어는 바로 '과학'이었으며, 과학에 대한 적합성 여부야말로 합리성과 근대성을 입증하는 척도로 기능하게 되었던 것이다.[18]

량치차오는 과학을 물리적 사실이 아닌 '계통적인 지식'으로 이해했다.[19] 그에게 과학은 지식의 방식이자 합리적으로 세상을 설명할 수 있는 방법론을 가리킨다. 이렇게 량치차오에 이르러 본격적으로 과학 개념은 자연과학적 지식이나 기술이 아닌 사유의 방식이자 세계관으로 언설되기에 이른다. 나아가 이러한 합리성으로서의 과학을 내세워 불교의 비과학적이고 불합리한 부분들에 대한 검열을 시도하였다. 이노우에 엔료의 길을 따라, 량치차오 역시 불교의 우위성을 점하기 위해 '불교는 과학적'이라는 사실을 강조하였던 것이다.[20] 동시에 기독교는 그 신앙 중심의 미신성으로 인하여 불교에 비해 불합리하고 비과학적이며, 따라서 중국 근대화의 대안이 될 수 없다고 결론지었다.[21] 량치차오는 불교의 근대화, 즉 불교의 과학화를 통하여 위기의 시대를 벗어나고자 하였다. 요컨대 량치차오가 불교의 근대화에 매진하였던 것은 사회 발전을 위해서는 종교가 필수적이며, 종교 중에서도 오로지 불교가 그것을 가능케 한다는 신념을 갖고 있었기 때문이다.[22]

3. 한용운의 연기론적(緣起論的) 인과율(因果律) 이해: 불교의 과학적 재발견

한국의 사상가들에게도 당면한 최대의 시대적 과제는 민족 생존의 길을 찾는 것이었다. 한국의 사상가들은 량치차오의 『음빙실문집(飮冰室文集)』(1909)을 통하여 간접적으로 접하게 된 스펜서의 사회진화론에서 그 해결책을 발견하였다. 량치차오는 적자생존론적 측면을 강조하는 방식으로 사회진화론을 이해하여 중국의 근대화를 사상적으로 정당화하였다. 한용운 역시 불교유신(佛敎維新)이라는 개혁 활동의 사상적 근거로서 량치차오를 학습하면서 수용한 사회진화론을 활용하였으며, 『조선불교유신론』(1913)은 그 결과로 도출된 저작이었다.[23]

한용운의 근대성과 불교에 대한 이해 역시 량치차오의 직접적인 영향력 내에 놓여 있었다. 『조선불교유신론』에서 그는 량치차오를 직접 인용하여 "기독교는 오직 미신을 주로 하여 그 철리(哲理)가 천박해서 중국 지식층의 욕구를 만족시키지 못한 데 대해 불교의 교리는 본래 종교이면서 철학인 양면을 갖추고 있었으니, 그 증도(證道)의 구경(究竟)은 깨닫는 데 있고 도(道)에 들어가는 법문은 지혜에 있고 수도하여 힘을 얻음은 자력에 있으니, 불교를 예사 종교와 동일시해서는 안 된다."고 전제한다.[24] 뒤

이어 칸트의 자유의지에 대해 길게 소개하면서도, "부처님 말씀에 소위 진여(眞如)라는 것이 있는데 진여란 곧 칸트의 진정한 자아여서 자유성을 지닌 것이며, 또 소위 무명(無明)이라는 것이 있는데 무명이란 칸트의 현상적인 자아에 해당하는 개념이어서 필연의 법칙에 구속되어 자유성이 없는 것을 뜻한다."는 량치차오의 해설을 덧붙이는 등,[25] 서구 근대 철학자들에 대한 그의 학습이 철저히 량치차오의 소개를 매개로 비롯되었음을 드러내고 있다. 즉, 한용운은 근대적 사유의 방식이자 세계관으로 과학을 바라보던 량치차오의 시각을 일단 수용한 상태에서 자신의 사상을 심화시켰던 것이다.

한용운에게 불변의 과학적 진리로서 포착된 것은 다름 아닌 인과율이었다. 그에게 자연과학이란 '무(無)로부터의 돌출' '공상' '우연' '기적' 등 모든 비인과적(非因果的) 속성을 존재하지 않는 것으로 간주하는 데에서 출발한다.[26] 그는 1931년『불교』 90권에 "우주의 인과율"이라는 글을 발표하여 다음과 같이 말한다.

> 우주의 인과율은 이런 것이다. 자연과 인사(人事), 즉 천체의 운행, 지리의 변천, 풍우상설(風雨霜雪)·산천초목·조수어별(鳥獸魚鼈) 등 모든 자연과학과 국가의 흥망, 사회의 융체(隆替), 제도의 변경, 인문의 성쇠 등 모든 사회과학의 상호 연락의 공간적 관계와 선후 연결의 시간적 관계가 어느 것 하나도 우주적 인과율의 범주 이외에 벗어나는 것이 없다.[27]

이에 따르면 우주와 자연의 운행뿐 아니라 인간의 사회와 제도까지 모두 인과율의 법칙을 따르는 것으로 파악된다. 그러나 이는 숙명론과는 다른 것이다. 숙명론이란 "신(神), 천(天), 운명 등을 만능 즉 만유(萬有)의 주재자로 전제하고, 인류와 기타 만유가 그 주재자의 일정한 명령에 종속되어 그 명령대로 복종하는 것"이지만, 인과율은 그와 달리 "신의 명령이나 하늘[天]의 법률, 운명의 지휘 등에 구속되어 기계적으로 복종하지 않고, 우주원리의 합리성 필연성에 의해 전진되는 것"이라고 하였다.[28] 여기에서 그의 인과율이란 주재자의 타율에 단순 복종하는 것이 아니라, 어디까지나 인간이 그 일부로 포함된 합법칙성의 원리 자체임을 알게 된다. 그렇기에 이것은 "정당한 과학적 지식"으로 호명되어, "복서(卜筮)나 영감(靈感) 같은 것이 아닌" 합리적 추론에 의해 "만사만물이 다 일정한 인과율에 규정되어 있는 이상 그 인과의 선을 따라서 규명하면 모든 사물을 역도(逆睹) 혹은 예지할 수 있는 것"이다.[29]

그런데 한용운은 같은 글에서 위의 인용문에 이어 "석가여래는 과거·현재·미래 삼세의 일을 통찰하시고 내지 전세계에 날리는 빗방울의 수까지라도 낱낱이 아신다고 하였다. ……우주만유는 인과율로 진행하고 있을 뿐이다."[30]라고 덧붙임으로써, 자신이 이해하는 자연과학 법칙으로서의 인과율이 바로 불교의 가르침 속에서 발견될 수 있음을 암시하였다. 그렇다면 한용운이 주장하는 불교의 인과율적 가르침은 무엇인가? 그것은 바로 연기(緣起)의 법칙이다. 일찍이 그는 『조선불교유신론』에서 다음과 같이 말한 바 있다.

부처님이 성불했으면서도 중생 때문에 성불하시지 못한다면, 역시 중생이 되어 있으면서 부처님 때문에 중생이 될 수 없음이 명백하다. 왜 그런가. 마음과 부처와 중생이 셋이면서 차별이 없으니 누가 부처이고 누가 중생인가. 기실은 상즉상리(相卽相離)하고 부즉불리(不卽不離)하여, 하나가 곧 만(萬), 만이 곧 하나라고 할 수 있다. 부처라 하고 중생이라 하여 그 사이에 한계를 긋는다는 것은 다만 공중의 꽃이나 제2

의 달과도 같아 기실 무의미할 뿐이다.[31]

　　……『화엄경』에 이르기를 '나는 마땅히 세계와 일체 악취(惡趣) 중에서
　　영원토록 일체의 고통을 받으리라.'고 하시고, 또 이르기를 '나는 마땅
　　히 저 지옥·축생·염라왕 등의 처소에 이 몸으로써 인질을 삼아 모든
　　악취의 중생을 구속하여 해탈을 얻게 하리라.'고 하셨다.[32]

　이것은 각각 불교 교리의 '철학적 성질'과 '구세주의(救世主義)'적 속성
을 논하는 부분이지만, 여기에서 우리는 한용운의 불교 교리 이해가 근
본적으로 화엄학의 법계연기(法界緣起)에 기반한 것임을 알게 된다.[33] 실제
로 그는 "금후의 세계는 다름 아닌 불교의 세계라고 할 수 있다. 무수한
화엄세계와 이런 세계 속에 있는 하나하나의 물건, 하나하나의 일을 하나
도 빠짐없이 모두 평등하게 만들기 때문이다."[34]라고 하여 불교적 세계관
의 핵심을 화엄사상에서 찾으려 하였으며, "화엄경의 사사무애(事事無礙)
의 대승 진리야말로 불법(佛法)의 대해(大海)"[35]라고 함으로써 화엄사상의
핵심을 법계연기의 사사무애 사상으로 간주하였다.
　사사무애 법계란 "사건과 사건이 완전히 자재하고 융섭하는 총체성의
세계"로서, "각자의 고유성이 발휘되면서도 전체와의 조화"를 이루며 "하
나의 사건이 자신의 고유성을 지니면서도, 단순히 고립된 부분으로 남아
있지 않고 전 우주와의 관계망 속에서 우주 전체를 반영"한다. 그리하여
이 세계에서 모든 존재는 "각각 나름대로의 고유성을 최대한 발휘하여
독자적으로 존재하면서도, 사(事)와 사(事)의 상호작용에 의해 전체와의
조화와 통일을 간직하는 것"이다.[36] 요컨대 한용운은 자신이 자연과학적
진리의 최고 원칙으로 꼽은 인과율을 불교 화엄사상의 사사무애 법계연
기와 동일시하고 있는 것이다.

한용운의 이 같은 태도는 근대성과 불교유신에 관한 그의 사상 전반에 적지 않은 영향을 미치게 되었다. 존재 각각의 고유성으로부터 자유의 원리를, 그리고 그들이 전체와 조화를 이룬다는 데에서 평등의 원리를 유추할 수 있기 때문이다. 그리하여 그는 독일 철학자 칸트를 인용하여 "내 인간성이 자유에 합치하는가 아닌가를 알고자 하면 공연히 겉으로 나타난 현상만을 가지고 논해서는 안 되며, 응당 본성의 도덕적 성질에 입각하여 논하지 않으면 안 되는 것이니, 도덕적 성질에 있어서야 누가 조금이라도 자유롭지 않은 것이 있다고 하겠는가."라 하였으며, 이에 대한 량치차오의 해설을 덧붙여 "부처님 말씀에 소위 진여라는 것이 있는데, 진여란 곧 칸트의 진정한 자아여서 자유성을 지닌 것"이라 설명하였다.[37] 그런가 하면 불교의 교리적 특징을 '평등주의'와 '구세주의'에서 찾으며, "평등한 견지란 무엇인가. 공간과 시간을 초월하여 얽매임이 없는 자유로운 진리를 이르는 것이다."라고 주장하는 한편,[38] "부처가 되기 위한 것이 불교인 이상, 불성의 평등이야말로 불교의 근본"이라고 단언하기도 하였다.[39]

그런데 이러한 자유와 평등은 개인과 개인 사이에서만 적용되는 것이 아니라, 민족과 민족 사이에서도 적용될 수 있다는 데에 한용운 사상의 독창성이 있다. 그는 "참된 자유는 남의 자유를 침해하지 않음을 한계로 삼는 것으로서, 약탈적 자유는 평화를 깨뜨리는 야만적 자유가 되는 것"이라고 단언함으로써,[40] 자유와 평등에 입각한 자신의 민주주의를 무리 없이 민족(자존)주의와 연결시킨다. 그리하여 "세계주의는 자국과 타국, 이 주(洲)와 저 주, 이 인종과 저 인종을 논하지 않고 똑같이 한 집안으로 보고 형제로 여겨 경쟁함이 없고 침탈함이 없어서 세계 다스리기를 한 집을 다스리는 것 같이 함을 이름이니, 이와 같다면 평등이라 해야 할 것인가, 아니라 해야 할 것인가."[41]라고 하여, 민족(자존)주의에 입각한 사해

평등과 세계평화주의를 설파하고 있다. 한용운이 평생에 걸쳐 벌인 독립운동의 행적은 이 같은 그의 사상적 독창성으로부터 비롯된 것으로 보인다.[42] 이노우에 엔료나 량치차오와 마찬가지로 사회진화론을 근대성 이해의 한 축으로 두고 있음에도, 한용운은 화엄학의 인과론적 연기론을 과학 그 자체로 받아들임으로써 타 문화와 타 민족에 대한 침략이 아닌 평화와 공존을 모색하는 방향으로 나아갈 수 있었던 것이다.

하지만 한용운이 '과학'이라는 용어를 직접 호명하며 언급한 것은 이상의 인과론 정도에 그치며, 그 역시 서구 근대철학의 합리주의를 과학적 원리로 상정했다는 점에서 당대 동아시아의 여타 불교 지식인과 근본적으로 궤를 같이한다. 그는 또한 "우열·승패와 약육강식이 또한 자연의 법칙임을 부정할 길이 없다."[43]고 하여 스펜서의 사회진화론적 시각을 바탕에 두고 있음을 공공연하게 내보이며, 이에 따라 여타 종교 특히 기독교와의 경쟁에서 우위를 차지하고자 누차에 걸쳐 기독교에 대한 불교의 우월성을 호교론(護敎論)적으로 주장하였다. 그리고 그 우월성의 근거란 바로 "불교의 교리는 본래 종교이면서 철학을 갖추고 있다."는 점이라고 하였다.[44] 이는 이노우에 엔료 이래 동아시아 불교 지식인들의 공통적인 시각이거니와, 한용운 역시 이 주장을 위한 근거로서 칸트, 베이컨, 데카르트 등의 이론을 소개하며 그 각각을 진여와 무명의 교리, 『능엄경』『원각경』의 내용과 비교하고 있다. 여기에서 그는 이와 같은 불교의 교리들이 그들의 이론과 비슷하거나 오히려 더 나은 것이라 주장하였다.[45]

요컨대 한용운은 "불교가 인류문명에 있어 손색이 있기는커녕 도리어 특출한 점이 있다."는 주장을 펼치며, 불교가 그 종교적 성질에서 지혜의 종교요 미신의 종교가 아닌 점, 그리고 철학적 성질에서 상기 서양 근대 철학자들의 이론과 유사하거나 그들을 능가한다는 점을 들어, 불교가 기독교보다 우월하다고 주장하고 있는 것이다.[46] 그러나 그는 자신이 주장하는바 불교의 이 같은 근본적 우월성에 갇히지 않고, 조선시대를 거치며 존속되어온 '현상'으로서의 불교가 온갖 폐단을 갖게 되었음을 또한 직시한다.[47] 그의 대표작인 『조선불교유신론』은 전체적으로 그러한 문제의식의 소산이며, 그 목표는 불교의 생존과 근대종교로의 발전, 그리고 궁극적으로 '대중불교의 건설'[48]에 있는 것이라 할 수 있다. 이는 근대 지식인으로서의 그의 문제의식이 '민주'와 '민족'에 있을 뿐 아니라, 그에 기반하여 '민중'에까지 닿아 있었음을 보여준다.

4. 대중불교운동의 실용주의적 과학관: 과학기술의 방편적 수용과 확산

한편 '자연과학'이나 '과학기술'에 대한 직접적인 언급을 삼간 채 불교의 근대성을 논증하는 과정에서 합리주의적 인식 태도와 사회진화론을 '과학' 자체로 간주하던 동아시아 불교 지식인들의 일반적인 경향에서 한 걸음 더 나아가, 중국의 불교 지식사회에서는 서구의 자연과학적 성과를 보다 날카롭게 수렴하여 그 이론적 단초를 불교 교리에서 찾으며 불교와 과학을 융합 소통시키고자 하는 움직임이 있었다.

왕지통(王系同, 1875~1948)은 "불교는 유일하게 근본적인 진리이며 합리적인 종교로서 실증철학이며 응용과학"[49]이라고 규정한 뒤, 물리학, 생리해부학, 천문학 등의 자연과학이론을 불교의 교의와 연결지어 설명한다. 가령 물질의 원자는 역학 구도에 의해 안정된 상태를 유지한다는 물리학의 이론은 불교의 찰나생명과 관련지어져 설명되었다.[50] 또 생리해부학의 감각신경 이론으로 유식론(唯識論)이 설명되었으며,[51] 천문학의 천체이론 역시 불교의 세계관을 설명하는 데 활용되었다.[52] 요우즈뱌오(尤智表, 1901~?)는 불교가 미망(迷妄)으로부터의 탈피를 독려하고 탐진치(貪瞋癡)와 같은 마음의 부정적 요소를 경계하는 등의 사실에 주목, 정신적 관점에서 불교의 과학성을 논증하고자 했다. 그리고 이로써 그는 불교야말로 미신이 아닌 '올바른 신앙'이며, 과학과 마찬가지로 '이지(理智)를 지향하는 종교'라고 결론지었다.[53] 또 타이쉬(太虛, 1890~1947)는 영국의 과학자인 진스(J. H. Jeans, 1877~1946)의 물리학 가설로부터 자신의 유식사상(唯識思想)을 새롭게 구성하고자 시도하기도 했다.[54]

유사한 사례로 한국에서는 권상로(權相老, 1897~1965)가 코페르니쿠스의 지동설을 소개하며, 불교의 전통적인 논소(論疏)들로부터 그와 유비될 만한 내용들을 인용하여 비교 제시한 바 있다.[55] 가령 중국 화엄종 4대조인 청량징관(清涼澄觀, 738~838)이 『화엄경소(華嚴經疏)』에서 '전유중중(錢喩重重)'의 비유에 대하여 "서방연화색세계(西方蓮花色世界)가 점차유전(漸次流轉)하야 중방화장세계(中方華藏世界)가 잇든 위치(位置)에 도(到)할 시(時)는 중방화장세계는 동방금색세계(東方金色世界)의 위치로 이전(移轉)된다."고 하는 해석을 덧붙이며, 지동설이 근대 서구인들의 창설(創說)이 아니라고 주장한 것이 그 예이다.[56] 그렇지만 동시에 그는 『불설아비담론(立世阿毘曇論)』「지동품제1(地動品第一)」중의 일부를 들어[57] "세존(世尊)께서는…… 대지(大地)의 동(動)치 안는 것을 말삼하사……"라고 하며, "지구(地球)가 회전(回轉)한다는 것을 거세(擧世)가 맹종(盲從)하지마는 오즉 불교도(佛敎徒)로서는 한번 사고(思考)할 바입니다."라고 하여,[58] 서구 자연과학에 대한 불교적 이해가 철저하지 않은 면모를 보이기도 한다.[59] 이처럼 서구 자연과학의 전문 이론을 높은 수준으로 이해한 것은 아닐지언정, 한국의 근대 불교계에서도 점차 과학기술을 불교의 대중화에 접목하고자 하는 시도들이 모색되고 있었다.

근대의 경험이 심화되고 일제의 통치가 길어지면서 한국 불교계는 기독교와 천도교 등 경쟁 교단의 약진과 일본 불교의 침투에 맞서, 불교의 종교적 정체성과 한국 불교의 문화적 정체성을 동시에 정립하며 교세를 확장해야 하는 처지에 놓이게 되었다. 그리하여 1920년대에 들어 그 구체적인 대응 방안으로 교단의 쇄신, 근대적 교육기관 및 포교당의 설립, 유학승의 파견, 역경 및 출판사업, 불교잡지의 발간 등을 활성화하고자 하였다. 이러한 움직임은 '대중불교운동'이라는 이름으로 포괄되며, 이전 시기의 한국 불교에서는 볼 수 없었던 근대불교의 큰 특징을 이룬다. 한용운이 심혈을 기울인 '불교유신론'도 바로 그와 같은 대중불교운동의 이념을 공유하던 것이었다. 일제시대 대중불교운동을 주도한 대표적인 불교 지식인으로 백용성(白龍城, 1864~1940), 권상로, 김태흡 등이 주목된다.

백용성은 '각(覺)'에 대한 새로운 해석을 바탕으로 '대각교(大覺敎) 운동'을 전개하여, 청정지계(淸淨持戒)와 선농일치(禪農一致)를 통해 기존 교단을 개혁하는 한편 역경 및 저술 등을 통한 불교대중화라는 두 마리의 토끼를 잡고자 하였다. 백용성은 일체중생의 성불을 가능케 하는 불성(佛性)의 보편적 존재를 불교의 '평등주의'라 명명하며, 이를 토대로 불교가 개인의 깨달음과 중생의 구원을 동시에 추구하는[上求菩提 下化衆生] 종교임을 강조한다. 그는 "우리 대각교는 천당에 가려고 하는 교가 아니라 나의 대원각성(大圓覺性)을 깨쳐 영원히 생사고해를 해탈하고 모든 중생을 깨닫게 하는 것이 목적이라."고 주장하며, 불교야말로 독선주의·차별주의·염세주의의 종교가 아닌 겸선주의·평등주의·현세주의의 종교임을 재차 확인하였다.[60] 또 그는 불교의 대중화를 위하여 기독교의 찬송가처럼 창작된 성가곡[찬불가]이 필요하다고 생각하여, 1920년대에 한국 최초로 '권세가(權勢歌)'와 '왕생가(往生歌)'를 작사·작곡하였다. 이 두 찬불가의 곡조는 창가풍(唱歌風)이고, 누구나 쉽게 부를 수 있는 대중적인 곡으로 창작

됐다.[61]

백용성보다 앞서 '찬불가'라는 개념을 한국 근대불교계에 처음으로 주입한 이는 권상로였다. 그는 불교적 정도(正道)의 제시와 선법(禪法)의 성취를 통해 중생을 괴로움으로부터 구제해주는 이른바 '구세주의'가 승려 본연의 임무라고 전제한 뒤, 기존의 한국 불교가 이 역할에 충실하지 못한 원인을 포교 관념의 결여에서 찾았다. 그리하여 그는 『조선불교월보』(1912. 6~1914. 1)의 편집자로서 당시 불교계에서 진행 중이던 새로운 불교의식(佛敎儀式)의 모습을 해당 잡지의 소식란에 지속적으로 소개하였으며, 1920년대에 들어서는 본격적으로 의례 대중화 활동을 시작하였다. 무속화된 불교 의례의 교정을 주장하고 순한글 의례집을 편찬하는가 하면, 새로운 의식에서 사용하고자 손수 찬불가를 창작하기도 하였다.[62] 그러나 그는 작사에만 참여하였으므로, 찬불가에 어떠한 곡조가 사용되었는지는 확인할 길이 없다. 다만 백용성의 곡과 유사하게 당시 유행하던 창가풍의 곡조에 가사를 붙였을 것으로 추정된다.[63]

한편 김태흡의 대중불교운동 활동은 백용성과 권상로에 비해 한층 다채롭고 근대문명에 부합하는 양식으로 전개되었다. 또한 그의 불교 인식은 권상로와 백용성에 비해 한층 사회적 측면이 강조된 것이기도 했다. 김태흡[64]은 22세 때인 1920년 일본으로 유학을 떠나 일본대학교 종교과(宗敎科)와 국한과(國漢科)에서 근대 학문을 공부하였으며, 1928년 졸업과 함께 귀국한 뒤로는 경성에서 포교사로 임용되어 1934년 사임할 때까지 설법, 경성방송국의 라디오방송, 노상 포교 등 다양한 방식의 포교 활동에 종사하였다. 또한 여러 불교 잡지에 불교 교리와 사상 및 불교대중화에 관한 글들을 다수 기고하였으며, 불교합창단과 불교극단을 창단하고 많은 문학작품을 창작하기도 했다.[65]

김태흡은 한국 근대 불교 지식인으로서는 드물게 '과학'이라는 용어 자체를 표제에 사용하여 글을 발표한 인물이었다. 1932년『불교』106권에 발표한 "종교와 과학의 사회적 관계"라는 글에서 그는 과학에 대하여 "어떠한 가정의 원리 위에서 일정한 인식의 목적 하에 사물을 경험적 또는 체험적 선험적 방법에 의하여 합리적으로 연구하는 체계적인 지식"이라고 정의함으로써,[66] 그 역시 과학을 합리주의적 세계관 내지 인식론으로 이해하였음을 보여준다. 또 다른 글에서는 이러한 합리주의적 맥락에 입각하여 불교를 이지주의·이상주의·평등주의·인격주의의 종교로 규정하기도 하였다.[67] 이 중 이상주의를 한용운의 구세주의에, 평등주의와 인격주의는 한용운의 평등주의에 유비시킬 여지도 있으나,[68] 김태흡은 대체로 과학을 단지 근대성의 합리주의적 성격으로, 그것도 인식론적 측면에서 규정하는 데에 그침으로써 한용운과 달리 불교의 과학적 측면에 대한 철저한 논리 구축에는 실패한 듯 보인다.

오히려 김태흡은 종교와 과학의 모든 측면에서 사회에 대한 영향력을 제고하는 것에 더 큰 관심을 기울이는 경향이 있다. 그는 종교와 과학의 사회적 관계에 대하여

종교는 인생에 신앙을 주고 과학은 인간에게 지식을 주는 것이다. 종교만 있고 과학이 없어도 아니 될 것이요, 과학만 있고 종교가 없어도 아니 된다. 왜 그러냐 하면 종교만 있고 과학이 없으면 미신만을 증장하는 것이니, 미신은 곧 인생을 어리석음과 어둠에 빠지게 할 뿐이다. 또는 과학만 있고 종교가 없으면 사견(邪見)과 사지(邪智)만 증장하는 것이니, 지식에만 편중하면 사람과 사람 사이에 신의와 도덕과 존엄이 없을지니, 그 지식은 곧 사견과 사지가 되고 마는 것이다. 우리가 과학을 신뢰함도 어느 정도까지요, 절대적인 것은 아니다. 왜 그러냐 하면, 과학이라는 것도 어떤 가정의 원리에 선 까닭이다. 그러므로 우리 인간

사회는 그 목적하는 이상에 대하여 종교적 신념을 굳게 세우고, 그 위에 과학적 지식을 가미해 나가야 전 사회적으로 향상과 발전을 보게 될 것이다.[69]

라고 하여 종교와 과학이 본질적으로 분리되는 것이라는 시각을 내비치면서도, 동시에 그 둘이 상호 당위론적으로 결속함으로써 사회의 진보와 발전에 기여해야 한다고 주장하였다.

사회에 대한 이 같은 그의 관심은 마침내 사회사업에 대한 종교의 참여를 독려하는 데에 이른다.[70] 그는 "종교와 사회사업 발달의 연구" 연작 기고문(1926~1928)의 첫 편 서언에서 "종교는 인간사회의 부산물인 동시에 사회를 위하여 발생한 것"이라고 명시함으로써,[71] 종교의 사회적 기능을 재차 강조하였다. 문제는 종교의 사회적 기능에 대한 이 같은 강조에 종교 일반 또는 불교의 본질에 대한 깊은 성찰이 충분히 뒷받침되지 않아 보인다는 점이다. 물론 그는 이 연작의 앞부분에서 공들여 종교의 발생 경위와 본질에 대해 설명한다. 그에 따르면 종교는 철학 이전부터 인간 사회에 존재한 것으로, 인간의 식욕·성욕·자유욕을 충족시키기 위하여 처음 발생하였으나, 인간 개개인의 경험이 사회적 경험으로 전환 확장되고, 역사의 전개에 따라 국가가 발생하고 인류 문화가 발달하면서 고등한 종교로 진화하였다고 한다. 그리고 이에 대하여 고대의 종교적 자선사업과 현대의 과학적 사회사업이 이상과 목적에서 동일한 것이라고 설파하였다.[72] 또 종교의 본질에서도 그것은 인간 생명의 원천으로서 이성의 보편타당한 가치를 실현하는 초월적·절대적·실재적 현현이므로, 종교에서 구비되어왔던 '구제(救濟)의 가치'가 근대의 국가 사회 현실에서는 국가의 피통치자에 대한 '보호의 가치'와 비견될 수 있는 것으로 보았다. 이로써 종교의 본질·이상·목적이라 할 수 있는 자선과 구제의 행사(行事)

가 무리 없이 현대의 사회사업으로 연결될 수 있다는 것이다.[73]

그런데 김태흡에 의해 고대의 종교적 자선사업과 그 이상과 목적이 동일한 것으로 간주된 현대의 과학적 사회사업이란 불교의 영역 특히 포교의 차원으로 들어섰을 때, 포교당의 확보나 학교의 경영 나아가 불사리탑(佛舍利塔) 또는 전당(殿堂)의 건립 등 상대적으로 가시적이고 양적인 외물의 확대로 쉽사리 연결되는 것이었다.[74] 포교당의 확보나 학교의 경영 등은 교세의 확장과 인력의 양성을 위한 교두보로 기능할 수도 있겠으나, 탑이나 전당은 교세 확장의 출발점이라기보다는 차라리 그 도착점에서 확인되어야 마땅한 소유물이라는 점에서 더욱 그러한 인상을 준다. 전당의 건립은 지방분권적이기보다는 중앙집권적인 형태가 선호되었고,[75] 기독교·천도교·시천교(侍天敎) 또는 정읍(井邑)에 위치한 보천교(普天敎) 등 타 종교의 교세를 불교의 교세와 경쟁적으로 비교하였다.[76] 더욱이 김태흡은 그 같은 외적 지물의 건립과 확보가 "사재(寺財)를 건드리지 아니하고도 능(能)히 희사기부(喜捨寄附)의 정재(淨財)만으로써" 이루어질 수 있다고 주장함으로써,[77] 사회사업 내지 포교 활동에서 자본의 가치와 개인적 차원의 기부를 중시하였다.[78]

한편 김태흡은 새로운 불교 포교의 전략으로 서구의 근대적 생활방식에 근거한 제도와 의식(儀式)의 개혁을 주장하였다. "조선불교(朝鮮佛敎)의 발전(發展)을 위(爲)하야서는 흥학포교(興學布敎)가 주(主)가 될 것"이요, "그 교육(敎育)이라 함은 포교(布敎)에 관련되는 교육이 아니면 아니 될 것"이나,[79] "현재(現在)에 포교를 종사(從事)하는 사람의 심리(心理)를 본다면 교리선전(敎理宣傳)의 포교보다도 호구충복(糊口充腹)이 급선무(急先務)"인 것과 "금일(今日)에 산재(散在)한 각처(各處)의 포교당(布敎堂)은 기도소(祈禱所)요 재공소(齋供所)는 될는지 모르나 포교를 위한 포교소(布敎所)나 선전소(宣傳所)는 되지 못한다."는 점을 문제시하였다. 또한 "고풍(古風) 그대로 행(行)하고 경(經)에 있는 한문문장(漢文文章)을 그대로 낭독사용(朗讀使用)하니 듯는 사람으로 하야곰 아모 이해(理解)와 흥미(興味)가 업슬 것이 사실(事實)이요, ……이제부터라도 현재상태(現在狀態)의 결함(缺陷)을 발견(發見)하고 반성(反省)하야 새로히 고치지 안으면 안이될 것"이라 하며,[80] 포교당의 가옥 제도를 민중[청중] 본위로 개선하고 무대를 확보할 것, 설교 양식을 강설화(講說化)하고 찬불가와 한글 번역 경전을 반드시 이용할 것, 유치원·간이서당·일요학교 등 부속기구를 설치할 것 등을 주장하였다.[81] 이는 기독교적 양식을 차용하여 불교의 제도와 의식의 서구화를 지향하는 것일 뿐 아니라, 필요하다면 서구로부터 도입된 기능주의적 과학기술을 활용하려는 태도였다. 과학기술에 대한 김태흡의 방편적 수용 태도는 그가 불교계 인물로는 최초로 경성방송국의 라디오방송을 통해 일반인들에게 불교의 가르침을 전했던 이력에서도 단적으로 드러나는 것이다.

요컨대 김태흡의 과학과 종교 이해는 비교적 불충분한 불교 내적 성찰의 한계를 노정했으며, 그 같은 한계 위에서 대체로 물질 중심과 자본 위주의 사회 참여를 만능으로 여기는 태도를 지닌 것이었다.[82] 적극적인 사회 참여와 서구의 근대적 제도 및 문물의 도입을 통해 불교를 대중화하고자 하였으며, 이를 위하여 필요하다면 서구에서 도입된 과학기술을 활용하는 데에도 주저하지 않았다. 진리와 방편이라는 이중의 가치로 모든 행위와 언설을 포섭할 수 있었던 불교의 전통적인 교리에서 볼 때, 새로운 과학기술 역시 불교의 포교와 교세 확장을 위하여 얼마든지 활용할 수 있는 훌륭한 방편이었던 것이다.

5. 근대 심화기 불교 대중에게 각인된 과학기술의 이미지: 서울 흥천사 감로탱의 사례

이상에서 살펴본 바와 같이 대중불교주의자들은 나름대로 서구의 기독교적 생활양식과 근대적 기술을 방편 삼아 포교 활동을 진행해갔다. 그 결과, 그리고 시대의 변화와 함께 자연스레, 근대의 각종 문물과 과학기술은 점차 불교신자 일반에게 익숙한 풍경으로 받아들여지게 되었던 것 같다. 그러나 익숙함과 호감은 다른 것이다. 신문물과 과학기술에 대한 불교도들의 이미지가 긍정적이었다고만은 단언하기 어렵다. 그 근거를 우리는 1939년에 조성된 서울 돈암동 흥천사의 감로탱에서 발견하게 된다.

감로탱이란 불교의 영혼천도(靈魂薦度) 의례에서 사용된 불화로서, 감로탱화(甘露幀畵)·감로도(甘露圖)·감로왕도(甘露王圖) 등으로도 불린다. 16

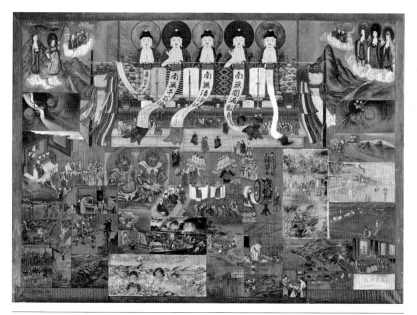

〈그림 3-I〉 흥천사 감로탱 전도[83]

세기 조선에서 처음 등장한 이래, 한국에서 그려진 작품만 60~70여 점이 남아 전해지는 독특한 불화 양식이다. 전체적으로 상중하 3단의 화면으로 구성되어, 상단에서는 보통 중앙의 7불 입상과 함께 그 좌우에 지장·관음·인로왕(引路王)보살이 배치되고[불보살도(佛菩薩圖)],[84] 그 아래의 중단에는 불보살 및 망자에게 올려진 잿상(齋床)과 함께 그 좌우 주변에서 재의식을 진행하는 장면이 묘사된다[시식의례도(施食儀禮圖)]. 그리고 탱화의 아래쪽에 위치한 하단에는 통상 잿상 바로 앞에 크게 그려진 1~2위의 아귀(餓鬼)를 중심으로 지옥을 표상하는 갖가지 장면들이 화면을 가득 메운다[육도윤회도(六道輪廻圖)]. 아귀는 음식조차 제대로 섭취하지 못한 채 육도윤회를 떠도는 고혼(孤魂)을 상징하는 것이라 할 수 있다. 상중하단의 장면은 특별히 구획되어 분리되지 않은 채 자연스럽게 인접하며 배치된다. 상중하단에 각각 불보살, 인간세계—정확히는 천도재례를 올리는 인간들의 모습—, 지옥도를 배치함으로써 천상으로부터 지하로 연결되는 중생계의 위계를 공간적으로 가시화할 뿐 아니라, 하단에 위치한 아귀를 비롯한 지옥 또는 육도윤회의 중생들이 중단의 잿상에서 구원을 상징하는 음식인 감로(甘露)를 섭취한 뒤 상단 불보살의 세계로 진입할 수 있다는 구원론적인 메시지도 도상학적으로 구현한다.

그런데 하단의 육도윤회도에는 종종 탱화 조성 당시의 사회상이 묘사됨으로써 그 풍속화적 기능이 발휘되기도 한다. 여기에는 화재(火災), 수재(水災), 질병, 호환(虎患), 형벌 등 『법화경』「관세음보살보문품」에서도 확인되는 고래의 전통적인 재해들이 주로 다루어지지만, 연희패의 놀이나 마상유행(馬上遊行) 등 지극히 일상적인 생활상도 상시적으로 등장한다. 물론 연희패들이 줄타기 도중 낙상하거나 일반인이 길을 다니다가 도적 떼를 만날 수도 있으므로, 이는 일상에 도사리는 각종 위험들을 암시하며 궁극적으로는 살아가며 영위하는 모든 생활이 고통의 잠재태일 수 있다는 불교적 가르침을 표현하는 것일 수 있다. 하지만 화재 내지 형벌 등 불경 속에 등장하는 재해에서나 연희패의 놀이 등 새롭게 유입된 장면 모두에서 당대 생활상의 실태가 구체적으로 묘사되고 있어 오늘날 다양한 분야의 연구가들에게 각 시대 풍속의 면면을 엿볼 수 있게 해준다.

1939년작 흥천사 감로탱 역시 이러한 한국 고유 감로탱의 풍속화적 특성을 여실히 보여준다. 그런데 이 그림이 그려진 1939년은 한국 사회에 근대성이 유입된 지 이미 60~70년이 지나 어느 정도 성숙의 단계에 접어들었을 뿐 아니라, 태평양전쟁의 한가운데에서 일제의 제국주의적 통치가 가일층되던 시점이었다. 근대의 자연스러운 진행과 1920년대부터 대중불교주의자 불교 지식인들의 적극적인 활동의 결과, 불교 대중은 특히 대도시를 중심으로 서구의 신문물과 과학기술을 충분히 경험하고 있던 터였다. 따라서 흥천사 감로탱은 1939년이라는 시점을 통과해가던 한국 사회의 문명사적 에토스를 반영할 뿐 아니라, 불교 대중의 과학기술에 대한 정조(情操)와 심상(心像)을 여과 없이 드러내는 것으로 보기에 충분하다.

본 작품은 가로 292cm 세로 192cm의 비단에 채색된 그림으로, 보응문성(普應文性, 1867~1954)이 편수를 맡고 남산병문(南山秉文, 1846~1928)이 출초(出草)하였다.[85] 전반적으로 구도와 도상의 묘사, 색채와 붓터치 등에서 서양화법의 원근법과 자유분방한 리얼리즘의 특징을 보인다.[86] 상단에는 5여래, 아미타삼존, 지장보살, 인로왕보살이 음영이 뚜렷한 명암법으로 그려져 있다. 중단의 시식의례도에는 잿상과 의례설행자들의 모습 외에도 양장을 두른 남녀와 소학교 학생 등 사찰 외빈객들이 등장할 뿐 아니라, 상주(喪主)와 내신도(內信徒) 및 재물(齋物) 준비승과 의례 작법승(作法僧)들의 형상 또한 대단히 사실적으로 묘사되어 있어 생기발랄한 풍속화의 면모를 중단에서부터도 여실히 드러낸다.

〈그림 3–2〉 흥천사 감로탱 중단 모습 확대

　그러나 무엇보다도 흥미로운 부분은 바로 하단의 그림이다. 특이하게도 마치 사진과도 같이 34개의 화면으로 분할하여, 아귀 그림 2부분, 뇌신(雷神)과 풍신(風神) 그림 각 1부분, 빈 화면 1부분을 제외한 나머지 29개 화면에 일제강점기 당시의 각종 생활상을 생생한 서양화법의 채색화로 그려내고 있다. 여기에는 자동차, 기차, 서커스단, 전당포, 전신주 공사, 전화 거는 모습, 스케이트 타는 모습 등 이전 시대와는 확연히 다른 새로운 문물의 양상이 과감하게 펼쳐진다. 뿐만 아니라 일제가 남산에 세운 조선 신궁(神宮)과 통감부의 모습도 사실적으로 담겨져 있으며, 탱크·전투함·전투기 등 육해공군의 주요 무기를 앞세운 전투 장면이 묘사되기도 한다. 이는 일제에 의해 제공된 각종 근대과학기술이 당대 불교 대중에게는 현실의 지옥문을 여는 도구로 받아들여진 정황을 드러내는 것이라 할

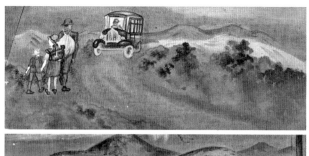

〈그림 3-3〉 흥천사 감로탱 하단 부분 모음: 자동차와 기차

〈그림 3-4〉 흥천사 감로탱 하단 부분 모음: 전차와 자전거, 서커스, 스케이트

〈그림 3-5〉 흥천사 감로탱 하단 부분 모음: 전화, 전당포, 전신주

수 있다.

　자동차와 기차는 여행 시의 도적떼 출현 등을 거론한 불교적 전통의 환란의 일환일 뿐 아니라 그 자체로 교통사고를 유발할 수 있으므로 충분히 재앙의 초래자로 여겨질 수 있다. 서커스단은 연희패 묘사의 근대적 재현이었을 것이다. 전당포와 전신주의 등장은 새롭지만, 전당포가 민중의 삶을 더욱 피폐하게 만드는 사회제도의 일환이고, 전신주 역시 1920~30년대 그와 관련된 각종 사건사고의 기사가 여러 신문지면에 빈번히 등장했던 정황[87]을 감안할 때 새로운 우환거리로 인식되었을 수 있다. 스케이트는 유희 중의 쇄빙 침수사건 등을 고려하면 역시 같은 맥락에서 이해될 수 있다. 하지만 전화와 같은 지물에 이르면 그것을 환란과 직접 연결시키기가 곤란해진다. 전반적으로 보아 충분히 긍정적으로 소비될 수도 있었을 물건들에 대해 굳이 비관적인 시선을 두었던 것은 역시 당대 불교 대중들에게 과학기술과 근대 문물이 달갑지만은 않은 것으로 받아들여지고 있었음을 말해준다.

〈그림 3-6〉 흥천사 감로탱 하단 부분 모음: 육지전의 전투 장면들

〈그림 3-7〉 흥천사 감로탱 하단 부분 모음: 해군과 공군의 전투 장면[88]

〈그림 3-8〉 흥천사 감로탱 하단 부분 모음: 공군과 육군의 전투 장면[89]

전투 장면을 그린 그림에 이르면 상황은 더욱 심각하다. 그 각각의 그림은 파괴와 상해의 피해를 입은 인간들의 고통스러운 표정과 절망스러운 몸짓이 보는 이의 탄식을 불러일으킬 정도로 적나라하게 묘사되어 있다. 과학기술과 문물의 비인도적인 활용으로 말미암아 대량 살상이 가능해진 전쟁의 실재(實在)야말로 당시의 대중들에게는 지옥 그 자체와 동일시될 수밖에 없었을 것이다. 물론 전쟁에서 지옥을 발견하는 것은 인류에게 축적된 오랜 경험이요, 당대 전쟁의 현실이 과학기술의 악의적 활용의 결과인 것이 사실이었다고는 해도, 구태여 문명기술을 들어 지옥의 모습을 묘사하였다는 점에서 당대 불교 대중에 대한 근대 문물과 과학기술의 침투가 적어도 심정적으로는 충분히 성공적이지 않았음을 보여준다.

6. 한국 불교의 과학 수용과 교리적 접목

이상에서 한국 근대 불교 지식인들의 과학 개념 및 과학기술 수용의 양상을 살펴보았다. 그들은 일본과 중국의 대표적인 불교 지식인인 이노우에 엔료와 량치차오의 영향을 받아, 근대 서구의 합리주의적 세계관을 과학의 내용으로 간주하고 사회진화론을 근대성의 이념적 무기로 삼는 동아시아 지식사회의 일반적인 경향을 공유하였다. 그리고 불교는 '철학적 종교'로서 기독교보다 우월하며 한층 더 근대적인 성향과 가치를 보유한다는 공통의 태도를 지니고 있었다.

그 속에서 한용운 같은 이는 불교와 과학의 이론적 성격을 더욱 밀어붙여 불교의 인과론적 연기설을 과학 그 자체로 해석함으로써 불교를 과학적으로 재발견—또는 과학을 불교적으로 재발견—하였고, 일군의 대중불교운동가들은 적극적인 대중포교 활동에 나서면서 과학기술과 신문물을 일부 전략적으로 활용하거나 사회사업의 중요성을 강조하기도 하였다. 대중불교운동가 중 일부는 종내 친일부역의 길로 들어서기도 했는데, 이는 불교와 과학의 이론과 이념에 대한 충분한 천착이 부족한 데에서 야기된 필연적인 현상으로 보이기도 한다.

이 같은 대중포교와 사회사업의 결과 과학기술과 신문물은 불교신자 대중에게 익숙한 풍경이 되었지만, 이것이 과학문명에 대한 호감과 긍정으로만 이어진 것은 아니었다. 중일전쟁의 와중에 조성된 흥천사의 감로탱에는 전쟁무기뿐 아니라 자동차·기차·전신·전화 등과 같은 평이한 기술문명의 이기(利器)까지 지옥도의 구성물로 등장하여, 당대 불교 대중 일반이 기술문명에 대해 가졌던 모종의 반감을 짐작케 하기도 한다.

한편 전환기 한국의 근대적 불교 지식인들이 과학 개념의 불교적 해석과 과학기술의 전략적 활용에 용심(用心)하고 있을 때, 수행과 강론을 고수하던 이른바 이판승(理判僧) 중에서도 불교의 근대화를 기대하며 서구 문명 사조에 대하여 긍정적인 반응을 보인 이들이 있었다. 그러나 그 같은 사례가 산중 수행승들의 주류를 이루었다고 보기는 어렵다. 해방 이후 비구승-대처승 간 분규의 결과 이판승 위주의 비구승들이 승단의 헤게모니를 장악하자, 이들은 비로소 과학과 기술문명에 대해 본격적으로 호의적인 태도를 보이기 시작한다. 어쩌면 근대성의 성과를 전유하는 것처럼 보였던 식민지 친일불교가 물러간 터라, 상대적으로 근대성보다는 전통에 주력하였던 이들이 한결 자유롭게 근대성과 과학문명에 대해 관심을 드러낼 수 있는 시대적 상황이 여물었기 때문일지도 모른다. 교계의 존경받는 고승들이 설법의 와중에 과학기술과 물질문명을 전향적으로 언급하는 일도 드물지 않게 되었다. 많은 불교 대중잡지들이 짤막한 지면의 칼럼을 통하여 전문적인 과학지식을 거론하며 이를 불교 고유의 교리

속에서 해석하려는 태도를 지속적으로 보이기도 했다.

한국 불교계는 1990년대를 거쳐 2000년대를 지나며 보다 적극적으로 자연과학적 지식을 수용하고 이를 불교 교리에 접목하려는 의지를 보여왔다. 1999년에 창간된 대중적 불교계간지 『불교평론』이 지속적으로 과학특집 논단을 내보내고 있는 것은 그 단적인 사례이다. 여기에서 다루어지는 주제는 물리학, 천문학, 생물학, 심리학 등 자연과학의 다양한 분야를 망라하며, 필진도 대부분 관련 분야의 교수나 의사와 같은 전문 과학지식인들로 채워져 그 수준을 유지한다. 최근 들어서는 뇌과학에 대한 관심이 점증하는 추세이다. 또한 오늘날에는 교계 대중잡지뿐 아니라 유수의 전문적인 불교 학술잡지에서도 자연과학의 이론을 불교의 교리와 접목하여 설명하는 글이 적지 않게 게재되곤 한다. 한국 불교의 주요 교단들은 불교 생명윤리의 정립을 위해 애쓰고 있다.

이제 21세기의 한국 불교는 근대 도입기 그들의 선배들이 그러하였던 것처럼 불교의 과학적 성격을 다시금 확인함으로써 타 종교에 대한 우월적 자의식을 쟁취하려는 것처럼 보인다. 다만 이번에는 과학을 합리주의적 세계관으로 명명하고는 불교의 합리적 인과론[연기설]을 그와 유비시키거나 과학기술의 신문물을 방편적으로 활용하는 것을 넘어, 자연과학에 대한 본격적 이해와 수용 그리고 그에 대한 불교 교리적 해석과 접목을 통하여 불교의 과학성을 증명하려는 것이 그 선배들과의 차이점이라 할 수 있을 것이다.

2장

근대과학과 한국 신종교:
근대과학 및 문명에 대한
한국 신종교의 인식과 대응

1. 근대 한국 사회와 신종교의 자리

과학과 종교의 관계 혹은 두 영역이 조우하는 문화 현상에 대한 연구는 1960년대부터 서구 학계에서 이루어졌다. 학계에서 논의되고 있는 주제들을 보면 진화론과 창조론과 같은 묵은 논쟁에서부터 과학과 종교의 방법론적·언어적·인식론적 구조의 유사성 탐구와 종교적 신념과 행위의 인지적·신경생리학적 특성을 파악하려는 연구 등에 이르기까지 다채롭다. 국내 학계에서도 그리스도교, 불교, 도교 등의 특정 종교와 과학의 관계에 대한 논의에서부터 최근에는 로봇공학·인공지능 및 정보통신매체 기술이 빚어내는 문화 현상의 종교적 성격과 종교의 자리에 관한 탐구, 진화심리학·인지학의 종교론 등에 이르는 과학과 종교의 중첩 지대에서 나타나는 사상, 논점, 그리고 문화 현상에 대한 학문적 논의가 폭넓게 이루어지고 있다.

　그런데 과학과 연관하여 한국 신종교를 논의하기 위해서는 기존의 논의들과는 다른 방향과 주제에서 접근할 필요가 있다. 그 이유는 무엇보다도 한국의 '신종교'에 대한 범주를 어떻게 설정하고 한국 신종교와 과학의 관계를 어느 시기에 한정해서 살펴볼 것인지와 같은 기본적인 문제에서부터 한국 신종교에서 이해된 과학에 관한 '인식' 혹은 '표상'은 무엇이었는지를 밝히는 작업에 이르기까지 복잡한 문제가 놓여 있기 때문이다. 그러므로 이 글의 논의는 한국 신종교의 범주 설정, 한국 신종교와 과학의 관계를 살필 때 그 시기의 한정, 양자의 관계에서 살펴보려는 구체적인 논점들의 선택 등을 먼저 밝히는 데서 시작되어야 할 것이다.

먼저, 한국 신종교의 범주와 시기 설정에 관한 문제이다. 종교학자 제임스 그레이슨은 한국 신종교의 역사를 조선후기, 일제강점기, 해방 직후에서 한국전쟁이 끝나는 세 단계로 구분해서 살펴보면서, 한국 신종교의 공통된 특징을 제시한다. 첫째는 불교, 도교, 유교, 그리스도교 등의 종교 전통과 원시종교(무속)의 혼합을 통한 새로운 신념체계의 형성이다. 둘째는 이러한 신종교들은 무속 신앙을 바탕으로 다른 요소들을 첨가했다. 셋째는 한국의 신종교는 불교계, 개신교계, 유교계, 무속계 등으로 분류될 수 있다. 넷째는 사상과 포교 방법의 측면에서 민족주의적인 요소가 있다. 다섯째는 지상천국의 실현을 갈망하거나, 또는 구성원들에게 현재보다 더 나은 삶을 약속한다.[1]

그런데 그레이슨의 관점에 따라 조선후기부터 한국전쟁 직후까지에 한국에서 '새롭게 발생한 종교'로 신종교의 범위를 제한할지라도 한국 신종교의 이념적·실천적 공통 인자를 추출하지 않고서는 과학과 관련지어 제시할 수 있는 부분은 확정되기 어렵다. 그러므로 한국 신종교의 공통 인자를 확인할 수 있는 범주적 개념을 설정할 수밖에 없다. 여기서는 하나의 대안으로서 '민족종교' 개념을 제시하고자 한다. 비록 민족종교에 대한 단일한 개념 정의가 학계에서 정립되지는 않았지만, 종교학계의 주요 논의들을 집약하면 민족종교의 일반 개념을 추출할 수가 있다. 우선 민족종교의 개념에 대한 학문적 논의를 처음으로 시도한[2] 윤이흠은 민족종교란 용어는 단일운명공동체 의식이 포함된 종교 개념으로서 제시하면서, "민족종교란 한국자생종교로서 한국민족의 운명공동체 의식에 입각해 외부로부터의 압박에서부터 자유와 영광을 추구하는 민중운동을 전개하든가 그러한 역사의식을 가진 종교"라는 '잠정적'인 정의를 내린다.[3] 다시 말해서 그에게 민족종교의 개념은 크게 두 가지 요소, 즉 자생종교와 민족운명공동체 의식으로 구성된다. 이 개념에 포함되는 종교로는 ① 천도교, ② 대종교, ③ 원불교, ④ 증산교, ⑤ 한얼교, ⑥ 정역을 중심 사상으로 하는 군소 종교 등이 있다. 민족종교와 관련해서 노길명은 민족의 주체성을 강조하면서, 넓은 의미에서 민족종교는 민족의 현실에 응대하고 민족사에 동참하여 민족과 함께 하는 종교를 뜻한다고 말한다.[4] 또한 황선명은 민족종교란 말에는 역사적 전승이나 정신적 뿌리에 대한 집념이 포함되어 있다고 말하고, 이러한 민족종교를 문화변혁기에 형성된 자기 보수의 반응, 즉 일종의 자문화운동(nativism)으로 파악해야 한다고 말한다.[5]

이러한 민족종교의 개념 규정에서 역사사회학자 앤서니 스미스(Anthony D. Smith)의 통찰력에 주목할 필요가 있다. 그는 민족주의 형성과 관련해서 종교의 가장 큰 영향력은 민족이라는 집단을 '성스러운 모임'으로 이해하도록 만드는 데 있다고 본다. 그리고 민족이 이런 성스러운 위치에 이르게 되면 그것과 관련된 기억, 신화, 가치, 전통 등은 심층문화자원(deep cultural resources)을 형성하고, 그 구성원들은 문화자원을 통해 언제든지 민족 정체성을 유지, 보전할 수 있다는 것이다.[6]

국내 종교학계의 민족종교에 대한 공통된 관점과 스미스의 논지를 종합하면 민족종교에 대한 다음과 같은 작업가설적인 정의가 제시될 수 있다. 즉, "민족종교는 민족 집단과 문화의 성화(聖化)에 동원할 수 있는 상징체계와 역사적 실천 경험을 지닌 종교조직체이다." 이러한 민족종교의 작업가설적인 정의를 고려하면서, 여기서 과학과 관련해서 다루고자 하는 종단은 (동학)천도교, 원불교, 증산교 등이다. 이들 종단을 살펴보는 이유는 크게 두 가지다. 첫째, 천도교, 원불교, 증산교 등에서 핵심을 이루는 후천개벽과 지상선경의 종교사상이다. 선천시대가 지나고 후천시대의 새 세상이 도래할 것이라는 예언적 혹은 종말론적 역사관은 조선후기와 일제강점기의 급변하는 사회적 환경과 문화 변동을 반영한다. 민족종교는 낡음과 새로움의 대립 구도 속에서, 유교적인 봉건질서와 외세의 위협과 침략으로부터 벗어나 반상의 신분 차별과 남녀의 성적 차별이 없고 경제적 빈곤과 수탈이 없는 풍요롭고 평화로운 이상세계를 동경했다. 민족종교의 근대과학기술에 대한 인식은 이러한 후천개벽과 지상선경의 종교적 기획 속에서 형성되었다.

둘째는 근대과학·문명에 대한 민족종교의 비판적 수용이다. 근대사회의 진입로에서 과학기술은 근대문명의 상징으로 한국인의 의식에 자리잡았다. 낯선 문명의 기기와 그것이 지닌 힘을 경험하면서 서구의 과학기술에 대한 관심과 수용을 표방하는 사회적 정서가 형성되었다. 여기서 과학기술에 관한 민족종교의 인식과 종교적 반응을 읽어낼 필요가 있는데, 그 이유는 민족종교의 계층적 기반은 '민중'이었고, 따라서 근대의 과학·문명을 바라보는 사회적 시선은 지식인으로 대표되는 사회 지배층과 민중의 계층적 성격에 따라서 다르게 형성되기 때문이다. 민중의 종교적 욕구를 고려할 때, 민족종교는 한편으로 과학-주술-종교의 경계선상에서 자신의 정체성을 마련하려는 특징을 보이며, 다른 한편으로는 과학기술로 대표되는 근대의 문명에 대해 '물질문명'의 개념과 그것을 조율할 수 있는 '정신문명'을 제시함으로써 근대과학의 영향에 의해 급속히 변하는 사회적 공간 안에서 문명 비판의 종교적 사유 공간을 마련하려는 태도를 보여준다.

　이러한 맥락에서 이 글에서는 '근대'의 급변하는 한국 사회에서 민족종교가 위치한 자리를 생각하면서, 민족종교의 중심적인 신념 체계인 후천개벽과 지상선경의 종교사상에서 발견되는 근대과학·문명에 대한 한국 신종교의 인식과 대응 방식을 살펴볼 것이다.

2. 근대과학·문명에 대한 한국 신종교의 인식

19세기 말의 조선 사회는 낡음과 새로움이 경합하고 교체되는 혼란과 변혁의 시대였다. 동아시아에서 세력을 확장해왔던 구미 열강은 물론이거니와 일찍이 서구 문명을 받아들인 일본을 통해서 조선 사회에 유입된 새로운 문명의 이기들은 일상생활에서부터 정치, 경제, 종교, 사상 등의 여러 영역에서 급속한 변화를 가져왔다. 조선시대에 유교적 교화의 의미로 사용되었던 문명의 개념은 19세기 개항 이후 '개화'와 연결되면서 서구 문명을 가리키는 주요 용어로 등장했다. 예를 들면, 1876년 강화도조약에 동행했던 오경석은 일본인으로부터 서양의 기선, 기차, 전신 등을 도입해서 생활이 편리해졌다는 말을 듣고 나서, 개화된 인간을 만나고 싶다는 의지를 밝혔는가 하면, 1881년 조사일본시찰단의 일원으로 일본을 방문했던 이헌영은 일본인으로부터 개화라는 용어가 서양 문명을 가리킨다는 말을 듣기도 했다.[7] 서양 문명의 구체적인 실체에 관한 인식은 한국 최초의 근대적인 신문인 〈한성순보〉와 〈한성주보〉에서 명확히 드러나는데, 서양은 문물, 제도, 학문을 바탕으로 한 부강한 문명국이라는 것이다. 예를 들면, 이 신문들은 중학(重學, 역학), 격물학(물리학), 화학, 천문학, 산학(算學) 혹은 수학, 그리고, 린네, 라마르크, 다윈 등의 업적을 소개하는가 하면, 갈릴레오, 뉴턴, 데카르트, 라이프니츠, 베이컨 등에 의해서 달성된 천문, 산수, 과학과 같은 학문이 서양을 부강하게 만들었다고 주장하기도 한다. 또한 전보, 화차선과 화차철로와 같은 운송기술, 출판권, 박람회, 화륜선, 연발탄(포탄)과 같은 새로운 기술과 제도에 관한 정보를 제공하기도 한다.[8]

여기서 주목할 부분은 이런 언론매체의 필자들이, 서구 문명은 유교에 근거한 동양 문명에 대해 상대적인 가치를 지닐 뿐, 절대적인 가치를 지닌 것은 아니라고 보았다는 점이다. 그들은 서구와 같은 부국강병의 국가를 이루기 위해서는 서양 과학기술의 무조건적 수용이 필요하지만, 그러한 수용은 '물질문명'의 테두리에 한정될 뿐이지 동양 문명의 가치에 대한 부정으로까지는 나갈 수는 없다고 생각했다. 서양의 과학에 대한 당대의 인식은 유교의 도덕을 중심으로 삼고 과학을 수단으로 삼아 유교에 바탕을 둔 문명의 재확립에 주안점이 있었던 것이다.[9] 이러한 인식은 우리의 동도서기, 일본의 화혼양재, 중국의 양무의 관념으로 표출되었다.[10]

그러나 서양 문명을 직접 경험한 지식인들에 의해서 서양의 문명은 점차 상대적인 위치에서 절대적인 위치로 변형되면서 서양=문명과 동양=야만 혹은 미개화라는 인식론적인 대립 구조가 신문 매체를 통해서 서서히 조성되기 시작했다. 그 주도적인 신문은 〈독립신문〉과 〈미일신문〉이다. 서재필, 윤치호와 같은 서구 문명의 직접적인 경험자들이 창간한 〈독립신문〉과 조국의 근대적 계몽을 창간의 이념으로 삼았던 〈미일신문〉의 논설에는 서양은 문명 자체이고 구미의 국가들은 '개명한 나라'이기 때문에 그들의 문명을 받아들임으로써 조선도 문명국가가 되어야 한다는 인식이 기조를 이루고 있다. 예를 들어, 〈독립신문〉의 한 사설에는 문명 구성의 관점에서 동양과 서양을 비교하는 시선이 잘 나타나 있다.

> 문명기화흔 나라 사름들은 군ᄉ를 죠련홀줄 알고 리로온 병쟝긔와 화
> 륜션과 철도와 전신과 전화와 편흔 의복과 유익흔 음식과 정결흔 거쳐
> 를 ᄆᆫ들줄 알고 나라 일에 죽ᄂᆫ거슬 영광으로 아ᄂᆫ연고로 사름의 몸이
> 강ᄒᆞ고 ᄆᆞ음이 굿세고 지혜가 놉하지거니와 청국은 이즁에 흔가지도
> 공부 안흔즉 인민이 약ᄒᆞ며 쳔ᄒᆞ며 어리석으며 더러오며 나라 위홀 ᄆᆞ
> 음이 업스며 ᄂᆷ의게 쳔ᄃᆡᄅᆞᆯ 바다도 쳔ᄃᆡᆫ줄 모로고 업수히 넉임을 바다
> 도 분흔줄을 모로ᄂᆞᆫ지라[11]

이 논설에는 근대의 과학기술로 무장한 서양의 부강함과 그러한 지식
과 기술이 없어서 나약하고 어리석게 된 청나라가 뚜렷이 대조되면서 개
화의 당위성이 담겨 있다. 이와 유사한 논조는 〈ᄆᆡ일신문〉에서도 발견
된다.

> 학문도 다 여러 길이 잇스니 이전에 우리 나라에서 슝샹ᄒᆞ든 사셔 삼
> 경과 시부표칙 론의심은 지금 형편에 덜맛가져 허문이 만코 경제상에
> ᄂᆞᆫ 실효가 적으니 이ᄯᆞ에ᄂᆞᆫ 잠시 놉흔집우희 묵거 두엇다가 태평무ᄉ
> 홀ᄯᆡᆫ에나 강론홀 학문이오 지금 세계 신학문은 실상을 밟아가지 안이
> ᄒᆞᄂᆞᆫ것이 업ᄂᆞᆫ지라 텬문학 디지학 산슐 칙산학 격물학 화학 즁학 졔죠
> 학 정치학 법률학 부국학 병학 교셥학과 밋 기타로 동물과 식물과 금
> 셕거림과 풍뉴와 농상 광 공 등학이 무비 나라를 부강홀 실디 학문이
> 라 엇지 이러흔 실학을 보고 안이 비호고 한갓 구습에 오히려 져져서
> 아교로 붓친것을 써혀 옴기지 못 ᄒᆞ리오[12]

이 논설의 요지는 시대가 변했고 국가의 부강을 위해서는 경제적 효용성이 없는 유학의 공부에서 벗어나 천문학, 물리학, 화학 등과 같은 서양의 신학문을 습득해야 한다는 것이다. 좀 더 살펴보면 그 글쓴이의 의식에는 '실학'과 '허학'의 구도 속에서 각기 서양의 제반 지식과 조선의 유학을 할당함으로써 서양의 과학기술과 문물에 대한 동경이 자리하고 있음이 드러난다.

그런데 19세기 말 조선의 지식인은 서양의 선진 문명을 구성하는 제반 지식과 기술에 관해서 파악하고 있으면서도 근대적 의미의 '과학'이라는 개념 속에서 서양의 지식 및 기술을 세밀하게 인식하지는 못했다. 과학의 범주에 속한 지식과 기술은 서양 문명의 탁월성을 강조하는 의도에서 논의되고 있을 뿐이다. '과학'이라는 개념어와 용례가 사회에서 본격화한 것은 1906년 무렵부터이다.[13] 물론 1900년대의 과학 담론에서 '과학=문명'이라는 인식은 유지되고 있었지만, 점차 과학 개념 자체에 대한 설명과 지식 전달을 목표로 하는 글들이 『소년한반도』, 『조양보』, 『태극학보』, 『서우』, 『기호흥학회월보』 등의 잡지와 학보를 통해서 소개되고 있다는 점에 주목할 필요가 있다. 예를 들어 장응진은 『태극학보』의 "과학론"이라는 글에서 철학과 자연과학의 개념을 대조하면서 철학은 우주 전체를 체계적으로 설명하는 것이며, 과학은 관찰, 분류, 설명의 방법으로 제한적인 현상을 연구하는 것으로 제시한다.[14] 과학에 대한 보다 상세한 개념 정의는 『서북학회월보』에서 실린 "제학석명 절요"에서 나타난다.[15] 이 글에서 과학은 '계통적 학리를 위한 학문'으로 정의되고, 사실을 엄밀히 살펴서 그 원인과 결과의 관계를 확실히 밝혀 일관되게 설명한 지식이며 그 구체적인 연구방법은 귀납법이라고 제시되고 있다. 또한 이 글에서 과학은 크게 형식적 과학(순수한 수학)과 실질적(경험적) 과학으로 구분되는데, 실질적 과학은 다루는 대상에 따라서 정신과학과 자연과학으로 분류

된다. 그리고 자연과학은 그 성격에 따라서 물리학·화학·생리학 등의 현상론적(現象論的) 과학, 우주론·지질학·생물발생학 등의 발생론적(發生論的) 과학, 광물학·동물학·식물학 등의 조직론적(組織論的) 과학으로 세분해서 소개되고 있다.

이처럼 근대적 과학 교육의 이행기로 불리는 1876년 개항부터 1910년 경술국치에 이르는 시기에 발행되었던 여러 학회지는 근대과학의 지식과 정보를 제공하는 계몽적 문화 공간이었다. 학회지에 소개된 저술들은 초기에는 단순히 과학과 관련된 외국 문헌의 번역물을 제공하는 수준에 머물렀지만, 근대과학에 대한 정보와 지식이 점차 축적되면서 과학지식에 대한 나름의 이해를 바탕으로 실정에 맞는 논의를 제공하는 데 이르렀다.[16]

그렇다면 당대의 지식인이 대중매체를 통해서 문명개화의 당위성과 필요성을 강조하는 계몽 이데올로기를 사회에 심어놓으려 했던 시기에 한국 신종교는 근대과학 혹은 서양 문명을 어떻게 인식하고 반응을 보였을까? 그 해답을 찾기 위해서는 먼저 각 신종교의 경전에서 나타나는 서양 문명 및 과학에 대한 인식과 표상을 살펴봐야 한다. 다만 오랜 시기에 걸쳐서 경전이 편찬되었다는 점과 경전에는 종단의 지도권을 계승받은 여러 인물의 발언이 함께 서술되어 있어서 각 인물이 처한 시기와 공간 그리고 경험의 차이가 있다는 점은 고려되어야 할 것이다.

1860년에 수운 최제우(1824~1864)는 상제로부터 영부와 주문을 받기 전에 자신의 복잡한 감정을 표현한 바 있다.[17] 그는 세상 사람들이 천리에 순종하지 않고 자기만을 위해 사는 모습에서 두려운 마음을 갖게 되었고, 천주의 뜻을 내세우고 도를 행한다 하면서도 다른 나라를 침략하고 부귀를 탐하는 행위에 대해 의문을 품게 되었다고 밝히면서, 상제로부터 도를 받은 후에 보국안민의 가르침을 펴기로 결심한 소회를 밝혔다.

곧, 국내에서는 민란, 전염병, 부패하고 무능한 정부, 기성 종교의 쇠락 등으로 절망적인 삶을 살아가는 민중에 대한 염려와 서양의 강력함과 위협에 대한 두려움과 경외감, 그리고 민중의 구제에 대한 종교적 열망이 최제우에게 복잡한 마음을 일으켰던 것이다. 최제우는 먼저 서양이 지닌 힘의 원천을 파악하고자 했다. 그는 "싸우면 이기고 치면 빼앗아 이루지 못하는 일이 없는" 서양인이 지닌 힘의 원천을 '도성입덕(道成立德)'에서 찾았고, 서도(西道), 천주학(天主學), 성교(聖敎)로 불리는 그리스도교도가 도성입덕의 기반이자 통로라고 인식했다. 곧, 어떤 일이든 가능하게 하고 강력한 무기를 소유한 서양 문명의 바탕은 종교에 있다고 보았던 것이다.[18]

1910년 이전의 동학·천도교의 서양 문명 혹은 근대과학에 대한 인식은 최제우의 시각에서 크게 벗어나지 않았다. 해월 최시형(1827~1898)의 경우에 서양에 대한 언급은 의암 손병희(1861~1922)가 각국이 병기로 싸우는 상황에서 이길 수 있는 방법을 묻는 질문에 대한 답변으로 그치고 있다. 그 물음에 대해 최시형은 "서양의 무기는 세상 사람이 견주어 대적할 자 없다고 하나 무기는 사람을 죽이는 기계를 말하는 것이요, 도덕은 사람 살리는 기틀을 말하는 것이니, 그대들은 이때를 당하여 수도를 지극한 정성으로 함이 옳으니라."고 답했다.[19] 이 답변에서 최시형의 주된 관심은 서양의 물질문명에 담긴 비인간적인 측면을 인식하면서 종교적 수행을 통한 인간 완성을 추구하는 데 있음이 드러난다. 손병희의 경우에는 서양 문명에 대해 그보다 진전된 이해를 보여준다. 그는 서양 문명은 "연구하는 가운데 재주가 늘어 기계가 편리"해짐에 따른 경제 부흥과 공화·입헌의 정치체제 덕분이라고 평가하면서 서양의 과학적 태도를 의식하고 있음을 보여준다. 이러한 그의 의식은 서양의 부강은 "먼저 이치를 투득하여 인조 발달(人造發達)에 힘을 얻은 것"이라는 언급에서도 확인되는데, 곧 서양이 지닌 과학기술을 인식하고 있음을 보여준다.[20] 그러나 손병희에게 서양 문명 혹은 과학에 대한 인식은 자신보다 시기적으로 앞선 최제우와 최시형의 이해에서 나아진 것은 아니다. 그 이유는 손병희의 관념에는 최제우가 제시한 동학의 운도론적 역사관이 지속되고 있는데, 서양 문명의 발달과 부강함에 대해서 음의 시대에서 양의 시대로 전환하는 시기에 서양인들이 운을 타고난 것으로 인식하고 있기 때문이다. 다시 말해서 서양의 문명 발달의 바탕에는 서양인의 노력과 음에서 양으로의 운도 변화의 작용이 놓여 있다는 인식이다. 또한 손병희가 만물 생성의 도를 "과학적 관념으로 시험하면" 그 현묘한 기틀을 깨달을 수 있다고 언급한 데서, 과학이라는 용어를 알고 있음이 확인되지만,[21] 그것이 과학적 합리성에 바탕을 둔 지식 체계 혹은 학문 분과로서의 과학을 염두에 둔 것은 아니다. 그가 서양의 '인조발달'을 가져온 이치의 탐구를 언급할 때 그 탐구의 대상이 오행의 작용 원리였다는 점[22]이 그 점을 반증하고 있다.

동학보다 다소 뒤늦게 형성된 증산교의 서양 문명 혹은 과학에 대한 인식은 동학·천도교의 경우보다 좀 더 종교적 혹은 신화적인 성격이 배어 있다. 그 이유에는 여러 가지가 있겠지만, 동학·천도교에 비해 증산교가 도교와 무속의 종교적 요소를 통해 민중종교의 성격을 한층 더 띠었기 때문이다. 증산교는 증산 강일순(1871~1909)에 의해 시작되었지만, 그의 사후에 여러 종파로 분열되는 양상을 보였다. 따라서 종파에 따라 확립된 경전이 여럿 있지만, 여기서는 『대순전경』을 중심으로 강일순의 근대과학에 대한 인식과 종교적 표상을 살펴보고자 한다.

강일순에게 서양 문명은 동양에 대립된 낯설고 이질적인 것이 아니다. 천계와 인간계, 신명과 인간의 상호 작용을 설정하고 있는 강일순의 관념에서 서양과 동양의 물리적 경계는 유동적이다. 이러한 사실은 서양 문명의 연원을 밝히는 그의 언술에서 잘 나타나 있다.

상제께서 어느 날 김형렬에게 가라사대 "서양인 이마두(利瑪竇)가 동양에 와서 지상 천국을 세우려 하였으되 오랫동안 뿌리를 박은 유교의 폐습으로 쉽사리 개혁할 수 없어 그 뜻을 이루지 못하였도다. 다만 천상과 지하의 경계를 개방하여 제각기의 지역을 굳게 지켜 서로 넘나들지 못하던 신명을 서로 왕래케 하고 그가 사후에 동양의 문명신(文明神)을 거느리고 서양에 가서 문운(文運)을 열었느니라. 이로부터 지하신은 천상의 모든 묘법을 본받아 인세에 그것을 베풀었노라. 서양의 모든 문물은 천국의 모형을 본딴 것이라"이르시고.[23]

이 언술에서 알 수 있듯이, 근대의 서양 문명은 동양의 문명신과 함께 이마두 신명이 서양에서 구축한 것이다. 그 내용을 좀 더 자세히 살펴보면, 상극의 원리로 짜인 선천세계와 상생의 원리로 짜인 후천세계의 대비가 나타난다. 강일순은 서양에서 온 이마두(Matteo Ricci)가 동양에 지상천국을 세우려 했지만 유교의 폐습으로 이루어지지 못해 돌아갈 수밖에 없었고, 또한 그와 함께 서양으로 건너가 문명을 일으킨 동양의 문명신은 억울한 죽임을 당해 원한을 품은 진묵(震黙)임을 밝히고 있다. 그리고 강일순은 진묵의 원한을 풀어주어 고국으로 데려와 지상선경의 건설에 참여케 할 것임을 언급한다.[24]

이러한 서양 문명의 힘은 증산교에서는 유용한 이기, 특히 '기계'로 표상된다. 경전에서 강일순은 후천세계의 판을 새롭게 짜는 '천지공사'를 행할 때 그의 제자 차경석과 나눈 대화에서 서양 문명의 기계가 편의성과 유용성을 인정하면서 그 기계가 "천국의 것을 본 딴 것"이라고 언급하는 구절이 나온다. 또한 증산교의 한 분파인 증산도의 경전은 서양 문명에 관해서 『대순전경』보다 좀 더 구체적으로 묘사하고 있는데, 이마두와 동양의 문명신이 만든 서양 문명에 대해서는 천국의 모형을 본떠 세상의 모든 학술과 정교한 기계를 발명하게 했다고[25] 서술되고 있고, 후천 선경에 관한 묘사에서도 "손에 흙을 묻히지 않고 농사를 지으며 소와 말이 일하던 것은 기계가 대신하도록 할 것"[26]이라고 서술되어 있어 근대적 과학기술의 이로움을 보여주고 있다. 증산교 초기 경전의 하나로 알려진 『천지개벽경』에서도 서양은 날아다니는 기계로 흉기를 싣고 다니며 사나운 짓을 행한다는 구절이 있어 근대적 과학기술로 이룩한 서양의 힘이 강하게 묘사되고 있다.[27]

원불교는 소태산 박중빈(1891~1943)이 창교했다. 창교 초기의 단체명은 저축조합(1916)이었다. 이후 불법연구회기성조합(1919), 불법연구회(1924), 원불교(1948년) 등으로 종단명이 변경되었는데, 그러한 과정은 일제의 공인 종교 정책과 한국 사회의 종교적 현실을 감안하면서 종단의 정체성을 정립해왔음을 간접적으로 보여준다. 원불교가 처음 형성되던 1910년대는 계몽 이데올로기가 지식인과 매체를 통해서 사회에 확장되던 시기였다. 앞에서도 살펴보았듯이, 당시에 발간되던 학회지 및 잡지는 서양의 근대과학에 관한 정보와 그것에 관한 지식인들의 생각을 대중에게 알리는 데 노력을 기울였다. 이러한 문화적 환경은 박중빈의 근대적 과학기술에 관한 이해에 적지 않은 영향을 주었을 것이다. 여기서는 그의 언술을 통해서 서양의 근대과학기술에 대한 그의 생각을 살펴보려고 한다.

1916년 박중빈은 깨달음을 얻고 '최초 법어'를 발표했는데, 그 내용에는 "물질이 개벽되니 정신을 개벽하자."는 표어가 담겨 있다.[28] 그는 이 법어에서 현대과학의 발달로 물질의 세력이 융성하여 정신이 물질의 지배를 받게 되니 "진리적 종교의 신앙과 사실적 도덕의 훈련으로써 정신의 세력을 확장하고, 물질의 세력을 항복 받아, 파란 고해의 일체 생령을 광대무량한 낙원(樂園)으로 인도하려 함"이라고 창교의 동기를 분명히 밝히고 있다.[29] 박중빈이 깨달음을 얻고 종교적 가르침을 펼쳤던 시기는 일제강점기이다. 박중빈은 일본 식민 정부가 착취와 수탈을 위해 구축했던 공업화와 철도·도로·항만·간척·전기 및 수도 시설 등의 대규모 토목사업을 통해서 근대적 과학기술의 위력과 그러한 힘이 낳은 물질 중심의 사회를 목도했다. 그에게는 근대적 과학의 지식과 기술을 통한 물질 개벽의 효과를 인정하면서도, 그러한 물질 중심의 삶이 종교적 가치와 인류을 배제한다면 진정한 문명으로 간주하기 어렵다는 인식이 강하게 나타난다. 그의 이러한 의식은 1918년에 전남 영광 백수면 길룡리 앞 해안 갯벌을 막아 농토를 만들 때 했던 발언에서 명확히 확인된다.

> 우리가 건설할 회상은 과거에도 보지 못하였고 미래에도 보기 어려운 큰 회상이라, 그러한 회상을 건설하자면 그 법을 제정할 때에 도학과 과학이 병진하여 참 문명 세계가 열리게 하며, 동(動)과 정(靜)이 골라 맞아서 공부와 사업이 병진되게 하고, 모든 교법을 두루 통합하여 한 덩어리 한 집안을 만들어 서로 넘나들고 화하게 하여야 하므로, 모든 점에 결함됨이 없이 하려함에 자연 이렇게 일이 많도다.[30]

종단의 경제적 토대를 마련하기 위해 실행했던 간척 공사에서 '도학과 과학의 병진'의 사유는 원불교의 독특한 신념 체계인 영육쌍전(靈肉雙全)에 근거한다. 영육쌍전은 원불교를 다른 종교, 특히 전통적인 종교와 구별되는 새로운 종교임을 내세우는 상징적 의미를 지닌다. 박중빈은 다음과 같이 영육쌍전의 의미를 제시한다.

> 과거에는 세간 생활을 하고 보면 수도인이 아니라 하므로 수도인 가운데 직업 없이 놀고 먹는 폐풍이 치성하여 개인·가정·사회·국가에 해독이 많이 미쳐 왔으나, 이제부터는 묵은 세상을 새 세상으로 건설하

게 되므로 새 세상의 종교는 수도와 생활이 둘이 아닌 산 종교라야 할 것이니라. 그러므로, 우리는 제불 조사 정전(正傳)의 심인인 법신불 일원상의 진리와 수양·연구·취사의 삼학으로써 의·식·주를 얻고 의·식·주와 삼학으로써 그 진리를 얻어서 영육을 쌍전하여 개인·가정·사회·국가에 도움이 되게 하자는 것이니라.[31]

박중빈의 관점에서 과거의 종교는 현실 생활과 유리된 관념의 세계에 한정되어 있다. 전통적인 종교가 종교적 진리 추구와 구제의 영역에서 그 기능을 제한하고 있다면, 물질이 개벽한 세계에서 필요한 종교는 현실 생활과 수도 생활이 하나가 되는, 곧 종교적 삶과 경제적 삶의 일치를 통해서 새로운 문명사회의 건설에 기여하는 종교가 되어야 한다는 것이다. 한편에서는 몸=물질=현실=경제가, 다른 한편에서는 영=정신=수행=종교가 하나의 짝패를 이루어 긴밀한 관계를 맺고 서로 영향을 주고받을 때 참된 문명 세계를 구축할 수 있다는 것이다. 그 구체적인 방법으로 제시된 것이 '삼학(三學)'이다. 삼학은 정신 수양, 사리 연구, 작업 취사를 가리킨다. 삼학의 단초는 1917년에 수신에 관한 박중빈의 발언에서 나타나는데, 그는 "시대를 따라 학업에 종사하야 모든 학문을 준비할 것이요, 정신에 수양력이 능하여야 분수 직히난 대에 안정을 얻으며 희로애락의 경우를 당하여도 정의(正義)를 잃지 안이할 것이요, 일과 이치에 연구력이 능하여야 허위와 사실을 분석하여 시비와 이해에 판단함이 빠를 것이요, 응용할 때 취사하난 주의심을 놓지 아니하고 지행(知行)을 같이하여야 할 것이니라."[32]고 제시하면서, 시대가 요구하는 학문을 준비하는 것과 정신 수양의 병행을 강조한다. 도학과 과학의 병진을 통해서 참된 문명 세계를 이루어야 한다는 그의 관념에서, 근대과학이 당대가 요구하는 학문으로 인식된 것은 자연스러운 일이었다.

3. 한국 신종교의 과학/문명 비판

19세기 말과 일제강점 초기에 동학·천도교, 증산교, 원불교를 창교·계승했던 인물들은 서양 열강은 문명국이었고 그 바탕에는 근대의 과학기술이 자리하고 있음을 인식했다. 또한 그들은 일본이 청일전쟁(1894~1895)과 러일전쟁(1904~1905)에서 승리하고 조선을 강점할 수 있었던 원천에는 서양 문명을 조기에 받아들이고 국가의 근대화를 추구했던 데 있다는 점도 명확히 인식하고 있었다. 그러나 조선에 대한 위협 세력이 서양 열강에서 일본으로 이행되는 과정에서 신종교의 지도자들은 조선의 주체성과 민중의 종교적 감성을 고려하면서 근대의 과학/문명을 종교적 신념체계를 통해서 재해석할 필요성을 느꼈다. 그리고 그러한 종교적 해석에 의한 근대과학/문명의 종교적 표상에는 근대의 과학/문명에 대한 비판이 뚜렷하게 담겨 있었다.

서양 문명과 근대과학이라는 두 가지 핵심어를 중심으로 동학·천도교, 증산교, 원불교의 종교적 표상 방식을 보면 서로 간에 차이점이 나타난다. 그러한 차이점은 무엇보다도 근대적 경험의 차이에서 비롯된다. 다시 말해서 후대로 내려올수록 근대 문물에 관한 경험이 그 규모와 강도에서 그 이전 시기보다 훨씬 크고 강했고, 정치적인 측면에서도 조선의 위협 세력이 서양 열강에서 일본제국으로 정립되면서 서양의 문명보다는 문명 혹은 과학 자체에 대한 관심으로 시선이 옮겨졌던 것이다. 그러므로 19세기 말의 동학 지도자와 강일순의 언술 속에서는 '서양'의 세력과 그 문명에 대한 표상이 주를 이루었다면, 20세기 초 천도교의 지도자인 손병희와 원불교의 박중빈에게는 문명과 과학 자체가 논의의 영역이 된다.

여기서 중요한 점은 그러한 종교적 표상이 서양의 문명/과학에 대한 것이든, 문명/과학 자체에 대한 것이든 간에 종교-민족주의적 시각 속에서 비판적으로 구성되는 방식이다. 먼저, 동학의 최제우·최시형과 증산교의 강일순에게서 서양 문명의 힘은 강력한 무기를 갖추고 전쟁을 벌이며 세력을 확장하는 데서 분명하게 인식되고 있다. 그와 함께 그들은 전쟁을 수행할 수 있는 무기와 경제력의 바탕에는 과학기술이 놓여 있음도 인식했다. 그러나 동학과 증산교의 지도자가 서양 문명/과학을 대하는 종교적 대응 방식에는 차이가 있다. 동학·천도교의 경우에는 과학에 바탕을 둔 서양 문명의 모방 혹은 답습보다는 '도덕문명'을 통한 새로운 세상, 곧 이상세계의 실현에 관심이 집중되었다. 최제우는 '서학' 혹은 '서도'를 따르는 서양인은 도성입덕하여 그 조화에 미치지 않는 일이 없고 무기로 침공함에 당할 사람이 없다."고 하면서 두려움을 표하고 있지만, 서학은 "말에 차례가 없고 글에 순서가 없으며 도무지 한울님을 위하는 단서가 없고 다만 제 몸만을 위하여 빌 따름이라."고 발언하면서 서학과 동학의 다른 점을 강조한다.[33] 여기서 최제우는 서학을 비판의 대상으로 삼고 있지만, 그것은 곧 서양인과 서양 문명에 대한 비판으로 해석되어야 한다. 왜냐하면 최제우는 한 나라의 문명은 도덕 혹은 종교에 의해서 형성된다는 점을 그의 언술을 통해서 분명하게 드러내기 때문이다.

도덕문명의 수립을 통한 이상세계 실현의 관념은 최시형에게서도 명확히 나타난다. 그에게서 서양 무기의 강력함은 '사람 죽이는 기계'로 폄하되고 상대적으로 '사람을 살리는 기틀'로서 도덕이 강조된다. 그렇지만 근대과학기술 자체에 대한 부정적인 시선은 최시형에게 보이지 않는다. 그는 "사상은 동방에 있고 기계는 서방에 있느니라."고 밝히면서 동방과 서방의 차이를 대비하면서 정신 수양의 중요성을 강조하고 있는데,[34] 이러한 그의 관점은 동학의 도를 구성하는 세 가지 핵심인 성(誠)·경(敬)·신(信)을 소개하는 언술에서도 드러난다.

사시의 차례가 있음에 만물이 생성하고, 밤과 낮이 바뀜에 일월이 분명하고, 예와 지금이 길고 멀음에 이치와 기운이 변하지 아니하니, 이는 천지의 지극한 정성이 쉬지 않는 도인 것이니라. 나라 임금이 법을 지음에 모든 백성이 화락하고, 벼슬하는 사람이 법으로 다스림에 정부가 바르며 엄숙하고, 뭇 백성이 집을 다스림에 가도가 화순하고, 선비가 학업을 부지런히 함에 국운이 흥성하고, 농부가 힘써 일함에 의식이 풍족하고, 장사하는 사람이 부지런히 노고함에 재물이 다하지 않고, 공업하는 사람이 부지런히 일함에 기계가 고루 갖추어지니, 이는 인민이 지극한 정성을 잃지 않는 도이니라.[35]

이러한 최시형의 언술에서 정신 혹은 '도덕'이 개인과 사회와 산업경제의 근간이라는 점이 분명히 드러난다. 그는 자연의 운행에서부터 세상의 정치, 학문, 산업에 이르기까지 관통하는 도의 한 측면으로서 성실함을 강조하고 있는 것이다. 최시형의 이러한 생각은 문호가 개방되어 문화와 물품이 수입되는 변화하는 사회 환경에서 종교의 역할과 자리가 무엇인지를 알려준다.

서양 문명 혹은 과학에 대한 최제우와 최시형의 관점은 후대의 손병희에게도 지속되지만, 서양의 문명/과학에 대한 관심은 좀 더 크게 나타난다. 손병희는 천지 만물의 생성 방식에 관해 설명하면서 '원자분자설'에 대한 단편적인 소견[36]이나 근대적 위생관[37]을 피력함으로써 근대과학에 대해 일정한 관심을 가지고 있었음을 보여준다. 그러나 그의 주된 관심은 근대과학의 지식보다는 근대의 문명에 있었고 그러한 근대문명의 혜택을 누리기 위해서는 무엇보다도 정신 혹은 성령(性靈) 수련이 뒷받침되어야 한다고 보았다. 그에 따르면, 사람은 육신과 성령이 결합된 것이다. 성령은 영을 담는 그릇으로 자연과 사물의 이치를 파악하는 기능을 지녀 마음의 의지에 따라 육신과 관계되는 일을 수행한다. 그런데 육신은 정욕에 따라 이익을 추구하는 반면에, 성령은 마음에 의해 선이나 악으로 이끌리기 때문에 '성령 수련'이 필요한 것이다. 여기서 중요한 것은 손병희의 문명관이다. 그에게 문명은 단순히 과학기술과 그것에 바탕을 둔 문물을 의미하는 것이 아니라, 선한 의지로 덕과 의를 추구하는 성령을 지닌 사람들이 저절로 이루게 되는 것을 뜻한다. 그리고 그는 그러한 문명인은 법률에 저촉되는 일도 행하지 않고 농상공업의 경제 활동에도 능해 수명과 복을 누리게 된다고 말한다.[38]

근대 혹은 서양의 문명/과학에 대한 인식과 대응 방식에서 강일순은 동학·천도교의 초기 지도자들과는 사뭇 달랐다. 강일순의 종교사상에서 천·지·인의 삼계의 질서는 '천지도수'라는 일정한 법칙에 따라 유지되는데, 현재까지 삼계의 진행 과정은 선천으로, 이후의 미래는 후천으로 간주된다. 그는 선천에는 상극의 원리로 짜여 있기에 원한이 생길 수밖에 없고 그러한 원한이 삼계가 서로 소통하는 것을 막음으로써 온갖 참혹한 재앙이 일어난다고 보았다. 그는 상극으로 원한이 가득한 선천에서 상생의 '후천선경'을 이루기 위해서는 신적 권능으로 천지도수를 조정해야 한다고 보았다.[39] 이러한 천지도수의 조정을 그는 '천지공사'라고 불렀다.

천지공사를 단행하는 상제로서의 강일순에게 서양 세력과 문명은 조선의 엘리트층이 생각했던 것처럼 모방이나 답습의 대상이 아니라 상대적인 힘과 능력을 지닌 여러 문명 중 하나일 뿐이다. 물론 강일순은 서양이 발전된 과학기술을 근거로 강력한 군사력과 경제력을 지녔고 그 세력을 확장하고 있는 현실을 명확히 인식했다. 그러나 그는 그러한 현실은 신적 권능을 지닌 자신의 힘으로 충분히 통제하고 조정할 수 있다는 종교적 관념을 보여준다. 예를 들어 증산교에서는 위기에 처한 동양을 위해

서 강일순이 세력이 서양으로 넘어가지 못하도록 공사를 행했다고 서술한다.[40]

강일순의 종교사상에서 눈여겨볼 점은 분쟁, 갈등, 재앙, 참화 등의 현실 문제는 상극의 원리에 의해 상호간에 빚어진 원한에 의한 것이라는 사실이다. 경전에 따르면, 천지공사를 단행할 때 상제가 조선을 일본에 넘겨준 이유에는 "임진란 이후 도술 신명 사이에 척이 맺혀 있으니"그 원한의 관계를 풀어주려는 동기가 있었다.[41] 또한 조선의 후천선경의 건설과 관련된 강일순의 발언[42]에서도 '해원'의 구속적 행위가 지닌 의미를 전해준다. 그는 서양에서 문명을 일으키는 데 일조한 진묵을 해원시켜 "고국(故國)으로 데려와서 선경(仙境)을 역사케 하리라."고 말한다. 이처럼 선천에서 빚어진 원한을 풀어야(해원) 상생과 협력의 후천세계를 이룰 수가 있다는 신념 체계에서 서양 문명/과학의 위치는 상대적인 의미를 지닐 뿐이다. 강일순에게는 문명개화의 필요성이나 당위성이 발견되지 않는다. 그 이유는 그의 관념에서는 삼계의 질서를 근본적으로 뜯어고쳐 낙원과 같은 후천선경이 건설될 때 과학 문명은 그러한 세계를 구성하는 하나로서 자연히 형성될 것으로 간주되기 때문이다.

소태산 박중빈에게는 최제우, 최시형, 강일순에게서 나타난 서양 세력, 혹은 서양 문명에 대한 관심은 적게 나타난다. 그가 활동하던 시기가 일제강점기였다는 시대적 상황이 그에게 '서양'에 대한 관심보다는 '과학'과 '문명'에 대해 좀 더 깊은 주의를 갖게 했기 때문이다. 박중빈에게 과학은 도학과 함께 참된 문명세계를 이루게 하는 중요한 삶의 원리이다.[43] 과학과 도학의 중요성은 그의 교육관에서도 충분히 나타나는데, "자녀에게 과학과 도학을 아울러 가르치며 교육을 받은 후에는 상당한 기간을 국가나 사회나 교단에 봉사하게 할 것"을 강조하고 있다.[44]

박중빈의 종교사상에서 도학=정신문명과 과학=물질문명은 모두 인류의 참된 문명, 곧 후천선경을 이루는 데 중요한 두 축이다. 그는 '영육쌍전', 혹은 '내외문명'이라는 용어로 물질문명과 정신문명의 상호보완적인 관계를 강조하고 있다. 그는 다음과 같이 말한다.

안으로 정신문명을 촉진하여 도학을 발전시키고 밖으로 물질문명을 촉진하여 과학을 발전시켜야 영육이 쌍전하고 내외가 겸전하여 결함 없는 세상이 되리라. 그러나, 만일 현대와 같이 물질문명에만 치우치고 정신문명을 등한시하면 마치 철 모르는 아이에게 칼을 들려 준 것과 같아서 어느 날 어느 때에 무슨 화를 당할 지 모를 것이니, 이는 육신은 완전하나 정신에 병이 든 불구자와 같고, 정신문명만 되고 물질문명이 없는 세상은 정신은 완전하나 육신에 병이 든 불구자와 같나니, 그 하나가 충실하지 못하고 어찌 완전한 세상이라 할 수 있으리요. 그러므로, 내외 문명이 병진되는 시대라야 비로소 결함 없는 평화 안락한 세계가 될 것이니라.[45]

그런데 박중빈은 참된 문명의 구성 요소로서 과학의 물질문명은 반드시 필요하지만 그 물질문명은 반드시 정신문명에 의해서 보완되고 조정되어야 할 대상이라고 강조한다. 사람에게 마음은 근본이고 육신은 끝이 되듯이 세상에서 도학은 주가 되고 과학은 종이 되니 그 본말과 주종의 관계를 반드시 인식해야 한다는 것이다.[46] 박중빈은 과학 문명이 발달함에 따라 사람의 욕심도 점차 높아가는 사회 행태를 목도하면서 물질문명의 조정 혹은 정신문명과의 조화를 위한 방법으로 '심전계발'을 제시한다.[47] 그는 마음 수양인 심전계발을 통해서 인간의 욕심을 극복하지 않고서는 진정한 평화가 세상에 도래하기 힘들며, 앞으로는 심전계발을 원하는 시대가 되니 심전계발의 수행에 전념할 필요가 있다고 주장한다. 곧,

물질문명은 인간에게 편리함과 안락함을 제공하지만, 그러한 물질문명이 인간의 욕심과 이익 추구로 추동되는 한 평화와 공존의 삶을 기대하기 힘들기 때문에 정신 혹은 마음 수양에 의한 정신문명의 형성이 필요하다는 것이다.

4. 근대과학에 대한 한국 신종교의 종교적 대응의 특징

근대과학에 대한 한국 신종교의 종교적 대응 방식에서 우리는 중요한 특징을 발견할 수가 있다. 그것은 종단마다 혹은 종단 내의 교권을 계승한 자들마다 정도의 차이는 보이지만, 과학/문명에 대해서 정신 혹은 인본주의적 가치를 내세우는 종교적 신념 체계를 통해 과학/문명의 의미를 한정하고 있다는 사실이다. 서양의 근대성이 인문주의와 과학주의에 의해서 형성되었고, 서구의 근대화 과정에서 과학적 합리성에 근거한 과학주의가 근대성을 대표하게 되었다고 볼 때 19세기 말에 조선 사회가 접했던 서양의, 혹은 근대과학은 인문주의적 근대성과는 거리가 먼 것이었다. 동학·천도교의 경우에는 '12개조 폐정 개혁 요강'에서 '반봉건과 반제국주의 사상을 반영'하고 있으며, 그 핵심에는 민족주의, 평등주의, 휴머니즘이 자리하고 있음이 나타난다. 곧, 과학주의적 근대성보다는 인문주의적 근대성의 성격을 강하게 띠고 있는 것이다.[48] 최제우에서 손병희에게 이르는 과정에서 근대과학의 기술과 지식을 경험할 기회가 많아짐에 따라 그 필요성과 중요성이 점차 인지되고 있음을 그들의 발언을 통해서 확인할 수 있지만, 그들의 사유를 구성하는 핵심에는 인문주의적 근대성이 깊게 자리하고 있다.

동학·천도교에서 나타나는 인문주의적 근대성은 증산교와 원불교에서도 나타난다. 증산교에서 서양의 과학/문명이란 이마두와 동방의 문명신이 세운 것이고, 서양 세력은 강일순의 신적 권능으로 통제할 수 있는 것이었다. 또한 증산교에서는 강일순의 천지공사를 통해서 상극의 원리에 따라 분쟁과 다툼과 억압 등의 원한을 일으키는 선천의 세계는 상생의 원리에 따라 공존과 협력과 평등의 후천선경으로 전환되는데, 그곳에서는 남녀, 인종, 계급, 국가들이 서로 평등한 관계를 형성한다고 본다. 흥미로운 점은 후천선경에서 인간이 과학기술을 통해 누리게 될 편리하고 안락한 생활상이다. 예를 들어 『천지개벽경』에는 후천세계에서는 모든 곡식을 한 번 심어서 다년간 수확토록 하며 소와 말의 노고를 기계가 대신하며 신명들도 사람과 함께 농사를 짓는다는 구절이 등장하는 데, 근대과학기술이 인간에게 유익한 도구를 제공할 것임을 알려주는 것이다.[49]

원불교에서는 근대과학/문명에 대한 비판적인 견해가 다른 종단에 비해 좀 더 확연하게 드러난다. 박중빈의 종교사상에서 과학은 물질문명의 동인이지만, 그러한 물질문명은 인간의 이기적인 욕심과 결합되어 개인과 사회와 국가에 문제를 일으키는 요인으로 작용하는 것으로 인식된다. 그 점에서 물질문명은 한계가 있고 인간에게 제한적인 의미를 지니며, 정신문명에 의해 보완되거나 통제될 필요가 있는 것이다. 그는 근대과학의 교육과 습득의 필요성을 충분히 인정하면서도 근대과학이 빚어내는 물질주의의 폐단을 막기 위해서는 정신 수양, 곧 심전계발이 절대적으로 중요하다는 점을 강조했다. 주종과 본말의 측면에서 과학과 물질문명은 종 혹은 말이 되며, 도학과 정신문명은 주와 근본이 된다고 그는 보았던 것이다.

근대 한국 신종교는 서양 혹은 일본을 통해서 유입되는 근대과학/문명의 산물들이 한국 사회에 미치는 영향을 고려하면서 위협적이고 이질적인 근대과학/문명의 힘을 종교적 신념 체계의 틀로 재해석할 필요가 있었다. 그러한 종교적 재해석에서 우리는 근대과학에 대한 배타적인 태도보다는 조선 민중의 소망과 종교적 욕구를 반영하면서 근대과학을 수용하려는 포용적인 태도를 발견하게 된다. 이미 시작된 근대화의 흐름 속에서 근대과학의 지식과 기술이 지닌 힘을 의식하면서 보편적인 정신 가치를 드러내어 인문주의적 근대성을 실현할 수 있는 길을 모색했던 것이다.

수운(水雲) 최제우(崔濟愚, 1824~1864)

경주 출신으로 동학의 교조이다. 아버지는 최옥(崔鋈)이고 어머니는 한씨(韓氏)이다. 몰락한 양반 가문의 출신으로 어려운 살림살이로 여러 지역을 돌아다니면서 장사와 의술과 복술 등에 관심을 보였고, 서당에서 글을 가르치기도 했다. 1856년 여름부터 수련을 시작해서 1860년 4월 5일(음력)에 한울님을 접하는 종교 체험을 하고 자신이 깨달은 진리를 동학으로 칭하고, 1861년부터 포교하기 시작했다.

동학의 교세가 커짐에 따라 조선 정부의 탄압을 받자 1861년 수운은 호남으로 피신했고 1862년 경주로 돌아올 때까지 남원 은적암에서 동학의 교리 체계를 수립하고,『논학문(論學文)』,『안심가(安心歌)』,『교훈가(敎訓歌)』,『도수사(道修詞)』 등을 지었다. 수운은 교인의 수가 늘자 효율적인 교단 운영을 위해서 경주, 영덕, 대구, 청도, 울산 등에 접소(接所)를 설치하고 접주(接主)로 하여금 교인을 관장하도록 했다. 1863년에 접소는 13곳, 교인의 수는 3000여 명에 이르렀다. 같은 해에 제자 최시형을 북접주인으로 접하고 해월(海月)이라는 도호를 주고 도통을 잇게 했다. 최시형이 교단을 관장하면서 동학의 교세는 더욱 커져 전라도, 경상도, 충청도, 강원도, 경기도에까지 세력을 넓혔다. 1863년 경주에서 수운은 관에 의해 체포되어 서울로 압송되던 중 철종의 국상이 발생하자 1864년 대구로 이송되었고 3월에 혹세무민의 죄로 처형되었다. 동학이 창도되던 18060년대 조선 사회는 내우외환의 어려움에 직면했고 민중의 삶은 피폐했다. 서구 열강의 세력이 동아시아로 뻗어감에 따라 청국의 존립이 위태롭게 되었고, 서구 근대의 문물을 일찍이 받아들인 일본은 서구 열강과 함께 식민지 찬탈의 목표로서 조선을 겨냥하고 있었다. 사회 내적으로는 오랜 기간의 세도정치에 따른 정치 기강의 훼손, 지방 관리와 토호 세력의 횡포와 착취, 자연재해와 전염병의 주기적인 발생 등으로 인해 사회 불안은 점차 고조되었다.

수운은 이러한 급변하는 시대적 환경에서 보국안민(輔國安民), 광제창생(廣濟蒼生), 포덕천하(布德天下)의 기치를 내세우고 동학을 창도하게 되었다. 수운이 제시한 동학의 근본 사상은 '시천주'와 '후천개벽'에서 찾을 수 있다. 시천주(侍天主)의 사상은 인간 중심의 천인합일을 뜻하는 것으로서, 누구든지 천주를 마음에 모시는 존재이기에 신분, 빈부, 남녀 등의 차이에 상관없이 모두가 평등하고 존귀한 존재임을 강조한다. 수운은 시천주의 방법으로 마음을 잃지 않고 기를 바르게 하는 수행의 자세로서 수심정기(修心正氣)를 제시한다. 수운은 인류의 역사를 선천과 후천으로 구분하고, 혼란과 반목의 선천시대가 종말에 이르게 되었고 평등과 조화의 후천시대가 임박, 곧 다시 개벽이 이루질 시점에 이르렀음을 강조하는 후천개벽의 사상을 제시했다.

해월(海月) 최시형(崔時亨, 1827~1898)

경주 출신으로 본명은 최경상(崔慶翔)이다. 일찍이 부모를 여의고

17세부터 제지소에서 일하며 생계를 유지했다. 1861년 6월에 동학교도가 되어 한 달에 서너 차례 최제우의 가르침을 받고 도를 수행했다. 1863년 경상도의 여러 지역에서 포교를 해서 많은 신자를 얻었고, 같은 해 7월 북도중주인(北道中主人)으로 임명되었고, 8월 14일 최제우로부터 도통을 물려받았다. 이해 12월에 최제우가 체포되자 대구에서 옥바라지를 했고 상황이 어렵게 되자 영양의 용화동으로 피신해서 그곳에 거처를 마련했다. 이곳에서 최시형은 동학의 재건을 추진하다가 1871년 최제우의 기일에 일어난 이필제의 민란으로 조정의 추적을 받게 되어 소백산으로 피신했고 영월, 인제, 단양 등지에서 동학의 기반을 다시 구축하는 데 전력을 기울였다. 1884년 신도의 합리적인 조직을 위한 육임제(六任制)를 마련했고 교리 연구를 위한 집회를 열었다. 1880년에 인제군에 경전간행소를 세우고『동경대전』을 간행했고, 1881년 단양에 경전간행소를 마련해서『용담유사』를 간행했다. 교단이 점차 안정되고 교세가 커지자 최시형은 1885년 충청도 보은군 장내리로 본거지를 옮겼다. 이후 최시형은 1892년, 1893년, 1894년 세 차례에 걸쳐 억울하게 죽은 교조의 신원을 명분으로 한 합법적인 투쟁을 전개했다. 그러나 최시형은 1894년 1월 10일 전봉준의 고부군청 습격을 시발로 일어난 동학농민운동이 1894년 12월 말에 진압되자 피신 생활을 하게 되었고 1898년 3월 원주에서 체포되어 6월 2일 서울에서 교수형을 당했다.

최시형은 향아설위(向我設位), 이천식천설(以天食天說), 양천주설, 삼경사상 등의 동학의 고유한 사상을 수립했다. 향아설위는 "나를 향하여 신위(神位)를 베푼다."는 동학의 고유한 의례이다. 최시형은 시천주 사상에 입각해서 유교식 향벽설위(向壁設位)의 부당성을 비판하고 '한울님'을 모시는 인간의 주체성을 고려한 제례를 제시했다. 이천식천설은 최시형의 신론을 잘 보여주는 사상이다. 최시형은 모든 만물에는 한울님이 깃들어 있다는 관점에서 인간이 먹는 행위는 한울로써 한울을 먹는 것이라고 제시했다. 최시형은 이천식천의 사상을 "하느님으로써 하느님을 먹여 기른다."는 뜻으로 설명함으로써 모든 만물이 하느님을 모시고 있다는 범신론적인 사유를 펼쳤다. 곧, 사람이 음식을 먹고 사는 것은 음식(하느님)으로써 하느님(사람)을 먹여 기르는 것이라는 것이다. 곧, 만물은 서로를 먹여 살리는 생명의 공동체이다. 최시형의 이러한 사상은 하늘과 사람과 사물에 대한 경건한 마음과 겸손의 태도를 강조하는 경천, 경인, 경물의 삼경사상(三敬思想)으로 표출되었다. 양천주설(養天主說)은 하느님을 모시는 시천주에서 나아가 자기 안의 하느님을 기르는 적극적인 수양의 태도를 강조한다. 최시형은 삼경사상과 더불어, 하느님 앞에서 겸손해야 한다는 무만천(毋慢天), 하느님을 속이지 말라는 무기천(毋欺天) 등을 양천주를 위한 수양법으로 제시했다.

의암(義菴) 손병희(孫秉熙, 1861~1922)

청원 출신으로 천도교 제3세 교주이다. 아동문학가 소파 방정환의 장인으로 널리 알려졌다. 22세 때인 1882년 동학에 입도했고 3

년 후에 해월 최시형의 측근으로 활동했다. 1892년 최시형이 주도한 교조 최제우의 신원운동에 참여했고 동학농민운동을 일으켰을 때에는 최시형이 관장하는 북접의 동학교도들을 이끌고 전봉준의 남접과 함께 활약했다. 1897년 12월 24일 최시형으로부터 의암이라는 도호를 받고, 최시형이 처형되자 제3세 교주로 동학교도를 관장했다. 손병희는 동학농민운동으로 국내 포교가 불가능해지자 해외로 망명해서 동학 재건을 도모하던 중 일본에 체류하면서 국내의 동학교도들이 일본에 유학해서 근대 문명의 교육을 받을 수 있도록 힘을 기울였다. 1904년 진보회 결성을 통한 동학의 재건이 실패하자, 1905년 12월 동학을 천도교로 개칭하고 천도교의 기본 강령과 의례(오관[五款: 주문, 청수, 시일, 성미, 기도])를 제정했다. 그리고 이듬해 1월 일본에서 돌아와 "천도교대헌(天道敎大憲)"을 반포하고 중앙총부를 설치함으로써 동학의 재건을 위한 기틀을 마련했다. 또한 손병희는 근대 교육의 중요성을 직시하고 보성학교, 동덕여자의숙, 교남학교, 일신보통학교, 광명소학교 등을 지원하거나 인수해서 근대적 교육을 통한 사회의 진보와 일제로부터의 독립을 추진했다. 손병희는 3·1운동이 전개될 때 천도교의 대표로 참여했는데, 이 일로 인해 체포되어 1920년 10월 징역 3년형을 언도받고 서대문형무소에서 복역 중 질병으로 1년 8개월 만에 풀려났다. 그러나 손병희는 옥중에서 얻은 질병에서 회복하지 못한 채 1922년 5월 19일 생을 마감했다.

증산(甑山) 강일순(姜一淳, 1871~1909)

전라북도 고부 출신으로 증산교의 창시자이다. 몰락한 양반의 후예로서 가난으로 인해 일찍이 학업을 중단하고 생계에 전념했다. 강일순은 1897년부터 3년간 당시 조선의 사회적 혼란과 민중의 참혹한 삶을 목도하면서 종교적 구원의 길을 찾기 위해 여러 지역을 떠돌며 유교, 불교, 선교에 대한 지식과 풍수, 복서, 의술 등을 익혔다. 특히 강일순은 증산교의 주문과 우주관에 영향을 준, 태을주와 정역에 관한 지식을 김경흔과 김일부로부터 각각 얻었다. 1901년 모악산 대원사에서 수행하던 중에 도를 깨닫고 집에 돌아온 후, 강일순은 구천상제(九天上帝)의 절대적 존재로서 선천의 낡은 질서를 뜯어고쳐 후천선경의 세계를 여는 '천지공사(天地公事)'를 단행했다. 또한 강일순은 모든 인간은 해원상생(解冤相生)의 원리를 깨달아 더 이상의 원한을 일으키지 말고 후천선경의 이상세계를 세우기 위해 주체적으로 노력해야 한다고 가르쳤다. 강일순은 1902년부터 1907년까지 모악산을 중심으로 포교 활동을 펼치다 1909년에 생을 마감했다. 그의 사후에 여러 분파들이 형성되었는데 이 종단들을 통칭해서 증산교라고 한다. 증산교에서 강일순은 종교의 창시자이면서도 신앙의 대상이다.

소태산(少太山) 박중빈(朴重彬, 1891~1943)

전라남도 영광 출신으로 원불교의 교조이다. 원불교에서는 대종사

(大宗師)라고 부른다. 어려서부터 종교적 구도에 관심이 많았던 것으로 알려졌다. 11세 때에 시향제에서 산신의 권능에 대한 말을 듣고 산신을 만나기 위해서 4년 동안 산상기도를 드린 일과 15세 때 고대소설 『조웅전(趙雄傳)』 등에 나오는 도사 이야기를 듣고 도사를 만나기 위해 20세까지 정성을 드린 일화는 유명하다. 수행생활을 지속하던 중 26세 때인 1916년 4월 28일 새벽에 큰 깨달음(大覺)을 얻었다고 한다. 박중빈은 당시의 급변하는 시대의 상황을 주목하면서 "물질이 개벽되니 정신을 개벽하자."는 표어를 내걸고 물질문명과 정신문명의 병진을 주장한다. 박중빈은 사회개혁의 일환으로 제자와 함께 1917년 저축조합을 만들고 허례 폐지, 미신 타파, 금주 금연, 근검저축운동, 공동 출역 등을 전개했고 1918년에는 간척사업을 추진함으로써 농민의 계몽과 생활 개선, 그리고 경제 자립을 형성하는 데 힘을 쏟았다. 박중빈은 1924년 전라북도 이리에 총부를 건설해 '불법연구회'라는 이름으로 생활불교와 실천불교를 기치로 내걸고 교화 활동을 전개했다. 1943년 6월 1일 53세로 생을 마감했다. 원불교에서는 소태산을 후천개벽의 주세불(主世佛)로 숭상하고 그가 열반한 날을 육일대재로 정해 기념하고 있다.

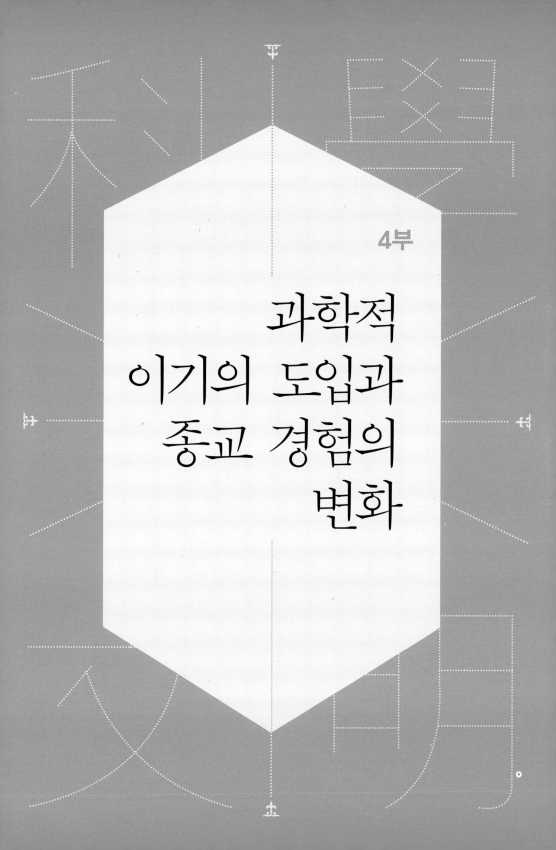

4부

과학적
이기의 도입과
종교 경험의
변화

1장

테크놀로지의 진화와 종교적 체험의 동역학[1]

1. 테크놀로지의 경험을 통한 종교적 경험의 변화

일반적으로 종교와 과학은 철저히 적대적인 대립의 관계로 인식된다. 특히 현재 한국의 경우는 더욱 그러하다. 그러나 종교와 과학을 숙명적 대립 관계로 바라본 본질주의적 시각의 주류 담론은 특정한 '역사적 조건' 하에서 성립된 것이다.[2] 서구 역사 속에서도 기독교 신학의 경우 사실 과학과 그렇게 철저한 대립각을 이루기도 했지만 자유주의적 개신교 신학의 경우 과학과의 조화를 추구하기도 했다. 따라서 서구 기독교의 매우 주요한 이슈는 세상의 진리를 선포하는 그 독보적 위치를 상실한 것이었다. 과학의 눈부신 발전 앞에서 기독교는 세상의 모든 진리를 설명해낼 수 있다는 자기 확신을 더 이상 유지할 수 없게 되었고, 급속도로 글로벌화되는 지구촌에서 기독교는 여러 종교들 중 하나의 종교로 인식되기 시작했다. 최근에는 종교와 과학의 대립 관계를 비판적으로 바라보는 지식인들이 종교와 과학을 융합적이거나 평화적 병립 관계로 위치시키려는 다양한 시도를 하면서, 종교와 과학의 극렬한 대립 관계가 더 이상 주요한 담론으로 다루어지지는 않는 것 같다. 하지만 기독교가 과학을 적극적으로 수용하여 그 기본이 되는 교리가 변형되었는가에 대한 것은 좀 더 심층적이고 상세하게 논의할 필요가 있다.

예컨대 한국의 역사적 문화적 맥락은 이와는 달랐다. 기독교 주류의 서양과는 달리, 한국에서는 다양한 종교가 함께 공존하고 있었다. 또한 제국주의와 식민주의의 위협과 도전 하에서 과학기술문명이 수용되었으며, 그 와중에 국가와 민족의 생존을 위해서는 과학기술의 도입이야말로 가장 긴급히 요구되는 과제라는 인식이 팽배한 때였다. 따라서 한국에서는 과학기술의 산물들은 종교적 신심을 저해하거나 도전으로 인식되기보다는, 그 종교적 상상력과 종교의 과학화를 위한 노력을 더욱 강화하는 경우가 많았다. 그 단적인 예를 우리는 천도교의 경우를 통해 발견할 수 있다.

이 글에서는 한국 근대 시기에 큰 교세를 점유했던 천도교와 개신교의 사례를 통해 과학기술에 대한 직접적 경험이 어떻게 종교적으로 수용되고 있는지 그 양상을 살펴보려 한다. 1905년 이래로 동학에서 천도교로 개신한 천도교의 경우와 서양 선교사를 중심으로 성장해간 개신교를 비교함으로써, 과학기술에 대한 종교적 수용 방식의 유사성과 차이에 대해서 알아보고자 한다. 이를 통해 한국적 맥락에서의 종교와 과학 담론 전개 양상의 일면을 고찰해볼 수 있을 것이다.

먼저, 19세기 말 20세기 초 한국에서의 과학기술 수용의 역사적 상황을 생각해보도록 하자. 구한말 그리고 일제강점기의 한국인들은 서구로부터 들어온 과학기술, 예를 들어 우리에게는 이제 일상이 되어버린 전신, 전화, 전차, 기차 등을 접하면서 매우 신비로움과 경이를 느꼈다. 조선에 최초로 전기가 도입된 시기는 에디슨의 탄소선 전구 발명 이후 8년

이 지난 1887년이었다. 고종이 정사를 돌보던 경복궁에서 처음으로 전등불이 밝혀졌으며 사람들은 이를 신묘한 것으로 인식했다. "도깨비불", "물불", "건달불", "묘화(妙火)"등으로 일컬어진 전등불은 놀라움 그 자체였다.[3] 전기가 민간에 보급되는 시기는 이로부터 10여 년이 지난 1898년으로서 최초로 한성전기주식회사가 설립된 이후였다. 1898년 12월에는 홍릉에서 서대문 사이의 전차 노선이 개통되었고, 1900년 4월 10일에 종로 거리에 최초로 민간 조명용 전등이 설치되면서 전등 또한 민간에 보급되기 시작했다.[4] 증기기차의 경우는 1899년에 최초로 경인선이 개통되면서 한국에도 철도 시대의 막이 올랐다.

20여 년이 흐른 뒤에도 전기력과 증기력을 이용한 전등이나 전차, 기차는 많은 이들에게 여전히 놀라운 문명의 이기였다. 『개벽』 제1호에 실린 세태 비평의 글에서 저자는 기차와 전기를 보면서 놀라워하는 사람들은 이제는 더 나아가 놀라움의 대상 자체에 대해 연구해야 할 때라고 역설한다.

> 원래 담기(膽氣)업고 결심업고 아모것도 몰으는 사람이 입을 잘 벌립니다. 기차를 보고도 입만 벌리고 「아이고」 전기를 보고도 입만 벌리고 「아이고」…… 무엇을 보든지 입만 벌리고 「아이고」 소리만 하면 만사다 해결이 된줄로 암닛가? 입좀 다물 담기잇게 결심잇게 무엇을 연구하여야 하겟습니다.[5]

첨단 과학기술의 집결지인 수도 서울은 "전차, 자동차…… 어듸 단닐내면 발에 흙 한점 암 뭇치고요 전신, 전화, 전등, 와사등, 안저서 10리나 100리 밧게 말을 하고 밤이 낫보다 밝"은 곳으로서 묘사된다.[6] 당시의 전등이 촛불의 수백 배 밝기였다고 하니, 낮보다 밤이 밝다는 말은 과장이라기보다는 인간의 시각상 느낀 그 엄청난 밝기를 표현한 것으로 볼 수 있다. 당시 일반적인 사람들에게는 원거리에 있는 사람들이 거의 즉각적으로 말을 주고받을 수 있는 무선전신, 전화의 사용, 기차나 전차, 자동차를 타고 신속하게 이동하는 것 등이 축지법과 같은 도술이 과학기술의 발달을 통해 현실화된 매우 경이로운 사건으로 다가왔을 것이다. 전등이 없던 밤거리와 전등으로 밝혀진 밤거리의 하늘과 땅 차이를 명백히 경험한 필자는 전등으로 밝혀진 불야성의 거리를 바라보며 "별천지"라고 표현하고 있는 것이다.[7] 전기가 없는 일상을 상상할 수 없는 현대의 인간들과 달리 20세기 초 근대인들에게 이러한 문명의 이기를 통한 세상의 변화는 탈 일상이요, 이상세계의 일부가 지금 바로 여기에 현실화된 놀라운 사건으로 받아들여졌다.

이러한 놀라움의 반응은 한국의 과학기술이 서양보다 뒤처졌기 때문이 아니라, 전기력의 이용으로 도입된 신과학기술을 접한 사람들의 일반적인 반응이라고 할 수 있다. 우리는 영화 등에서 새로운 물건을 접한 원주민들이 그것에 대해 종교적으로 숭배하는 모습이 미개인의 반응으로 희화화되는 것을 자주 접할 수 있다. 그러나 사실 서양의 경우도 새로운 과학기술에 대한 사람들의 반응은 '희화화된 미개인들의 경우'와 별반 다를 바가 없었다. 그리고 첨단의 과학기술이 사람들에게 완전히 일상화되기 전까지 그것은 대중적 차원의 과학(popular science)으로 유통되었다. 예를 들어 18세기 소위 계몽주의 시기, 오스트리아 출신 의학자 프란츠 안톤 메스머(Franz Anton Mesmer, 1734~1815)는 인간에게 동물자기(animal magnetism: 메스머리즘[Mesmerism]이라고도 칭함)가 있음을 주장하며 이를 이용하여 질병을 치료하는 의사로 활약했다. 그는 우주의 모든 물체를 관통하는 극도로 미세한 유체(fluid)가 존재하는데 이것이 중력을 매개하기에 행성들이 진공 상태에서 서로를 끌어당길 수 있다고 보았다. 그리고 질병이란 신체를 통과하는 이러한 유체의 흐름에 장애가 생겨 야기된다고 주장했다. 시각적으로는 볼 수 없었지만 힘의 형태로 경험 가능한 전자기력을 동원한 그의 치료술은 귀족들을 포함하여 대중들에게 큰 호응을 얻어 과학기술을 이용한 치료법으로 널리 수용되었다.[8]

그렇다면 전신은 어떠했을까? 전신 기술 또한 서양에서는 과학기술 자체로서보다는 종교적 현상, 즉 매혹적인 신비로 수용되었다. 1861년 11월 *Harper's Weekly*의 뒷면에는 최초로 대륙 횡단의 전신선이 개통된 것을 축하하는 이미지가 실린다. 이 그림에서는 천사가 전해야 할 글을 들고 전신선 위를 가볍게 걷는 듯 나는 듯 하는 장면이 묘사되어 있다. 이를 단순히 일종의 비유로 볼 수만은 없는 것이, 서양인들이 전신 기술을 접했을 때 쉽게 떠올릴 수 있는 종교적 상상을 잘 반영하고 있기 때문이다. 서양에서 '천사'는 정신적인 것과 물리적인 것, 신적인 것과 인간적인 것을 쉽게 연결시키는, 육체의 한계를 뛰어넘는 존재의 상징이었다. 전신의 초월적이고 신비로운 성격은 심령주의(Spiritualism)의 확산을 자극하여 전신의 발전과 더불어 급속도로 파급된다. 또한 유니버설리스트 교회(Universalist church)를 떠나 심령주의로 넘어간 목사 스피어(John Murray Spear, 1804~1887)의 경우 전신의 발전상을 경험하며 미래에는 글로벌한 차원에서 인간들의 상호 소통의 조화로운 삶, 즉 유토피아가 현실화될 것을 대망했다.[9] 과학기술이 문명화, 선진화에 필수적이라는 담론에서 한 걸음 더 나아가 이렇게 인간의 삶에 근본적으로 어떠한 변화를 초래할 것인지에 대한 고민은 동서양을 막론하고 종교적 차원에서 다양하게 전개된 것이었다. 하지만 이러한 신기한 경험들을 종교적으로 수용하는 방식은 각 종교마다 다르게 나타났다.

이 글에서 우선 한국 개신교가 과학기술을 어떻게 수용했는지를 살펴본 후, 천도교는 과학기술의 문제를 어떻게 종교적으로 해석하고 수용했는지를 검토하고자 한다. 마지막으로 한국의 종교인 개신교와 천도교의 수용에서 드러난 원형적 측면들이 무엇이었고 그 의미는 무엇이었는지를 결론을 통하여 살펴보고자 한다.

2. 테크놀로지: 피조된 인간이 만든 작품

대한제국 시기 기독교계의 대표적인 주간신문 〈죠션 크리스도인 회보〉 1897년 2월 17일자 논설에서는 말로 다할 수 없을 만큼 경이로운 문명의 이기들의 경이로움에 대해 논한다. 그러나 이것들이 아무리 놀라워도 결국 인간이 만들어낸 것에 불과하다는 점이 강조된다.

> 대개 이세상에 여러가지 긔이흔 긔계가 만흐나 우리눈으로 지금 보는 것 멋가지만 말ᄒ노니 ᄌ명종이라 화륜션이라 화륜거라 비거라 뎐긔션 이라 뎐긔등이라 ᄒ는것시 잇스니 이여섯가지 긔계를 보거드면 춤 긔긔 묘묘ᄒ여 입으로 다말ᄒ슈 업스나 불과 사름의 지혜와 ᄌ죠로 ᄆ든것시 라.[10]

이는 개신교의 기본 입장이라고 할 수 있는 계시신학적 입장에서 과학기술을 바라보고 있기에 나오는 결론이다. 문명의 놀라운 이기들에 대해 경탄할 수밖에 없지만 결국 실존적 입장에서부터 바라본다면 이 과학기술의 산물들 또한 결국 하나님의 섭리에 의해 인간을 통해 피조된 것들에 불과하다.

1901년 7월 18일자 〈그리스도신문〉의 "뎐긔론"이라는 글에는 이러한 계시신학적 입장을 더욱 구체적으로 발견할 수 있다. 저자는 먼저 전차에 감탄하는 사람들의 반응에 대해 상술한다. 빠른 전(기)차는 "짐이 무거운줄도 알지 못하고 곤한줄도 알지 못하고" 자주 왔다갔다하는데 "끄는 이도 없고 미는이도 없음으로 처음보는 자들이 이상이 여겨 혹은 말하되 참 조화라고도 하고 혹은 말하되 웬셈인줄 모르겠다고도 하고 혹은 말하되 말세가 되니까 별괴이한 것이 다 난다라고도 하니 일언이폐지하고 처음 보는 사람은 누구든지 이상하다 아니할 수는 없도다".[11] 그리고 나서 전차가 작동하는 근본 이치는 바로 전차가 매달려 있는 전깃줄이고 전기는 전기회사로부터 온다는 원리를 바로 신앙의 원리와 연결시켜 설명한다.

> 누구 던지 수레 든니는 리치를 알냐ᄒ거든 머리를 숙여 싸흘 보지 마시고 머리를 드러 우흘쳐 보시오 우헤 쇠줄이 잇는거시 맛치 힘도 업서 보이고 버린 물건 ᄀᆞᆺ허보이나 그러나 그줄이 동대문안 던긔회샤에셔브터 시작ᄒ여셔 긔운을 통ᄒ는디 데일 요긴ᄒ거시라 사름이 아모리 수레를 묘ᄒ게 믄드러 안팟슬 졍쇄ᄒ게 ᄒ고 그 가온디 됴흔 걸상에 빗난 요를 펴노핫슬지라도 이줄이 ᄒᆞᆫ번 쓴허지면 활동ᄒ는 물건이 되지 못ᄒ고 버린물건이 되어서 그 자리에 서서 잇슬 ᄲᅥᆫ이오 아모리 낡고 오랜 수레라도 이 긔운만 통흘 것ᄀᆞᆺᄒ면 잘 갈수 잇느니 이 긔운인즉 약ᄒ고 부드러온거시 아니오 심히 강ᄒ고 위틱ᄒ야 사름의 쟉란가옴이 아니라 만일 잘못쓸 것 ᄀᆞᆺᄒ면 곳 죽는거시어니와 잘 쓸것ᄀᆞᆺᄒ면 지극히 편리흔 긔계가 되는거시오[12]

전깃줄 외에 전차가 제대로 달릴 수 있는 데에는 바로 전차가 달릴 수 있는 철로가 설치되어 있는 까닭이다. 저자는 이렇게 전차가 제 갈 길을 달리는 이치를 그리스도를 믿는 자들에 대한 비유로 읽어내어 삼위일체와 신자 그리고 천상으로까지 확대하여 해석하고 있다. 전차 철로는 예수의 도를 가리키고 전깃줄은 하나님과 직통으로 연결된 통신줄이니 전차의 차인 신자는 하나님과 주의 인도하에서 "바른길"로 나갈 수 있다. 더 나아가 성령은 마치 사람들이 전차가 운행되는 것을 신묘하게 여기나 그 이치를 시각적으로 볼 수 없는 것에 비유하며, 전기회사는 주께서 거주하는 천상을 가리킨다는 것이다.

또 이 수레가 그 긔운 리치의 신묘ᄒᆞ거슬밋지 아니ᄒᆞ는 사람이라도 잘 틱우고 ᄃᆞ니ᄂᆞ니 이 수레 박회가 흙우헤로 ᄃᆞ니ᄂᆞᆫ거시 아니오 뎔로우ᄒᆞ로만 ᄃᆞ니ᄂᆞᆫ거지 못ᄂᆞᆫ고 더딘거시니 이거슬 보고 싱각ᄒᆞ면 셩경 리치가 더욱 명빅지 아니 ᄒᆞ냐 비컨딕 이 수레ᄂᆞᆫ 밋ᄂᆞᆫ쟈를 ᄀᆞᄅ침이오 가ᄂᆞᆫ 길은 쥬의도를 ᄀᆞᄅ침이오 우헤잇ᄂᆞᆫ 쇠줄은 하ᄂᆞᆫ님 아바지로 더브러 소식을 서로 통ᄒᆞᆫ 길을 ᄀᆞᄅ침이니 곳 긔도를 응홈이오 이샹이 넉이면셔도 긔운을 눈으로 보지 못 ᄒᆞᄂᆞᆫ거슨 셩신을 ᄀᆞᄅ침이오 긔운을 예비 ᄒᆞᄂᆞᆫ 뎐긔회샤 집은 하늘을 ᄀᆞᄅ침이니 곳 쥬 ᄭᅦ셔 계신딕를 응홈이라 우리 사람의 눈으로는 셩신을 보지 못ᄒᆞ고 그 힝ᄒᆞᄂᆞᆫ 것만 볼 쑨이니 쥬의 도를 알고져 ᄒᆞᄂᆞᆫ쟈여 싸흘보지말고 하늘을 볼지어다[13]

저자는 결국 아무리 "미천한 사람"이라도 기도하여 성령을 받으면 하나님의 "권세"하에 머물러 잘 살아갈 수 있다는 결론을 내리고 있다. 거듭 강조되는 것은 인간은 만물을 주재하는 하나님의 권능하에 머물러야 한다는 것으로서, 과학기술의 산물에 대해 고찰해보기보다는 기독교 신자로서의 신앙을 위한 비유적인 차원에 머물러 해석하는 경향을 보인다. 좀 더 창조적인 종교적 상상력으로 나아가지 않는 이유는 앞서 언급한 계시신학적 입장과 더불어, 과학기술이 발달한 서구에서 발달하고 부흥한 선진 고등종교라는 기독교의 자기 확신 또한 하나의 이유가 될 것이다. 과학기술에 대한 찬양은 바로 기독교에 대한 찬양과 등가로 이해되었는데, 기독교는 과학기술이 발달한 서구 선진 문명의 정신적 근간이 되는 종교라는 자기 인식을 매우 공고했기 때문이다.

탁사 최병헌(崔炳憲, 1858~1927)의 전보학, 전보, 전화에 대한 언급 또한 이러한 이해 선상에 서 있다. 최병헌은 구한말 한학에 능통한 선비였으나 삼십대 중반 자발적으로 기독교에 입문하여 감리교 정동교회 최초의 한국인 목사로 활약했던 인물이다. 유불선에 비해 기독교의 우위를 변증하는 그의 글 『성산명경』(1909)에서 주인공 신천옹은 유교를 옹호하는 진도가 천당지옥과 독생성자 예수 그리스도의 존재를 부인하는 것이야말로 전보학에 무지하면서도 영이 교통이 불가능하다고 주장하는 것과 다를 바 없다고 주장한다. 전신과 영의 통함이 전혀 상관없다고 생각하는 현대인들에게는 매우 낯설고도 미신적으로 느껴지는 주장이지만, 신천옹의 이러한 주장에 진도는 설득 당한다.

> 몃십년전에 션싱이 만일 셔양졔국에 드러가 뎐보학을 졸업ᄒ고 도라와 우리의게 말ᄉᆞᆷᄒ기를 털사ᄒᄂᆞ만 공즁에 ᄆᆡ고보면 말리빗긔 소식을 삽시간에 통홀거시오 몃쳔리밧게 셔로말ᄉᆞᆷ을듯고 수작ᄒ며 털사가업시도 쇼식을 통ᄒᄂᆞ 법이잇다 ᄒ면 우리가 션싱의 말ᄉᆞᆷ을 밋으릿가 반ᄃᆞ시 반ᄃᆡᄒ되 쳔리마가 잇더래도 쳔리밧게일은 ᄒ로만에 통홀거시오 사름이 빅보밧게셔도 말을 서로 듯기어렵거든 엇지 말리에 소식을 삽시간에 알며 쳔리밧게 말ᄉᆞᆷ을 셔로드르리오ᄒ야 밋지아일지니 그 리치가 잇다ᄒᆞᆷ은 뎐보학 공부를 졸업ᄒᆞᆷ이요 그 리치가 업다ᄒᆞᆷ은 뎐보션과 뎐화긔를 보지못ᄒᆞᆫ 연고라 오늘날 션싱이 텬당디옥이 업다ᄒ며 독싱셩ᄌ

예수그리스도가 엄다흠이 엇지 뎐보학을 모로고 령통흠이 리치 밧기라
흠과 무엇시 다르리요[14]

기독교의 뛰어남을 변증하기 위해서 최병헌은 서구 과학기술의 우월함
과 서구의 유명한 정치가와 군인들을 거론하며 진도는 "셔국의 문명흠이
실노 예수교 덕화의 밋친바라"라고 감탄하며 기독교 신자가 된다. 이 외
에도 『성산명경』에서 신천옹이 도교의 백운에게 인간의 마음에 대해 설
명할 때 전신의 비유를 드는 장면이 있다. 이때 두뇌의 전보사가 전보선
을 통해 들어온 외부 자극을 받아 육체의 주인이 되는 영혼에 소식을 전
하면, 영혼이 바로 답전보를 보내 적절한 반응을 하도록 지시한다는 것
이다.

사름이 하ᄂ님의 ᄌ유권리를 픔부ᄒ야 밧은고로 령혼이 흥샹 일신의
군쥬가되야 ᄉ지빅톄를 긔계와 하인갓치 부리나니 사람마다 두뇌에 명
오(明悟)와 긔흠(記念)과 뎐보ᄉ(電報司)가잇셔 ᄉ지빅톄에 지극히 져근
혈락(血絡)으로 뎐보션을 마련ᄒ엿ᄂ지라 그런고로 우리몸에 직은 가
시 ᄒ나히 찌르던지 벼록ᄒ나이 물찌라도 뎐보션이 곳뇌두로 보명보명
ᄒ야 알게ᄒ면 령대에 계신뎐군이 곳 답뎐보를 발ᄒ야 환란을 막으ᄂ는
고로 위틱흠과 압혼거슬 피케ᄒᄂ거시라[15]

이처럼 개신교에서 전신, 전화, 전차와 같은 문명의 이기들은 놀라운
것으로 여겨지되, 그 기술 발달의 원인을 기독교로 돌리고 있기 때문에
주로 신자의 신앙을 증진시키기 위한 비유로서 풀이되고 있는 경향을 발
견할 수 있다. 또한 전신, 전화 등의 기기들이 작동하는 모습을 통해 전기
력의 전달이란 결국 보이지 않는 성령의 작용이나 하나님으로부터 오는

영적인 교신이 가능하다는 종교적 확신을 더욱 강화해가는 모습을 보여준다. 과학과 과학기술에 대한 근본적인 성찰보다는 조선을 문명화해야 한다는 긴박한 요구를 위해 기독교 포교를 위한 수단으로서 당시로서는 최첨단의 과학기술이 하나님과의 교통과 인간에 대한 이해를 위한 세련된 비유를 위해서 이용되고 있는 것이다.

여기에서 우리는 자연을 창조주의 피조물로 바라보며 자연으로부터 본질적 의미를 해석하지 않는 계시신학의 관점이 초기 개신기독교의 과학 이해 속에서 강하게 드러남을 확인할 수 있다. 과학문명의 발전을 인간 삶의 실질적인 진보나 종교적인 성숙으로 보기보다는 과학문명의 발전을 종교적 유비 속에서 해석하는 경향이 초기 개신교의 중요한 특징으로 보인다.

그러나 이러한 관점이 새로운 과학기술의 적극적인 사용을 저해하지 않았다. 이는 첫째, 에덴동산에서의 죄로 인해 하나님과의 관계가 깨어지고 피조 세계의 본래의 조화로운 창조질서가 무너져버린 상태에서 인간은 자연적 이성으로는 하나님의 계시를 받을 수 없는 존재가 되어버렸다. 따라서 인간은 자신의 이성으로 자연세계의 무한한 가능성을 끊임없이 탐구함으로써 하나님의 신비와 계시를 스스로 발견해야 한다. 이러한 사명이 바로 과학기술에 대한 적극적 도입과 사명을 더욱 강화했다. 둘째, 서구 문명과 신과학기술이 선교사들에 의해 적극적으로 소개되었으며, 젊은이들은 선교사들이 세운 학교에서 수학과 과학을 배웠으며 해외 유학의 기회까지 얻을 수 있었다. 특히 이러한 서양 선교사들의 교육, 의료 사업을 통해 개신교 진영에서는 과학자와 의사들이 많이 배출될 수 있는 여건이 조성되어 있었다.[16]

이러한 한국 초기 개신교의 사유는 1910년 말 이후로 과학의 도전을 심각하게 받아들이면서 신학적으로 그 대응 논리를 펴나가기 시작한다.

과학적 발전에 대한 종교적 사유와의 유비적 동행, 혹은 기독교를 신앙함은 곧 과학기술문명으로의 진입을 동반한다는 개신교의 정체성이 과학적 합리성에 대한 비판적/적극적 해석과 수용의 대립적 양상으로 이루어진다. 그리고 보수적 세력과 진보적 세력의 과학에 대한 기본적 입장이 뚜렷이 상반된 입장으로 전개된다.

3. 테크놀로지의 진화와 천도교의 해석학

천도교는 수운 최제우(水雲 崔濟愚, 1842~1864)에 의해 창시된 동학(東學)의 유산을 계승하면서 의암 손병희(義菴 孫秉熙, 1861~1922)의 지도하에 1905년 근대적 종교로 개신함으로써 시작되었다. 천도교는 한국 근대사에서 매우 중요한 역할을 담당하였다. 일제강점기 많은 지식인들이 천도교에 투신하여 포교 활동은 물론 독립운동과 민중 계몽운동에 힘썼기에 1910~20년대에는 그 교세가 삼백만에 달하기도 했다. 그러나 일제의 지속적인 탄압, 손병희의 죽음 이후 시작된 천도교 내부의 신구파의 갈등, 그리고 결정적으로 남북의 분단으로 인해 천도교의 주요 인물들이 대거 북으로 가면서 남한에서의 천도교의 교세는 급속하게 줄어들고 말았다.

천도교의 기본 정신은 내 안에 한울님을 모시고 있다는 시천주(侍天主), 사람이 곧 하늘이라는 인내천(人乃天), 한울님을 섬기듯 사람을 섬기라는 사인여천(事人如天)으로 축약될 수 있다. 천도교에서는 이처럼 신인을 구별하지 않았으며 인간이야말로 대우주의 영성이 그대로 표현된 존재라고 믿었다.[17] 특히 물질과 정신의 이분법이 아닌 양자의 통합이 끊임없이 강조되었다. 우주가 물질과 정신의 양자로 성립된 것과 같이 세상

만물 또한 정신분자와 물질분자의 조화로 이루어진 것이며 천도교야말로 영육쌍전(靈肉雙全)의 종교로 선포되었다.[18]

초기 단계에서는 유불선을 종합하는 가르침으로서의 천도교의 정체성이 강조되었으나[19] 1920년대로 들어서면서 세계적으로 진행되는 새로운 종교운동과 종교통일운동의 흐름에 주목하고 이를 종교의 진보, 진화로 바라보면서 세계적인 종교로서의 천도교를 대망했다. 천도교인이자 독립운동가로서 활약했으며 생애 후반에는 천도교 신파가 창립한 조선농민사(朝鮮農民社)에서 민중 의식 개혁 운동에 참여했던 김병준(金秉濬, 1876~1939)은 지고한 큰 진리의 종교에 그보다 못한 여타 종교들이 결국 흡수, 소화되어버릴 것이라고 전망했다. 이는 전기나 가스등이 태양빛에 무력하고, 아무리 길고 큰 강이라도 바다에 귀속될 수밖에 없는 것과 같은 "자연의 세"라고 진단한 것이다.[20]

그러면 이 종교통일의 주인공될 자는 누구일가? 그는 오직 천지만파의 모든 종교를 초월하야 가장 무상(無上)한 이상 무상한 주의, 즉 그 이상 더 놉히려 하여도 놉힐 수 없고 더 넓히려 하여도 넓힐 수 없는 진리를 가진 그 종교가 안이면 안될것이다. 이에 만일 그런 종교가 잇다 하면 세간의 죽두목설(竹頭木屑)라 가튼 모든 교파는 다 그에게 흡수되며 소화되고 말 것이 겟다 비(譬)컨대 전기와사(電氣瓦斯)가 밤에 잇서서는 비록 경경(耿耿)의 빗을 다토나 태양에 비취워셔는 다시 붉고 풀은 그 본색을 차즐 수 업스며 장강대하(長江大河)가 못헤잇서서는 비록 왕왕(汪汪)의 세를 자랑하나 대해에 들어가셔는 다시 맑고 흐린그 본질을 갈일 수 업는 것과 갓다. 아─사람이 곳 한울이라는 최고진리를 가진 그 종교! 과연 오늘날의태양이며 대해 일진져![21]

이러한 전망을 펼치기 전에 김명호는 특히 바하이교의 근본교의 12조를 언급하며 전적인 동의를 하는데 그 교의 중 하나인 "종교는 과학과 이론과 일치"한다는 점을 주목한다.[22]

이는 앞서 언급한 개신교의 과학에 대한 관점과는 뚜렷이 대비되는 입장이다. 19세기 말에서 20세기 초 기독교를 제외한 이슬람, 힌두교, 불교의 개혁운동, 그리고 새로운 종교운동의 특징은 바로 자신의 종교와 과학과의 일치를 주장했다는 점이다. 이는 당시의 정황인 소위 기독교 국가로 인식된 서구의 제국주의 식민주의 정책에 대한 저항과 더불어 기독교를 극복해야 할 종교로 바라본 시대적 정황과 맥을 같이한다. 기독교에 대한 비판은 19세기 말부터 시작되었으나 특히 세계 제1차 대전 이후로 거세게 일어났으며 서구 지식인들의 서구 과학문명과 기독교에 대한 자기비판과 비서구 지식인들의 서구 비판과 과학에 대한 성찰이 함께 만나면서 더욱 심화되었다. 특히 비서구의 종교 지도자들이 가장 날카롭게 비판한 것은 기독교의 비과학성, 미신성이었다.[23] 이러한 기독교 비판은 당시 새로운 종교운동들이 공유하는 공동의 노선이었다. 신지식의 수용에 앞장섰던 천도교의 리더들 또한 타 종교와 무속에 대해 철저한 비판을 가하였으며 기독교의 미신성 또한 거듭 지적했다.[24]

천도교의 과학과 과학기술에 대한 이해는 철저히 인간 중심이며 합리적인 설명 방식을 따르려고 한다. 그러나 물질과 정신, 즉 과학과 종교는 늘 함께해야 한다는 입장이기에 양자는 상보적이며 때로는 융합된 방식으로 드러난다. 또한 동학의 후천개벽(後天開闢) 사상을 진화론과 결합시켜 과학기술이 눈부시게 발달한 후천의 지상천국을 그리기도 한다. 과학기술을 과학기술 그 자체로 보기보다는 인간 정신력의 산물이자 과학기술의 발달을 인간 영력의 발달로 바라보는 것은 따라서 천도교의 문명 인식의 한계이기보다는 종교와 과학이 함께 가는 것을 꿈꾸며 드러난 종교적 상상력으로 볼 수 있다.

또한 천도교에서는 종교를 부정하는 "인위적 과학"을 경계하고 인류의 평등과 평화의 새 시대를 열어갈 "우리의 신생활에 필수될 정신 또는 자연과학의 향상발달"을 강조하였다.[25] 우리는 이러한 천도교의 이해에서 기존 종교의 한계를 극복하려 함과 동시에 유물론적인 과학주의와 인류의 평화를 저해하는 과학기술 남용에 대한 비판 의식을 발견할 수 있다. 이를 염두에 두고 전신, 전화, 전차와 같은 과학기술에 대해 천도교가 어떠한 종교적 수용 양상을 보이는지 살펴보도록 하자.

1) 과학은 인간 정신력의 산물

근대 시기 고급 과학기술자 윤주복(尹柱福, ?~?)은 『별건곤』에 기고한 "가정응용전기상식1(家庭應用電氣常識 一)"에서 전기력을 사용하게 된 것을 하늘의 형벌로 인식되던 벼락이 과학지식의 괄목할 만한 진보에 힘입어 인간의 수중으로 떨어진 사건으로 표현한다. 그는 전화, 전신의 사용으로 인해 지구의 면적이 축소되었고, 전등의 사용으로 인해 태양의 위엄이 무너졌으며, 라디오, 전기축음기, 무선전송 활동사진기인 텔레비전 등의 발명으로 인해 전기력은 현대인들에게 절대적인 위력을 발휘하고 있다고 역설한다.[26] 벼락이 "인류의 상중지물로 정복"된 것을 과학기술의 발전으로 돌리는 윤주복의 이해는 당시 식자층의 전기에 대한 일반적 이해라고 할 수 있다.

같은 잡지의 1932년에 실린 조강산이라는 천도교 신자의 글은 무선전신이라는 놀라운 기술의 개발을 과학기술의 진보 덕택으로 보기보다는 인간 정신력의 산물로 바라보는 천도교의 기본적 이해를 단순하게나마 반영하고 있음을 보여준다.

모-루스가 전신기를 발명한 것이 인류에 큰 행복이 되엿습니다. 그러나 아즉 불행한 것은 설비가 업는데까지 통신을 못하는 것만은 유감입니다. ……줄이업시 전신할 수가 엄슬가? 하고 머리를 만이 썩엿습니다. 과연 생각속에서는 안나오는 것이 업습니다. 우주의 모든 것이 마츰내는 사색하는 사람의 머리속으로 들어오고야 말것입니다. 우주의 신비는 마츰내 지식속에서 공개되고야 말것입니다. 지식속으로 들어오지 안는다는 우주의 공간 시간도 필경은 들어올 날이 잇스리라고 단언합니다. 줄이 업시 전신을 하얏스면 조켓다고 생각한지 얼마 안 되어서 무선전신은 필경되고야 말앗구려.[27]

이러한 이해는 이미 십 년 전인 1922년 『천도교회월보』에 실린 연포(然飽)의 글에서도 동일하게 나타나고 있다: "우리 인생은 과연 만능(萬能)하니라. 오인(吾人)이 진실 마음으로써 대양을 초(超)코저 욕구하엿는지라 곳 기선(汽船)이 발명되엿고 오인이 진실 마음으로써 반공(半空)에 비(飛)코저 욕구하엿는지라 비행기가 발명되엿다."[28]

앞서 언급했던 김명호 또한 기술 진보의 원동력으로 인간의 정신, 마음을 주목했다. 인류가 진보함에 따라 육신적인 물질적 요구가 커지긴 하지만, 결국 인간은 "육신 이외의 희망과 요구가 더욱 크"기에 "육신방면의 요구가 미약"해지고 "심령의 요구가 강렬"해질 것이라고 예측한다. 그는 위대한 물질문명 성립의 배후에는 인간의 심령적 요구가 반드시 있으며, 물질의 근본을 심령으로 정의한다. 김명호는 벤자민 프랭클린(Benjamin Franklin, 1706~1790)이 전기력을 발견한 것을 언급하면서 과학자들이 신비를 알아내고자 애쓴 그들의 "정신력", "심령의 요구"에 주목한다. 위대한 과학적 발명의 배후야말로 인간의 심적 노력임을 강조하면서, 이것을 종교적으로 바라보고 있다.

오늘날의 문명을 물질문명이라하야 모든 것을 심령이외의 것으로 보는 이가 만치만 그러나 이것은 오늘날에 물질노된 그것만 보는것이오 그의 먼먼저의 것을 보지못함이웨다. 가령 프랭크린이 전기력을 발명한 것을 봅시다. 오늘날 전기로 모든 기계가 된 것을 보면 그것이 한갓 물질이지만 발명하는 그날의 프랭크린을 봅시다. 공중에 번쩍이는 귀화(鬼火)가튼 것, 여기에 우리로 아즉까지 알지 못하는 무엇이 잇스렷다. 이것을 좀 알어보자고 애쓴 그의 심리야말로 일점의 물질욕이 업시 자기심령의 요구로 그러한 것이웨다. 무엇이던지 대개 그런것이웨다. 더욱 무엇을 발명하고 발견함에는 심령의 요구가 간절한것이웨다. 또한 우리가 잘 아는 위인들을 보시오. 그들도 역시 심령의 요구가 위인 된 그만치 있습니다.[29]

혁신적인 과학기술의 발명과 체험을 김명호는 물질적인 발전에 대한 경이에서 끝내지 않고 과감하게 인간의 심령으로 끌고 들어온 것이다. 이돈화(夜雷 李敦化, 1884~?)는 위와 같이 인간의 정신력의 산물로서 기술을 바라보는 데에서 한층 더 나아가 정교한 우주론적 논의를 진행했다. 이돈화는 일제강점기하 천도교의 대표적인 이론가이자 언론인으로 일컬어지는 인물로서 천도교의 핵심 교리나 사상의 노선, 역사를 정리해낸 인물이다. 대표적인 저술로는 『수운심법강의』(1926), 『인내천―요의』(1924), 『신인철학』(1931), 『천도교창건사』(1933)를 들 수 있다. 그의 논의는 천도교, 특히 급진적인 신파의 리더들과 맥을 같이한다. 다만 이돈화는 훨씬 과감한 상상력을 동원하였으며 특히 과학기술의 진보와 인류의 진화에 대해 자주 언급한 인물이다. 먼저 그는 신, 전화, 기차, 기선 등을 통해 인간의 영력이 우주만물의 변화를 가하여 현대과학기술의 비약적인 발전을 이룩했음을 확신했다.

원래— 인류의 인류된 진정한 가치는 실로 자기해방과 자연개척에 잇다 하리라. 인류는 일면으로 자기의 고유한 재능을 발휘하며 타일면으로 혼돈한 자연계를 개척함에 딸아 인간계의 발전이 점차 향상진보를 시(始)하엿다. 석기시대는 동기시대로 변하며 동기시대는 철기시대로 변하며 철기시대는 증기시대, 증기시대는 우(又) 갱(更)히 전기시대로 변함에조차 인류의 권위는 일층 그 속도에 가속도를 가하엿다. 그리하야 현대과학은 인간계의 위대한 패권으로 물질적 개조에 독특의 효과를 奏하엿섯다. ……연이나 차(此)는 대체상 해륙의 증력(蒸力), 교통의 발달을 표준함에 불외한 바요 약차(若此)에 전신전화의 가속도, 혹은 기차기선의 가속도를 첨가하고 보면 실로 기십배 혹은 기백배의 가속도를 증가 하얏다 할지라도 과언이 안이니 이 실로 인류의 영력이 자연의 상(上)에 작용하야 천지만물의 변복(變復)을 줌이 안이냐.[30]

2) 기술의 진보는 인간 영적 능력의 진보

특히 이돈화는 과학적 진리를 발견하고 해명하는 것이 종교적 진리와 결코 분리된 것이 아니라고 생각했다. 그는 "일종의 신비적 역(力)이 우주만유를 지배"한다고 보았다. 전기에 전기력이 있고 증기에 증기력이 존재하는 것처럼 사람에게도 동일하게 사람력이 존재한다. 그리고 동식물이 생장하는 힘이 신비력(神秘力)이듯이, 토력(土力)과 화력(火力)은 물론 전기력과 증기력도 그와 동일한 신비력이다. 따라서 그는 만유에는 만유력이 존재하며, 결국 모든 만유력을 총섭하는 이법(理法)을 오늘날의 사람들은 대우주의 만유인력이라 부르는 것이라고 주장한다. 그리고 이러한 '력'을 바로 인간과 연결시키면서 온 우주가 '력'이고, 만유가 '력'이고 인류가 '력'이라는 주장을 펼친다.[31] 그는 '력'의 근원이 무엇인가에 대해 집중하기보다 '력'을 통해 상호 연결된 온 우주의 통합을 상상하고 있으며 특히 우주만물과의 연관 속에 위치한 인간 존재에 그 방점을 두고 있다.

특히 그는 기술문명이 인간을 통해 구현되는 것으로 보아 인간이야말로 새 시대를 열어가는 원동력이라고 보았다. 즉, 천도교는 과학기술로 인한 세상의 변화의 동인을 인간으로 보아, 인간으로부터 비롯된 우주만물의 변화에 대한 긍정적 이해를 그 기본적 입장으로 삼고 있었음을 알 수 있다. 물론 그것은 인간으로부터 우주만물 자연으로 진행되는 일방통행의 결과가 아니다.

1921년의 "인(人)은 과연 전지전능(全知全能)이 될가"라는 글에서 이돈화는 우주를 거대한 활정(活精)으로 그리고 있는데, 흥미로운 점은 "무선전신"을 모델로 삼고 있다는 것이다. 시공의 무한한 간격이 보이지 않는 무수한 선이 연결되어 울려 퍼지고 전해지는 것을 그는 "우주 대활정인 심령계의 현상"이라고 이해한다.

> 사(思)컨대 우주는 시(是)- 대(大)한 활정이니라. 오인(吾人)의 목(目)에 다만 공막(空漠)히 영(暎)하는 공간은 직(直)히 무한의 실물인데 천만년의 후와 금(今)과 억조리(億兆里)의 외와 내에 기천만조(幾千萬條)의 무선전신을 존(存)하며 무현(無弦)의 금선(琴線)을 함(含)하며 종횡으로 상하로 좌우로 사면팔방으로 시(是)에 피(彼)에 향(響)하며 피(彼)에 아(我)에 전(傳)하야 무수의 통신이 왕래함은 시우주대활정(是宇宙大活精)인 심령계의 현상이니라.[32]

이때 이돈화가 무선전신을 단순히 비유적인 표현으로 사용하는 것 같지 않다. 그는 무선전신이라는 통신기기를 기반으로 하여 만물을 생성하는 정기 활동과 심령계의 현상을 과학적으로 확신한 것으로 보인다.

3) 테크놀로지의 진보와 인간과 우주의 융합

이돈화는 1929년 『별건곤』에서 무선전신, 무선전화, 라디오를 가지고 현 우주의 탄생 이전의 천억만 년 이전의 신화를 펼쳐내는 단편소설을 썼다. 1인칭 화자는 세상 물정에 무지한 노인[無何翁]에게 진화론에서 말하는 우주 탄생, 그 이전의 이야기를 들려준다. 이 글은 상당히 난해하고 황당 무계한 내용으로 보일 수도 있다. 하지만 이돈화는 물질과 정신의 놀라운 발전을 통해 전 세계의 인류가 반목 없이 화합하여 국가나 인종 간의 경 계마저 무너지는 새로운 지구적, 우주적 차원을 전망하며 이를 '새로운 신화[新神話]'라고 이름 붙이고 있다.[33]

이돈화는 고대인의 신화가 비록 미신적이었다 하더라도 인간이 하늘과 상호 연결되었음을 상기시키는 기여를 했음을 언급했었다. 그가 자신의 단편소설을 "신신화"라고 명명하는 것으로부터, 우리는 그가 과학적 사 실을 기반으로 하여 과학기술과 인간 진화의 새롭고 무한한 가능성을 제 공하는 현대적인 신화를 펼치고자 하는 것이 아닌지 추측해볼 수 있다. 만약 이러한 이해 없이 그 내용만을 놓고 보면 이돈화가 황당무계한 이야 기를 하고 있으리라는 인상을 받기 때문이다.

"신신화— 개벽이전"의 간단한 줄거리는 이와 같다. 화자인 나는 무하 옹에게 비밀 이야기를 들려준다. 그러나 무하옹이 이 이야기를 거짓말 로 듣는다면 생명을 잃을까 하여 원래의 엄청난 이야기를 제외한 현대인 에게 수긍될 만한 이야기를 들려주기로 결심한다. 나는 니체의 영겁회귀 (Ewige Wiederkunft), 즉 "우주의 영원한 윤회"를 언급한다. "……우리가 오 늘날 생각하는 우주라든지 이 세상이라는 것은 이 무궁한 우주로 보면 멧만겁인지 몰우게 꼭 가튼 사실이 조반(繰返)되고 조반되얏다는 말임니 다."[34] 그리고 나는 과거, 현재, 미래라는 시간을 넘어서는, 당대 과학이 말하는 우주 탄생 그 이전 시간의 이야기를 노인에게 들려준다. 이 개벽

이전의 시기는 이미 우주의 진화가 끝난 상태로서, 인간이 현재 경험한 것보다도 훨씬 더 놀라운 세상이 펼쳐진다.

여보 무하옹영감— 영감께서 기차도 타보고 기선도 타보고 전차 자동차도 타보고 비행기까지 구경하지 안으셋소. 그만하면 이 세상이 얼마나 진보되얏는가를 알 수 잇지요. 우리가 백년전 이백년전 일을 생각하야 보고 오날날 세상을 비교하야 보면 꿈에도 생각지 못하리만치 되지 안엇소. 그러나 영감 이까지 문명가지고는 내가 지금 말하는 세상하고는 도저히 대조가 되지 안습니다. ……저 세상에서는 비행기가튼 그러한 둔한 기계는 어린 아해들의 작난박게 되지 안습니다. 저 세상에서 쓰든 교통기계로 한 예를 들어 말하면 소의 라듸오차라는 것입니다. 라듸오차를 타고 이 대우주를 빙- 돌아당겻다는 엄청난 말임니다.[35]

라디오차는 무선통신의 원리를 기반으로 하여 우주를 가득 채우고 있는 전기 기운을 통해 이동하는 교통장치이다. 라디오차가 무엇인지 노인에게 설명하고자 무선전신의 원리를 설명하던 화자는, 언젠가는 무선전화의 등장 또한 가능할 것임을 예측한다.

여보 영감 이 근년에 만히 성행하는 라듸오라는 것을 들어보앗지요. 런던서 하는 소리나 뉴욕서 하는 소리를 아모 줄이나 아모 관계도 업시 나팔통 가튼 구멍 하나 가지고, 들을 수 잇지 안소. 그것은 무슨 이치인고 하니 이 우주라는 큰 공간속에 전기라 하는 기운이 가득 찬 까닭에 무선전신이라는 것이 이것을 이용하야 생긴 것임니다. 보통 전신이 철선을 통하야 전기를 보내는 것과 가티 무선전신은, 공중의 전기를 진동시켜 가지고 서로 통신을 하게 되는 것입니다. 무선전신이 무선으로 통하는 것과 가티 무선전화도 무선으로 될 수 잇지 안켓습니까. 이 이치를 미루어 맨든 것이 라듸오라는 것입니다. 말하자면 라듸오는 공중전기의 전파작용을 이용하야 소리를 보내게 되는 것입니다. ……라듸오차라는 것은 이 공중 전기의 전파적 작용을 이용하야 가지고 맨든 것입니다. ……저 세상 사람들은 이 라듸오차를 타고 대삼천(大三千)세계를 여행하기를 우리들이 지금 기차를 타고 세계일주를 하는 것보다도 더 안전하고 더 용이하엿습니다.[36]

같은 공간에 있지 않은 원거리의 사람과 전기의 힘을 통해 통신, 통화하는 현실은 이돈화의 종교적 감수성을 매우 깊고 원대하게 촉발시켰다. 그는 여기에서 '라디오차'와 고도의 인간 진화를 상상하면서 결국에는 전 세계와 전 우주가 하나가 되는 대망을 그리고 있다.

그런데, 저 세상 사람들은 공기를 먹지 안코도 살 수가 잇섯든가요.

그러습니다. ……양서류는 물에도 살 수 잇고 물 업는 육지에서도 살 수 잇슴과 가티 저 세상 사람들은 생리적 육체가 끗까지 진화된 까닭에 공기중에도 살 수 잇고 공기가 업는 에-텔 가운데에서도 살 수 잇섯든 것입니다.
그러면 저 세상에도 국가라 하는 구별이 잇섯든가요.
안이오. 저 세상에는 네 국가 내 국가라는 구별이 전혀 업서지고 말엇습니다. ……저 세상 사람들은 이 조고마한 지구라는 것은 한 동내모양으로 알게 되얏스니까…국가라는 것이 잇슬 필요가 업게 되얏습니다. ……이제 한 예로써 화성계의 시집가든 이약이나 한마대 할가요. ……

지금 우리 사는 세상에서는 동양 사람이 서양 사람과 혼인을 한다면 누구든지 기이한 일처럼 생각하지 안슴니까? 그런데 저 세상에서는 지구라는 것이 한 동내와 가티 축도(縮圖)된 것임으로 서양사람과 동양 사람 새이에 서로 혼인을 하는 것은 한 동내사람이 동내사람과 혼인하는데서 지내지 안이하고 이 성구(星球)사람이 저 성구사람과 혼인하게 되는 에는 얼마든지 잇섯슴니다.[37]

첨단의 교통통신기술이 결합된 라디오차와 그것을 사용하는 진화된 인간은 국가와 국가 사이의 경계의 필요성을 허물고, 지구와 다른 행성 사이의 거리를 허물어 전 우주적 통일을 이룬다는 이야기는, 단순히 망상이나 문학적 상상력으로 치부하기 어렵다. 신과 인간, 정신과 자연, 종교와 과학을 통합적으로 바라보고 있는 천도교는 인류의 평등과 자유 그리고 해방, 더 나아가 전 인간과 전 우주의 합일이 언젠가 반드시 이루어질 것이며, 천도교가 바로 그 미래를 열어가는 종교라고 확신했기 때문이다.[38]

4. 테크놀로지와 종교적 상상력

이 글에서는 19~20세기 천도교와 개신교가 최신 테크놀로지를 어떻게 종교적으로 수용하고 있는지에 대해 헤아려보았다. 개신교와 천도교 양측에서 발견할 수 있는 중요한 공통분모는, 모두 자연의 질서와 과학기술 문명의 새로운 변혁을 종교적으로 변증, 해석하고자 노력하였다는 점이다. 즉, 과학기술의 눈부신 발전 속에서 발견되는 자연의 진리로부터 그 종교적 진리를 비유적으로 적극적으로 해명하고자 하는 시도가 그 중요한 특징이라고 말할 수 있다.

그러나 당시 개신교의 관점에서는 자연적 진리와 과학문명의 발전에서 종교적 진리와 가치를 해석해내는 작업은 유비적 차원에서 진행되었다. 세상 만물은 창조주 유일신 하나님에 의해 피조되었다는 기본적 관점하에서 인간의 테크놀로지의 발견과 활용은 하나님의 계획하에서 이루어진 것이다. 따라서 과학기술을 활용하여 인간은 하나님께서 계획하신 창조질서의 원리와 그 계시를 발견하고자 노력해야 함에 집중하고 있었다.

천도교에서의 경우는 이와는 달리 과학기술의 발전을 인간의 고유한 능력의 발전으로 바라보고 있으며 종교적 진리와 자연과학의 발전 사이의 연속적 관계를 주목했다. 따라서 천도교에서는 자연과 종교의 직접적 연관성을 해석해내려는 노력이 적극적으로 진행되었다. 천도교 지식인들은 테크놀로지의 비약적 발전을 목도하고 경험하면서 특히 당시의 진화론적 사고방식을 수용하여 지속적 향상 및 진화를 확신할 수 있었다.

인간의 원죄성으로 인한 자유의지의 한계 속에서 하나님을 의지해야 한다는 기독교와 달리, 천도교에서는 인간의 자유의지를 매우 긍정하고 있음을 발견할 수 있었다. 과학기술의 발전이 인간 사회의 통합과 평화를 지향할 것이라는 종교적 상상력은 과학기술에 대한 낙관적인 전망과 기대를 잘 보여주고 있었다. 이때 과학기술은 인간이 무한한 자연 및 한울님과 하나가 되는 우주적 통합을 이뤄내는 데에 있어 필수적인 매개로 인식되고 있다. 흥미로운 것은 과학기술의 진보와 인간 진화를 유비적으로 바라보며 해석하고 있는 점이었다. 이는 현재적 관점에서 당시의 이러한 종교적 상상력이 인간과 과학기술의 공진화를 내포하고 있는 것으로까지 해석 가능할 것이다.

천도교의 과학기술에 대한 종교적 수용을 통해 우리는 과학과 종교의 완전한 대립 관계에 대한 일반적 관점이 더 이상 유효할 수 없음을 재확인할 수 있다. 과학기술의 발전으로 인해 오히려 종교적 우주관과 인간의 종교성의 이해가 확장되는 모습을 발견할 수 있기 때문이다. 또한 우리는 천도교가 단순히 일제강점기에 민족의 독립과 자강을 위해 사회정치적으로 활약한 '민족종교'였다는 기본적 이해에서 한 걸음 더 나아가야 할 필요성을 발견할 수 있다. 특히 천도교의 인간 이해와 그 우주론은 단순히 동학을 계승한 차원뿐만 아니라, 당대의 과학기술문명의 비약적 발전을 경험하면서 이를 종교적으로 이해하고 수용하며 형성되어간 맥락이 있었음을 확인할 수 있었기 때문이다. 전자기력을 이용한 전신기술과 라디오는 특히 인간의 정신이 온 우주에 널리 퍼져나갈 수 있는 가능성을 열어준 인간 기술로서, 사람이 곧 하늘임을 천명한 천도교가 곧 우주적 종교라는 자기 확신을 확증할 수 있는 물질적 근거가 되었던 것이다.

우리는 근대 시기에 과학기술의 매개를 통해 한국에서의 개신교와 천도교, 그 중에서도 특히 천도교의 종교 경험이 어떻게 변형되고 확장되는지를 살펴보았다. 사실 19세기에서 20세기에는 종교와 과학의 영역이 확고히 분리되어 인식된 시기이기도 하지만, 천도교의 사례에서처럼 종교적 경험이 과학기술의 발전과 그 진보에 대한 전망을 통해 더욱 확장되어 간 시기로서 좀 더 세밀한 검토가 필요한 시기이기도 하다. 종교와 과학의 분리나 혹은 상호 협력 및 융합이라는, 즉 종교와 과학을 확고하고 명시적인 개념으로 설정하고 그것의 관계를 화해해보려는 시도는 이제까지 충분히 이루어져온 것으로 보인다. 하지만 종교가 과학기술의 발전으로 생성된 그 물질적 토대 속에서 그 종교적 체험과 상상력이 변화하는 것이나, 혹은 이러한 종교적 상상을 통해 다시금 과학기술의 발전에 이바지하는 자극의 요소가 된 역사적 사례에 대해서는 아직 많은 연구가 이루어지지 않은 것으로 보인다. 현재 종교학의 흐름 속에서도 '종교'를 어떻게 정의해야 하는가에 대한 고민과 그에 대한 논의가 활발하게 이루어지고 있다. 또한 과학에 대한 연구에서도 과학의 사회적 구성과 공동체적 함의와 가치에 대한 다양한 모색들이 이루어지고 있다. 이는 종교와 과학의 거울로서 인간 삶과 자연의 의미를 더욱 주목해가고 있음을 보여준다.

21세기는 과학기술문명의 변화가 더욱 일층 가속화되는 시대이다. 앞으로 한국의 종교들이 우리 시대에서도 한국 과학문명의 급격한 변동에 대하여 어떠한 방식으로 대응하고 새로운 문화적 공간을 구축해나가는지에 대해 지속적인 연구가 이루어져야 할 것이다. 특히 과학기술을 통해 매개적으로 이루어지는 종교적인 경험을 고찰함으로써 우리는 종교적 경험의 정신적 차원뿐 아니라 그 물질적인 차원에 대해서도 더욱 섬세한 통찰을 얻을 수 있을 것이다.

2장

근대 소리 매체(라디오, 유성기)가 생산한 종교적 풍경

1. 근대적 '이기(利器)'의 출현과 감각적 실천

눈을 감고 생각해보자. 우리는 1930년대 경성 한복판에 있다. 아마도 그곳은 종로, 어디쯤이다. 멀리서 전차 소리가 들리고 양산을 받쳐든 신여성이, 양복을 입은 신사의 팔을 잡고 내린다. 저멀리 기차역으로 가는 자동차가 보이고, 신문팔이는 "신문"을 외치며 돌아다닌다. 카페 앞, 유성기는 재즈 음악을 내보내는 가운데, 멀리서 라디오의 시보가 12시를 알린다.

전차, 신여성, 양복을 입은 신사, 기차, 자동차, 신문, 유성기, 재즈 그리고 라디오. 이 모든 것은 20세기 조선에 등장한 근대적 신문물이다. 한마디로 예전에는 상상도 할 수 없었던 문명의 이기들이다. 그리고 이러한 문명의 이기들은 이른바 근대적 매체로서 우리의 일상생활을 다양하게 구조화하고 재편한다.

이 가운데 유성기와 라디오는 시각적 매체와 더불어 우리의 청각을 재편하고 일상을 구조화한 대표적인 매체이다. 그리고 이러한 청각적 매체들은 소리를 통해, 시각적 매체와는 다른 세계의 입체성을 제시해주었다. 인간은 시각을 통해 하나의 대상에만 주목하지만, 청각은 외부로부터 침투하는 모든 소리를 담아낸다. 그리고 시각적으로 고정된 대상은 그 주변을 둘러싼 소리로부터 구체화된다. 청각은 시각적 경관을 넘어서 또 하나의 풍경이 된다. 다시 말해 "소리의 풍경(soundscape)", 그것은 대상에 대한 표면적 경관을 넘어선 또 다른 풍경인 것이다. 그리고 그러한 풍경의 비밀은 공간을 떠도는 소리로부터 비롯된다.

지금까지 소리에 관한 연구는 소리의 물질적인 특성에 주목하여 연구되어왔다.[1] 하지만 이런 소리에 대한 연구가 단순히 소리 그 자체의 물질적 특성에만 한정되어 연구되어진 것은 아니다. 실제로 소리란 것은 소리를 낼 수 있는 대상이 존재해야 한다. 예를 들어 인간의 목소리에 주목할 때조차도, 소리에 대한 연구는 그 소리를 내는 물질적 대상인 인간의 몸에 주목해야 하는 것이다. 따라서 기존의 연구는 소리가 가지고 있는 물질적 특성뿐만 아니라, 그 소리를 내는 대상에 대한 연구로 집중되어 왔다.

그렇지만 최근 연구는 소리가 단순히 물리적 과정만이 아니라는 점을 강조한다. 다시 말해 소리는 소리를 생산하는 화자와 이를 듣는 청자가 존재해야 한다. 이는 소리가 상호주관성을 가정한 실천 행위임을 나타내는 것이다. 이러한 소리의 상호주관성은 소리가 사회적으로 구조화되고 매개되는 가운데, 특정한 문화의 가치를 포함한다는 것을 의미한다.[2] 이에 따라 소리로 종교를 연구한다는 것은 소리 그 자체의 물질적 특성과 소리를 생산하는 대상, 그리고 이를 듣는 주체 모두를 특정 맥락 속에서 고려해야 한다는 것이다.[3]

이런 의미에서 이 장에서는 라디오와 유성기라는 물질적 대상을 식민지 조선 사회라는 역사적 공간 속에서 살펴보기로 한다. 그리고 이를 통해 이런 물질적 대상들(라디오, 유성기)이 식민지 조선이라는 역사적이고 문화적인 공간에서 어떠한 종교 담론을 생산해내는지를 살펴볼 것이다.

소리는 삶을 구성하는 하층에 숨겨진 형태로 존재한다. 소리는 인간의 이성적인 인식과 다르게, 인간의 감각적이고 정서적인 인식을 구성한다. "소리는 종종 인식되지 않은 숨겨져 있는(subterranean) 흐름으로"[4] 인식의 감각적이고 정서적인 좌표로서 작동한다. 이에 따라 소리매체인 라디오와 유성기를 통해서 종교를 관찰한다는 것은 식민지 조선 사회에 형성된 종교 담론과 그 인식에 관한 감각적이고 정서적인 측면을 고려하는 것이 된다.

이러한 관점에서, 발명품이 아닌 박래품으로서 조선에 출현한 유성기와 라디오에 대한 조선인들의 문화적인 충격, 그리고 이러한 충격과 더불어 발생했던 조선인들의 이 신문물에 대한 상상력과 종교적 감수성을 살펴보면, 이 문명의 이기들이 가지고 있는 매체적(물질적) 특성이 조선인에게 이전에는 경험하지 못한 놀라운 경험들을 제공하였음을 볼 수가 있다. 그리고 그런 놀라운 경험들은 이러한 기계에 대한 찬사와 경이로 확대된다. 또 이러한 문명의 이기들은 단순히 상상력의 기제였을 뿐만 아니라 한 사회의 공적 영역과 사적 영역을 형성하는 주요한 도구이기도 했다. 그러면 유성기와 라디오에 대한 조선인들의 문화적인 충격과 이로 인해 발생한 조선인들의 이 신문물에 대한 상상력과 종교적 감수성이 어떤 것이었는지, 그리고 이러한 매체들이 생산한 종교 담론들이 어떻게 일상을 파고들어 개인의 감각적이고 정서적인 배경이 되어갔는지를 살펴보자.

2. 근대의 소리와 상상력

유성기(留聲機)가 조선에 처음 들어온 것은 1887년이었다고 할 수 있다.[5] 그리고 유성기라는 말은 중국이 1897년 영어 "phonograph"[6]를 대체하기 위해 광고에 사용했던 번역어로, 조선에서 이를 음역하여 사용하였다. 여기에 축음기(蓄音機)라는 말은 1911년 이후 일본축음기상회가 들어오면서 사용된 말이다. 1920년대 이후, 유성기보다는 축음기로 보편화되었다.[7]

여기에 라디오가 조선에 소개된 것은 1924년의 일이었다. 당시 조선총독부는 미쓰코시백화점(현 신세계백화점)에 라디오 송수신기를 설치하고 일본 오사카로부터 시험 발사된 방송 전파를 수신하였다.[8] 그리고 3년이 지난 1927년 JODK라는 호출부호를 가진 경성방송국이 경성에 설립되었다.

유성기는 1928년 전기녹음 방식이 개발된 이후 음질이 비약적으로 향상된다. 그리고 이러한 테크놀로지의 발전은 유성기 사용을 전성기로 이끌었다.[9] 여기에 라디오는 1933년 "이중 방송"체계로 전환한다. 다시 말해 방송 채널을 두 개로 증가시켜 일본어 제1방송과 조선어 제2방송을 실시하게 된 것이다. 또한 방송용 주파수도 10KW에서 50KW로 증가시키고 한반도 전역은 물론이고 만주나 시베리아에서도 수신이 가능하도록 수신 환경을 개선한다. 이에 따라 두 매체는 1930년대 들어 급속한 대중화를 맞아, 당시를 대표하는 매체로 자리잡게 되었다. 이를 통해 당시 조선의 일상은 역동적으로 변화한다.

근대적 테크놀로지인 라디오와 유성기는 발명품(發明品)이 아니라 박래품(舶來品)이었다. 박래품이라는 것은 말 그대로 배를 통해 외부로부터 유입된 것을 뜻한다. 이것은 테크놀로지의 형성이 구체적인 과정을 상실한 채, 결과 그 자체로만으로 우리 앞에 서는 것을 의미한다. 인간은 특정 대상의 과정을 상실하고 결과로만 접했을 때, 그것을 이해하기 위한 접근 방식을 고안한다. 그 첫 번째 방식으로 인간은 대상의 원리보다는 눈에 보이는 현상을 중심으로 접근하며, 그 접근의 한가운데에 호기심과 상상력을 위치시킨다. 조선 대중들에게 라디오와 유성기의 첫 만남 역시 그렇게 시작되었다.

라디오 시험방송은 1924년 12월에 실행되었다. 당시 라디오 공개방송에 모인 청중들은 소리를 무선으로 전송·재생시키는 테크놀로지에 열광적으로 환호했다. 〈조선일보〉는 라디오 시험공개방송[10]을 하기에 앞서, 공개방송의 광고를 위해 "근세과학의 일대 경이"라는 신문기사를 내보낸다. 이 기사는 "몇 백 몇 천리를 떨어진 곳에서 흔적 없이 전파되는 방송무선전화의 신기한 비밀을 보라"고 하면서 대중들의 호기심을 자극하고 있다.[11] 그리고 이러한 호기심은 12월 17일 11시에 예정되었던 1차 시험방송에서 여지없이 현실화되었다.

조선일보사에서 우미관까지 시험방송을 내보낸 조선일보사는 11시에 예정되어 있던 행사를 겨우 오후 1시에나 개최할 수 있었다. 이는 광고를 보고 찾아온 관중들로 인해, 행사장이 인산인해를 이루었기 때문이다.[12] 이렇게 호기심으로 가득 찬 시험방송장은 "이상재(李商在) 조선일보 사장"의 인사말이 흘러나오는 순간 경이로 바뀌었다. 당시로서는 유명인사였던 이상재의 목소리가 갑자기 "방송무선전화"(라디오)[13] 너머에서 들려온다는 사실에 대중들은 기이함을 감추지 못했다. 그러한 기이함은 여기에 참여했던 조선여자청년회 회장, "신(申)앨버트가 '참으로 신기한 일 올시다. ……아무 줄도 없이 들리는 역력한 그 음성은 놀래지 않을 수 없었습니다."라는 고백 속에서도 알 수 있다. 또한 참석한 대부분의 대중들 역시 어떤 매개체도 없이 공중을 통해 말과 음악이 쏟아진다는 사실에 놀라움을 금치 못했다.[14]

신나는 유성기의 밴드소리가 나올 때마다 가는 공중선을 쳐다보며 또는 채신국 뜰 가득히 쾅쾅 울려 퍼지는 수신기를 둘러싸고, 그만 감탄을 연발하는 것이었다. "귀신이 곡할 노릇이지", 꼭 요술 같다니까.[15]

이러한 대중들의 무선전화방송에 대한 놀라움의 기저에는 인간이 넘어설 수 없는 공간의 한계가 있었다. 인간은 자신의 물리적 한계 속에서 자신의 공간에 귀속될 수밖에 없는 존재이다. 하지만 무형의 전기는 그런 인간의 한계를 넘어선다. "(방송무선전화는) 전파라는 전기물질이 사면팔방으로 퍼지는 성질이 있는 것을 응용하야 만들"고, 이는 공기를 타고 공간을 넘어 편재하게 된다. 그리고 무선전화는 그러한 편재성을 바탕으로 "천 사람이고 만 사람이고 일제히 같은 시간에 들을 수 있"는 동시성을 갖게 된다.[16] 결국 방송무선전화가 갖는 편재성과 동시성의 테크놀로지는 이전에는 경험하지 못한 물리적 공간의 극복을 제시하며, 소리가 머물고 있던 기존의 자리를 파괴하고 확대한다. 그 안에서 대중은 이전과는 다른 감각적 경험을 통해 기이함과 놀라움을 극대화한다. 이러한 경험은 결국 기이함과 놀라움을 선사하는 과학의 힘에 대한 경이로 전이된다.

라디오—현대 과학 문명의 극치— 잔의 전등 이와 같은 와이크로폰을 통하여 세상의 움직임을 듣는 수수께끼 같은 이야기 『아이 배고프다……』하는 말 한마디가 그 검의 잔등, 이와 같은 마이크로폰 속에만 들어가면—전문가의 설명을 들어 말하면 그 소리가 공간 속에 섞여 있는 전기에 섞여 가지고 일초 동안에 이 지구를 일곱 번 반이나 돈다는— 지금 우리의 귀에는 세계의 움직임! 지구가 돌아가는 소리……타작마당에 바지랑 대를 세우고 전지를 가져다 놓고 나팔통을 갔다 대면 JOAK가 나온다. 동경에서 기생이 소리하는 것이 들린다. 별

안간 오늘은 쌀이 한 되에 56전 하든 것이 57전이 되었습니다. 하는
소리가 들린다. 낫을 든 민중은 귀신의 장난이라고 전한다. 과학의 신
이다. 근대 문명에 새로운 신이다. JODK, "여기는 서울 체신국이 올시
다."— 뚝 그쳤다가, 김추월(金秋月)의 남도단가올시다—"백구야 훨훨
날지마라……"가 들리인다. "엉……"하고 입을 딱 벌어진다.[17]

라디오의 편재성과 동시성의 원리, 다시 말해 전기와 전파를 통해 공
간을 파괴하고 그 너머에 인간이 닿을 수 없는 곳까지 소리를 흩뿌릴 수
있다는 사실은 놀라움과 기이함을 넘어 이를 실현 가능하게 한 과학의
힘에 대한 찬사로 이어졌던 것이다. 그리고 이런 과학에 대한 찬사는 조
선 사회에 문명 발달과 진보에 대한 신념을 형성하게 만든다.

이런 근대과학이 선사하는 놀라운 힘은 라디오에만 머물지 않았다. 라
디오가 당시로서는 근대과학 분야에 독보적인 첨단기기 가운데 하나였
지만, 그 외 근대문명이 선사하는 이기들 역시 과학문명이 후진한 조선
사회에 과학이 선사하는 세례와도 같은 것이었다. 그리고 그러한 감각적
인 경험은 당시 과학문명의 이기 가운데 하나였던 유성기에도 다르지 않
았다.

앞서 말했듯, 유성기가 처음 조선에 전해진 것은 1887년이었던 것으로
보인다. "조선축음기한담"이라는 기사는 유성기의 전래 시기를 설명하면
서, 처음 접한 유성기에 대한 놀라움을 표현하고 있다.

> 명치 20년(1887)에 박정양(朴定陽)씨가 "구한국전권대신"으로 미국에 갔
> 을 때에 수행하여간 이완용(李完用), 이하영(李夏榮) 양씨가 당시 미국
> 서 성히 선전되고 있는 평원반과 장원형(원통형 유성기)의 ……보고 진
> 기하게 생각하여 장원형에다가 사후의 말을 취입하여 이태왕(李太王,

고종)께 헌상하였더니 시험하시고, 극구 찬영하셨다는 것이다.[18]

이 기사로 볼 때, 유성기는 1887년 미국에 파견된 구한국전권대신(舊韓國全權大臣)을 수행했던 이완용과 이하영이 원통형 유성기를 구입하고, 이를 조선에 가지고 온 것으로 보인다. 또한 이 진기한 기계를 본 고종 역시 이에 대한 놀라움을 표현했다. 이런 놀라움과 기이함은 일반 대중에게도 마찬가지였다. 아니, 당시 유성기 그 자체는 완전히 새롭고 놀라운 구경거리였다. 특히 이 놀라운 기계는 사람의 목소리를 녹음해서 재생하는 기이한 테크놀로지를 가지고 있었다.[19]

> 외부에서 일전에 유성기를 사서 각 항 노래 곡조를 불러 유성기 속에다 넣고 해부 대신 이하 제관인이 춘경을 구경 하려고 삼청동 감은정에 잔치를 배설 하고 서양 사람이 모든 기계를 운전 하여 쓰는데, 먼저 명창 광대의 춘향가를 넣고 그 다음에 기생의 화용과 및 금랑 가사를 넣고 말경에 진고개패 계집 산홍과 사나이 학봉 등의 잡가를 넣었는데, 기관되는 작은 기계를 바꾸어 꾸미면 먼저 넣었던 각 항 곡조와 같이 그 속에서 완연히 나오는지라. 보고 듣는 이들이 구름 같이 모여 모두 기이 하다고 칭찬하며 종일토록 놀았다더라[20]

한 번도 보지 못했던 이 기계는 사람들에게 말을 하였다. 더욱이 공기 중으로 빠르게 사라지는 소리를 붙잡아 작은 상자에 가두어놓고, 듣고 싶을 때 반복해서 재생할 수 있기도 하였다. 사라지는 소리를 붙잡아 반복적으로 재생한다는 것은 당시 사람들에게는 놀라운 경험이었다. 이는 당시 사람들에게 짐작조차 할 수 없는 놀라운 일이었다. 그리고 이러한 놀라운 경험은 당시 사람들에게 영원을 꿈꾸게 한다. 이러한 영원의 꿈은 사라지는 인간의 소리를 영원히 간직할 수 있다는 기대감에서 시작된 것이다. 이러한 기대는 "가무(歌舞)의 제문제"라는 명창 이동백과 명고수 한성준의 대담 기사 속에서 엿볼 수 있다.

> 한: 그렇다뿐 이겠습니까. 더군다나 형님의 소리는 형님 개인의 것이 아니라, 조선의 단 하나뿐인 명창인데…….
>
> 이: ……연령이란 속일 수 없어 늙으면 죽는 거지만 소리만은 남아있으면 하겠단 말이다.……
>
> 한: 그렇니까 유성기 소리판이 있어서 후세에 전할 수 있지 않습니까.[21]

이 기사 속에서 한성준은 명창 이동백의 목소리를 유성기에 담아 후세에 전할 수 있다고 설명한다. 인간의 소리를 유성기라는 근대적 테크놀로지에 저장해서 영원히 간직한다는 것이다. 유성기는 인간의 소리를 저장해서 반복적으로 재생한다. 명창은 죽어 사라지지만 명창의 소리는 유성기를 통해 저장되고 지속적으로 재생산할 수 있다. 이러한 특징은 죽어 사라질 소리를 저장하고 반복적으로 재생함으로써, 인간이 지니는 시간의 제한성을 넘어 연속될 수 있다는 불멸성을 꿈꾸게 한다. 하지만 유성기 소리의 완전함과 불멸성에 대한 믿음은 실상 근대의 테크놀로지 그 자체에 대한 것이었다. 당시 사람들에게조차도 유성기의 소리가 불완전하고 영구 보존이 불가능하다는 사실은 익히 알려진 것이었다.

당시의 사람들에게도 유성기는 "'소리'를 축적하여 무한으로 재생시킬 수 있는"하지만 "'레코-드'도 수명에는 제한이 있어서 보통 2백회 밖에 더 사용할 수 없"는 "진기한 과학의 힘"이었다.[22] 이러한 언급은 당시 유성기의 한계를 명확히 인식하고 있음에도 테크놀로지에 대한 인간의 환상을 그대로 반영하는 것이다. 당시 유성기에 대한 이러한 믿음은 일종의 물신적인 것이었다. 이는 계속되는 문명 진보를 통해 종국에는 이 기이한 과학이 인간에게 영원과 불멸을 선사할 것이라는 그런 믿음이었던 것이다. 그리고 이러한 유성기에 대한 믿음은 축음기제(蓄音機祭)[23]란 사회문화적 현상을 만들어내기도 했다.

> 경성과 용산에 있는 축음기상이 모여 축음기제(蓄音機祭)라는 이때까지 듣지 못한 진귀한 제(祭)를 지냈는데, 지난 7월 1일은 발명왕인 "토마스 에디슨"씨가 축음기를 발명한지가 꼭 53년이 됨으로 경성축음기상조합에서는 일일 오전 11시부터 경성신사에서 제1회 축음기제를 거행하였다. 식장에는 축음기를 안치하고 이에 대하여 신관(神官)이 제사(祭詞)를 드리고 참여원의 예배(禮拜)가 있었고 ……기념 축사가 있은 뒤, 에디슨옹에게 감사의 전보를 보냈다.[24]

이후 이 축음기제에 대한 기사는 3회에 걸쳐 더 등장한다. 이 행사는 적어도 1935년까지는 매년 이루어졌던 것으로 보인다. 특히, 2회 축음기제는 1회 때보다 규모면에서 더욱 확장되었다. 1931년 7월 2일 〈매일신보〉에 게재된 축음기제 기사를 살펴보면 종전에는 축음기상 관련인들이 모여서 행사를 거행했지만, 이날 행사에 참여한 인물은 "경성부윤(京城府尹) 대리, 전전내무과장(前田內務課長), 죽수원서기과장(竹壽元書記課長), 진내상공회두(陳內商工會頭), 이등서기장(伊藤書記長) 등의 관료들도 참석"하였다.[25] 더욱이 이 축음기제가 끝난 후 저녁부터는 축음기를 통해 야외음악회도 진행할 계획이었다.[26]

축음기제에 관련한 마지막 기사는 1935년 6월 29일 〈조선중앙일보〉 기사이다. 이 기사는 축음기제가 "금년에는 특히 7월 1일부터 10일간 성대히 거행"된다고 하면서, "이 동안 각 소매점에서는 축음기와 레코드를 구매하는 만 명에 한해서 경품으로 부채 한 자루와 영화관 초대권 천 매를 추첨에 의해"나눠준다고 설명하고 있다.[27]

일련의 축음기제에 관련한 기사를 보면, 축음기제는 축음기상들이 모여 축음기 판매를 촉진하고자 계획했던 것으로 보인다. 하지만 처음 진행된 축음기제는 명백히 종교적인 성향을 지닌 행사로 기획되었다. 예를 들어 식장에 축음기를 안치했다는 것이나 신관(神官)이 제사(祭詞)를 드리고, 참여자들이 예배(禮拜) 드렸다는 표현은 이 의례가 단순히 판매 증진이라는 세속적인 목적으로만 기획된 것이 아니라는 사실을 보여준다. 하지만 이 축음기제가 매년 진행되는 과정에서 이 의례는 점차적으로 박람회나 축음기 축제와 같은 세속적인 행사로 변화했다. 물론 이 행사가 세속적인 목적으로 기획되었다고 하더라도, 그 행사의 의례적 성격에 관한 변화는 매우 흥미롭다. 왜냐하면 판매를 축음기한테 비는 물신적 의례가 판매 촉진을 위한 세속적인 행사로 변했다는 것은 종교적 의례가 세속화되는 현상을 관찰할 수 있기 때문이다. 이렇게 볼 때, 이 행사는 종교적 믿음에 관한 사고가 세속적 욕망으로 전환되는 과정을 명백히 보여주는 것이기도 하다.

허쉬킨드(Charles Hirschkind)는 근대 청각적 기술의 발전이 근대적 주체성을 형성하는 과정에서 수행해왔던 주요한 역할과 관련해서, 18세기까지 목소리가 먼 거리를 넘어 투사되고 그 소리가 무생물의 객체 안에 다시 위치되는 기술적인 방식의 입증이 점차 신과의 소통에 관한 논리를 약화시켰다."고 설명한다.[28] 이는 근대 이전 미지의 공간으로부터 투사되는 소리가 인간의 것이기보다는 신의 것이라는 인식에서 비롯된다. 인간이 서 있는 공간을 넘어 하늘로부터 쏟아지는 목소리는 신의 소리이고 신이 만든 소리이다. 따라서 공간을 가로지르는 소리, 인간이 닿을 수 없는 공간으로부터 투사되는 먼 소리는 인간의 것일 수 없다. 하지만 인간은 근대적 기술을 통해 이러한 소리를 만들어내기 시작했으며, 그 소리를 인간이 만든 기계 안에 담아내기 시작했다. 창조는 신이 했고, 자연을 통해 표현되었다. 그런데 근대적 인간이 창조의 자리에 가담하기 시작했고, 자연을 이용하기 시작했다. 이젠 창조는 온전히 신의 능력만이 아니다. 더 이상 인간은 아이처럼 신에게 빌기만 하는 존재가 아니다. 인간은 사물의 비밀을 캐내어 자신의 욕망에 알맞은 무언가를 만들어내는 주체적 인간이 되었다. 따라서 근대적 인간은 그 무엇에도 빌지 않는다. 단지 자신의 욕망에 맞는 무언가를 궁리할 뿐이다. 이에 따라 신의 자리는 약화되고, 인간의 세속적인 욕망은 극대화된다.

3. 라디오, 유성기, 종교에 대한 발화

조선에 소개된 이 새로운 테크놀로지는 새롭고 편리했다. 인간이 넘어설수 없는 시·공간의 한계를 넘어설 수 있을 뿐만 아니라 광범위한 지역에 동일한 목소리를 대량으로 생산할 수 있었다. 또한 동일한 목소리의 지속적인 생산과 미디어 순환은 대중의 일상에 스며들어 감각적이고 정서적인 훈련을 발생시키고, 이는 일상적인 공간의 배경이 되었다. 특히 라디오는 정기방송이 실시되면서 매일같이 정규방송편성표를 발표했다. 일정한 시간에 시작되어 일정한 시간에 끝나는 방송은 각 시간마다 생산되는 방송 내용을 가지고 있었다. 청취자는 자신이 원하는 방송을 듣기 위해 방송편성표가 제시하는 시간의 계획에 참여해야 했다. 그리고 그 방송을 매일같이 듣는 청취자라면, 그런 시간의 계획은 자신의 삶의 일부여야 했다. 이렇게 청취자는 방송 시간에 대한 감각이 생겨나고, 그 시간 동안 선명하지 않은, 혹은 지-직거리는 잡음으로 자신의 공간을 채우게 된다. 또한 어떤 청취자는 자기가 원하는 방송을 듣기 위해, 하루 종일 라디오를 틀어놓고 자기 공간을 잡음으로 가득 채운다. 이렇게 미디어를 실천하는 청취자는 라디오가 생산하는 소리에 감각적인 자기 훈련을 실시하고, 익숙한 삶의 패턴을 형성하게 된다. 청취자에게 라디오 소리는 선반에 올려놓은 작은 오브제(object)처럼, 삶의 공간 전체를 가득 채운 거대한 오브제가 된다. 다시 말해 라디오 소리가 삶의 배경으로 자리잡게 되는 것이다.

이렇게 삶의 배경으로 자리잡은 라디오 방송은 다양한 방송 내용을 생산하였다. 특히 당시 라디오 방송은 종교에 관한 공적 담론을 생산해 냈으며, 새로운 일상적 삶의 실천을 제공하기도 하였다. 이러한 방송 내용은 처음 방송이 시작되었던 1927년부터 1935년까지 〈매일신보〉에 발표되었던 방송편성표를 통해서 알 수 있다. 〈매일신보〉의 방송편성표를 참조하는 것은 동시대에 발행되었던 다른 신문보다 방송편성표가 비교적 자세히 게재되었고, 중요 프로그램에 대해서는 개별적으로 리뷰도 게재했기 때문이다.

이런 방송편성표를 통해 라디오가 종교에 관련해서 언급한 것은 세 가지 장르로 볼 수 있다. 먼저 교양 프로그램에 속하는 강좌 프로그램을 통해 종교에 대한 공적 담론을 생산하는 것이다. 이러한 프로그램은 주로 "종교강화", "가정강좌", "종교강좌", "강연"등과 같은 프로그램을 통해서 이루어졌다. 두 번째 장르는 "중계"에 속하는 프로그램으로, 이 프로그램들은 "관무량수경"이나 불교 "송경" 그리고 일본의 건국절인 "기원절"등의 의례를 생중계하였다. 마지막 프로그램 장르는 오락 프로그램으로, 주로 "음악 방송"이었다. 이 음악 방송은 당시로서는 대중음악에 속하는 "염불가", "산염불" 그리고 "무녀가" 등을 방송하였다.

이 가운데 먼저 주목하는 것은 종교에 대한 공적 담론을 생산했던 "강연"프로그램들과 일상적인 삶의 공간과 실천을 변화시킨 "의례 생중계" 프로그램이다. 그리고 오락 프로그램으로 편성되었던 "음악"프로그램은 유성기와 관련하여 이후에 설명할 것이다.

먼저 강연 프로그램 가운데, 1930년 9월 10일자 〈매일신보〉 라디오 프로그램 편성표에는 "가정강좌—관혼상제"를 방송하였다. 이 방송의 강연자는 조동수(趙東秀)[29]였고, 이튿날 같은 시간에 연속으로 방송되었다. 이 방송의 구체적인 내용을 알기는 어렵다. 왜냐하면 당시 방송편성표는 해당 프로그램의 시간과 제목만을 게재하고 있기 때문이다. 하지만 당시 관혼상제(冠婚喪祭)와 관련한 기사들을 살펴보면, 이 방송의 내용이 어떠했는지 어느 정도 가늠할 수 있다. 예를 들어 〈매일신보〉 1940년 1월 13일에 게재되었던 "낡은 인습을 버리고 관혼상제를 개선"이라는 기사를 보면, 필자는 "관혼상제에 대하여 구습을 타파하지 못하고 많은 돈을 드려서 물건을 많이 장만하려고 하는 경향이 있음을 볼 때에 신체제를 잘 인식 못한 것으로 생각되어 무엇보다 관혼상제에 관하여 우선 개선하지 않으면 안되겠다."[30]고 주장을 하고 있다. 또한 〈매일신보〉 1917년 1월 19일 1면 사설란에는 "경성소언(京城小言)—관혼상제의 번폐(冠婚喪祭의 煩弊)"란 제목으로 조선의 관혼상제에 대한 장문의 비판 기사를 싣고 있다.

이전에 도시와 지방을 관찰하면 우리 조선인이 일상생활비 이외에도 불필요한 예산에 돈을 낭비하는 곳이 관혼상제라 할지라. 관혼상제가 과연 개인의 피치 못 할 의무이고, ……불필요한 돈을 낭비해야 할 의무를 진정 이행하였다 할까. ……관혼상제는 다만 개인의 삶과 죽음에 진로를 따라 낳고 죽는 일세(一世) 가운데 행사가 될 뿐이다. 그런

즉 면목은 면목일 뿐이오. 의식(儀式)은 자의식(自儀式), 금품은 자금품
(自金品)이니, 어찌 반드시 금품을 낭비하고서야 면목을 발휘함이라 할
수 있을까. ……아무쪼록 이를 폐지하라. 가능하면 복잡번용(複雜煩冗)
한 폐단을 제거하라. 이로 인하여 가정이 파산에 기울어지기까지 하
니 주목할 필요가 어찌 있지 아니한가. ……조선이외에 어떤 나라를
불문하고 번문(繁文)도 없고 용례(冗禮)도 없다. ……유래의 풍속은 졸
변치 못한지라 할지라도 폐습관악풍습(弊習慣惡風習)은 제거 하여야만
하고 미습관량풍습(美習慣良風習)을 장려하여야 한다. ……조선발달의
천사됨을 스스로 기약[自期]하라. 관혼상제의 번폐는 우리 조선인 발
상(發上)의 커다란 방해물이 되는 것이니, 이 폐단을 통거(痛袪)함이 또
한 모든 이의 책무가 아니겠는가. 금일의 조선은 어제의 조선이 아니오
올해의 조선은 작년의 조선이 아니거늘 금일 금년에 앉아 어제와 작
년을 몽상하는 폐습악풍만 묵수(墨守)하고 미습양풍을 발양(發揚)하지
못하는 무위(無爲)의 모든 무능의 모든 것은 입에 담지도 말아라.[31]

이러한 관혼상제에 관한 인식에는 조선의 근대 지식인들이 망국의 원
인으로 지목했던 유교망국론(儒敎亡國論)이 놓여 있었다. 특히 유교망국론
은 그 핵심적인 설명 가운데 하나를 유교의 허례허식으로 이해하고, 유
교가 실제적인 생활과는 무관하게 허례허문만을 숭상하였으므로 사회에
대한 실질적 지식을 생산하지 못했다고 설명한다. 그리고 이러한 허례허
식의 대표적인 실천으로 유교의 일상 의례인 관혼상제에 주목한다. 특히
조선의 전통적인 관혼상제는 번문욕례하여 매우 번잡하고 형식적이며,
경제적 낭비가 심각한 것으로 이해하였다. 또한 이러한 전통은 보수적인
사고에 사로잡혀 문명·진보한 근대적 상고방식으로 나아갈 수 없다고 생
각하였다.[32] 이렇게 조선의 근대적 지식인들이 조선의 망국의 원인을 유

교의 허례허식에서 찾는 가운데, 그에 대한 실천을 관혼상제라는 의례적 실천에서 도출하였던 것이다.

여기에 일본 식민 통치자들은 이러한 전통적인 조선의 관습의 개혁을 통해, 조선인들의 일상을 통제하고자 하였다. 그 일상적 통제의 기제로 활용된 것이 바로 1934년 조선총독부의 『의례준칙』이었다.

> 조선총독부는 ……근자에 사회의 진보와 민력이 폭넓게 펼쳐짐이 현저하고 자력사생농산어촌(自力死生農山漁村) 진흥의 시설도 점차 잘 갖춰짐으로 요사이 도시와 농촌은 물론하고 물질방면 뿐만 아니라, 인문교화방면도 그 발전이 역시 현저하여 대중의 풍속이 점차 빠르게 변화되는 바이나 일반 생활양식 가운데, 각종 의례에 이르러서는 구태가 의연하여 개선의 여지가 매우 적고 특히 결혼과 장례식의 형식관례는 번문욕례가 심한 바, 오래된 인습에 속박되어 요사이 각종의 번거로움과 근심이 매우 많다. ……세 가지 의례(관혼상제) 가운데 특히 긴요하게 개혁 할 바를 관계의관이 신중 심의하여 널리 구관(舊慣)을 자세히 밝히고 간절하게 사회의 요구를 고려하여 시세를 조사하고 백성의 법도에 준하여 형식을 간소히 하고 정신을 중히 하여 적절한 바를 집적하여 원안을 작성하고 ……다 넌간의 적폐를 배제하고자하는 바, 그 보급에 철저함을 기함에는 관민이 구분되지 않는 노력으로 자강불식(自强不息)의 정신을 기다리는 것인 고로 나는 상하협심육력(上下協心戮力)하여 단호히 구폐를 배척하고 신예(新例)에 가까이하여 생활을 합리화하고, 대중의 풍속을 발전하도록 만드는 것을 간절히 바라노라.[33]

이 『의례준칙』은 조선의 관혼상제를 낡고, 오래되었으며, 번거롭고, 형식적이고, 퇴보한 관습으로 규정하였다. 그리고 의례준칙을 준수하는 것은 이러한 전통 의례를 개선하여 실질적이고 합리적이며 진보한 관습으로 개선하는 것이고 설명한다. 이에 따라 조선의 전통적인 관습 체계는 현재의 신체제와는 맞지 않는 구습으로 간주되며, 의례준칙이 내세우는 방향으로 개선하는 것이 시세에 맞는 합리적인 풍습이라는 것이다. 결국 일본은 조선의 전통 풍습에 낡음/오래됨/번거로움/퇴보 등의 부정적인 수사를 부여하고, 일본 식민주의자의 의례준칙에는 진보/합리성/실질성 등의 긍정적인 의미를 부여하는 가운데 조선의 대중들 스스로가 자신들의 일상 속에서 스스로의 관습을 검열하게 만들었다.

이러한 공적 담론의 형성은 단순히 관혼상제로만 그치지 않는다. 더 나아가 종교와 미신에 관련한 담론들로 확장되어나간다. 특히 라디오 방송은 이러한 미신에 관련한 방송을 1933년 2월 4일 "미신과 문화"라는 제목으로 "가정강좌"에서 실시하였다. 이 방송은 중앙불교전문학교 교수인 김두헌의 강연으로 방송되었다. 그리고 이 방송의 내용을 편성표는 간략하게 개관하고 있다. 이 기사는 "결어"를 통해 미신이 "방금 문명국 민간에도 또한 ……많으며 조선에는 더욱 심하여 그 폐단을 낱낱이 들어 말하기 어려운 바, 문화향상을 위하여 고려하여야 할 중대문제"라고 지적하고 있다. 또한 이 기사는 미신을 들어 "미신이 정신(正信)의 반대어이니 부정(不正)당한 신앙 또는 신념이며 주로 종교적 관념의 원시적 형태라 할 수 있다. ……미신은 결국 지식의 문제이니 그것의 타파도 또한 지식에서 구할 것이다."라고 설명한다.[34]

여기에 1933년 5월 18일 오후 6시부터 "강연"프로그램으로 "인문발달과 미신타파"가 방송되었다. 여기에는 강연에 대한 리뷰 기사도 함께 게재되었다. 이 강연의 연사는 유광렬(柳光烈)로서, 그는 1917년 청년구락부의 기관지 『신청년(新靑年)』을 발행했던 인물이었다. 그는 1919년부터 매일신보사에서 기자 생활을 하였다.[35] 이 리뷰에서 유광렬은 미신을 다음과 같이 설명하고 있다.

> 미신은 인문이 미개 할수록 더욱 심하다. 인류가 미개 하였을 때에 자연에 대하여 두려움을 느끼고 인류 이외에 무슨 초자연적인 힘이 있어 인류를 지배하는 줄 아는데서 모든 미신이 생기었다. 조선에는 고대로부터 내려오는 신교(神敎) 같은 원신적 유사종교가 있으니, 곧 무당 같은 것입니다. 나는 이 기회를 들어 모든 미신의 믿지 않을 것이라 함을 널리 선전하는 동시에 문화보급과 과학사상으로 조선 전체가 미신의 허망에서 탈각(脫却)하기를 고조(高調)시키려고 한다.[36]

일제는 식민 시절 이전인 통감부 시절부터 조선의 풍습과 종교에 대한 통제를 가해왔다. 이는 1906년에 통감부령 제45호로 공포된 "종교의 선포에 관한 규칙"을 시작으로 1915년에는 조선총독부령 83호로 공포된 "포교규칙"으로 나아갔다. 이러한 규칙들은 종교 자유를 보장하고 포교 활동을 공인하는 한편, 종교에 대한 평등한 대우를 약속한다.[37] 종교 자유와 평등, 이는 근대사회 이후 종교인에게는 혜택과도 같은 것이었다. 어떠한 종교적 이념이나 교리로 통해 신앙의 자유가 억압당하지 않는다는 근대적 원리는 자유주의의 근간이 되었다. 하지만 이런 신앙의 자유가 모든 영역에서 적용되는 것은 아니었다. 특히 종교가 공적인 정치 영역에 참여할 수 없다는 정교분리의 원칙은 종교를 개인의 사적인 영역으로 제한하였다. 그리고 그러한 원리는 보편적인 것으로 인식되어 개인의 일상적 관행으로 자리잡았다. 개인은 그런 보편적 원리로 자기 자신의 일상을 검열하는 주체적 행동을 하기 시작한다. 이른바 보편적 주체성(universal subjecthood)이 발생하는 것이다.[38]

일제 역시 조선에 종교의 자유를 보장하는 데서 정교분리의 원칙을 적용하였다. 이러한 정교분리의 원칙은 "한국과 일본의 합병, 식민지화는 정치적 문제이므로 종교가 간섭할 일이 아니라고 강조하였다." 또한 일제는 종교가 "정신적 계몽교화에 전념하는 것"임을 강조하고, 이에 대한 통제나 탄압은 하지 않겠지만, "민족운동을 위한 집회나 조직을 결성한다면 철저히 탄압"하겠다고 선언한다. 결국 종교 자유에 대한 제한은 일본 헌법이 보장한 사회질서와 안녕의 방해, 신민의 의무를 불이행할 때, 이루어지는 것이었다.[39] 이에 따라 식민지 조선은 종교인 것과 종교가 아닌 것으로 구분하기에 이른다. 일제가 제시하는 정교분리의 원리에 입각한 종교를 종교인 것으로, 그에 따른 원리에 벗어나는 것을 종교가 아닌 것으로 구분하였던 것이다.

그러나 이러한 보편적인 원리가 작동하기 위해서는 이를 행위하는 개별 주체의 작용점이 존재해야 했다. 그러한 작용점은 당시 사회문화적으로 형성되어 있는 미신이라는 용어가 수행하였다. 당시 미신은 "초자연적인 힘에 대한 믿음의 체계들 중 내용의 불합리성과 비과학성, 수단의 망령됨과 맹목성 등"[40]으로 이해되었고, 근대사회에서 타파되어야 할 대상으로 인식되었다.

이렇게 일제는 조선의 관습 체계와 종교에 대한 담론을 방송을 통해 생산하였다. 그리고 이러한 담론은 경성방송국의 주체였던 일제에 의해 사회제도와 더불어 공적 영역의 일부로 작동함으로써 보편적 담론, 다시 말해 공적 담론으로 형성되었다. 하지만 이러한 담론이 대중의 일상적인 삶 속에서 작동하기 위해서는 구체적인 삶의 실천으로 재구성되어야 했다. 그리고 이러한 일상적 삶의 실천은 방송을 통한 일상적 공간의 재구성을 통해서 이루어졌다.

〈매일신보〉 1933년 5월 2일자 라디오 방송편성표인 "오늘의 라디오"는 "송경(誦経)"이라는 불교 의례가 게재되어 있다. 이 프로그램은 그 의례에 대한 상세한 절차도 제시하였는데 이를 통해 볼 때, 방송 역시 구체적인 의례적 절차를 따라 진행되었을 것이다.

1.개식-2.삼귀복례(三歸覆禮)-3.심경독송-4.임상예의(入相禮儀)-5.가지권공(加持勸供)-6.법계축원(法界祝願)-7.사홍서원(四弘誓願)-8.폐식[41]

이러한 경전을 읽는 실천은 과거의 경우 사찰이나 승려가 있는 장소에서 행해졌을 것이다. 이는 일상적인 삶의 공간이 아니라 의례적 행위를 할 수 있는 독특한 공간에서 이루어지는 의례 행위였다. 하지만 라디오 방송은 특정 공간에 참석하지 않고도 특정 의례에 참여할 수 있는 가능성을 제시하였다. 따라서 이 방송을 듣는 청취자 개인이 방송에 집중한다면, 특정한 공간에 참석하지 않더라도 청취자를 의례에 참석할 수 있게 만든다. 하지만 방송을 통해 실천되는 일상적인 공간이 기존과 같은 것일 수는 없다.

이러한 의례에 관한 방송은 개인의 일상적인 공간을 특별한 공간으로 변화시킨다. 다시 말해 기존의 구별되지 않은(undifferentiated) 공간에서 구별된(differentiated) 공간으로 전이시키는 것이다. 이러한 구별된 공간은 "'특별하고', '독특하며', '예외적인' 것으로 상상되고 감각적으로 조우하는 '현장(locales)'을 의미한다."[42] 종교는 일상적인 공간을 예외적이고 특별화하기 위해 연속적인 행위(kinetics)를 실행할 수 있다. 이러한 행위는 "비유와 서사, 의례 그리고 초인간적인 힘을 나타내는 인간 삶의 궁극적 지평을 구획하는 인공물을 사용"함으로써 가능해진다.[43] 따라서 "송경"에 관한 방송은 일상적인 공간에 종교적인 비유와 서사를 제공하며, 이를 의례적인 과정으로 재구성함으로써 개인의 일상적 공간을 구별된 공간으로 재탄생시킨다. 다시 말해 기존과 다른 새로운 의례적 공간이 일상에 발현되는 것이다.

하지만 듣는 것은 단순히 개인의 사적 공간에만 한정된 것은 아니다. 듣는 것은 사회적으로 구조화되고 매개된 것으로, 특정한 문화의 가치들에 의해서 표현되고 해석될 수 있다. 듣는 것은 특정 공동체의 전통을 통해서 학습되고 이해되는 상호주관적인 것이다. 따라서 소리는 특정한 역사와 사회적인 맥락 안에 위치한다.[44] 이렇게 볼 때, 당시의 라디오 방송은 일제 식민지라는 역사적이고 문화적인 맥락에 위치하고 있다. 그리고 이러한 특수성을 정확히 보여주는 것이 일본 건국절인 기원절(起源節)에 대한 생중계이다.

이 방송은 1933년 2월 11일에 방송되었다. 당시의 라디오 편성을 보면 9시 30분부터 봉축창가(1.기원절창가, 2.기미가요[君が代])를 시작으로 10시부터는 JOAK(도쿄방송)을 통해 "상야박물관 광장(上野博物館廣場)" 앞에서 진행되는 건국제식 상황을 11시까지 생중계하였다. 그리고 편성표는 이런 실황과 제식 과정을 구체적으로 적고 있다.

1. 나팔 '기착(氣着)으로'개식

2. 국기게양 나팔 '기미가요[君が代] 연주—일동 주일경례(注日敬禮)

3. 기미가요 합창—육국호산학교군악대

4. 선예문낭독(宣譽文朗讀)—건국제위원장

5. 요배(遙拜)—최경예(最敬禮)

6. 기원절창가합창(제1-2장)

7. 건국가주악(建國歌奏樂)

8. 천황폐하 만세봉창(사회자발성)

9. 국기강하—나팔 기미가요—일동 주일경례

10. 전원궁성 앞으로 행진

11. 강연—국난위급(國難危急)의 대국(大局)에 당면하여 건국정신을 술함[45]

이후 기원절 행사에 대한 방송 중계는 매년 제1방송[46]을 통해 지속적으로 생중계되었고, 구체적인 제식 과정도 방송편성표를 통해 상세하게 제공되었다. 또한 이와 같은 일본의 국가 의례적인 방송은 "신무천황제"[47]와 같은 방송을 통해서도 이루어졌다.

이렇게 지속적인 국가 의례에 대한 방송은 개인들의 일상적인 공간에 정치적이며 윤리적인 감각 조건을 만들어낸다. 거리에서 혹은 개인의 라디오에서 흘러나오는 기원절 방송은 단순히 신념을 유포하거나 정치적 이데올로기를 스며들게 할 뿐만 아니라 인간의 감각중추(sensorium), 다시 말해 정서, 감각 그리고 거대한 청중의 인식적 습관에 영향을 미친다. 이러한 미디어 순환을 통해 생산된 감각적인 소리의 풍경(soundscape)은 감각적 지식의 하부 층위를 활성화한다.[48] 또한 이와 같은 방송을 통해 형성된 감각적인 조건은 감각적 행동과 실천에서 특정한 패턴을 생성해내고, 사회적이고 정치적인 삶에서 집단적으로 주장되고 행위되는 새로운 담론을 창조하게 된다. 결국 이와 같은 일본의 국가 의례 방송은 조선에 공식적인 제도와 정보네트워크 그리고 사회적으로 발생하는 공적인 이성에 근거해서 식민지 근대국가 담론을 형성한다. 그리고 개인은 이와 같은 미디어를 실천하면서 자신의 정서와 감각을 훈련시킨다.[49] 결국 이와 같은 국가 의례 방송은 조선에 식민지 근대라는 공적인 영역을 형성하는 감각적이고 정서적인 배경이 되는 것이다.

이렇게 라디오 방송은 공적 담론을 생산하였고, 감각적인 변화를 통해 일상적 공간을 공적 영역으로 재편입할 수 있었다. 결국 당시의 라디오 방송은 방송 주체였던 일제에 의해 식민지 조선이라는 정치적이고 윤리적인 감각과 정서를 일깨우는 기제로 작동하였던 것이다.

이러한 라디오 방송은 방송국이라는 제도적 장치가 필요하다. 이에 따라 라디오 수신기를 가지고 있는 청취자는 일방적인 방송을 청취해야 한다. 방송은 공적 제도와 더불어 공적 영역에 한 축으로 작동한다. 이에 반해 유성기는 방송국이라는 제도적 장치를 이용할 필요가 없다. 개인이 유성기를 구입하고, 이를 활용할 개별 취향에 맞는 레코드를 구매한다. 그리고 개인은 은밀한 사적 공간에서 여가를 위해서든, 자신의 가게 앞에 호객 행위를 하기 위해서든 자신의 의도에 맞게 유성기를 사용한다. 이른바 사적 취향의 시대가 열린 것이다.

> 신여성이 결혼을 했다. 그러면 그 남성은 신남성이라야 규격이 맞을 것이다. ……그들은 학교를 졸업하고 장차 자기 남편이 될 남자를 그려볼 때, "봐렌티노나 라믄나 봐로"같은 미남자에다 시인이나 소설가나 음악가나 그 중에 하나면 좋거니와 피아노 그렇지 않으면 유성기 하다 못해 손풍금이라도 사 놓을만한 남자를 눈에 암암히 그리고 있었다.[50]

이 기사는 당시 신여성이라고 대표되는 1930년대의 도시 중산층 여성의 결혼 풍속도를 나타낸 글이다. 그리고 이러한 결혼 풍속도 속에는 당시 중산층 여성들의 사적 취향이 고스란히 나타나 있다. 피아노, 유성기 그리고 손풍금은 중산층 여성의 사적 취향을 나타내는 기호품이었다. 더욱이 음악이나 문학과 같이 예술적 취향을 만족시키는 이런 물품들은 고상한 삶의 취향을 나타내는 지표와도 같았다.

> 아침에 김치를 해 담고 영이와 레코드를 들었다. 레코드만 틀면 손벽을 치고 춤을 추는 우리 네 살된 영이! 나는 그저께 온 '주간조일'에서

후지라와 요시에[藤原義江]의 '소녀시대'를 읽고 우리 영이 성격이 그와 몹시도 비슷하다고 생각하였다.[51]

이 기사는 당시 신가정으로 대표되는 중산층 가정의 한가로운 오후를 묘사하고 있다. 이 여유로운 오후에 문학과 음악은 빠질 수 없는 소품이었으며, 당시 지식인들의 이상적인 가정의 삶이라고 해도 과언이 아니다.

하지만 이러한 삶의 모습을 조선의 모든 사람들이 향유하는 것은 아니었다. 이러한 삶의 이상은 어디까지나 중산층의 삶에만 한정된 특권적인 삶이었다. 당시 조선의 일반 대중들이 개인 생활의 사치품으로서 유성기를 구입하기는 어려웠다.[52] 이렇게 볼 때, 유성기는 1930년대 까지도 공공장소에서 청중을 동원하거나 여흥을 즐기는 등의 목적으로 애용되었다.[53] 문제는 음악이 개인의 취향에 따라 선택되고, 개인의 취미를 만족시키는 기제로 사용되었다는 것이다. 그리고 그러한 인식은 개인의 사적인 영역과 공적인 영역을 구분하는 구분점이 되어준다. 다시 말해 공적인 공간에서 호객행위나 다른 목적으로 유성기가 재생되었다고 할지라도, 그 유성기 소리는 개인의 정서와 감각의 만족을 중심으로 작동한다. 따라서 유성기를 통해 흘러나오는 음악 소리는 사적 정서를 상징하는 것이기도 했다. 이젠 유성기는 개인의 사적 정서와 그 외 다른 정서를 구분하기 시작한다.

일본축음기상회(이하 일축)[54]가 1920년대 발간한 "취인 조선음보어안내(鷲印 朝鮮音譜御案內)"는 1920년대 이전에 발매한 음반 목록을 다루고 있다. 또한 『조선 레코-드 총목록(朝鮮 레코-드 總目錄)』에서는 일축이 발매한 1920년대 이후의 음반 목록을 볼 수 있다.[55] 이 자료들은 음반의 목록 분류를 "취주악", "시조", "노래 가사", "서울소리", "서도소리", "남도소리", "연극 레코-드", "창가·동요", "찬송가", "영화설명", "신유행급일본가곡"등으로 분류하고 있다. 특히 "취인 조선음보어안내"를 보면 취주악에 "염불곡", 서울소리에 "개성 염불곡", "산염불", 서도소리에 "박수 염불가", 남도소리에 "삼남염불"등이 발매된 것으로 보인다. 특히 염불가나 산염불의 경우는 여러 차례 발매되었다. 이러한 음악들은 불교 의례에 활용되던 "범패"의 종류들이었다. 범패란 "송경, 사설조로 읊는 축원문, 불호를 반복하는 염불"등을 의미하는 것으로, 주로 전문 승려들에 의해서 불교 의례를 위해 만들어진 노래라고 할 수 있다.[56] 그런데 이런 범패의 종류로서 염불가 등이 판매를 목적으로 한 레코드판으로 발매되었다는 것은 이 노래들이 불교의 특정 의례를 위해 활용되었다기보다는 일반 대중들의 여흥을 위한 목적으로 판매되었다고 보아야 할 것이다.

이러한 예능 장르로서 염불의 편입은 앞에서 말한 라디오 방송 편성에서도 나타나있다. 예를 들어, 1933년 4월 27일 〈매일신보〉 방송편성표인 "오늘 라디오"에서는 오후 12시 5분부터 "속요"라는 음악 방송을 실시하였다.[57] 이 음악 방송의 첫 번째 곡이 "염불"이었고 네 번째 곡이 "산염불"이었다. 이를 연주한 연주자는 단소에 최수성(崔壽成), 해금에 지용구(池龍九), 양금에 민완식(閔完植)이었다. 이들은 당시 (조선)대중에게 매우 인기 있는 연주자로 명인이라는 칭호를 듣고 있었다. 더욱이 일축에서 취입한 산염불의 경우도 박춘재(朴春載), 김홍도(金紅桃)와 같은 당시로서는 대중들에게 인기 있는 명창들이었다.

이렇게 볼 때, 염불곡과 산염불 등의 노래들은 종교적인 의례와 관계없는 예능이나 여흥과 관련한 것으로 보인다. 이러한 노래들(혹은 음악들)이 종교와 관련없는 오락·예능의 장르로 편입된 것은 이런 노래들이 가지고 있던 의례적 성격들이 탈각되었기 때문이다. 예를 들어 앞에서 라디오 프로그램을 분석하면서 사례로 들었던 송경의 경우 불교적인 범패에 들어간다. 라디오 방송상에서 송경 의례는 의례적인 절차와 진행을 그대로 보여주고 있다. 따라서 이러한 방송의 경우에는 그 의례성이 탈각되기보다는 전에 없던 새로운 의례성이 발생한다고 볼 수 있다. 이에 반해, 레코드판에 녹음되어 있는 불교 범패는 이런 의례적 맥락을 탈맥락화시키고, 노래만을 재생할 수 있다. 더욱이 의례의 길이와 시간보다는 레코드가 재생할 수 있는 조건에 의해 노래의 길이가 정해짐에 따라, 이 노래들은 더욱더 탈맥락화된다.[58] 이렇게 탈맥락화된 불교 노래들은 대중의 기호와 취향에 따라 선택되는 오락·연애의 대상으로 전환되는 것이다. 따라서 이러한 노래들은 의례라는 종교적인 목적과 집단적인 감수성보다는 개인의 사적인 취향과 정서를 통해서 재생된다. 그리고 "무녀가"나 "성주풀이", "무당국거리"등은 무교 의례에서 사용되는 음악이었지만, 불교 노래들처럼 의례에서 탈각됨으로써 오락이나 예능으로 전락하였다. 이렇게 개인의 사적인 취미로 전락한 이런 음악들은 전통음악 혹은 전통예술이란 이름으로 구분되고, 예술문화라는 범주에 포함되게 된다.[59]

하지만 기독교 음악은 전통음악과는 다른 길을 걷게 된다. 앞에 언급한 "취인 조선음보어안내"에는 찬송가 6108 제백십팔장, 6109 제백육십이장, 6110 제백삼십칠장, 6111 제육장, 6114 찬미가데칠십이장, 6117 찬미가데이백오십이장, 6115 찬미가 데오장, 6116 찬미가 데일백륙십장"을 발매하였는데,[60] 이 곡들의 연주자가 기독교청년회(YMCA)회원으로 되어 있다.[61] 또한『조선 레코-드 총목록』에는 "K531 A면 하늘가는 밝은 길, B면 주 믿는 자들, K546 A면 거룩한성, B면 대면(面對)함"등이 발매되었다.[62] 이렇게 발매된 음반들은 기독교의 종교적 목적에 의해서 활용되었을 가능성이 크다. 이런 음악들은 서양 종교인 개신교와 더불어 들어온 "양악"에 속하였고, 명백히 근대적 의미에서의 종교음악이었던 것이다. 이러한 기독교 찬송가가 종교음악의 전형으로 인식되는 가운데, 한국의 종교들이 기독교 형식의 종교로 재편하면서 각 종교의 음악 역시 기독교 찬송가의 형식으로 재편하였다. 이에 따라 유성기에서 흘러나오는 찬송가의 노래 소리는 개인의 감각과 정서 속에서 종교적인 것으로 인식되었고, 이전의 종교음악이라고 인식되었던 종교음악들은 종교가 아닌 전통음악으로 인식된다. 결국 유성기는 개인의 사적인 영역에 위치하여, 종교음악과 오락·여가의 음악이라는 감각적 기준을 제시하고, 종교적인 것과 종교가 아닌 것이라는 감각과 정서를 형성하기에 이른 것이다.

4. 근대적 공간의 형성과 감각적 '자기 훈련'

소리에 대한 연구는 소리를 내는 물질적 대상과 이를 듣는 주체 간의 상호주관성을 가지는 행위이다. 따라서 이 연구는 양자 간의 이러한 상호작용을 이해하는 것으로부터 출발한다. 또한 소리는 이런 상호작용과 더불어 역사적이고 문화적인 맥락을 통해서 이해되어야 한다. 소리의 상호주관성은 화자와 청자의 상호작용을 넘어 특정 사회의 문화와 역사 안에서 의미를 생산하기 때문이다. 그리고 그러한 의미는 이성적인 인식 체계와는 다른, 감각적이고 정서적인 하부 층위를 통해 형성된다. 다시 말해 이러한 이해는 이성적 인식 체계로는 인식되지 않는 숨겨진 지각적 흐름에 따른 또 다른 인식 체계를 형성하는 것이다. 그리고 이러한 인식 체계는 이성적인 인식 체계의 감각적이고 정서적인 좌표가 되어 인간의 일상적인 삶의 배경으로 자리잡는다.

이에 따라 이 글에서는 일제 식민지 사회 속에서 출현한 근대적 매체로서 라디오와 유성기가 어떤 감각적이고 정서적인 실천을 했는지 살펴보았다.

먼저 각각의 매체들이 가지고 있는 매체적 특성이 발생시키는 낯선 경험에 대한 상상력을 살펴보았다. 라디오의 테크놀로지적인 특성은 당시의 조선인들이 경험하지 못한 소리의 편재성과 동시성을 경험하게 한다. 이러한 경험은 이전에는 물리적 한계로 인해 극복하지 못한 공간에 대한 한계를 극복하는 것으로 나타난다. 또한 이러한 테크놀로지적 특성은 기존의 공간적 범위를 확대하여 이전에는 상상도 할 수 없었던 광대한 영역에 동일한 소리가 존재하게 만든다. 따라서 라디오를 처음 경험했던 조선의 대중들은 라디오가 가지고 있는 이러한 테크놀로지에 경이와 기이함을 감추지 못했다. 그리고 그러한 기이함과 경이는 곧 과학에 대한 찬사로 바뀌고 무소불위의 과학의 신을 조선 사회에 등장시킨다. 그리고 그런 과학의 신은 근대문명의 위대함과 경이로 전환되어 조선 사회의 문명 발달과 진보에 대한 신념을 형성한다.

여기에 유성기가 가지고 있는 테크놀로지적인 특성은 복제, 재생 그리고 반복성이었다. 그리고 이러한 특성은 조선인들에게 공기 중으로 빠르게 사라지는 소리를 붙잡아 저장할 수 있고, 이를 반복적으로 재생할 수 있다는 놀라운 경험을 제공하였다. 따라서 조선인들은 이런 경험을 통해 인간의 영원과 불멸을 꿈꾸게 된다. 공기 중으로 빠르게 사라지는 무형의 소리를 저장하여 이를 반복적으로 재생할 수 있다면, 과학기술은 인간의 오래된 염원인 영원과 불멸의 삶을 이룩할 수 있다고 상상했던 것이다. 이러한 이해는 문명 진보를 통해 인간의 한계를 극복할 수 있다는 물신적 믿음 이었다. 그리고 이러한 물신적 믿음은 "축음기제"와 같은 사회문화적 현상을 만들어낸다. 하지만 이러한 상상력이 합리성으로 전환되는 순간, 축음기제는 신에 대한 기원보다는 인간의 욕망을 성취하고자 하는 세속적 행사로 전환되었다.

다음으로는 라디오가 어떻게 공적인 영역을 형성하고 이 가운데 공적인 종교 담론을 생산하며 이를 일상적인 삶의 실천으로 전환하는지를 살펴보았다. 특히 개인의 일상적인 공간이 라디오의 의례 방송을 통해 새로운 의례적 공간으로 전환되고, 이러한 개인의 공간적 변화가 일제의 국가 의례 방송을 통해 어떻게 식민지 조선이라는 공적인 공간을 형성하게 하는지를 검토하였다. 또한 개인의 사적 취향을 만족시키는 유성기의 활용이 어떻게 조선의 전통적인 종교음악을 전통문화·예술의 영역으로 편입시킴으로써 종교적인 것에서 배제하는지에 대해서도 알아보았다.

이렇게 라디오와 유성기는 조선의 일상적인 삶에 많은 변화를 가져왔다. 특히 라디오와 유성기가 가지고 있는 매체적인 특성은 조선의 대중들에게 엄청난 상상력을 일으켰고, 조선인의 일상적인 삶에 뿌리 깊게 자리잡았다. 이렇게 뿌리 깊게 자리잡은 라디오와 유성기는 식민지 조선에 공적인 영역과 사적 영역을 제시하고 종교에 대한 담론을 생산하기에 이른다. 그리고 대중들은 일상생활에서 라디오와 유성기를 활용하는 가운데, 이러한 담론들에 대해 감각적이고 정서적인 자기 훈련을 실시하게 된다. 그리고 이런 훈련들을 반복적으로 실천함으로써 이 담론들은 자신의 일상적인 삶의 분위기나 배경으로 자리잡는다. 한마디로 유성기와 라디오는 조선인에게서 삶의 윤리적이고 정치적인 감성으로 자리잡는 것이다. 따라서 이런 담론들은 이성적인 인식에 앞서 자신의 몸에 체화된 상태로 자신의 삶의 기준으로 작동하게 된다.

근대적 소리 경험 변화의 핵심은 "어쿠스마틱(acousmatic)"으로의 전환에 있다. 고대 그리스 철학자 피타고라스는 베일 뒤에서 자신의 모습을 숨기고 강의하였는데, 모습을 보지 않고 스승의 목소리에만 집중해서 강의를 듣던 그의 제자들을 어쿠스마틱이라고 불렀다. 이런 어쿠스마틱이란 용어가 현대에 들어와서 소리와 음원이 분리되는 현상을 나타내는 말이 되었고, 소리를 그 직접적인 발생의 기원과 분리하여 경험하는 것을 의미하게 되었다. 이렇게 음원과 소리가 분리된 청취 행위는 소리를 내는 대상과 기원에 집중하기보다는 소리에 대한 감각적인 효과에 더욱 주목하며, 그 소리를 둘러싼 물질적 형식에 더욱 집중하게 만든다. 근대적 테크놀로지인 라디오와 유성기는 이런 어쿠스마틱을 구체화하는 매체들이다.

이런 근대적 청취에 대한 경험 변화는 19세기 말 근대 조선의 대중에게 큰 놀라움으로 다가온다. 당시 조선인들에게 소리란 음원과 소리의 일치 속에서 경험되는 것이었지만, 라디오와 유성기는 소리를 음원에서 분리시켜 전달한다. 따라서 음원과 소리의 일치된 경험은 파괴되고, 소리는 '작은 상자들'을 통해 흘러나오게 된다. 이렇게 흘러나온 소리는 당시 대중들에게 많은 상상력을 불러일으켰다. 이전과 다른 청각적 경험 방식은 조선인들에게 근대적 소리가 만들어지는 다양한 원리보다는 소리 그 자체의 경험에 주목하게 만들었으며, 이를 상상력으로 표현하게 했다. 조선의 대중들은 이런 테크놀로지를 근대과학의 힘이 만들어낸 "과학의 신"이라고 칭송하였다. 또한 근대적 테크놀로지를 통해 구현되는 소리의 공간적 편재성과 저장·재생성은 인간의 한계를 넘어 영원을 꿈꾸게 하는 구원적 상상력을 만들기도 하였다.

이렇게 기이하고 놀랍게 경험된 근대적 테크놀로지는 대중들의 일상을 파고들었다. 인간에게 시각적 경험은 하나의 대상에만 주목하게 만든다. 시각은 감각 대상으로부터 의식적으로 눈을 감아버리거나 고개를 돌려버리면 사라지게 된다. 하지만 청각은 지속적으로 소리에 노출되어 있다. 인간을 둘러싼 수많은 잡음은 지속적으로 인간의 청각에 스며든다. 이렇게 스며든 소리는 인간의 감각중추를 자극하고 정서적 훈련을 발생시킨다. 라디오의 시간을 알리는 시보, 일요일 아침의 교회의 종소리, 그리고 왁자지껄한 거리의 일상적 소음들은 무의식중에 인간의 청각에 파고들어 감각을 재편하고 그에 따른 실천을 발생시킨다. 이에 따라 주변의 수많은 소음들은 "소리의 풍경(soundscape)"으로 남아 인간의 일상생활을 구조화하고 재편한다.

허쉬킨드(Charles Hirschkind)는 이러한 소리의 풍경을 통해 이슬람 부흥운동을 연구한 대표적인 연구자이다. 그는 이집트의 이슬람 부흥운동에 관해 연구하면서 무슬림들의 카세트테이프 설교에 주목하였다. 그는 중동에서 현재의 도덕·정치적인 풍경을 형성하는 청각매체(카세트테이프)의 기여가 단지 관념을 퍼뜨리고 종교적인 사상을 스며들게 할 뿐만 아니라 인간의 감각중추, 정서 그리고 청중의 인식적인 습관에도 영향을 미친다고 보았다. 특히 이 설교테이프는 이슬람의 전통적인 윤리관을 담으면서도, 현대적인 형식을 차용한다고 보았다. 다시 말해 전통적인 이슬람 설교를 테이프에 담는 데서 기존과는 다른 현대적인 양식을 도입하고 엔터테인먼트적인 효과를 첨가했다는 것이다. 이 덕분에 설교 테이프는 대중들에게 인기를 얻게 되었고, 대중들의 일상에 깊이 침투하게 되었다. 그리고 이러한 인기에 힘입어, 설교 테이프의 청취는 시내를 가로지르는 택시 안에서나 모스크가 가까운 공공장소에서 지속적으로 재생되었고, 개인의 은밀한 장소에서도 여가를 대신하여 청취되었다. 이런 청각매체의 순환은 대중들에게 전통적인 무슬림의 윤리관과 현대적인 정서를 매개하는 중계자 역할을 하였고, 이슬람 대중들은 이러한 매체적 실천을 통해 자신의 정서와 감각 그리고 인식적 습관을 변화시켰다. 그 결과로 이슬람 대중들은 일상적 생활 속에서 전통적인 무슬림의 윤리를 구현하게 되었고, 이는 직접적으로 이슬람 부흥운동의 주요한 동기가 되었다. 이러한 허쉬킨드의 설명은 설교 테이프라는 청각매체가 어떻게 이슬람 부흥운동과 광범위하게 연결되는지를 구체적으로 보여주는 사례라고 할 수 있다.

이렇게 소리의 풍경이 인간의 감각중추를 자극하고 정서적인 훈련을 통해 일상적 삶의 실천으로 전환되었던 것은 식민지 조선에서도 마찬가지였다. 1920년대 보급된 라디오는 일본의 "국가 사운드스케이프"의 형성이라는 기조 속에서 식민지 조선에 광범위하게 보급된다. 이러한 국가 사운드스케이프는 식민지 조선인의 식민화를 위한 지속적이고 반복적인 훈육의 기제로 활용된다. 경성 한복판에 울려 퍼지는 라디오 방송은 거리를 지나다니는 조선인들에게 일본의 정치적이고 윤리적인 이념을 전파할 뿐만 아니라, 조선인들에게 정서적인 훈육도 단행한다. 이에 따라 일본의 정치적이고 윤리적인 정서는 조선인들의 감각중추에 각인되고 일상생활을 통해 표현된다.

또한 이러한 사운드스케이프는 식민지 조선인들에게 "종교"와 "종교 아닌 것"에 대한 근대적 감각도 훈련시켰다. 전통적인 실천 체계를 통해 지속되어오던 조선의 종교 생활을 "미신"이나 "구습"이라고 규정짓고 이를 반복적으로 방송함으로서 과거의 전통적인 종교들을 근대적 종교에서 탈락시켰던 것이다. 더욱이 기존의 종교 의례와 함께 행해지던 종교음악 역시 의례와 분리시키고 "대중음악"으로 전락시키면서 대중들의 여가를 위한 오락 장르로 재편성하였다.

유성기의 대중적 보급은 이러한 현상을 더욱 심화시켰다. 유성기를 통한 종교음악의 예능화는 개인의 사적 취향과 맞물려 종교음악과 대중음악을 감각적으로 구분하게 만들었다. 은밀한 사적 공간에서 유성기를 통해 전통적인 종교음악을 청취하는 개인은 이런 음악들을 더 이상 종교음악이 아닌 대중음악으로 각인하고 종교음악과 아닌 것에 대한 정서적 훈련을 반복한다. 그리고 이러한 매체의 실천을 통해 조선인들은 종교에 대한 감각적 지식의 하부 층위를 활성화시켜 종교와 종교가 아닌 것에 대한 구별을 실행한다.

3장

사진의 보급과 의례문화의 변화

우리는 영정 사진 없는 장례식을 상상할 수 없다. 한국의 전통 장례를 잘 묘사한 영화 〈축제〉(1996)의 유교식 장례식에서도 사진은 핵심적인 역할을 한다. 빈소(殯所)에서, 빈소에서 장지(葬地)로 갈 때, 장지에서 돌아오는 반혼(返魂) 절차에서, 유가족들은 망자의 사진을 모시거나 소중히 안고 이동한다. 그런데 우리는 사진의 존재를 딱히 어색하게 여기지 않는다. 전통 장례절차 한복판에 사진이라는 현대의 기술이 핵심적인 역할을 하는 것이 새삼스럽지 않다. 우리가 겪는 대부분의 장례식에서 볼 수 있는 모습이기 때문이다. 도대체 언제부터, 어떻게 이렇게 된 것일까? 우리는 사진이 한국 종교문화에서 중요한 자리를 차지하고 의례적 능력을 발휘하게 된 과정을 추적하고자 한다. 도입된 지 백 년 남짓한 이 기술이 어떻게 한국 종교문화에 도입되었으며 한국인들은 어떠한 반응을 보였을까? 대중화된 사진은 한국의 의례문화에서 어떠한 역할을 하게 되었고, 어떠한 의미작용을 일으켰을까?

이 글에서는 한국 사회에 사진 기술이 소개된 시기와 사진의 사용이 보편화한 시기를 종교문화와 관련해서 살펴볼 것이다. 사진 기술이 소개된 시기는 19세기 말부터 20세기 초에 이르는 시기에 기독교 선교사들의 사진기 사용을 중심으로 서술될 것이고, 사진 사용의 보편화와 의례문화에 영향을 준 시기는 일제강점기와 해방 이후, 특히 사진 가격이 인하되고 전국에 사진관이 생겨 대부분의 사람이 사진을 사용하게 된 1960년대 이후 의례문화의 변화를 중심으로 서술될 것이다. 한국 종교문화와 사진의 관련성이라는 주제를 쫓아다니다 보면 한국 근현대사의 다양한 종교 전통들을 만나게 된다. 필자는 이 글에서 다양한 자료와 그 속에 담긴 이야기들을 듬성듬성 다루면서도 몇몇 중심적인 질문들을 이어나가려 한다. 처음에 사진을 찍은 선교사들이 머릿속에 갖고 있었던 구도는 무엇이었을까? 그 구도 속에 놓인 한국인들은 어떠한 반응을 보였을까? 한국인들이 사진을 다룰 수 있게 되고 가질 수 있게 되었을 때, 이 새로운 기술은 한국 종교문화 안에서 어떻게 작용하였는가? 얼핏 작은 변화로 보이는 사진이라는 요소의 삽입이 의례의 전체 구조에 어떠한 변화를 가져왔을까? 이러한 변화가 한국 종교문화에 지니는 의미는 무엇일까?

1. 선교사들이 촬영한 한국 종교문화

한국 사회에 사진과 사진 기술의 보급은 주로 일본을 통해 이루어졌지만, 종교문화 영역에서는 기독교 선교사라는 다른 매개자의 역할에 주목할 필요가 있다. 한국의 개신교 선교가 본격화된 19세기 말부터 20세기 초까지의 기간은 서양에서 사진 기술이 대중화되어 선교 현장에서 일반적으로 사용되었던 시기이기도 했다. 당시 해외 선교부에서 출판된 지침서에는 "선교사는 본국을 떠나기에 앞서 현상과 인쇄 등 카메라 관련 기술 연습을 확실히 해두면 좋다."는 조언이 실려 있었다.[1] 이 때문에 사진기는 선교 현장에서 성경만큼이나 보편적인 것이 되었다는 평가를 받을 정도였다.[2] 한국에 입국한 선교사들이 당시의 선교 필수품인 사진기를 갖고 입국했음은 여러 기록을 통해 알 수 있다. 한국 장로교 선교를 개척한 호러스 그랜트 언더우드(Horace Grant Underwood)는 커다란 사진기를 개인적으로 소지하고 입국했다고 한다.[3] 또 1890년대의 한 사진에는 최초에 입국한 개신교 선교사 호러스 알렌(Horace N. Allen)과 그가 사용한 것으로 보이는 사진기가 등장하는데, 이를 보면 당시 선교사들이 어떠한 사진 기술을 사용하였는지 유추할 수 있다. 그들은 습판(濕板) 감광판을 사용하며 삼각대를 갖춘 사진기를 갖고 다녔음을 볼 수 있다. 서양의 사진 기술 발달은 선교사를 통해 한국의 선교 현장에 반영되었다.[4]

선교사들이 사진기를 들고 사진을 찍고 다니는 사람들이었다면, 한국과 한국인들은 그들 사진의 피사체로 존재하였다. 그들이 찍은 사진들은 자신의 시각으로 파악한 한국 종교문화를 담고 있으며, 그들이 전하고자 하는 내러티브를 구성하는 주요 요소가 되었다. 선교사들의 초기 사진은 한국이라는 낯선 나라의 여러 모습을 담은 것들이었으며, 무속과 불교 사진들을 통해 '한국 종교'를 눈으로 볼 수 있는 것들로 물상화(物像化)하여 전달하는 역할을 하였다.[5]

선교사의 사진이 사용되는 가장 전형적인 방식은 선교 내러티브의 구성이다. 세계의 다른 선교지와 마찬가지로, 한국에 온 선교사들이 찍은 선교 현장과 한국의 풍물 사진들은 본국에 보내어져 선교 성과를 보고하는 동시에 더 많은 선교 지원의 필요성을 시각적으로 인식시켜 후원금을 모금하는 데 사용되었다. 사진은 '암흑 속의 이교도(heathen in his blindness)'였던 한국인이 복음의 빛을 통해 구원받는 모습을 전달하는 효과적인 매체였다. 단적인 예를 들면, 1911년에 선교사 구타펠(Minerva L. Guthapfel)은 사실에 기초한 소설 "조선에서 가장 행복한 소녀"에서 옥분이라는 한국 여성에 대한 이야기를 전한다. 옥분이는 양손을 잃은 채 버려진 고아였는데 기독교 병원에서 보살핌을 받고 새로운 삶을 누릴 수 있었다. 그녀는 양손을 쓸 수 없음에도 불구하고 선교사를 만나 복음을 들을 수 있어 세상에서 가장 행복한 아이라고 이야기하며 환자들에게 복음을 전한다. 그 자체로도 강력한 이 내러티브는 책에 실린 사진, 즉 옥분이의 모습과 불편한 손으로 편지를 쓰는 모습, 그리고 친필 편지 사진과 결합하여 몇 갑절 강력한 메시지를 전달한다. 복음 전파의 성과를 눈 앞에서 확인시켜주는 한 이교도 출신 여성의 사진은 본국 신자들을 감동시키는 강력한 표현 매체의 예로 손색이 없을 것이다.(〈그림 4-1〉)[6]

선교 내러티브에 사용된 사진은 그 외에도 많은 사례가 있다. 우리는

THE HAPPIEST GIRL IN KOREA

OAK-PUN-IE WRITING THE LETTER

〈그림 4-1〉 옥분이 사진과 친필 편지(1911)

How the S.P.G. Mission to Corea began.

T was a beautiful village right away in an island on the west coast of Corea. The village was scattered amongst the hills and valleys. Little groups of houses standing on the edges of the swamps, which had been converted into paddy-fields. A great hollowed hill, crowned with a fortified wall, stood above the village ; inside the

COREAN BOYS PLAYING IN THE STREET.

The boys shown in this picture are playing a game of pitch halfpenny. They are using "holey cash"— that is the ancient coin of China and Corea, now out of circulation in the latter country. The man with the cropped head is a Buddhist monk. The house is a shop and some of its shutters are down. Notice the window above the man sitting down. It is simply a hole made in the mud wall—two or three rough sticks stuck into the aperture and pasted over with paper. Most of the very poor make their windows in this way.

〈그림 4-2〉 성공회 선교 내러티브와 강화도 모습(1906)

1906년 영국 성공회에서 발행된 세계선교잡지에 실린 한 사진 기사를 통해 일상적인 모습을 포착한 사진이 선교 이야기를 구성하는 요소로 사용되는 방식을 볼 수 있다. 여러 컷의 사진으로 구성된 이 기사는 성공회가 강화도에 선교하는 과정을 내러티브화하여 전달한다. 그 중 첫 사진은 강화도 주민의 모습이다(〈그림 4-2〉). 사진 아래에 붙은 설명은 다음과 같다.

사진에 보이는 소년들은 공기놀이를 하고 있다. 그들은 고대 중국과 한국의 동전이지만 한국에서는 이제 유통되지 않는 '구멍 난 돈'을 갖고 놀고 있다. 머리를 삭발한 사람은 불교 승려이다. 집은 가게인데 덧문이 조금 내려앉았다. 앉아 있는 남자 위의 창문을 보기 바란다. 이것은 진흙 벽에 낸 구멍에 불과하다. 거친 나뭇가지 두세 개가 쑤셔 박힌 위

에 종이를 발랐다. 가난한 사람들 대부분은 이런 식으로 창을 낸다.[7]

이 사진은 한국인의 일상을 복음 전달 이전의 '암흑 속의 이교도'라는 개념에 담아 전달한다. 사진과 설명에서 강조되는 이미지는 쓸모없는 물건을 갖고 놀고 있는 한가함, 꾸부정한 자세, 그리고 마구 낸 창으로 표현되는 집안의 텁텁한 공기이다. 이는 동아시아에서 활동한 서양 선교사들이 강조했던 근면함, 곧게 선 자세, 제대로 환기된 맑은 공기와 정확하게 대조되는 이미지이다.[8] 승려의 가세로 이교도성이 더 강조된 이 장면은 선교 내러티브의 첫 장면으로서의 역할을 수행한다. 이야기는 이러한 사람들과 선교사의 만남을 통해 결국은 강화도에 신앙공동체가 형성되는 감동적인 결론으로 귀결된다. 사진은 복음 전달 이전의 어두운 상태를 시각화하여 자연스레 선교의 필요성을 각인시켰다.

일반적으로 식민지 상황의 사진 연구는 권력관계에 대한 논의로 연결된다. 사진을 찍는 서양인과 피사체인 피식민지인들의 구도가 권력 구도와 일치하기 때문이다. 한국의 경우 일본 식민지 관료나 학자들이 찍은 사진에서 이러한 권력 구도가 명확히 나타난다. 예를 들어 아키바와 아카마쓰와 같은 학자들이 한국인들에게 굿의 재현을 요구하고 찍은 사진들을 보면, 사진 속의 한국인들은 경직된 표정을 짓고 있는 경우가 많다.[9] 선교사들이 찍은 교인의 사진들도 기본적으로 이러한 권력관계를 전제한다. 그러나 한국인이 일제와 맺는 권력관계가 선교사와 맺는 권력관계가 달랐던 것만큼, 사진 속의 한국인의 표정에는 미세한 차이가 드러난다. 일반적으로 선교사들의 사진에 담긴 한국 교인들은 때로는 경직된 모습으로 때로는 무표정하게 새로운 종교, 정확히 말하면 선교사들이 들여온 문명과 조우하는 순간을 전한다. 〈그림 4-3〉은 1890년대 평양의 선교사 사택을 방문한 한국 교인의 모습이다.[10] 선교사의 서양식 집은 한국

〈그림 4-3〉 선교사 사택을 방문한 한국 교인

신자들의 선망의 대상이 되는 방문지였다. 선교사의 미국 문화가 집약된 집이야말로 한국 신자들이 새로운 문명으로서의 개신교와 만날 수 있는 중요한 장소였다. 그들은 서양식 가구와 물건으로 가득 찬 집을 방문하여 집에 걸려 있는 각종 사진을 구경하고, 마지막에 기념사진을 촬영하였다. 벽면에 사진이 가득 걸려 있는 집 내부는 사진 문화가 기독교와 함께 소개되었음을 상징적으로 보여준다. 선교 대상이자 피사체가 된 이 여인은 초조함이 가시지 않은 눈빛으로 카메라를 응시하고 있다. 이 사진에서 나타나듯이 사진은 선교사와 교인의 관계를 확증하고 매개하는 물증이었다.[11]

모든 한국인이 사진이라는 낯선 기술을 처음부터 적극적으로 수용했던 것은 아니었다. 사진을 적극적으로 받아들였던 양반 계층과는 달리 민중 계층에서는 사진에 대한 두려움이 존재했다. 사실, 사진에 대한 대

〈그림 4-4〉 사진기를 회피하는 어린이

중적 거부감은 비서구권 세계 여러 곳에서 보고된 바 있고 원시인의 태도라고 희화화되어 알려져 있기도 하다. 그러나 기본적으로 사진 거부는 사진이 가진 권력적 속성에 대한 본능적 반응으로 보아야 할 것이다.[12] 조선 말에 사진에 대한 반감과 반외세적 감정이 결합하여 영아소동(嬰兒騷動, Baby Riot)이 일어났다. 당시 민중들 사이에서는 선교사들이 어린아이들을 유괴하여 끓는 솥에 삶아 말려 가루를 내어 마법 상자의 약을 만든다는 소문, 혹은 아이들의 눈알과 혀를 빼서 카메라의 렌즈를 만든다는 소문이 돌았다.[13] 사진에 대한 반감은 꽤 오랫동안 지속했고 오늘날까지도 여러 속설로 흔적을 남기고 있다. 사진을 찍으면 피가 마른다, 사진을 한 번 찍으면 몸이 마르고 두 번 찍으면 명이 짧아진다, 어릴 때 사진을 찍으면 수명을 다하지 못하고 죽는다, 세 사람이 사진을 찍으면 가운데 사람은 죽게 된다는 등의 이야기들이 그 예이다.[14] '기독교인 가족'이라는 이름의 프랑스 사진엽서에서 이러한 반응을 읽을 수 있다.(《그림 4-4》) 가톨릭 선교사들에 의해 촬영된 것으로 보이는 이 사진에서 어른들은 정면을 보고 있지만 아이들은 사진기에 눈을 마주치지 않으려 옆을 보고 있다. 아이들에게는 사진기에 영혼을 빼앗긴다는 두려움이 존재했던 것이다.

사진이 영혼을 빼앗는다는 속설은 2016년에 흥행한 영화 〈곡성(哭聲)〉의 줄거리를 구성하는 중요한 논리로 사용되었다. 〈곡성〉은 여러 가지 반전과 모호한 구성으로 관객들에게 논란이 많이 되었던 작품이다. 누가 누구의 편이고 선과 악이 무엇인지 판단하기 힘든 꼬인 구성에서, 가장 분명한 힌트는 외지인이라고 불리는 한 일본인과 무당 일광이 같은 편이라는 사실이다. 외지인은 모든 희생자들의 사진을 찍어 의례적 공간에 전시하고 있었고, 마지막 장면에서 일광이 그 사진들을 보관하고 있다는 사실이 드러난다. 영화는 외지인과 일광 모두 미놀타 사진기를 사용한다는 사실을 통해, 적어도 이들이 한편이고 희생자들을 제어하는 반대편에 있음을 암시한다. 사진기는 흑주술의 도구로 등장하였다. 이 영화는 종교문화의 요소들을 오컬트라는 장르 안에서 활용한 것이기 때문에, 영화의 설정을 종교문화 그대로의 반영으로 이해할 필요는 없다. 다만 사진기와 영혼의 관련성을 불길한 것으로 감지하였던 과거 대중들의 감각을 영화에서는 줄거리 내의 규칙으로 흥미롭게 변환하여 사용하였다는 점은, 창작의 관점에서 높이 평가될 수 있을 것이다.

그러나 사진에 대한 민중적 반감이 존재했음에도 불구하고 사진은 일제강점기를 거쳐 빠른 속도로 수용되었고 1960년대 이후에는 대중화되었다. 이렇게 우리 일상의 일부가 된 사진은 한국의 종교문화에서 어떠한 역할을 했을까?

2. 사진과 의례문화의 변화

우리는 사진 기술의 도입과 그에 대한 반응을 기독교계를 중심으로 살펴보았다. 이제 사진이 한국 종교문화 전반에 어떠한 변화를 야기하였는지를 살필 차례이다. 사진은 기존의 관행을 재조직하는 잠재력을 지닌 매체이다. 이 사실은 대한제국 시기에 고종의 사진을 둘러싸고 벌어진 논쟁에서 잘 나타난다. 고종은 사진을 적극적으로 활용했던 군주였다. 그는 서양인들의 사진 촬영에 적극적으로 협조하여 많은 사진을 남겼고, 어떠한 면에서는 사진을 정치적으로 사용하는 면모도 보였다. 왕이나 황제를 찍은 사진을 지칭하기 위해 어사진(御寫眞)이라는 새로운 용어가 등장했다. 이 용어는 1897년에 창간된 〈그리스도신문〉에서 선교사 언더우드가 임금의 허락을 받아 신문 구독자에게 사진을 배포하겠다는 광고를 내었을 때 처음 등장한다.(〈그림 4-5〉)[15] 어사진은 임금의 모습을 형상화한다는 점에서는 이전의 진영(眞影)과 공통점이 있지만 둘 사이에는 이미지의 사용 맥락에서 큰 차이가 있다. 진영은 제사의 대상으로서 형상화된 것으로 제사에 참여하는 소수에게만 보이는 것이었다. 조선시대에 일반 백성이 용안(龍顔)을 직접 볼 기회는 거의 없을뿐더러 금기에 가까운 것이었다. 그러나 고종은 어사진을 배포하는 것을 허용함으로써 기존의 금기를 해제하는 것은 물론이고 새로운 이미지의 위력을 십분 활용하였다. 이후 어사진은 대중에 의해 정치적으로 사용되어 민족주의의 표지가 되었다.[16]

사진을 통한 실물의 전시는 새로운 의례적, 정치적 환경을 조성한다. 발터 벤야민(Walter Benjamin)은 기술복제시대의 예술의 위상의 변화를 논하면서 사진의 위상 변화에 대해 언급한 바 있다. 그는 사진이 대중화되고 대량으로 복제되면서 '전시 가치'가 '제의 가치'를 전면적으로 밀어내고 있다고 지적했다. 그런데 사진의 제의적 가치가 보존되는 최후의 보루

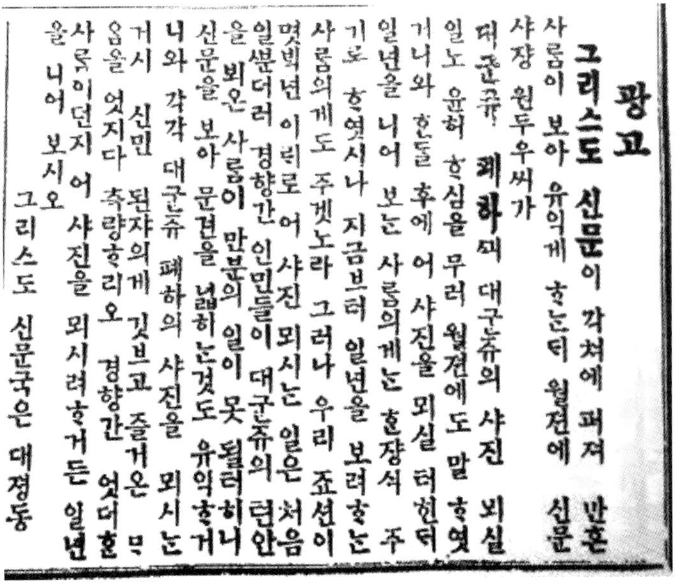

광고

그리스도 신문이 각쳐에 퍼져 만흔 사ᄅᆞᆷ이 보아 유익케 ᄒᆞ는ᄃᆡ 월젼에 신문 샤장 원두우씨가 대군쥬 폐하ᄭᅴ 대군쥬의 샤진 뫼실 일노 윤허 ᄒᆞ심을 무러 월젼에도 말 ᄒᆞ엿거니와 ᄒᆞᆫ ᄃᆞᆯ 후에 어 샤진을 뫼실 터힌ᄃᆡ 일년을 니어 보는 사ᄅᆞᆷ의게는 ᄒᆞᆫ쟝식 주기로 ᄒᆞ엿시나 지금브터 일년을 보려 ᄒᆞ는 사ᄅᆞᆷ의게도 주겟노라 그러나 우리 죠션이 몃ᄇᆡᆨ년 이ᄅᆡ로 어 샤진 뫼시는 일은 처음일뿐더러 경향간 인민들이 대군쥬의 텬안을 뵈온 사ᄅᆞᆷ이 만분의 일이 못 될러히니 신문을 보아 문견을 넓히는것도 유익ᄒᆞ거니와 각각 대군쥬 폐하의 샤진을 뫼시는 거시 신민 된쟈의게 깃브고 즐거온 ᄆᆞᄋᆞᆷ을 엇지다 측량ᄒᆞ리오 경향간 엇더ᄒᆞᆫ 사ᄅᆞᆷ이던지 어 샤진을 뫼시려 ᄒᆞ거든 일년을 니어 보시오

그리스도 신문국은 대졍동

〈그림 4-5〉 구독자에게 어사진을 배포한다는 신문 광고(1897)

라고 할 수 있는 영역이 인간의 얼굴을 찍은 사진이다. 사진의 초기 역사에서 "아우라가 마지막으로 스쳐 지나간 것은 사람의 얼굴에 순간적으로 나타나는 표정"에서였다.[17] 다시 말하면 초기 사진의 중요한 몫을 차지했던 초상 사진은 종교적 의미를 간직하고 있다. 우리가 주목할 지점은 이러한 사진의 제의적 가치가 한국 의례문화에 어떻게 수용되었으며 변화를 야기하였는가 하는 점이다. 사진이 핵심적인 아이템으로 자리잡은 의례로는 장례식과 결혼식을 꼽을 수 있다. 백 년 전만 해도 사진 없이 치러지던 이 의례들에 사진이 사용되기 시작하면서 어떠한 의미 변화가 야기되었는지를 짚어보도록 하겠다.

1) 망자의 형상화와 비형상화

장례식 영정 사진에 대해 말하기에 앞서 전통적인 유교 장례에서 이미지에 대한 관점이 어떠했는지 검토해볼 필요가 있다. 큰 틀에서 볼 때 유교 내에는 망자(亡者)를 형상화하는 경향과 형상화하지 않는 경향이 공존하였지만 성리학 이후에는 비형상화를 강조하는 경향이 우세했다고 정리할 수 있다. 중국 고대에는 조상이나 신의 역할을 수행하는 시동(尸童)을 세우고 제사를 지냈던 시기가 있었으며, 불교가 전파된 한대(漢代) 이후에는 소상(塑像)과 화상(畫像)을 사당에 모시는 것이 유행하기도 하였다.[18] 그러나 형상을 통해 망자를 재현하는 문화에 대한 비판적 태도는 초기 유교부터 강하게 존재하였다. 맹자는 「양혜왕」 편에서 장례에 인형을 사용하는 풍습에 대해 공자가 격렬하게 비난했다는 이야기를 전해준다. "공자께서는 '장사 지낼 때 땅에 묻는 인형[俑]을 처음 만든 자는 후손이 없게 되었을 것이다.'라고 하셨는데, 그것은 사람의 모습을 본떠 만든 것을 장례에 썼기 때문입니다."[19] 형상에 반대하는 논리는 특히 신유학에서 강화되었다. 송대 이후 유학자들은 형상들을 거부하고 추상적인 신주(神主)를 중심으로 하는 비형상적인 제사를 확립하였다. 그들은 형상이나 화상을 신주로 대체하고 공자 사당에서 형상을 제거하였다.[20] 예를 들어 주희의 『주자가례』는 기본적으로 형상의 사용에 반대하는 입장을 보이며, 영정(影幀)과 같은 형상의 보조적 사용이 불가피한 경우에도 '속된'사용을 경계하였다.[21] 조선 유교는 이러한 반형상적 에토스를 철저하게 고수하였다고 할 수 있다. 전통적으로 망자의 상징물은 장례에서는 혼백(魂帛)이었고 제사에서는 신주(神主)였다. 그러나 이미지가 자제된 전통적인 추모 문화는 사진의 도입 이후 큰 변화를 겪게 된다.

한국에서 사진의 보급은 19세기 말부터 초상화의 대체물로서 시작되었다. 고위 관료로부터 시작된 초상 사진 촬영은 곧 널리 확대되었으며,

초상을 촬영하는 사진관이라는 유통구조가 만들어지고 사진사라는 직업군이 나타났다.[22] 초상 사진은 초상화와 달리 상대적으로 적은 돈만 지불하면 소유 가능한 것이어서 특권 계층의 전유물이 아니었다. 일제강점기를 거쳐 확장된 사진 문화는 해방 이후에 전 국민에게 필수적인 것으로 받아들여지게 되었다. 특히 한국전쟁 직후인 1953년에 도민증(道民證) 제도가 실시되었는데, 전에는 가격 부담 때문에 사진을 찍지 않았던 사람들도 도민증에 붙이기 위한 사진을 찍어야 했다. 이로 인해 1960년대까지 사진관의 호황이 이어졌다.[23] 누구나 사진을 찍는 시대의 도래는 장례식장에서의 영정 사진의 사용 일반화의 자연스러운 배경이 되었다.

사진의 대중화와 더불어 영정 사진이 등장하였다. 망자를 기억하기 위한 비형상적 상징물은 일거에 가장 선명한 형상으로 대체되었다. 이러한 변화에 대해 유교 전통 내에서 어떠한 논란이 있었는지는 확인되지 않는다. 당시 유교 전통은 의례적 변화의 의미를 이론적으로 성찰할 수 있는 활력을 지니지 못했다. 유교식 장례에서 사진 사용이 결정적으로 고착화된 것은 일제에 의해 제정된 '의례준칙'의 문구 때문이었다. 일본총독부는 1934년에 의례준칙을 제정하여 관혼상제 절차를 규정하였고, 허례허식을 철폐한다는 기본적인 논조는 해방 이후 한국 정부에서도 계승되어 가정의례준칙, 건전가정의례준칙을 통해 현재까지 유지되고 있다. 1934년 의례준칙의 상례(喪禮) 항목의 영좌 절차에는 빈소에 영좌를 설치할 때 "지방(紙榜)이나 사진을 건다."고 명시되어 있다.[24] 1957년에 의례준칙을 기반으로 의례절차들을 해설한 책자에도 영좌에 대한 내용은 다음과 같이 거의 그대로 반복되어 있다. "영혼의 의지처인 영좌를 만들어 그 위에 영위(靈位)(사진 또는 지방)를 모시고 주과(酒果) 등 극히 간소한 제물과 촉(燭), 향구(香具) 등을 배치한 후 분향배례(焚香拜禮)할 것."[25] 이 규정에는 전통적인 상징인 혼백 대신에 지방과 사진이 등장한다. 둘 다 전통과는

〈그림 4-6〉 신주와 사진을 함께 모신 제사상(2015)

이질적인 요소들인데, 왜 이렇게 규정되었는지는 알 수 없다. 다만 사진 사용이 일반화된 당시 일본의 추세가 반영되었을 것이라고 추정해볼 뿐이다. 하지만 이러한 규정이 낳은 결과만은 명백하다. 정부 공문서에 삽입된 '사진'이라는 단어는 일상 의례의 풍경을 바꾸어놓았다. 사진의 사용이 망자의 미지에 대한 기존 유교적 태도와 배치되는 면이 있음에도 불구하고, 사진은 의례의 한 부분으로 자연스럽게 녹아들었다. 그리고 그 녹아듦의 과정에서 망자를 눈앞에 있는 것처럼 기억하게 해주는 사진의 힘, 그 제의적 가치가 발휘되었다는 사실이 중요하다.

최근의 경향을 보면 의례에서 사진의 사용은 장례를 넘어 제사에도 영향을 주고 있다. 가정에서 드리는 제사에서 신주 옆에 고인의 사진을 올리는 경우가 많아지고 있다.(《그림 4-6》)[26] 유교의 법도에는 존재하지 않는 관행이다. 하지만 고인을 추모하는 매체로서 사진이 영정 사진 사용의 연장선상에서 제사상의 모습도 변화시키고 있는 것이다. 게다가 애초에 신주를 사용할 수 없는 개신교의 추모예배에서는 망자의 사진이 사용되고 있다. 이 역시 망자를 현존할 수 있게 하는 사진의 제의적 가치가 발휘된 결과라고 보아야 할 것이다. 사진의 적극적인 사용으로 유교 의례의 비형상적 성향은 전면적으로 수정되고 있는 것으로 보인다. 이러한 변화, 즉 사진이 의례에서 중요한 역할을 수행한다는 사실에 대한 교리적 의미화는 차후에 이루어질 것으로 예상된다.

죽음과 사진의 결합은 세계적으로 강력하게 나타나는 종교 현상이다. 미국의 추모 현장에서도 사진은 고인의 기억을 지속시켜주는 가장 중요한 물질적 대상으로 등장한다.[27] 죽음의례에서 사진의 사용은 세계적으로 널리 나타나지만, 그 구체적인 사용 방식에서 문화적 특성은 뚜렷이 나타난다. 미국 문화에서는 사진이 박힌 묘비, 장례카드에 사용된 사진 등이 사진과 관련된 죽음의 물질적 표현 방식으로 등장한다. 일부 지역에서는 망자의 시신을 사진으로 찍어 간직하는 문화도 존재한다.[28] 그렇다면 한국에서도 그러한 사진이 가능한지 질문을 던져본다면 그 문화적 차이를 실감할 수 있을 것이다. 성리학 의례의 표준적인 지침인 주자의 『주자가례』에는 초상화의 사용에 대한 언급이 있는데, 생시에 초상을 그려둔 경우에는 사용할 수 있지만 초상화가 없는 경우 초상을 그리기 위해 화공이 망자의 얼굴을 보는 것은 "예에 어긋나는 것"이라고 주자는 강력하게 비난한다.[29] 한국의 장례에서는 시신을 염(殮)하기 때문에 임종의 순간과 입관(入棺)을 제외하고는 의례 참가자가 시신을 마주하는 순간은 제약된다. 시신을 촬영하는 것은 금기일뿐더러 의례 절차상 가능성이 봉쇄되어 있다고 해도 과언이 아니다. 한국의 죽음의례에서 사진은 영정이라는 전통적 개념과 결합하여 영정 사진이라는 새로운 개념을 형성하였다. 좋은 상태의 모습을 미리 찍어 영정 사진을 준비한다는 관념은 호상(好喪)이라는 유교적 죽음 이해와 결부되어 형성된 문화라고 볼 수 있다. 사진을 통해 망자를 기억하는 일은 전 세계 죽음의례에서 볼 수 있지만, 사진이 의례 내의 요소로 자리잡는 구체적인 맥락은 문화적 특수성을 반영한다.

영정 사진은 전통 장례에서 혼백을 대체하였으며 제사에서 신주와 양립할 조짐마저 보이고 있다. 우리가 같은 이야기를 소설을 통해 받아들일 때와 영화를 통해 받아들일 때의 양상이 달라지듯이, 의례에서 망자를 혼백이나 신주라는 추상적 대상이 아니라 사진이라는 구체적 매체를 통해 접하게 될 때 의례의 양상은 변하게 된다. 의례 참가자는 이미지를 통한 망자의 현존과 '만나게' 된다. 조상은 눈앞에 있는 그분으로 구체화되고, 의례는 그분과의 더욱 직접적인 관계 맺음으로 상정되어 다른 질감을 확보하게 된다.

2) 사진으로 증명되는 결혼

사진의 대중화와 사진관의 설립과 더불어 한국인은 자신의 생애주기를 사진으로 기록하기 시작하였다. 1912년에 한국인에 의해 설립된 초기의 본격적 사진관인 천연당사진관에서 사진사 김규진이 아들 김영기의 돌사진을 촬영한 것은 이러한 변화를 알리는 상징적인 의미를 지닌다.[30] 돌, 결혼, 회갑, 장례, 제사 등 한국인의 일생의례에서 사진이 핵심적인 역할을 하게 되기 때문에, 사진 산업의 성장과 일생의례의 변화는 긴밀하게 연결된다. 사진 산업과 일생의례의 연관성을 가장 두드러지게 보여주는 것이 결혼식이다. 새로운 결혼문화에 사진이 어떻게 결부되었는지 그 과정을 살펴보기로 하자.

이른바 '신식결혼'은 개신교식 결혼에서 비롯하여 일제강점기에 상업화된 형태의 결혼식이다. 신식결혼을 규정할 수 있는 특성은 다양하지만, 대중들이 전통혼례 대신 개신교 결혼으로 대표되는 신식결혼을 열광적으로 수용했던 가장 큰 이유는 절차의 간소함이었다. 개신교 결혼이 소

〈그림 4-7〉 개신교 결혼식 장면(1920년경, 서울)

개되기 직전 시기에 극빈층이 행하던 복수결혼(福手結婚)이라는 의례가 있었다. 이것은 찬물을 떠놓고 가까운 친지들만 보는 가운데 신랑 신부가 서로 머리 모양을 만져주는 것만으로 끝나는 결혼이었다. 이처럼 최소한의 절차만을 지닌 결혼식에서 이것이 결혼임을 알려주는 보증이 된 것은 혼인증서를 부여받는 것이었다. 거의 모든 절차가 생략된 이 결혼식에서 최소한의 요건으로 남은 것은 바로 공적인 증명이었다. 초기 개신교 결혼식 절차에서도 가장 마지막 식순은 혼인증서 수여였다. 이를 위해 식 전에 양측의 민적 등본이나 당회 보증서를 접수해서 살피고, 식을 올린 날에 혼인증서를 수속할 수 있도록 준비하였다.[31] 그런데 언제부턴가 증서로 증명받는 절차는 사진 촬영으로 대체되었다.[32]

한 지역의 사례이긴 하지만, 우리는 충남 장항에서 1940년대부터 1980년대까지 미나미 사진관과 예식장을 운영한 사진사 가족의 사례에서 사진 산업과 결혼문화가 긴밀한 상관성을 가지며 발전했음을 볼 수 있다. 1960년대에만 해도 혼인은 주로 집에서 이루어졌고 사진사는 혼인이 이루어지는 집으로 출사(出寫)를 다녔다고 한다. 그런데 사진관 스튜디오에서 간단히 식을 올리고 촬영하는 부부들이 생기기 시작했다. 사진을 찍는 것만으로 혼인이 이루어지는 것은 앞서 본 복수결혼에 버금갈 정도의 간소한 결혼식이라고 할 수 있다. 그런데 여기서 중요한 것은 식을 올린 이들에게 원판 사진이 혼인을 증명하는 증거력 있는 자료였다는 사실이다. 이 결혼식에서 혼인증서는 의례 절차에서 배제되었고 사진 촬영이 그 자리를 대신하게 되었다.

사진 촬영이 결혼의 부가적 절차가 아니라 핵심적 절차라는 사실은, 1970년대부터 사진관과 예식장을 함께 운영하는 사례가 증가했다는 데서도 볼 수 있다. 미나미 사진관/예식장은 당시 장항의 유일한 예식장이었는데, 이는 사진관의 예식장화가 오늘날 예식장이나 웨딩홀 형성의 계기 중 하나였음을 보여준다. 오늘날 우리는 결혼식에 가는 것이 사진 찍히기 위한 것이라고 농담조로 이야기하곤 하는데, 실제 결혼식 형성의 역사에서 결혼이 사진 찍히기 위한 예식이라는 관념이 함축되어 있음을 확인할 수 있다.

또한 사진의 기술적 발전이 의례에 중요한 변수로 작용한 사실도 확인할 수 있다. 1960년대에는 불에 타면서 흰 빛을 내는 마그네슘 조명을 사용하였기 때문에 연기로 인해 실내 촬영이 어렵고 습도가 높은 날은 실패할 확률이 높아 조건 맞추기도 까다롭고 시간도 많이 걸렸는데, 전기 조명기구가 사용된 이후 예식시간을 30분까지 줄여 하루에 여러 예식이 진행될 수 있었다고 한다.[33] 서양의 초기 사진 역사에서 초기의 사진판이 감광도가 낮았기 때문에 옥외에서 오랫동안 햇빛에 노출시켜야만 했고, 모델을 오랫동안 부동자세로 있게 하지 않으면 안 되는 사정이 있었다. 그 결과 초기의 인물 사진에는 고전적인 미학이 존재했다고 한다.[34] 사진 기술의 발달은 사진의 예술적 특성과 관련 의례의 변화와 민감하게 맞물린다는 점에 주목할 필요가 있다.

3) 사후의 인연을 맺어주는 사진

지금까지 사진과 장례식, 결혼식의 관련성을 살펴보았는데, 독특한 형태의 장례식이자 결혼식이라고 할 수 있는 영혼결혼식을 통해 사진의 제의성이 한국 의례문화에서 어떻게 작용하였는가를 마지막으로 확인하고자 한다. 영혼결혼식은 결혼하지 못한 채 세상을 떠난 망자의 원한을 달래기 위해 죽은 처녀와 총각의 연을 맺어주는 무교(巫敎) 의례이다. 이 의례에 사진이 망자의 일시적 현존을 가능하게 한다는 관념이 결합하여 꽤 이른 시기부터 사진이 도입되었음을 볼 수 있다.

1938년 4월 9일 〈동아일보〉에는 "지하의 신랑 신부, 사진으로 월모(月姥) 결연(結緣)"이라는 기사가 실렸다. 월모는 부부의 연을 맺게 해준다는 전설 속의 노파를 일컫는데, 기사 내용은 젊은 나이에 세상을 떠난 두 남녀가 사진을 통해 둘의 결혼식을 올렸다는 것이다. 4월 10일자 〈조선일보〉 기사는 동일한 사실을 더 상세하게 전한다. 기사 제목은 다음과 같다. "백골(白骨)에도 성례(成禮)는? 저승 간 처녀 총각 이승에서 결혼식. 유골 파오고 사진 묻어 합장" 기사는 두 남녀의 사연을 자세히 소개하고, 신부의 무덤이 있던 부여에서부터 보령까지 자동차와 상여로 시체와 사진을 운반해 와 합장하였다는 사실을 전한다.[35] 여기서 사진은 영혼을 맺는 힘을 지닌 것으로 인식된다. 사진이 지니고 있는 제의적 가치가 무교 세계관에서도 인식되고 있음을 볼 수 있다.

비교적 최근의 영혼결혼식에서 사진이 사용된 사례도 흥미롭다. 1981년 경북 영일군 지행면 영암3리에서 거행된 수망굿에서도 영혼결혼식이 행해졌다. 고기잡이에서 사고를 당한 김길만 씨의 넋건지기가 있은 후, 총각으로 죽은 그를 위해 궁합이 맞는 죽은 처녀와의 영혼결혼식이 진행되었다. 처녀 총각 인형을 갖고 전통적인 결혼 예식이 진행되었는데, 특이한 것은 예식 후에 가족들과 함께 기념촬영도 진행되었다는 것이다. 망자의 사진이 영혼결혼식에 사용되었다는 것은 앞의 사례와 동일하지만, 1980년대의 결혼에서는 사진 촬영이 결혼에서 빠질 수 없는 필수 절차로 인식되고 있음도 확인할 수 있는 사례이기도 하다.[36]

3. 사진과 새로운 의례문화

지금까지 우리는 사진과 한국 종교의 관련성이라는 주제 아래 비교적 긴 시기의 다양한 전통의 자료들을 일별하였다. 우리가 첫 번째로 주목한 시점은 사진이라는 새로운 기술이 한국에 소개된 개항기였다. 이 시기 사진 소개를 주도한 전통은 기독교였다. 서양 선교사들은 선교 현장에서 사진기를 적극적으로 사용하였다. 그들이 찍은 사진은 본국에 보내지는 것을 염두에 둔 것으로 한국과 한국인들을 선교 내러티브의 구도 아래 배치한 것이 많았다. 그럼에도 선교사들이 찍은 사진 곳곳에서 우리는 사진에 대한 한국인들의 반응들을 찾을 수 있었다. 우리가 주목한 두 번째 시점은 일제강점기를 거쳐 해방 직후 사진관이 전국에 보급되고 모든 한국인이 자신의 사진을 갖게 되는 시기였다. 보편화된 사진은 한국인의 일생의례에 자연스럽게 삽입되어 중요한 역할을 하게 되었다. 이러한 의례의 변화는 종교 전문가의 면밀한 논의를 통해서가 아니라 식민지 당국의 정책과 이를 수용한 대중 전통의 의례적 실천을 통한 의미화에 의해 일어났다. 사진은 장례식과 결혼식에서 빼놓을 수 없는, 어떤 측면에서는 의례의 성격을 재규정하는 핵심적인 역할을 담당하였다. 한국 의례문화의 변화는 인물 사진이 갖고 있는 사진의 제의적 가치가 얼마나 위력적인지를 보여주는 사례이기도 하다. 영정 사진의 사례에서 볼 수 있듯이, 의례문화에서 사용된 사진은 한국 종교문화의 고유한 맥락 안에 사진이라는 새로운 기술이 성공적으로 결합하여 새로운 형태의 문화를 생성하는 창조성을 보여준다. 의례에서 한 요소의 우연한 삽입이 의례 구조 전반에 변화를 일으키는 경우가 있다. 최근 한국 의례에서 사진이라는 요소의 삽입은 의례문화 전반에 새로운 의미를 부여할 수 있는 변화로서 주목받을 필요가 있다.

종장

이 책의 제목인 '한국의 과학과 종교'는 세 단어로 이루어져 있다. 한국, 과학 그리고 종교이다. 여기서 과학 및 종교를 포괄하는 위치에 있는 한국이라는 단어는 '현재'의 한국을 의미한다. 현재의 한국은 지존(至尊)의 자리에 있어서, 모든 것이 그의 관점으로 정리된다. 민족국가 혹은 국민국가의 하나인 한국은 형식적으로 다른 민족국가와 대등함을 유지하면서 자신의 영역 안에서는 절대성을 부여받고 있다. 현재의 한국은 자신의 틀로 과거를 정리하고 미래를 전망한다. 사실, 과거와 미래의 한국은 현재의 한국과 다른 모습일 수밖에 없다. 그런데도 과거와 미래가 지니고 있는 원래적 이질성(異質性)이 현재 한국의 관점으로 순치되어 "같은 것이지만 조금 다른 것"으로 만들어진다. 어쨌든 과거-현재-미래는 닿아 있는 것이 아니던가? 이렇게 상정된 시대적 연속성은 현재의 관점으로 현재와는 다른 시대를 해석한다. 현재 중심주의는 현재를 정당화하기에 바쁘며, 현재와는 다른 상황을 쉽사리 무시한다. 누구도 과거를 해석하거나 미래를 전망할 때 현재의 관점에서 완전히 벗어날 수는 없다. 그러나 우리가 과거나 미래를 현재의 관점에서 보고 있다는 사실을 잊게 되면 곧바로 치명적인 함정, 즉 시대착오라는 함정에 빠지게 된다. 경계하지 않을 수 없다.

과학과 종교는 모두 현재의 용어이다. 19세기 후반의 동아시아 상황에서 만들어져서 현재 한국의 일상어 및 학술어 영역에서 필수적인 위치를 차지하고 있다. 이들 용어에 힘입어 현재 한국은 자신의 상황을 이해하고 정리한다. 19세기 후반 이후에 현재 한국의 기본 틀이 형성되었음을 고려할 때 이러한 자기 이해는 필연적이며, 과학과 종교는 현재 한국의 자기 이해에 큰 역할을 하고 있다고 볼 수 있다. 이런 의미에서 이 책의 제목인 '한국의 과학과 종교'라는 말은 가치를 지닌다. '현재 한국'과 '과학과 종교'가 맺고 있는 관계는 무시해도 좋을 만큼 사소한 관계가 아니기 때문이다. 그 관계를 밝히는 것은 지금의 우리를 새로운 각도에서 살피는 것이 될 수 있다.

과학과 종교의 관계가 역사적 맥락을 갖고 있다는 것은 말할 나위도 없다. 하지만 흔히 망각된다는 것이 문제다. 과거도 늘 현재와 같았다고 생각해버리는 것이다. 달리 말하면 우리의 '현재'가 특정한 역사적 과정을 거쳐 형성된 것이라는 사실을 잊어버리고 애초부터 언제나 그러했던 것처럼 생각해버리는 것이다. 일상생활의 차원에서는 이런 망각을 심각하게 생각할 필요가 별로 없다. 하지만 학술의 장(場)에서 이런 망각이 당연하게 간주되면 커다란 문제가 발생한다. 어떤 것을 하나의 전제로 삼은 다음에 결론에서 그 전제를 확인하는 것으로 그친다면 그야말로 동어반복에 지나지 않기 때문이다. 이러한 동어반복은 자기만족이라는 지적인 게으름에 그칠 뿐만이 아니라, 상당한 위험을 내포한다. 늘 같은 것만 보려고 하기 때문이다. 과거가 지닌 이질성을 외면하며, 현재를 파악하는 데도 장애가 된다. 학문에서 역사의식을 강조하는 것은 이런 위험성을 피하고자 하기 때문이다.

이 책은 이런 문제의식에서 기획되었다. 곧, 이 책은 과학과 종교의 관계가 언제 어디서나 늘 같았을 것으로 여기는 무신경을 비판하면서, 과학과 종교의 개념이 근대 이후에 등장하였고 오늘날 볼 수 있는 과학과 종교의 관계 또한 근대 이후에 형성되었다는 사실을 자각하는 가운데 이루어졌다. 이에 따라 이 책에서는, 근현대 한국에서의 종교와 과학의 관련성 문제를 해명함에 있어서, 과학과 종교라는 말이 어떻게 우리의 주요 개념 가운데 하나로 나타나게 되었으며 어떤 방식으로 영향력을 확대해갔는지를 먼저 검토하고, 이어서 과학 및 종교의 개념이 정착된 이후의 상황, 곧 근대 이후 새롭게 등장한 과학과 종교의 개념 아래 양자 사이에 어떤 관계가 만들어지는가를 살펴보는 방식으로 작업을 진행하였다.

장석만이 집필한 1부 "개념사의 관점에서 본 과학과 종교"에서는, 한국에서 과학과 종교의 개념이 출현하여 자리를 잡아나가게 되는 역사적 과정을 추적하였다. 어떤 단어가 새롭게 등장해서 사람들 사이에 회자되고 세상을 보는 주요한 통로의 역할을 하게 되면 그 단어는 사회의 주요 개념으로 자리잡게 된다. 그리고 그 개념은 다른 개념과 연관되면서 자타(自他) 작용을 통해 스스로의 정체성(正體性)을 만들어나간다. 이때 하나의 개념은 권력이 실려 있는 사회언어적 함축을 지니게 된다. 과학 및 종교의 개념도 마찬가지이다. 그러므로 "과학이나 종교라고 하는 개념이 언제부터 한국에서 영향력을 행사하게 되었는가?", "이 개념은 어떤 방식으로 권력을 행사해왔는가?", "이 개념에 의해 구분지어진 각각의 영역이 관계를 맺어나가는 방식은 어떤 것이었는가?"와 같은 질문에 대해 답할 필요가 생기게 된다. 이와 같은 논의가 요청되는 이유는, 이런 작업이 선행되지 않으면 그 개념이 규정하고 있는 현재의 상황을 올바르게 인식하는 것이 불가능하게 될 뿐 아니라 현재의 관점과는 다른 틀로 살아가던 사람들의 시야(視野) 또한 제대로 이해하기가 힘들어지기 때문이다. 그렇게 되면 아무리 애쓴다고 해도 현재와 과거에 대한 쓸모 있는 통찰력을 얻기가 쉽지 않게 된다. 과학 및 종교의 개념이 등장하고 관계를 맺어온 방식을 다각도로 검토하고 있는 이 책의 1부는 바로 이런 문제를 해결하기 위해 마련된 장이라고 할 수 있다.

1부의 내용을 구체적으로 살펴보면, 과학 및 종교 개념의 등장 과정과 양자가 관계를 맺어나간 방식을 세계사적 관점, 그리고 한국 근대사의 관점에서 검토하는 것으로 구성되어 있다. 여기서 필자인 장석만은 먼저 근대과학적 세계관의 모태인 서구에서 '과학(science)'과 '종교(religion)' 사이의 관계가 어떻게 설정되어왔는가를 살펴보고, 이어서 비서구 문명권에 속하는 인도 및 중국 문명의 경우는 어떠했는가를 고찰하였다. 이 작업을 통해 그는 근대 이후 서구에서는 과학과 종교가 갈등 관계로 인식되기도 하고 양립 가능한 관계로 받아들여지기도 하는 등 부침이 있었으며, 인도와 중국의 문명적인 틀 안에서는 과학과 종교의 경계선이 당초에 만들어질 필요가 없었고 따라서 그것을 '결핍'의 관점에서 보는 것은 부적절하다는 사실을 논의하였다. 다음으로 그는 19세기 후반 이후 일본과 중국에서의 과학 및 종교 개념의 등장 과정과 양자가 관계를 맺는 양상을 검토하였다. 이는 당시 비슷한 상황에 처해 있었던 한국의 경우와 비교할 목적에서 수행된 작업이다. 그런 다음 장석만은 이를 토대로 한국에서 과학과 종교의 개념이 등장한 과정과 양자가 관계를 맺어나간 방식을 문헌 및 사례 분석을 통해 치밀하게 추적하였다. 우선 그는 19세기 후반과 20세기 초반에 간행된 한국 관련 사전에 과학 및 종교의 용어가 나타난 사례를 조사하여 'science'와 'religion'의 번역어로서 과학과 종교가 안정적인 위치를 점하게 되는 것이 1920년대임을 밝혀냈다. 그리고 관련 문헌에 대한 검토와 구체적 사례 분석을 통해 20세기 초반 이후 한국에서 과학과 종교가 맺는 관계가 이산(離散)하는 경우와 합집(合集)하는 경우, 그리고 복속하는 경우의 세 가지 유형으로 나타나고 있었음을 논증하였다.

2부와 3부는 한국에 과학 및 종교의 개념이 정착된 이후의 상황, 곧 모든 인식과 판단의 기준으로서 지배적 위치를 차지하게 된 과학이 이른바 종교 전통들과 어떤 관계를 맺게 되었는지를 검토하는 내용으로 이루어져 있다. 2부는 천주교(서학)와 개신교 등 기독교, 3부는 불교와 신종교 등 이른바 전통종교를 각각 분석 대상으로 삼아, 이들 종교가 과학에 어떤 영향을 받았고 어떻게 반응하였는지를 살펴고자 하였다.

2부 1장 "근대과학과 한국 천주교: 서학 수용론의 인식구조"는 조현범이 집필하였다. 여기서 조현범은 그동안 한국 학계에서 서학(西學)에 대해 취해왔던 관점을 비판하고, 시각의 전환을 통해 보다 나은 이해를 도모할 필요가 있음을 제안하였다. 논의를 시작하면서 그는, 서학에 관한 기존 학계의 논의가 과학과 종교의 구분을 당연시하는 가운데 이루어졌으며, 이 때문에 당대의 상황을 그대로 드러내기에는 부족하다고 지적하였다. 그리고 마테오 리치를 비롯한 예수회 선교사들의 자료와 이익 등 조선 유학자들에 관한 자료에 대한 분석을 통해, 기존 관점의 문제점을 파헤치고 다른 해석의 가능성을 모색하였다. 이 연구를 통해 그가 강조하고 있는 것은, 19세기 후반에 만들어지기 시작한 과학과 종교의 구분이 지닌 역사적 맥락을 도외시하고 아무런 사전 설명 없이 그 이전의 시기에 적용하게 되면 커다란 오류가 나타난다는 점이다. 이런 오류에서 벗어나기 위한 방법으로 그는, '종교'나 '과학'이라는 개념이 없던 시대의 천주교(서학)를 다루면서 '종교'와 '과학'으로 구분하는 도식을 지양하고 명물도수학이나 위기지학과 같은 조선후기 유학자들의 언어를 사용하여 상황을 재해석할 것을 제안하였다. 이와 같은 조현범의 작업은 1부의 문제의식과 서로 공명하면서 한국의 천주교를 연구할 때 우선적으로 유념해야 할 점을 지적한 것으로, 천주교와 과학의 관계를 본격적으로 연구하기 위해 필요한 기반 조성 작업이라고 할 수 있다.

2부의 2장과 3장을 각각 구성하고 있는 이진구의 "근대과학과 일제하

개신교: 일제하 한국 개신교의 과학 담론과 진화론에 대한 태도"와 전철의 "근대과학과 해방 이후 개신교: 해방 이후 개신교의 과학과 종교 담론"은, 한국 근대 종교사에서 가장 두드러지는 특징 가운데 하나인 개신교와 과학의 관계를 다루고 있다. 한국 사회에서 개신교가 차지하고 있는 중요성에 비춰볼 때, 그리고 과학과 종교의 관계에서 개신교가 지닌 비중을 생각할 때, 일제강점기부터 해방 후까지 개신교와 과학의 문제를 다루는 것은 충분히 의미 있는 일이라 할 수 있다. 한국에서 개신교는 일제강점기부터 지금까지 기득권을 유지하면서 종교의 모델로서 군림해왔으므로, 한국에서 개신교와 과학의 관계를 살펴보는 것은 다른 종교의 경우에도 많은 시사점을 준다.

2부 2장에 해당하는 이진구의 연구는, 일제강점기에 제기되었던, 과학과 종교를 대립 혹은 투쟁의 관계로 파악하는 계몽주의 및 사회주의의 반(反)종교적인 관점을 검토하는 것으로 논의를 시작하였다. 여기서 이진구는 1920년대를 풍미하였던 이와 같은 반종교운동이 주로 개신교를 목표로 하여 전개되었으며, 개신교가 이에 대응하는 과정에서 개신교의 과학 담론이 본격적으로 만들어진 것으로 파악하였다. 그리고 그는 이때 만들어진 개신교의 과학 담론을 네 가지의 유형으로 구분하여 설명하였다. 그 첫째는 "문명화를 위한 두 바퀴"로서 과학과 종교를 상정하고, 과학과 종교의 상호보완 관계 혹은 동반자 관계를 강조하는 입장이다. 둘째는 과학과 종교의 충돌은 종교가 과학적 기준에 맞추지 못했기 때문에 생기는 것이라 인식하고, 과학을 기준으로 삼아 종교를 개혁할 것을 주장하는 입장이다. 셋째는 과학과 종교의 충돌은 과학의 오만함에 기인하는 것이므로, 과학이 스스로 한계를 인식할 때 종교의 정당성이 저절로 확보된다고 주장하는 입장이다. 넷째는 과학과 종교는 전혀 다른 언어로 이루어져 있으므로 애초부터 갈등을 일으킬 소지가 없다고 주장하면서, 과학과 종교의 분리를 통한 갈등 해소를 내세우는 입장이다. 그런데 일제하 개신교의 과학 담론은 이처럼 주로 과학과 '종교'의 관계라는 형식을 띠고 전개되었지만, 실제로는 과학과 '개신교'의 관계에 초점이 맞춰져 있었음에 유념할 필요가 있다. 다음으로 이진구는 일제강점기에 개신교가 진화론에 대하여 어떤 태도를 보였는가를 고찰하였다. 여기서 그는 진화론이 개신교의 교리를 위협하는 대표적인 과학적 주장으로 인식되었던 당시 개신교의 상황을 기술하고, 이어서 진화론에 대해 개신교 측에서 보인 다양한 반응들을 살폈다. 이를 통해 그는 장로교와 안식교는 기독교의 창조론과 진화론이 양립할 수 없다고 보면서 진화론을 배격한 반면, 감리교와 무교회 그룹은 기독교의 창조론과 진화론이 양립 가능하다고 보면서 진화론을 수용하였음을 밝혔다. 그리고 이 가운데 창조론을 적극 지지하면서 진화론을 배격하는 입장이 한국 개신교의 주류를 형성하였으며, 여타 종교와는 달리 한국 개신교에서는 창조와 진화의 관계에 대한 인식이 과학 담론의 핵심을 차지하고 있음을 논증하였다.

2부 3장은 전철이 집필하였다. 이 장은 해방 이후 한국 개신교에서 '과학과 종교' 담론이 어떻게 전개되었는지를 신학의 측면에서 다루고 있다. 여기서 그는 20세기 중반에 한국 개신교 내부에서 진행된 보수와 진보 사이의 신학적 갈등과 논쟁이 개신교의 '과학과 종교' 담론 형성의 원동력으로 작용했다고 주장한다. 곧, 20세기 중반 이후 신학적 논쟁으로 불거졌던 한국 개신교 내부의 갈등과 대립의 역사가 바로 '과학과 종교' 문제에 대한 현대 한국 개신교의 인식과 직접적으로 연관된다는 것이다. 그러므로 개신교 내부에서 전개된 신학적 갈등과 논쟁에 대한 분석을 통해 해방 이후 한국 개신교가 과학과 종교를 어떻게 이해하고 있는가를 성찰할 수 있으며, 역으로 과학과 종교의 관계에 대한 개신교의 인식을 이해함으로써 해방 이후 한국 개신교 내부의 갈등과 논쟁의 성격을 파악할 수 있다는 것이 그의 입장이다. 이런 관점에 입각하여 전철은 박형룡과 김재준의 논쟁 등 개신교 내부에서 일어난 신학적 논쟁을 구체적으로 분석하면서 과학과 종교의 쟁점이 한국 개신교에서 어떤 식으로 나타나는지 추적하였다. 그리고 "과학의 사실성을 옹호하지만 종교의 가치를 고려하는 가운데 이 둘의 협력과 공생을 꿈꾸었던" 김재준의 '과학과 종교의 관계'에 대한 인식이 갖는 의의를 강조함으로써, 개신교 내부의 한 흐름인 종교와 과학의 조화를 추구하는 입장을 긍정적으로 평가하였다. 이처럼, 개신교 내부의 신학적 논쟁의 핵심에 과학과 종교의 관계를 바라보는 서로 다른 시각이 자리하고 있었음을 밝히고, 보수와 진보라는 개신교 내부 갈등의 뿌리를 여기에서 찾고자 한 전철의 작업은, '과학과 종교의 관계'라는 창을 통해 현대 개신교의 흐름을 선명하게 보여주고 있다.

3부 1장 "근대과학과 한국 불교: 근대 불교 지식인의 과학 개념과 과학기술 수용"에서 민순의는, 근대기 한국 불교계에서 과학을 내세우며 불교 개혁을 선도하였던 움직임이 나타났음에 주목하고, 이에 대한 연구를 통해 불교의 과학과 종교에 대한 인식이 어떠했는지 조망하였다. 그는 당시 한국에서 과학의 수용을 통해 불교의 개혁을 주장하였던 대표적 사례로서, 서구의 '합리주의'와 '인과율(因果律)'을 사상적 근거로 활용하면서 불교유신을 주장하였던 한용운과 서구 문물의 도입을 통해 불교를 대중화하고자 하였던 김태흡 등 '대중불교주의자'를 들고, 이들의 과학 개념 및 과학기술 수용의 양상을 살펴보았다. 민순의의 고찰에 따르면, 한용운의 과학에 대한 태도는, 합리주의, 사회진화론, 인과율 등의 개념으로 근대과학을 이해하고 이를 근거로 불교의 우월성과 불교 개혁의 정당성을 주장하고자 했던 것으로 요약된다. 또 민순의에 따르면, 김태흡, 백용성, 권상로 등 일제하 '대중불교운동'을 주도한 이들은, 새로운 불교 포교의 전략으로 서구의 근대적 생활방식에 근거한 제도와 의식(儀式)의 개혁을 주장하였으며, 적극적인 사회 참여와 서구의 근대적 제도 및 문물의 도입을 통해 불교를 대중화하고자 하였다. 당시 불교계의 이런 움직임은, 사회진화론의 영향으로 우승열패와 약육강식이 마치 자명한 원리처럼 여겨졌던 시대적 상황 속에서, 과학의 수용이 생존의 여부를 판가름하는 절박한 과제이자, 종교 경쟁에서 살아남기 위한 필수적인 요청으로 간주되었던 결과였다. 한편 민순의는 당시 불교 대중에게 과학기술이 긍정적인 이미지로만 받아들여졌던 것은 아님을 지적하고, 그 근거로 흥천사의 감로탱(甘露幀)을 제시하였다. 곧, 흥천사 감로탱은 일제에 의해 제공된 각종 근대과학기술이 당시 불교 대중에게 현실의 지옥문을 여는 도구로 받아들여졌음을 보여주는 사례라는 것이다. 그리고 그는 해방 후 최근에 이르기까지의 상황을 서술하면서, 불교계가 첨단 인지과학과 생명과학의 성과를 소개하며 불교의 과학성을 내세우는 등 자연과학과 보다 적극적으로 조우하려는 자세를 보이고 있음을 지적하였다. 이처럼 민순의는 20세기 초부터 최근에 이르기까지 불교계의 과학에 대한 인식과 대응 방식에 대한 고찰을 통해, 과학을 내세우며 불교 개혁을 추구하였던 움직임과 불교의 과학성을 강조하는 태도가 과학과 불교의 관계에서 주된 흐름을 형성했음을 지적하고 있다. 비록 필자는 언급하고 있지 않지만, 불교계의 이러한 태도는 암묵적으로 불교가 기독교보다 우월하다는 주장을 하고 싶은 데서 비롯된 것이 아닌가 한다. 근대 이후 불교는 늘 기독교에 견주며 자신을 정의해왔다. 종교의 모델이 기독교이고, 불교가 종교의 하나로서 스스로를 자리매김한 이상, 기독교를 의식하는 것은 어쩔 수 없는 일일 것이다. 그러나 우월성을 주장하는 것은, 역으로 그동안의 열등감을 의식한 결과일 수밖에 없다.

3부 2장 "근대과학과 한국 신종교: 근대과학 및 문명에 대한 한국 신종교의 인식과 대응"은 박상언이 집필하였다. 이 글에서 그는 동학·천도교, 원불교, 증산교 등 신종교의 핵심 사상으로 이상세계를 추구하는 '후천개벽'과 '지상선경'의 종교사상을 들고, 이들 신종교의 근대과학기술에 대한 인식이 이러한 후천개벽과 지상선경의 종교적 기획 속에서 형성되었음을 밝히고자 하였다. 그리고 그 내용을 근대과학의 비판적 수용, 즉 자신들의 관점에 의한 근대과학의 재해석으로 요약하였다. 박상언에 따르면, 이들 신종교는 과학기술로 대표되는 근대의 문명을 '물질문명'으로 규정하고, 이를 제어·조율할 수 있는 것이 '정신문명'이라고 주장함으로써, 근대과학의 영향에 의해 급속히 변하는 사회적 공간 안에서 문명 비판의 종교적 사유 공간을 마련하려는 태도를 공통적으로 보여준다. 이러한 신종교의 태도는, 이미 시작된 근대화의 흐름 속에서 근대과학의 지식과 기술이 지닌 힘을 의식하는 가운데 보편적인 정신 가치를 강조하여 인문주의적 근대성을 실현할 수 있는 길을 모색하고자 한 것이었다. 이와 함께 그는 서양 문명과 근대과학을 종교적으로 표상하는 방식에서 동학·천도교, 증산교, 원불교 사이에 차이점이 있음을 지적하였다. 동학·천도교의 경우에는 과학에 바탕을 둔 서양 문명의 모방보다는 '도덕문명'을 통한 새로운 세상, 곧 이상세계의 실현에 관심이 집중되었다. 증산교에서는 문명개화의 필요성이나 당위성이 발견되지 않는데, 그 이유는 후천선경이 건설될 때 과학문명은 그러한 세계를 구성하는 하나의 요소로서 자연히 형성될 것이기 때문이다. 반면 원불교에서는 "자녀에게 과학과 도학을 아울러 가르칠 것"을 강조하고 있는 데서 볼 수 있듯이 과학의 필요성을 강조하였다. 그러나 원불교의 경우에도 과학의 물질문명은 반드시 정신문명에 의해서 보완되고 조정되어야 할 대상으로 간주되었다. 이처럼 박상언은 과학에 대한 인식과 대응에서 신종교들이 보여주는 공통점을 설명하는 동시에 각각의 차이에 관해서도 서술함으로써, 신종교와 과학의 관련성을 보다 입체적으로 볼 수 있는 시각을 제공하고 있다.

4부는 근대 서구에서 도입된 테크놀로지의 산물, 즉 전등·전신·전화·전차·기차·유성기·라디오·사진 등의 문명의 이기가 한국에서 종교 경험에 미친 효과를 살피고 있는 세 편의 글로 구성되어 있다. 이 근대과학의 소산(所産)은 한국인의 일상생활에 커다란 영향을 미쳤으며, 그동안 우리가 자기 혹은 남의 '몸'에 대해 지녔던 감각을 바꾸어놓았다. 이와 같은 감각의 확장과 변형은 종교 경험의 차원에서도 일정하게 작용하여 이전과는 다른 종교적 판도를 펼쳐놓게 되었다. 그러나 이는 그동안 우리 학계에서 거의 주목을 받지 못했으며, 따라서 이에 대한 연구 또한 전무한 실정이다. 4장은 이 분야의 개척적인 연구라 할 수 있다.

4부 1장 "테크놀로지의 진화와 종교적 체험의 동역학"에서 김태연은, 사람들은 과학기술의 놀라운 효과를 일종의 종교적 경험으로 여기는 경향이 있다고 주장하며 당시의 상황을 흥미롭게 묘사하였다. 과학기술이 사람들에게 기적과 같은 놀라움을 주는 만큼, 그리고 그것이 그동안의 감각 범위를 확장하는 만큼, 사람들이 이를 통해 초월성과 신비로움을 느끼게 되는 것은 어쩌면 당연한 일일 것이다. 이 글에서 그는, 한국 근대 시기에 큰 교세를 점유했던 개신교와 천도교의 사례를 통해, 과학기술에 대한 직접적 경험이 어떻게 종교적으로 수용되고 있는지에 대해, 다시 말해 테크놀로지의 산물이 종교 경험 방식과 어떤 관계를 맺고 있는지에 대해 고찰하였다. 특히 그는 개신교와 천도교가 테크놀로지에 대해 보인 반응의 차이에 주목하였다. 김태연에 따르면, 개신교에서는 테크놀로지의 발견과 활용은 하나님의 계획하에서 이루어진 것이므로 인간은 과학기술을 활용하여 하나님께서 계획하신 창조질서의 원리와 그 계시를 발견하고자 노력해야 한다고 주장했다. 반면 천도교에서는 종교적 진리와 자연과학의 발전 사이의 연속적 관계에 주목하고 자연과 종교의 직접적 연관성을 해석하고자 했다. 천도교에서는 테크놀로지의 산물 중에서 특히 전신기술과 라디오에 대해 의미를 부여하였다. 천도교의 입장에서 볼 때 이 두 가지 문명의 이기는 인간의 정신이 온 우주에 널리 퍼져나갈 수 있는 가능성을 열어준 인간 기술로서, 사람이 곧 하늘임을 천명한 천도교가 곧 우주적 종교라는 사실을 확증해주는 물질적 근거였다. 김태연의 글을 통해 우리는, 새로운 문명의 이기를 경험하면서 똑같이 놀라움과 신비로움을 느꼈을 개신교와 천도교에서, 각각 자신의 신앙에 따라 이를 다르게 해석하고 있는 흥미로운 사실을 엿볼 수 있다.

4부 2장에 해당하는 글은 도태수의 "근대 소리 매체가 생산한 종교적 풍경"이다. 여기서 그는 새로운 근대적 이기로서 일제강점기에 보급된 유성기와 라디오가 당시 사람들에게 어떤 효과를 발생시켰는지에 대해 논의하고 있다. 전에 없던 테크놀로지 도입의 결과, 당시 조선인들은 어떠한 새로운 경험을 하게 되었는가? 유성기와 라디오를 통해 형성된 당시 조선인들의 상상력과 종교적 감수성은 어떤 것이었는가? 이것이 바로 그의 문제의식의 핵심이다. 그의 주장에 따르면, 유성기와 라디오의 테크놀로지적인 특성은 당시의 조선인들이 경험하지 못한 소리의 편재성과 동시성을 경험하게 하였고, 이러한 경험은 이전에는 불가능했던 공간에 대한 한계를 극복하는 것으로 나타났다. 그리고 이런 놀라운 경험을 통해 조선인들은 조선 사회의 문명 발달과 진보에 대한 신념을 가지게 되고 과학기술에 의한 인간의 영원과 불멸을 꿈꾸게 되었다. 경이로운 경험에 따른 상상력의 확장이었다. 아울러 그는 라디오와 유성기가 식민지 조선에 공적인 영역과 사적인 영역의 구분을 제시하고 종교에 대한 담론을 생산하기에 이르렀으며, 대중들은 라디오와 유성기를 통해 이러한 담론들에 대해 감각적이고 정서적인 자기 훈련을 실시하게 되고 그 결과 이 담론들이 사람들의 일상적인 삶의 분위기나 배경으로 자리잡게 되었음을 지적하였다. 이처럼 도태수는 유성기와 라디오가 종교 경험에 미친 영향을, 이 두 가지 문명의 이기가 지닌 소리 매체로서의 특성과 결부시키면서 새로운 시각에서 설명하고 있다.

4부 3장 "사진의 보급과 의례문화의 변화"의 집필자는 방원일이다. 이 글에서 그는 개항기로부터 일제강점기를 거쳐 최근에 이르기까지 다양한 종교 전통의 사진 자료를 검토하면서 사진이라는 근대과학 테크놀로지의 산물이 한국의 의례문화에 미친 영향을 고찰하였다. 특히 그가 주목한 부분은 1960년대 이후 전국에 사진관이 생기고 사진이 보편적으로 사용되면서 나타났던 의례문화의 변화이다. 그의 설명에 따르면, 사진의 보급으로 인한 의례문화의 변화 가운데 가장 두드러진 변화는 사진이 장례식과 결혼식에서, 특히 장례식에서 빼놓을 수 없는 위치를 차지하게 된 일이다. 이는 사진이 의례의 성격을 재규정하는 핵심적 역할을 담당하게 되었음을 의미하는 현상이었다. 이를 두고 그는 "인물 사진이 갖고 있는 사진의 제의적 가치가 얼마나 위력적인지를 보여주는 사례"라고 평가하였다. 나아가 사진은, 그의 견해에 의하면, 새로운 의례문화를 형성하는 요소로도 작용하였다. 영정 사진의 예에서 볼 수 있듯이, 의례문화에서 사용된 사진은 한국 종교문화의 고유한 맥락 안에 사진이라는 새로운 기술이 성공적으로 결합하여 새로운 형태의 문화를 생성하는 창조성을 보여준다는 것이다. 따라서 최근 한국 의례에서 발견되는 사진이라는 요소의 삽입은 의례문화 전반에 새로운 의미를 부여할 수 있는 변화로서 주목받을 필요가 있다는 것이 그의 평가이다. 방원일의 이 글은 우리에게 근대 사진 기술의 제의성(祭儀性)과 기존의 의례문화를 바꾸는 근대 테크놀로지의 막강한 효과를 생생하게 환기시켜 주고 있다.

이와 같이 이 책에서는, 1부에서 우선 과학과 종교라는 말이 등장하고 양자의 영역이 구분되어나간 과정을 개념사적으로 성찰하고, 이어서 2부와 3부에서 '과학과 기독교' 및 '과학과 전통종교'로 나누어 한국에서의 과학과 개별 종교들의 상호작용을 고찰한 다음, 4부에서 근대과학의 가시적 결과물인 문명의 이기가 종교 경험에 미친 영향을 살펴봄으로써, 근대 이후 한국에서의 과학과 종교의 관계를 역사적 시각에서 조망하고자 하였다. 이 책에서 이런 서술방식을 택한 이유는 서장에서도 언급하였듯이, 과학과 종교라는 개념이 언제나 있었고 과학과 종교의 영역이 애초부터 구분되어 있었던 것으로 생각하는, 과학과 종교의 관련성의 문제를 다룰 때 흔히 빠지기 쉬운 함정에 빠지지 않기 위해서였다. 이처럼 근대 이후 한국사의 전개 과정을 고려하면서 과학과 종교의 관계를 전반적으로 다루고자 시도한 이 책은, 19세기 후반 이후에 기본 틀이 형성된 현재 한국의 자기 이해에 중요한 시사점을 제공해줄 수 있을 것으로 생각한다. 앞에서도 말했지만, '현재 한국'과 '과학과 종교'가 맺고 있는 관계는 사소한 관계가 아니며, 그 관계를 밝히는 것은 지금의 우리를 새로운 각도에서 살피는 것이 될 수 있기 때문이다. 이 책의 부와 장을 이루는 9편의 글이 이를 잘 보여주고 있다.

그러나 이 책은 미비한 점 또한 없지 않다. 과학과 종교의 관계에 대해서 근대 이후의 상황에 국한하여 논의를 진행하고, 근대 이전 시기의 '과학'과 '종교'의 관련성에 대해서는 미처 서술하지 못한 것이 대표적인 미비점이다. 근대 이전의 시기에 대한 서술 역시 '한국의 과학과 종교'라는 주제를 다룰 때 빠뜨려서는 안 될 중요한 부분이지만, 여러 가지 여건상 이 책에서는 다루지 못하였다. 이에 대한 서술은 향후에 반드시 수행해야 할 과제이다. 그리고 이 작업은 과학과 종교라는 개념이 근대 이후에 등장하였다는 사실을 전제로 삼는 가운데, 기존의 연구를 비판적으로 검토하면서 새로운 해석의 가능성을 모색하는 방식으로 진행되어야 할 것이다. 또 근대 이후 현재에 이르기까지 종교에 대한 과학 쪽의 발언을 다루지 못한 것도 이 책의 아쉬운 점이라 할 수 있다. 이 부분에 대한 연구가 함께 진행되었더라면, 근현대 한국 사회에서의 과학과 종교의 관련성이 보다 선명하게 드러날 수 있었을 것이다. 이 또한 다음의 과제로 남겨두고자 한다. 앞으로 작업해야 할 많은 연구 영역이 우리 앞에 펼쳐져 있다.

1부 개념사의 관점에서 본 과학과 종교

1. 이 글은 2016년도 9월에 발간된 『종교문화비평』 30호에 수록된 "과학과 종교의 이합집산: 개념사의 관점에서 본 과학과 종교"를 재수록한 것임.

2. 다음은 그 대표적인 책이다. Andrew Dickson White, *A history of the warfare of science with theology in Christendom* (1896); John William Draper, *History of the conflict between religion and science* (1875).

3. Peter Harrison, *The Territories of Science and Religion* (Chicago: The University Of Chicago Press, 2015), p. x.

4. Peter Harrison, *The Bible, Protestantism and the Rise of Natural Science* (Cambridge: Cambridge University Press, 1998).

5. Peter Harrison, "'Science'and 'religion': constructing the boundaries,"Thomas Dixon, Geoffrey Cantor, Stephen Pumfrey eds., *Science and Religion: New Historical Perspectives* (Cambridge: Cambridge University Press, 2010), pp. 23-49.

6. '사이언티스트(scientist)'라는 용어는 윌리엄 휴얼(William Whewell)에 의해 1833년에 만들어져 1884년에 공개되었으나, 19세기 말까지 널리 사용되지는 않았다. 신조어를 만드는 데 재능이 있었던 휴얼은 'physicist'라는 용어도 만들었다. Sydney Ross, "Scientist: The story of a word", *Annals of Science*, Vol. 18, No. 2, 1962, pp. 71-74. 다음도 참고할 것. "William Whewell," *Wikipedia: the free encyclopedia*, https://en.wikipedia.org/wiki/William_Whewell (2017. 5. 15 접속).

7. Elaine Howard Ecklund, Jerry Z. Park, Katherine L. Sorrell, "Scientists Negotiate Boundaries Between Religion and Science,"Journal for the Scientific Study of Religion, Vol. 50 Issue 3, 2011, p. 554.

8. 프랑수아 줄리앙, 『전략: 고대 그리스에서 현대 중국까지』 (교유서가, 2015), 52쪽.

[François Jullien, *Conférence sur l'efficacité* (Presses Universitaires de France, 2005)].

9. 같은 책, 51쪽.

10. 같은 책, 24쪽.

11. 같은 책, 25쪽.

12. 같은 책, 54쪽.

13. 프랑수아 줄리앙, 『사물의 성향: 중국인의 사유방식』 (파주: 한울아카데미, 2009) [François Jullien, *La propension des choses: Pour une histoire de l'efficacitéen Chine* (Seuil, 1992, 2003)], 318-329쪽.

14. 프랑수아 줄리앙, 『전략: 고대 그리스에서 현대 중국까지』, 53쪽.

15. 같은 책, 62쪽.

16. 프랑수아 줄리앙, 『사물의 성향: 중국인의 사유방식』, 331쪽.

17. 프랑수아 줄리앙, 『전략: 고대 그리스에서 현대 중국까지』, 70쪽.

18. 같은 책, 75쪽.

19. 같은 책, 76쪽.

20. 프랑수아 줄리앙, 『사물의 성향: 중국인의 사유방식』, 334쪽.

21. 프랑수아 줄리앙, 『전략: 고대 그리스에서 현대 중국까지』, 82쪽.

22. 같은 책, 52-53쪽.

23. 프랑수아 줄리앙, 『사물의 성향: 중국인의 사유방식』, 336-337쪽.

24. 같은 책, 287쪽.

25. S. N. Balagangadhara, *The Heathen in his Blindness...: Asia, the West, and the Dynamic of Religion* (Leiden, New York, Koeln: E. J. Brill, 1994). 개정판은 2005년에 나왔다. (Second, revised edition, New Delhi, Manohar, 2005) 2014년에 간행된 책[*Do All Road Lead to Jerusalem?: The Making of Indian Religions* (New Delhi: Manohar)]은 Divya Jhingran이 이 책을 읽기 쉽도록 축약, 편집한 것이다. 다음과 같은 관련 저술도 있다. S. N. Balagangadhara, *Reconceptualizing India Studies* (New Delhi: Oxford University Press, 2012).

26. S. N. Balagangadhara, *The Heathen in his Blindness...: Asia, the West, and the Dynamic of Religion*, pp. 334-335.

27. *Ibid*. pp. 436-437.

28. *Ibid*. p. 454.

29. *Ibid*. pp. 172-173.

30. *Ibid.* pp. 168-170.

31. *Ibid.* p. 456.

32. *Ibid.* pp. 450-453.

33. Michael Bergunder, ""Religion"and "Science"within a Global Religious History,"*Aries: Journal for the Study of Western Esotericism*, 16, 2016, p. 87.

34. Suzuki Shūuji(鈴木修次), "Religion(*shūukyōo*) and Freedom(*jiyūu*),"in *The Emergence of the Modern Sino-Japanese Lexicon: Seven Studies*, Joshua A. Fogel ed. (Leiden, Netherland & Boston, USA: Brill, 2014), pp. 81-83; Jason Ananda Josephson, *The Invention of Religion in Japan* (Chicago and London: The University of Chicago Press, 2012), p. 7. 이소마에는 일본에서 종교라는 단어로 통일되기 이전에 'religion'의 번역어로서, 종지(宗旨)와 교법(教法)의 두 가지 계통이 있었다고 주장한다. 종지는 비언어적 관습 행위의 측면이 강한 반면, 교법은 개념화된 신념 체계의 측면이 강하다고 두 가지를 구분한다. 磯前順一, 『近代日本の宗教言説とその系譜—宗教·国家·神道』(東京: 岩波書店, 2003), pp. 35-38; Josephson, pp. 90-91.

35. Ian Reader, Michael Pye가 그 예이다. 이에 관해서는 다음 논문을 참고할 것. 장석만, "'종교'를 묻는 까닭과 그 질문의 역사: 그들의 물음은 우리에게 어떤 문제를 던지는가?", 『종교문화비평』, 통권 22호 (2012). 조셉슨의 책, pp. 6-8도 참고할 것.

36. Suzuki Shūuji(鈴木修次), *op. cit.* pp. 84-85. 스즈키는 1881년을 거론한다. 1889년에는 일본제국 헌법이 반포되고, 조건부 종교 자유가 허용된다.

37. Josephson, *op. cit.* pp. 72-73.

38. *Ibid.* pp. 92-93.

39. *Ibid.*

40. 조셉슨은 이를 '세속 신도(Shinto secular)'라고 부른다.

41. *Ibid.* 제4장 "The Science of the Gods"가 이 내용을 설명하고 있다. pp. 94-131.

42. *Ibid.* p. 111.

43. *Ibid.* pp. 128-130.

44. 이노우에 엔료에 대해서는 다음을 참고할 것. 송현주, "불교는 철학적 종교: 이노우에 엔료(井上円了)의 '근대일본불교'만들기", 『佛教研究』第41輯 (2014), 299-353쪽.

45. Suzuki Shūuji(鈴木修次), "Dreams of 'Science'and 'Truth'", in *The Emergence of the Modern Sino-Japanese Lexicon: Seven Studies*, Joshua A. Fogel ed. (Leiden, Netherland & Boston, USA: Brill, 2014), p. 181.

46. *Ibid.*, p. 182.

47. *Ibid.*, pp. 185-186.

48. 石塚正英, 柴田隆行 監修, 『哲學·思想飜譯語事典』(東京: 論創社, 2003), p. 37.

49. Dilip K. Basu, "Chinese Xenology and the Opium War: Reflections on Sinocentrism,"*The Journal of Asian Studies*, Volume 73, Issue 04, November 2014, pp. 927-928.

50. Edmund S. K. Fung, *The Intellectual Foundations of Chinese Modernity: Cultural and Political Thought in the Republican Era* (New York: Cambridge University Press, 2010), p. 33.

51. Vincent Goossaert and David A. Palmer, *The Religious Question in Modern China* (Chicago and London: University of Chicago Press, 2011), pp. 45-46

52. *Ibid.*, p. 50.

53. Huang Ko-wu, "The Origin and Evolution of the Concept of mixin(superstition): A review of May Fourth Scientific views,"*Chinese Studies in History*, Vol. 49: 2, 2016, pp. 54-79.

54. Benjamin A. Elman, "The Problem of Modern Science in China in the Last 300 Years: From Ming-Qing to Qian Mu,"臺灣大學中國文學系, 『紀念錢穆先生逝世十周年 國際學術討論會論文集』(2001), p. 511.

55. 번역본은 모리스 꾸랑, 이희재 역, 『한국서지』(서울: 일조각, 1994).

56. 『한불즈전(Dictionnaire Coreen-Francais)』(Yokohama: C. Levy Imprimeur-libraire, 1880).

57. 같은 책, 180쪽.

58. 같은 책, 228쪽.

59. 『한영즈전(A Concise Dictionary of the Korean Language)』(Yokohama: Kelly & Walsh, London: Trubner & Co. 1890), 460쪽.

60. 같은 책, 62쪽.

61. 같은 책, 145쪽.

62. 같은 책, 162쪽.

63. 같은 책, 197쪽.

64. 같은 책, 450쪽.

65. 같은 책, 460쪽.

66. J. Scott, English-Corean Dictionary (Corea: Church of England Mission Press, 1891).

67. 같은 책, 324쪽.

68. 같은 책, 309쪽.

69. 같은 책, 282쪽.

70. 『영한ᄌ뎐(A Korean-English Dictionary)』 (Yokohama: Kelly & Walsh, 1911).

71. 같은 책, 896쪽.

72. 『영한ᄌ뎐(An English-Korean Dictionary)』 (Tokyo: Kyo Bun kwan, 1914).

73. 같은 책, 169쪽.

74. 같은 책, 179쪽.

75. H. G. Underwood, & H. H. Underwood, 『영선자뎐英鮮字典(An English-Korean Dictionary)』 (京城: 朝鮮耶蘇敎書會, 1925).

76. 같은 책, 629쪽.

77. 같은 책, 593쪽.

78. 임주(林柱), "中國 非宗敎運動의 現像과 그 原因", 『개벽』 제24호 (1922. 6. 1).

79. 같은 글.

80. 같은 글.

81. 같은 글.

82. 같은 글.

83. 엡윗청년회(Epworth League)는 미국에서 창설된 감리교의 청년운동 단체이다. '엡윗'은 요한 웨슬리의 고향 이름에서 유래된 것이다. 한국에서는 감리교 정동교회당이 건립된 1897년 5월 5일을 엡윗청년회의 시작으로 간주한다. 하지만 엡윗청년회가 처음 조직된 것은 1897년 9월 5일 서울 상동교회에서였다.

84. 진남포는 6개의 동(洞)과 11개의 리(里)로 구성되었는데, 억량기는 리 가운데 하나이다.

85. 〈동아일보〉, 1921. 5. 3. 4면 4-5단락.

86. "仁川內里敎會懿法靑年會討論會開催: 人類向上에는 科學이냐 宗敎이냐"(演士 朴東石 李相龍 林均榮 芮鍾昊), 〈동아일보〉, 1922. 2. 3, 4면 7단. 1923년 11월 3일에는 三浪津基督靑年會 주최로 같은 제목의 토론회가 열렸다.

87. "晋州天主敎靑年會討論會: 人類存在의 大意가 宗敎이냐? 科學이냐?", 〈동아일보〉, 1923. 2. 19, 4면 6단.

88. "동대문례배당안 엡윗청년회토론회", 〈동아일보〉, 1924. 1. 31, 2면 10단.

89. "궁정동엡윗청년회의 토론회", 〈동아일보〉, 1924. 2. 22, 2면 9단.

90. Park Hyung-Nong, Anti-Christian Inferences from Natural Sciences, 1931, 『박형룡박사저작전집(ⅩⅤ)』, 한국기독교교육연구원, 1978, pp. 15-16; 이진구, "종교와 과학의 관계에 대한 한국 개신교의 이해: 일제 강점기를 중심으로", 『한국기독교와 역사』 제22호 (2005), 62쪽에서 재인용.

91. "과학과 발명: 宗敎對科學", 〈동아일보〉, 1925. 10. 15, 3면 3-5단.

92. 같은 글.

93. 같은 글.

94. 같은 글.

95. 호는 묵암(默庵). 황해도 재령(載寧) 출생. 휘문고등보통학교를 졸업하고 일본 도요대학(東洋大學)에서 수학하였다. 그는 주로 사회의 어두운 면을 폭로하고 비판하는 작품을 썼는데 그의 대표작 「허영녀(虛榮女)의 독백(獨白)」(1930)은 계급문학 운동이 강하게 나타나 있다. 이 글은 그가 연재를 마치면서 "1927년 8월 15일 안악(安岳)에서"라고 쓴 부분으로 미뤄볼 때, 벌써 발표하기 몇 년 전에 써놓은 것이다.

96. 전무길(全武吉), "宗敎와 科學"제1회, 〈동아일보〉, 1930. 1. 21, 4면 5단.

97. 같은 글.

98. 같은 글.

99. 같은 글.

100. 같은 글.

101. 전무길(全武吉), "宗敎와 科學"제3회, 〈동아일보〉, 1930. 1. 23, 4면 3-5단.

102. 같은 글.

103. 전무길(全武吉), "宗敎와 科學"제5회, 〈동아일보〉, 1930. 1. 25, 4면 5-6단.

104. 같은 글.

105. 같은 글.

106. 같은 글.

107. 전무길(全武吉), "宗敎와 科學"제6회, 〈동아일보〉, 1930. 1. 26, 4면 3단.

108. 전무길(全武吉), "宗敎와 科學"제5회, 앞의 글.

109. 같은 글.

110. 전무길(全武吉), "宗敎와 科學"제3회, 앞의 글.

111. 전무길(全武吉), "宗敎와 科學"제5회, 앞의 글.

112. 김창세: 평안남도 용강(龍岡) 출신의 독립운동가. 안식교인(安息敎人). 세브란스의

학전문학교를 졸업하고 병원 개업. 도산(島山) 안창호(安昌浩)와는 동서(同壻)지간이다. 다른 이름은 김오복(金五福).

113. 김창세, "科學과 宗敎, 과학적으로 알고 종교적으로 행하라", 『동광』 제12호 (1927), 55쪽, 61쪽.

2부 근대과학과 한국 기독교

• 1장 근대과학과 한국 천주교: 서학 수용론의 인식구조

1. 이 글은 2015년 9월에 발간된 『한국사상사학』 50권에 수록된 "조선 후기 유학자들의 서학 인식: 종교/과학 구분론에 대한 재검토"를 수정 보완한 것임.

2. 이원순, "조선 후기 실학자들의 서학인식", 『역사교육』 17 (1975), 138쪽.

3. George H. Dunne, *Generation of Giants, The Story of the Jesuits in China in the last Decades of the Ming Dynasty* (Notre Dame(Indiana): University of Notre Dame Press, 1962), p. 123.

4. 1742년은 교황 베네딕토 14세가 "엑스 쿠오 싱굴라리(Ex quo singulari)"라는 제목으로 불리는 교황령을 반포한 해이다. 이 교서에 따라서 중국 지역과 그 인접한 나라들에서 신의 이름을 上帝로 번역하는 행위, 천주교 신자들이 조상 제사 및 춘추 釋奠에 참여하는 행위는 공식적으로 금지되었다. 이는 예수회의 중국 선교가 쇠퇴하는 결정적인 계기가 되었다. 이른바 중국 의례 논쟁의 쟁점에 관해서는 다음의 것들을 참조할 것. François Bontinck, *La Lutte autour de la Liturgie Chinoise aux XVIIe et XVIIIe Siècles* (Louvain: Editions Nauwelaerts, 1962); George Minamiki, *The Chinese Rites Controversy: From Its Beginning to Modern Times* (Chicago: Loyola University Press, 1985); 최기복, 「유교와 서학의 사상적 갈등과 상화적 이해에 관한 연구」, 성균관대학교 대학원 박사학위논문 (1989); David Mungello, ed., *The Chinese Rites Controversy: Its History and Meaning* (San Francisco: The Ricci Institute for Chinese-Western Cultural History, 1994); 조현범, 「의례 논쟁을 다시 생각함, 헤테로독시아와 헤테로글로시아 사이에서」, 『교회사연구』 32 (2009).

5. 1773년은 교황 글레멘스 14세가 예수회의 해산을 명령한 교서 "도미누스 악 레뎀토르(Dominus ac Redemptor)"를 반포한 해이다. 이로써 유럽에서 예수회가 해산되었을 뿐만 아니라 중국과 인접 지역에서 예수회 선교사들의 선교 활동도 전면 금지되었다.

6. 조너선 스펜스, 주원준 옮김, 『마테오 리치, 기억의 궁전』 (이산, 1999), 200쪽.

7. 안대옥, "마테오 리치(利瑪竇)와 보유론", 『동양사학연구』 106 (2009), 117쪽.

8. "예수회 선교사들이 전해준 과학은 합리적인 요소들만 모아진 잘 조직된 체계가 결코 아니었다. 그것은 종교와 과학이 결합된 지식이었고, 중세적 관념과 근대적 관념이 혼재된 지식이었다."전용훈, "조선후기 서양천문학과 전통천문학의 갈등과 융화", 서울대학교 대학원 박사학위논문 (2004), 6쪽.

9. 허버트 버터필드, 차하순 옮김, 『근대과학의 기원』 (탐구당, 1980), 166쪽.

10. 과학자(scientist)라는 낱말이 영어권에서 처음 등장한 것은 1833년 영국 과학진흥협회(British Association for the Advancement of Science) 제3차 연례모임이었다고 알려져 있다. 성공회 사제이자 철학자였던 윌리엄 휴얼(William Whewell, 1794~1866)이 전통적으로 사용되었던 자연철학자(natural philosopher)라는 용어 대신에 공학적이거나 기술적인 분야에 종사하는 사람이라는 뜻으로 이 용어를 썼다고 한다.

11. 로널드 넘버스 엮음, 김정은 옮김, 『과학과 종교는 적인가 동지인가』 (뜨인돌, 2010), 143-152쪽 참조.

12. Peter Harrison, "'Science'and 'religion': constructing the boundaries", Thomas Dixon, Geoffrey Cantor and Stephen Pumfrey, eds., *Science and Religion: New Historical Perspectives* (Cambridge: Cambridge University Press, 2010), pp. 23-26, 30.

13. John Hedley Brooke, *Science and Religion: Some Historical Perspectives* (Cambridge: Cambridge University Press, 1991), p. 22.

14. 앨릭스 벤들리 엮음, 오수원 옮김, 『현대 과학·종교 논쟁』 (알마, 2012), 268-269쪽.

15. 로널드 넘버스 엮음, 김정은 옮김, 앞 책, 158-163쪽.

16. 같은 책, 12쪽.

17. 박성래, "마테오 릿치와 한국의 서양과학 수용", 『동아연구』 3 (1983), 28쪽.

18. 종교와 과학을 구별하는 근대적인 이해가 예수회 선교사들의 지식 분류와 일치하지 않는다는 점, 그럼에도 불구하고 많은 연구들이 중국에서 유럽 과학의 존재를 논할 때 이런 근대적인 이해를 출발점으로 삼고 있다는 점 등을 지적한 글로는 다음을 참고할 것. Nicolas Standaert, ed., *Handbook of Christianity in China, Volume One: 635-1800* (Leiden: Brill, 2001), pp. 703-704.

19. 김상근, "마테오 리치의 『천주실의』에 나타난 16세기 후반 예수회 대학의 교과과정과 예수회 토미즘(Jesuit Thomism)의 영향", 『한국기독교신학논총』 40 (2005), 297쪽; 安大玉, 『明末西洋科學東伝史』 (東京: 知泉書館, 2007), pp. 15-25; 김혜경, 『예수

회의 적응주의 선교』(서강대학교 출판부, 2012), 131-142쪽.

20. 김상근, 『동서문화의 교류와 예수회 선교역사』(한들출판사, 2006), 124-127쪽 참조.

21. 박승찬, 『서양 중세의 아리스토텔레스 수용사』(누멘, 2010), 248-249쪽.

22. 같은 책, 300쪽.

23. 이연승, "예수회 색은주의 선교사들의 유교 이해", 『종교와 문화』 17 (서울대학교 종교문제연구소, 2009), 35쪽. 색은주의에 관한 그 밖의 연구들로는 다음을 참고할 것. 데이비드 먼젤로 지음, 이향만 외 옮김, 『진기한 나라, 중국: 예수회 적응주의와 중국학의 기원』(나남, 2009), 483-525쪽; 이향만, "예수회 적응주의와 조선서학: 쁘레마르와 다산 비교연구", 경기문화재단 실학박물관 엮음, 『다산 사상과 서학』(경인문화사, 2013), 57-62쪽.

24. 안대옥은 부베와 제르비용 등 프랑스 국왕이 파견하여 중국으로 온 이른바 '궁정수학자'들은 리치와 그의 동료들에 비해서 과학을 이용한 선교에 소극적이었으며, 종교와 과학을 분리하여 종교에만 집중하고자 하였다고 주장한다. [안대옥, "淸代 前期 西學 受容의 형식과 외연", 『중국사연구』 65 (2012), 160쪽.] 하지만 위에서 보듯이 그들 역시 리치 패러다임 속에 존재하였던 인물이며, 자연신학의 토대를 공유하고 있었다. 다만 그 관심사가 자연에 대한 지식이 아니라 이방 문화 속에 숨어 있는 신적 계시의 흔적이었던 것이다.

25. "서광계는 문도(問道)로 인하여 서학(西學)하게 되었는데, 이지조는 서학을 사모하다가 서교(西敎)를 따르게 되었다."김수태, "정약용과 천주교의 관계 재론―〈자찬묘지명〉을 중심으로", 『교회사연구』 42 (2013), 263쪽. 위의 문장은 본래 이원순, 『조선서학사연구』(일지사, 1986) 11쪽에 실린 인용문을 재인용한 것이었다.

26. 王萍, 『西方曆算學之輸入』(臺北: 中央研究院 近代史研究所, 民國五十五年[1966]), p. 21.

27. 이 전언은 파스쿠알레 델리아 신부의 저서에서 인용한 것인데, 그 원문은 다음과 같다. "The truth is, as Ricci said, that we must work with both hands, the right in the affairs of God, the left in these affairs."in Pasquale D'Elia, *Galileo in China* (Cambridge: Harvard University Press, 1960), p. 21.

28. 안대옥, 앞 논문 (2009), 134쪽.

29. Pasquale D'Elia, *op. cit.*, p. 21.

30. Matteo Ricci, *Fonti Ricciane, Documenti Originali Concernenti Matteo Ricci e la Storia delle Prime Relazioni Tra L'Europa e la Cina(1579-1615)*, Volume 1, 2, 3, editi e

commentati da Pasquale M. D'Elia (Roma: La Libreria dello Stato, 1942~1949). 한국어로도 번역본이 나와 있다. 마테오 리치 지음, 신진호 전민경 옮김, 『마테오 리치 중국 선교사』(지식을만드는지식, 2013). 그런데 이 번역본은 이태리어 원문을 번역한 것이 아니라, 1986년 대만 보인대학교에서 나온 중국어 번역본을 저본으로 하고 영역본을 참고하여 번역한 것이다.

31. 앞에서 잠깐 언급하였지만 리치는 중국의 사대부들만을 주요한 선교 대상으로 보지 않았다. 그의 기록을 보면 다양한 중국인들과 접촉하고 그들에게 천주교 교리서를 나누어주는 선교 활동을 펼쳤음을 알 수 있다. Matteo Ricci, *Fonti Ricciane*, Volume 2 (1949), pp. 146, 166-167, 179, 194, 226, 230, 250, 254, 260, 263.

32. "Di varie sette che nella Cina sono intorno alla religione", in Matteo Ricci, *Fonti Ricciane*, Volume 1 (1942), p. 108.

33. "E solo dicono esser nel mondo tre leggi diverse cioè: de'letterati [儒敎], di Sciechia [釋迦] e di Lauzu [老子]."*Ibid.*, p. 115. 유교, 석가, 노자라는 한자는 마테오 리치가 단 것인지, 편집자인 델리아 신부가 단 것인지는 불분명하다. 하지만 마테오 리치의 원고에 나오는 중국 지명과 인명은 모두 로마 병음이었다는 진술(마테오 리치 지음, 신진호 전민경 옮김, 앞 책, xviii)을 보면 편집자 델리아 신부가 한자를 병기한 것으로 보인다.

34. "La 2a setta èquella di Sciechia e Omitofe [阿彌陀佛]."Matteo Ricci, *op. cit.*, p. 121.

35. '종교'라는 용어를 사용하지 않고 '법'이라는 용어를 사용하는 리치의 용례가 현대 학자들에게는 매우 낯선 것이었다. 그래서 리치 원고의 주석서를 펴낸 델리아 신부는 "리치에게서 '법'(legge)이라는 용어는 종종 종교(religione)의 의미로 쓰였다."는 주석을 붙였다. Matteo Ricci, *op. cit.*, p. 115, n. 1. 하지만 리치의 용례를 해석하면서 종교라는 용어를 법이라는 용어로 대신 썼다는 식으로 말할 수는 없다. 여기에는 근대적인 의미에서 종교 개념이 정립되기 이전의 상황이 반영되어 있다고 보아야 할 것이다.

36. 한국어 번역본에는 다음과 같은 구절이 들어 있다. "많은 사람들은 유교 외에 다른 종교를 동시에 믿는다. 따라서 우리는 유교가 정식 종교가 아니고 집안을 가지런히 하고 나라를 다스리기 위해서 세운 일종의 학파라고 말할 수 있다."(마테오 리치 지음, 신진호 전민경 옮김, 앞 책, 151쪽) 이 문장을 이태리어 원문에서 다시 해석하면 다음과 같다. "그들 가운데 많은 사람들이 이 교단과 더불어 동시에 다른 두 교단들도 신봉합니다. 그래서 우리는 다음과 같은 결론에 도달하게 됩니다.

즉 이 교단은 정식으로 설립된 교단이 아니라, 실제로는 단지 공적인 사무를 잘 처리하기 위하여 설립된 학교입니다."(molti di loro seguono, insieme con questa sua, le altre due sette, venessimo a conchiudere che non èquesta una legge formata, ma solo èpropriamente una academia, instituita per il buon governo della republica.) Matteo Ricci, *op. cit.*, p. 120. 또한 번역본에는 '기타 사이비 종교'(마테오 리치 지음, 신진호 전민경 옮김, 앞 책, 154쪽)라는 용어가 등장한다. 하지만 실제로 원문을 확인하면 'altre sette manifestamente false'(Matteo Ricci, *op. cit.,* p. 124)로 되어 있다. 즉, '명백히 잘못된 여타의 교단들'로 번역해야 한다. 이처럼 현재 나와 있는 한국어 번역본은 중국어 번역본을 중역하였기 때문에 원문과 용어상의 차이가 많다. 그래서 번역본에 나와 있는 용어들이 마치 마테오 리치 본인의 것으로 착각할 위험이 있다.

37. 오늘날 사용되는 종교 개념은 소수의 특정한 현상만을 포괄하는 국지성을 넘어서 고유한 기준에 따라 분류되는 모든 현상들을 아우르는 전면성을 지니고 있으며, 특정한 지역과 시대에 고정된 것이 아니라 초역사적인 보편성을 지닌 것으로 인식되고 있다. 그러나 이런 종교 개념은 특정 시기에 형성되어 특정한 사태를 지칭하는 탁월한 용어로 자리잡은 것이라고 보아야 한다.

38. Matteo Ricci, *op. cit.*, p. 192. 번역본에는 다음과 같이 되어 있다. "새로운 종교가 중화민족 사이에서 의심을 초래하지 않게 하기 위해서 예수회 신부들은 공개적인 마당에서는 종교를 언급하지 않았다."(마테오 리치 지음, 신진호 전민경 옮김, 앞 책, 235쪽) 하지만 원문을 보면 천주교를 가리키는 말로 종교라는 용어를 사용하지 않았다. "In questi principij, per non mettere qualche suspitione a questa gente con questa novità, non trattavano i Padri molto chiaramente di predicare la nostra santa legge."이를 한국어로 옮기면 다음과 같다. "그 시초에 신부들은 이런 새로운 일들이 이 민족에게 어떤 의심을 초래하지 않도록 우리의 거룩한 법을 설교하는 것을 아주 분명하게 행하지 않았다."

39. Matteo Ricci, *Fonti Ricciane*, Volume 2 (1949), p. 49. "Una delle cose con che fece il P. Matteo admirare i letterati e grandi della Cina fu con la novitàdelle nostre scientie, mai udita a loro."

40. *Ibid.*, p. 51. "Di tutte questo cose, a loro tanto strane, rendeva il Padre raggioni sìchiare e manifeste, che molti non potevano negare esser tutto quanto diceva verità; e per questo in breve si sparse la fama di questo cose per tutti i letterati della Cina. Di che si puòscorgere quanto credito dipoi chiamarla 'barbara', come chiamano a tutte le altre

terre fuora della Cina.”

41. 이원순, “안정복의 천학론고”, 금장태, 정순우 외,『순암 안정복의 서학인식과 교육사상』(성균관대학교 출판부, 2012), 99쪽.

42. 송일기 외, “중국본 서학서의 한국 전래에 관한 문헌적 고찰”,『서지학연구』15 (1998); 노대환, “정조시대 서기 수용 논의와 서학 정책”, 정옥자 외,『정조시대의 사상과 문화』(돌베개, 1999). 이상의 연구들은 주로 천문, 역법, 산학, 지리, 의술 등의 서학 서적들을 조사하였다. 그 밖에 천주교 문헌에 관한 연구로는 다음의 것이 있다. 배현숙, 謁8세기에 전래된 천주교서적”,『교회사연구』3 (1981); 배현숙, “조선에 전래된 천주교 서적”,『한국천주교 창설 이백주년 기념 한국교회사 논문집 Ⅰ』(한국교회사연구소, 1984); 조광, “조선후기 서학서의 수용과 보급”,『민족문화연구』44 (2006). 그리고 서학 관련 문헌 전반을 조사하고, 조선에 소개된 서학 문헌들을 전체적으로 다룬 연구로는 다음의 것이 참고할 만하다. 최소자, 謁·18세기 한역서학서에 대한 연구 ―중국과 한국의 사대부에 미친 영향―”,『한국문화연구원 논총』39 (1981).

43. 조광, “번암 채제공의 서학관 연구”,『사총』17·18 (1973), 306쪽.

44. 김영식은 서학에 대한 조선 학자들의 태도를 두 부류로 나눈다. 첫째는 다수의 입장으로, 서양에서 들어온 서양 과학기술과 기독교가 서로 연결된 것으로 느끼고 심지어 둘을 혼동하는 태도이다. 둘째는 서양 과학기술과 기독교를 분리하여 사고하는 태도이다. 차츰 서양 과학기술에 관심을 지니는 사람들이 생겨나면서 기독교와 과학기술을 서로 분리하여 기독교는 거부하고 서양 과학기술 지식은 받아들이는 경우도 나타났다는 것이다. 이처럼 과학사가인 김영식 역시 전형적으로 종교와 과학 분리론에 입각하여 서학에 대한 반응을 해석하고 있다. 김영식,『정약용의 문제들』(혜안, 2014), 90쪽.

45. 금장태, “조선후기 서학의 전래와 조선정부의 대응책”,『東洋學論叢: 次山 安晉吾 博士 回甲 記念 論文集』(전남대학교 출판부, 1990), 1-2쪽.

46. 김영일,『정약용의 상제사상』(경인문화사, 2003), 37쪽.

47. 박성래, “정약용의 과학사상”, 윤사순 편,『정약용』(고려대학교 출판부, 1990), 349쪽[정두희, “다산과 서학에 관한 여러 가지 관점들”, 김승혜 외,『다산사상 속의 서학적 지평』(서강대학교 인문과학연구원, 2004), 16-17쪽에서 재인용].

48. 이러한 구도는 이원순, 앞 논문 (1975), 138-154, 169-183쪽에 잘 나타나 있다.

49. 정성희, “이재 황윤석의 과학사상”,『청계사학』9 (1992), 154쪽.

50. 홍대용의 경우에 종교와 과학, 도덕과 자연을 동과 서로 분리하는 사고가 실제로 있었는지 또는 그런 인식이 가능했는지를 의문시하는 논자도 존재한다. 김문용, "담헌의 천문·우주 이해와 과학", 문석윤 외, 『담헌 홍대용 연구』(사람의무늬, 2012), 245-246쪽.

51. 박성래, "한국근세의 서구과학 수용", 『동방학지』 20 (1978), 258쪽 이하 참조.

52. 박성순, 『조선 유학과 서양 과학의 만남』 (고즈윈, 2005), 35쪽.

53. 같은 책, 187쪽.

54. 서교(종교)와 서학(과학 또는 학술)의 구분론은 강재언 등 많은 학자들이 주장한 견해이다. 강재언, 『조선의 서학사』 (민음사, 1990), 11쪽. 최근에는 서교와 서기(西器)로 나누어 바라보자는 주장도 제기된다. 노대환, 앞 논문, 201쪽. 이런 주장들이 바탕에 깔고 있는 인식론은 예수회 선교사들이 저술한 문헌들 자체가 과학 및 종교 관계 서적들로 구분할 수 있으며, 조선후기 유학자들도 이런 구분 하에서 서학을 인식하고 있었다는 것이다.

55. 박종홍, "서구사상의 도입 비판과 섭취", 『아세아연구』 12-3 (1969), 59-64쪽; 금장태, "염재 홍정하의 서학비판론과 쟁점", 『종교와 문화』 7 (2001), 54-56쪽.

56. "자연과학을 적극 긍정한 반면 천주교 신앙에 공감하지 않았다고 평가받는 성호의 사유 속에 현대처럼 과학과 종교의 이분법이 명확하게 설정되지는 않는다. 다만 현재의 관점에서 기술해보면, 성호는 서학에서 비이성적이고 초자연적인 신앙의 교리는 배척하면서도 『칠극』의 윤리적 수행은 공감하고 자연과학적 지식은 극찬하였다고 구분해서 평가할 수 있다."임부연, "성호학파의 천주교 인식과 유교적 대응", 『한국사상사학』 46 (2014), 253쪽 각주 5.

57. 금장태와 도날드 베이커가 대표적인 논자들이다.

58. 이원순, 앞 책 (1986), 17-18쪽.

59. 윤사순, "천주교가 조선 후기 사상사에 끼친 영향 —종교와 과학을 중심으로", 『동양철학연구』 29 (2002), 234쪽.

60. 같은 논문, 248쪽.

61. 최소자, "서학 수용에 대한 문제 —중국과 한국의 비교시론—", 『한국문화연구원 논총』 36 (이화여대, 1980), 222-223쪽.

62. 이원순, 앞 책 (1986), 386-427쪽 참조.

63. 강재언 지음, 이규수 옮김, 『서양과 조선, 그 이문화 격투의 역사』 (학고재, 1998), 11쪽.

64. "조선에서 19세기의 일반적인 흐름으로 이해되어 온 '국력의 쇠퇴와 근대적 전화

의 실패', 나아가 그러한 흐름과 병진하는 '학술적 추구의 정체(停滯)'라는 구도가 여전히 받아들일 만한 것인지를 재검토할 필요가 있다고 생각한다."전용훈, "18세기 조선에서 서양과학과 천문학의 성격", 『한국과학사학회지』 35-3 (2013), 437쪽.

65. '종교'개념의 성립에 관해서는 다음을 참조할 것. 장석만, "개항기 한국사회의 "종교"개념 형성에 관한 연구", 서울대학교 대학원 박사학위논문 (1992). 아울러 근대 일본에서 사이언스의 번역어로서 '과학'이라는 용어가 채택되고 이것이 중국으로 전파된 경위에 대해서는 다음을 참조할 것. 안대옥, "格物窮理에서 '科學'으로: 晩明 西學受容 이후 科學 槪念의 變遷", 『유교문화연구』 19 (2011), 26-29쪽.

66. 이성호, "명청서학의 조선전래와 성호 이익의 반응", 『중국학연구』 30 (2004), 640쪽.

67. 금장태, 『한국유교의 이념과 서학문제』 (한국학술정보, 2004), 99쪽.

68. 도날드 베이커 지음, 김세윤 옮김, 『조선후기 유교와 천주교의 대립』 (일조각, 1997), 64-66쪽. 정조가 종교와 과학을 구분했다고 보는 베이커의 주장은 자료 해석에서 문제가 있는 것으로 보인다. 1791년(정조 15) 음력 11월 8일 申獻朝가 상소를 올려 서양의 술[西洋之術]을 西學이라고 불러서는 안 된다고 말하자, 이에 대해서 정조는 굳이 그렇게 할 필요가 없다고 비판하였다. 즉, "굽은 길이 直路에 무슨 누를 끼치며 氣가 어찌 理와 뒤섞일 수 있겠는가."하고 비판하였다. 여기서 정조가 말한 것은 종교와 과학을 구별하자는 논리가 아니라, 정학과 사학은 자연히 구분되는 것이니 굳이 용어를 바꾸어 쓸 필요가 없다는 것이다.

69. 위인지학과 위기지학의 관점에서 조선후기 사대부의 독서 경향을 설명한 연구로는 다음의 것이 있다. 차미희, "조선후기 직방외기의 도입과 교육사상의 변화", 홍선표 외, 『17, 18세기 조선의 외국서적 수용과 독서문화』 (혜안, 2006).

70. 김동인, "위기지학 위인지학", 『교육사학연구』 11 (2001), 56-64쪽 참조.

71. 차미희, 앞 논문, 192쪽.

72. 李圭景은 자신의 저서 『五洲衍文長箋散稿』의 서문에서 "명물도수의 술법은 성명의리지학에는 미치지 못하지만 한쪽으로만 치우쳐서 가르치지 않아서는 안 되는 일[大抵名物度數之術 縱不及性命義理之學 亦不可偏發不講]"이라는 언명을 남긴 바 있다.

73. 특히 천문과 역산의 문제는 달력을 반포하여 백성들에게 농사철을 알려주는 데 필수적인 일이기 때문에 통치자의 입장에서는 명물도수에 해당하는 지식 가운데에서도 으뜸가는 중요성을 지닌다. 전용훈, "17·18세기 서양 천문역산학의 도입과 전개", 연세대학교 국학연구원 편, 『한국실학사상연구 4 과학기술편』 (혜안, 2005),

283-284쪽 참조.

74. 尹鑴, 양홍렬 외 옮김, 『신편 국역 백호 윤휴 전서 7』(민족문화추진회, 2008), 223
쪽. [『白湖全集』第33卷 雜著 辛巳孟冬書]

75. "彼耶蘇敎 本依倈得釋氏糟粕 旣入中國 學中國文書 始見中國斥佛 乃反效中國斥佛
於中國文書中 討出上帝主宰等語 以自附吾儒 然其本領 元不出名物度數 已落在吾
儒第二義." 朴趾源, 『熱河日記』, 「鵠汀筆談」.

76. 이지조의 『천학초함』은 리편과 기편으로 나뉘고, 각각 10종의 서학 서적들을 수록
하고 있다. 리편에는 『西學凡』1권, 『唐景敎流行中國碑頌)』1권, 『畸人十篇』상하 2
권, 『交友論』1권, 『二十五言』1권, 『天主實義』상하 2권, 『辨學遺牘』1권, 『七克』7
권, 『靈言蠡勺』2권, 『職方外紀』5권이 실려 있다. 그리고 기편에는 『泰西水法』6권,
『渾蓋通憲圖說』상하 2권, 『幾何原本』6권, 『表度說』1권, 『天問略』1권, 『簡平儀』1
권, 『同文算指』전편 2권, 후편 8권, 『圜容較義』1권, 『測量法義』1권, 『勾股義』1권
이 실려 있다. 그렇다면 이지조는 왜 서학 서적들을 리편과 기편으로 분류하였을
까? 위의 서적들을 보아도 리편을 종교 서적으로, 그리고 기편을 과학 서적으로 부
를 수는 없다. 『천학초함』의 분류 체계에 대해서 별도의 연구가 필요할 것으로 보
인다. 현재로서는 리편과 기편이 위기지학과 명물도수학에 대응하는 것으로 해석
할 수도 있으리라고 짐작한다. 왜냐하면 이지조의 언명은 아니지만, 서광계(徐光啓,
1562~1633)의 경우에 유사한 설명을 발견할 수 있기 때문이다. 서광계는 『기하원
본』의 서문에서 리치의 학문을 셋으로 나누어 설명하였다. 修身事天學, 格物窮理
學, 그리고 격물궁리학에 속하는 별도의 학문으로서 象數學이 그것이다. [서광계
지음, 최형섭 번역, 『서광계 문집』(지식을만드는지식, 2010), 62-63쪽.] 이렇게 본다
면 이지조가 리편으로 분류하는 서적들은 수신사천학에 해당하고, 기편에 속한 서
적들은 격물궁리학과 상수학에 해당하지 않을까 한다. 말하자면 리편=수신사천학
=위기지학, 기편=격물궁리학/상수학=명물도수학의 구도라고 하겠다.

77. 최동희, 『서학에 대한 한국 실학의 반응』(고대민족문화연구소 출판부, 1988),
67-75쪽 참조.

78. 최동희, "안정복의 서학비판에 관한 연구", 금장태, 정순우 외, 앞 책 (2012), 39, 44
쪽. 안정복이 읽었다는 세 권의 서학 서적은 모두 『천학초함』에 실려 있는 것들이다.
그러므로 안정복이 『천학초함』을 구해서 읽었다고 보아야 할 것이다.

79. "近觀西洋書 … 終是異端之學也, 吾儒之修己養性 行善去惡者 是不過爲所當爲 …
西學則其所以修身者 專爲天臺之審判, 此與吾儒大相不同矣."[『順菴集』권2, 16, 上星

湖先生 別紙(丁丑). 금장태, 『조선 후기 유교와 서학』 (서울대학교출판부, 2003), 118 쪽에서 재인용.]

80. 금장태, "안정복의 서학비판이론", 금장태, 정순우 외, 앞 책 (2012), 159쪽.

81. 가령 정약용이 쓴 이가환 묘지명에는 정조가 수리와 역상의 원리를 밝히는 책을 편찬하려고 자문을 구하자 이가환은 시속의 무리들이 수리가 무슨 설인지, 교법이 무슨 술인지 혼동하기 때문에 비방의 소리가 늘어나 성덕에 누를 끼친다[…不知數理爲何說 敎法爲何術 混同 … 將上累聖德]고 대답하였다는 구절이 나온다. [정약용 저, 박석무 역주, 『다산산문선』(창작과비평사, 1985), 116, 340쪽.] 이를 보면 이 가환이 말한 수리와 교법이 무엇을 가리키는지 여전히 모호하지만, 과학과 종교에 해당하는 구별 의식을 반영한다는 해석도 가능할 것이다. 또한 황윤석이 죽기 6일 전인 1791년 4월 11일 일기에서 남인 계열의 유학자들이 천주교를 신봉하면서 발생한 제반 사태를 우려하면서도 천주교가 아무리 이단사설일지라도 서양의 율역수(律曆數) 세 학문과 공야단청(工冶丹靑)의 법만은 후세에 전하지 않으면 안 된다며 어찌 한꺼번에 다 금지할 수 있겠는가 하고 반문하였다고 한다. [안대옥, "謂세기 정조기 조선 서학 수용의 계보", 『동양철학연구』 71 (2012), 87쪽.] 황윤석의 언명 역시 종교와 과학을 구분하는 의식을 지니고 있었다는 주장의 근거로 읽힐 만하다. 그리고 박제가는 북경의 선교사를 초빙하여 조선의 자제들에게 이용후생의 방법들을 가르치도록 하자는 주장을 펼치면서 "비록 그 교를 하는 것은 천당과 지옥을 독실하게 믿으므로 불교와 차이가 없지만, 후생의 도구는 불교에 없는 것이다. 그러므로 열을 취하고 한 가지를 금지하는 계책을 쓰면 득이 된다."고 주장하였다. [『北學議』「附丙午所懷」, "雖其爲敎 篤信堂獄 與佛無間 然厚生之具 則又佛之所無也 取其十而禁其一 計之得者也."김인규, "북학 사상의 철학적 기반", 한국철학사연구회 편, 『한국철학사상가연구』 (철학과현실사, 2002), 401쪽에서 재인용.] 이 역시 '교'와 '후생의 도구'를 구분하는 의식이므로 종교와 과학에 비견할 수 있지 않느냐고 주장할 수 있겠다. 이상과 같은 반론이 예상되기는 하지만, 적어도 18세기와 19세기 조선 유학자들이 서학을 인식하는 논리 속에 종교와 과학을 구별하는 사고방식은 존재하지 않았다는 것이 이 글의 입장이다.

82. 16세기부터 17세기 말에 이르는 시기에 유럽에서 막 움트기 시작하던 근대과학적 지식에 대해서 예수회가 어떤 태도를 취하고 있었는지에 대해서는 다음을 참조할 수 있다. Mordechai Feingold, *Jesuit Science and the Republic of Letters* (Cambridge(Massachusetts): The MIT Press, 2003).

83. 서종태, "성호학파의 양명학과 서학", 서강대학교 대학원 박사학위논문 (1995), 153-154쪽; 차기진, 『조선 후기의 서학과 척사론 연구』 (한국교회사연구소, 2002), 67-76쪽.

84. 최근 1791년 가을에 충청도 지방에서 압수된 천주교 서적의 목록이 실린 사료가 발견되었다. 한국학중앙연구원 장서각에 소장된 『수기(隨記)』라는 문헌에 실려 있다. 이 책은 당시 충청도 관찰사였던 박종악(朴宗岳, 1735~1795)이 정조에게 올린 서한들을 전사한 것인데, 내포 지역의 천주교 신자 색출 사건을 보고하면서 압수하여 소각한 천주교 서적들을 열거하였다. 이 서적들 가운데에는 이승훈에 의해서 비로소 조선에 전래된 서학 서적도 들어 있었다. 그러므로 근기 남인의 유학자들이 호기심을 가지고 읽었던 한역 서학서가 아니라 본격적으로 천주교 신앙 서적이라고 말할 수 있는 것들이 1784년부터 들어오기 시작하였음을 알려준다. 신익철, 권오영, 김문식, 장유승 역해, 『수기: 정조의 물음에 답하는 박종악의 서신』 (한국학중앙연구원 출판부, 2016), 89-91쪽.

85. 도날드 베이커는 19세기 조선에 천주교 집단이 형성된 것을 일종의 '종교 혁명'이라고 말한다. 기존의 유교나 불교, 무속과는 판이한 논리, 즉 다른 종교의 의례에 참여하는 것을 금지하는 배타적 공동체의 형성, 믿음[信]을 신뢰와는 다른 차원으로 해석하여 창조주의 존재에 대한 긍정으로 해석하는 논리의 출현 등을 그 근거로 하고 있다. Don Baker, "The Religious Revolution in Modern Korean History: From ethics to theology and from ritual hegemony to religious freedom", *The Review of Korean Studies*, Volume 9 Number 3 (2006), pp. 249-275.

• **2장** 근대과학과 일제하 개신교: 일제하 한국 개신교의 과학 담론과 진화론에 대한 태도

1. 이 글은, 2005년에 발간된 『한국기독교와 역사』 22호에 수록된 필자의 논문 "종교와 과학의 관계에 대한 한국 개신교의 이해: 일제강점기를 중심으로"와, 2006년 한국학중앙연구원에서 발간한 『근대 한국종교문화의 재구성: 근대성의 형성과 종교지형의 변동 2』에 실린 필자의 글을 부분 수정하여 게재한 것임.

2. 이만열, 『한국기독교문화운동사』 (대한기독교출판사, 1987); 이만열, 『한국기독교의 료사』 (아카넷, 2003) 등을 참고할 것.

3. 김흥수 편, 『일제하 한국기독교와 사회주의』 (한국기독교역사연구소, 1992); 장규식, 『일제하 한국 기독교민족주의 연구』 (혜안, 2001); 김권정, "일제하 사회주의자들의 반기독교운동에 관한 연구", 『숭실사학』 10호 (1997) 등을 참고할 것.

4. 장석만,『개항기 한국사회의 '종교'개념 형성 연구』, 서울대학교 박사학위논문, 1992, 41-47쪽 참조.

5. 이광린, "한말 옥중에서의 기독교 신앙",『동방학지』46-48호, 477-499쪽 참조할 것.

6. 개화 지식인 중에 개신교에 대해 부정적 시각을 가지고 있었던 흐름에 대해서는 류대영,『개화기 조선과 미국 선교사: 제국주의 침략, 개화자강, 그리고 미국 선교사』(한국기독교역사연구소, 2003), 351-412쪽 참조.

7. 윌리엄 페이든, 이진구 옮김,『비교의 시선으로 바라본 종교의 세계』(청년사, 2004), 46-47쪽.

8. "아세아총론",〈한성순보〉, 1884. 3. 8.

9. "諸學釋名 節要 — 科學 英語 사이엔쓰",『서북학회월보』1권 11호 (1909). 9쪽.

10. 과학의 영역을 크게 자연과학(사실과학)과 규범적 과학으로 나누고, 전자에 천문학, 지리학, 박물학, 물리학, 화학을 포함시키고 후자에 윤리학, 정치학, 미학, 논리학 등을 포함시키는 경우가 많았다. 장응진,「과학론」,『태극학보』5호 (1906), 10쪽.

11. "치도론",〈한성순보〉, 1884. 7. 3.

12. 여기에는 성리학적 합리주의에 근거한 귀신관과 근대적 시선이 합류되어 있는 것으로 보인다.〈독립신문〉, 1896. 5. 7.

13. "論耶蘇敎",〈한성순보〉, 1884. 6. 14.

14. 玄玄生, "천국과 人世의 귀일",『태극학보』16호 (1907), 59쪽.

15. 이화여대한국문화연구원 편,『근대계몽기 지식 개념의 수용과 그 변용』(소명출판, 2004) 참조.

16. 개항기 사회진화론의 수용과 그 시대적 의미에 대해서는 최기영,『한국근대 계몽사상 연구』(일조각, 2003); 류대영,『개화기 조선과 미국 선교사: 제국주의 침략, 개화자강, 그리고 미국선교사』(한국기독교역사연구소, 2004) 등을 참조할 것.

17. 1921년 상해에서 조직된 상해파 고려공산당의 강령 속에 있는 표현이다. 김준엽·김창순,『한국공산주의운동사1』(청계연구소, 1986), 182쪽.

18. 1923년 3월 24일부터 30일까지 진행된 '전조선청년당대회'에서 결의된 내용이다. 같은 책, 118쪽.

19. 전조선민중운동자대회의 공동토의사항 제6분과 '사상운동에 관한 건'제5항. 같은 책, 282-283쪽.

20. 박헌영, "역사상으로 본 기독교의 내면",『개벽』63호 (1925), 64쪽.

21. 배성룡, "반기독교운동에 관하야",『개벽』63호 (1925), 16-17쪽.

22. 같은 글, 17쪽.

23. 묵봉, "반종교운동과 이에 대한 기독교회의 태도를 회고하는 나의 소견", 『청년』 7 권 1호 (1927), 41쪽.

24. 같은 글, 42쪽.

25. "주일학교대회, 韓靑의 반기독교운동", 『개벽』 63호 (1925), 40쪽.

26. 이정윤, "반종교운동에 대한 관찰", 같은 책, 80쪽.

27. 한위건, "등한시 할 수가 없다", 같은 책, 73쪽.

28. 중국의 반기독교·반종교운동에 대해서는 李時岳 외, 이은자 역, 『근대 중국의 반기 독교운동』 (고려원, 1992) 참조할 것.

29. 1893년 평남 용강에서 태어났으며, 1916년 세스란스의전을 졸업하고, 1925년 미국 존스홉킨스대학에서 보건학 박사학위를 받은 한국 최초의 예방의학자이다. 노재 훈, "공중보건학의 선구자 김창세 박사", 『연세의사학』 1권 1호 (1997), 11-16쪽; 이 만열, 『한국기독교의료사』 (아카넷, 2003), 231쪽.

30. 김창세, "과학과 종교: 과학적으로써 알고 종교적으로 행하라", 『동광』 12호 (1927), 54쪽.

31. 같은 글, 56쪽.

32. 같은 글, 57-59쪽.

33. 같은 글, 59-60쪽.

34. 같은 글, 60-61쪽.

35. 같은 글, 54-55쪽.

36. 같은 글, 61쪽.

37. 東樵, "종교와 과학", 『중앙청년회보』 17호 (1916), 18-19쪽.

38. 같은 글, 19-20쪽.

39. 같은 글, 20쪽.

40. 같은 글, 20쪽.

41. 같은 글, 20쪽.

42. 김장호, 『朝鮮基督敎會小史』 (조선기독교회전도부, 1942), 28쪽.

43. 같은 글, 28쪽.

44. 같은 글, 28쪽.

45. 같은 글, 29쪽.

46. 같은 글, 29쪽.

47. 같은 글, 29-30쪽.

48. 웨스트쎄잇, "현대과학과 기독교 신앙", 『신학세계』 15권 4호 (1930), 91쪽.

49. 서정민, "김교신의 생명 이해", 『한국기독교와 역사』 20호 (2004), 177-205쪽 참조.

50. 김장호, 앞의 글, 28쪽.

51. 같은 글, 30쪽.

52. 반복기, "과학시대의 종교", 『신학지남』 10권 2호 (1928), 5쪽.

53. 박형룡, "종교의 권위", 『신학지남』 12권 제3호 (1930), 19쪽.

54. 반복기, 앞 글, 5쪽.

55. 박형룡, "此代에 종교가 소멸될가?", 『신학지남』 10권 3호 (1930), 5쪽.

56. 박형룡, "무신론의 활동과 기독교의 대책", 『신학지남』 12권 4호 (1930), 14쪽.

57. 박형룡, 같은 글, 15-17쪽.

58. 장동민, 『박형룡의 신학 연구』 (한국기독교역사연구소, 1998).

59. Park Hyung-Nong, Anti-Christian Inferences from Natural Sciences, 1931, 『박형룡 박사저작전집(XV)』(학위논문편) (한국기독교교육연구원, 1978), 15-16쪽.

60. 같은 책, 46-47쪽.

61. 같은 책, 26-27쪽.

62. 같은 책, 23쪽.

63. 같은 책, 25쪽.

64. 박형룡, "종교의 권위", 『신학지남』 12권 3호 (1930), 23-24쪽.

65. Park Hyung-Nong, *Anti-Christian Inferences from Natural Sciences*, 29쪽.

66. 같은 책, 47쪽.

67. 박형룡, "반종교자의 무이해", 『신학지남』 12권 5호 (1930), 15-16쪽.

68. Park Hyung-Nong, 앞 책, 47-48쪽.

69. 같은 책, 43쪽.

70. 같은 책, 40쪽.

71. 이는 중세신학자 토마스 아퀴나스가 신앙과 이성의 관계를 신앙 우위의 관점에서 종합한 것이나, 리처드 니버(Richard Niebuhr)가 문화와 그리스도의 관계 유형에서 '문화 위의 그리스도(Christ above Culture)'라고 부른 모델과 상통한다. 죠지 마르스덴, 홍치모 옮김, 『미국의 근본주의와 복음주의 이해』 (성광문화사, 1992), 156쪽; 장동민, 앞 책, 107쪽.

72. 강만유, "종교의 영원성", 〈기독신보〉, 1933. 3. 22.

73. 박두하, "자연과학과 종교", 『신학세계』 10권 6호 (1925), 82-86쪽.

74. 웰치 감독, "종교와 과학(=)", 〈기독신보〉, 1934. 3. 21.

75. 박두하, 앞 글.

76. 갈홍기, "종교론", 『신학세계』 20권 5호 (1935), 52쪽.

77. 장동민, 앞 책, 106-107쪽 참조.

78. '두 책 이론'은 창조주 하느님이 인간에게 '자연'이라는 책과 '성서'라는 두 책을 주면서 그 속에 자신의 뜻을 계시하였다는 이론이다. 따라서 이 이론에 따르면 자연의 법칙을 탐구하는 과학과 하느님의 말씀을 이해하려는 신학(종교)은 하느님이라는 하나의 궁극적 지점으로 수렴된다. 이와 달리 '두 언어 이론'은 종교 언어와 과학 언어가 완전히 다른 문법에 속하기 때문에 두 언어는 하나의 지점으로 수렴되는 것이 아니라 영원한 평행선을 그린다고 본다. 테드 피터스 엮음, 김흡영 외 역, 『과학과 종교: 새로운 공명』 (동연, 2002), 29-78쪽.

79. 이 글은 2017년에 발간된 『종교연구』 77집 2호에 수록된 "해방 이전 한국 개신교의 진화론 인식"을 재수록한 것임.

80. Soo Bin Park, "South Korea surrenders to creationist demands," *Nature* 5 (June 2012).

81. Soo Bin Park, "Science wins over creationism in South Korea," *Nature* 6 (September 2012).

82. 2009년 '한국진화론실상연구회'와 한국창조과학회 산하 '교과서위원회'가 통합하여 발족하였다.

83. "'창조론'주장 대학교재 첫선", 〈동아일보〉, 1990. 5. 15.

84. 한동대학교에는 창조과학 운동을 하는 교수들이 중심이 되어 창조과학연구소가 조직되어 있다.

85. "연세대, 2015년 2학기에 '창조과학'수업 논란". http://www.newsnjoy.or.kr/news/articleView.html?idxno=199816 (2017. 5. 5 접속)

86. Jose Casanova, *Public Religions in the Modern World* (Chicago and London: University of Chicago Press, 1994), pp. 135-166.

87. George M. Marsden, *Fundamentalism and American Culture: The Shaping of Twentieth-Century Evangelicalism, 1870-1925* (Oxford: Oxford University Press, 1980), p. 17.

88. Peter Radan, "From Dayton to Dover: the legacy of the Scopes Trial", Peter Cane, Carolyn Evans, Zoe Robinson. eds., *Law and Religion in Theoretical and Historical Context* (Cambridge: Cambridge University Press, 2008), pp. 126-128.

89. Mark A. Noll, *A History of Christianity in the United States and Canada* (Grand Rapids, Mich.: W.B. Eerdmans Publishing Co., 1992), p. 371.

90. Mark A. Knoll, *op. cit.*, p. 370.

91. William A. Durbin, "Science," Philip Goff and Paul Harvey, eds., *Themes in Religion & American Culture* (Chapel Hill and London: The University of North Carolina Press, 2004), p. 314.

92. Mark A. Noll, *op. cit.*, p. 370.

93. 브래들리 J. 롱필드, 이은선 옮김, 『미국 장로교회 논쟁』 (아가페출판사, 1992), 28쪽.

94. 로널드 L. 넘버스, 신준호 옮김, 『창조론자들: 과학적 창조론에서 지적 설계론까지』 (새물결플러스, 2016), 149쪽.

95. 죠지 마르스텐, 홍치모 옮김, 『미국의 근본주의와 복음주의 이해』 (성광문화사, 1992), 174쪽.

96. "본회취의서", 『西友』 창간호 (1906), 1쪽.

97. 이성규, 謹세기말, 20세기초의 한국과 일본의 진화론 수용, 『한국과학사학회지』 14권 1호 (1992), 124-125쪽.

98. 1935년 미국 북장로교가 신학 노선을 둘러싸고 분열되었을 때 해밀턴은 근본주의 신학을 고수하는 '정통장로교'로 이적하였다. 김승태·박혜진 엮음, 『내한선교사 총람』 (한국기독교역사연구소, 1994), 249쪽.

99. 咸日頓, "기독교와 과학(二)," 『진생』 4권 9호 (1929), 53쪽.

100. F. E. 하밀튼, 『기독교변증론』 (조선야소교서회, 1929), 77쪽.

101. 같은 책, 77쪽.

102. 같은 책, 78쪽.

103. 창조론의 여러 유형에 대해서는 신재식·김윤성·장대익, 『종교전쟁』 (사이언스북스, 2009), 423쪽 참조.

104. 같은 책, 78쪽.

105. 자세한 것은 장동민, 『박형룡의 신학 연구』 (한국기독교역사연구소, 1998).

106. 박형룡, 『근대신학난제선평』 (예수교장로회신학교, 1935).

107. 같은 책, 533-534쪽.

108. 같은 책, 531쪽.

109. 같은 책, 532-533쪽.

110. 같은 책, 537-538쪽.

111. 같은 책, 539-540쪽.

112. 같은 책, 541-542쪽.

113. 같은 책, 542쪽.

114. 같은 책, 582쪽.

115. 같은 책, 595쪽.

116. 같은 책, 595쪽.

117. 같은 책, 618-619쪽.

118. 반복기·김명선,『과학과 종교』(조선야소교서회, 1926),「自序」, 二.

119. 같은 책,「自序」, 二.

120. 같은 책, 64쪽.

121. 같은 책, 67-73쪽.

122. 같은 책, 66쪽.

123. 같은 책, 66쪽.

124. 같은 책, 66쪽.

125. 같은 책, 105쪽.

126. 브래들리 J. 롱필드, 앞 책, 18쪽.

127. 정경옥,『기독교신학개론』(감리교신학교, 1939), 233-234쪽.

128. 같은 책, 233-234쪽.

129. 같은 책, 274-275쪽.

130. 같은 책, 234쪽.

131. 같은 책, 236쪽.

132. 한국기독교역사학회 편,『한국기독교의 역사 II(개정판)』(기독교문사, 2012), 202-209쪽.

133. 김교신, "지질학상으로 본 하나님의 창조",『성서조선』4호 (1928), 3-7쪽.

134. 같은 글, 4쪽.

135. 같은 글, 5쪽.

136. 지구를 6천 년~1만 년의 연대를 지닌 것으로 보는 '젊은지구창조론'과 대비되는 '오랜지구창조론'의 한 이론이다. 신재식·김윤성·장대익, 앞 책, 423쪽.

137. 김교신, 앞 글, 5쪽.

138. 같은 글, 6쪽.

139. 같은 글, 7쪽.

140. 같은 글, 7쪽.

141. 같은 글, 7쪽.

142. 서정민은 김교신의 이 글에 대해 다음과 같이 평가한다. "한국 신학계에서 이와 같은 창조와 진화, 혹은 성서와 과학의 관계를 놓고 본격적인 토론, 나름대로의 융합을 시도한 거의 최초의 신학적 논의임에 그 가장 큰 의의를 지닌다."서정민, "김교신의 생명 이해",『한국기독교와 역사』20호 (2004), 191쪽.

143. 함석헌, "성서적 입장에서 본 세계역사,"『성서조선』89호 (1936), 4쪽.

144. 같은 글, 4쪽.

145. 같은 글, 5쪽.

146. 같은 글, 5쪽.

147. 같은 글, 5-6쪽.

148. 같은 글, 6쪽.

149. 같은 글, 6쪽.

150. 같은 글, 7쪽.

151. 같은 글, 7쪽.

152. 같은 글, 8쪽.

153. 같은 글, 8쪽.

154. "우리의 신조",『시조』24권 10호 (1934), 38쪽.

155. "성경과 과학(二)",『시조』30권 12호 (1940), 9쪽.

156. "성경과 과학(三),"『시조』31권 1호 (1941), 9쪽.

157. 길리단, "과학과 성경",『시조』22권 1호 (1932), 9쪽.

158. 같은 글, 10쪽.

159. 악컬맷, "진화냐 하느님이냐,"『시조』28권 2호 (1938), 8쪽.

160. 같은 글, 8-9쪽.

161. "진화론의 토대는 무너졌다,"『시조』29권 1호 (1939), 10쪽.

162. 같은 글, 11쪽.

163. 길리단, "성경과 진화설,"『시조』23권 1호 (1933), 13쪽.

164. 같은 글, 13쪽.

165. 길리단, "과학과 성경(十),"『시조』22권 10호 (1932), 7-8쪽.

166. 길리단, "과학과 성경(4),"『시조』22권 4호 (1932), 10-11쪽.

167. 길리단, "진화론의 빠진 고리",『시조』29권 12호 (1939), 13-14쪽.

168. 같은 글, 13-14쪽.

169. 같은 글, 13-14쪽.

170. 길리단, "과학과 성경(4)",『시조』22권 4호 (1932), 16쪽.

171. 길리단, "과학과 성경(十)",『시조』22권 10호 (1932), 7-8쪽.

172. 악컬맷, 앞 글, 28쪽.

173. 로널드 L. 넘버스, 앞 책, 254-256쪽.

- **3장** 근대과학과 해방 이후 개신교: 해방 이후 개신교의 '과학과 종교'담론

1. 이 글은 2014년에 발간된『신학연구』65집에 수록된 "장공 김재준의 '자연의 신학'연구"를 이 책의 기획에 맞추어 수정 보완한 것임.

2. Cf. Soo Bin Park, "South Korea surrenders to creationist demands: Publishers set to remove examples of evolution from high-school textbooks," *Nature 486* (2012), p. 14.

3. "한국신학대학은 죽었다. 가인에게 죽은 아벨과 같은 그는 형님에게 마자 죽었다. 하희는 하나님이 심판해주실 것이다. 하나님의 변호가 없었다면 승리는 영원히 가인에게 있었을 것이다. 그러나 하나님은 계시다. 한국신학대학은 다시 살 것이다. 복음의 자유, 학문과 양심의 자유를 위하여, 한국 교회의 역사를 창조하기 위하여 허무러진 한국산천의 재건을 위하여, 그리고 전 세계 크리스챤의 친교를 저버리지 않기 위하여 한국신학대학은 무덤에 머물 수는 없는 것이다."(38회 총회 직후 김재준이 남긴 말)

4. 김재준, "서울 3년",『장공 김재준 전집 13권—범용기 1 새 역사의 발자취』(서울: 한신대학교출판부, 1992), 47-48쪽.

5. 김재준, "실재의 탐구—전도서를 읽음",『장공 김재준 논문 선집』(오산: 한신대학교출판부, 2001), 39쪽.

6. 같은 글, 40쪽.

7. 같은 글, 41쪽.

8. 김재준, "종교와 과학",『장공 김재준 전집 1권 ― 새 술은 새 부대에(1926-1949)』(서울: 한신대학교출판부, 1992), 289-294쪽. 이 책 외에 2014년에 새로 출간된 장공 김재준 목사 기념사업회,『장공 김재준의 삶과 신학』(오산: 한신대학교출판부, 2014), 766-772쪽에도 "종교와 과학(요한복음 18:37-38)"으로 수록되어 있음.

9. 같은 글, 289-290쪽.

10. 같은 글, 290쪽.

11. 같은 글, 290쪽.

12. 같은 글, 290쪽.

13. 같은 글, 292쪽.

14. 같은 글, 293쪽.

15. 같은 글, 293쪽.

16. 같은 글, 294쪽.

17. 같은 글, 294쪽.

18. 같은 글, 294쪽.

19. 김재준, "인간성의 한계와 복음", 『장공 김재준 전집 1권 — 새 술은 새 부대에 (1926-1949)』, 316-318쪽.

20. John Polkinghorne, *Quantum Physics and Theology. An Unexpected Kinship* (New Heaven and London: Yale University Press, 2007), p. 10.

21. 김재준, "인생과 종교", 『장공 김재준 전집 2권 — 복음의 자유(1950-1953)』 (서울: 한신대학교출판부, 1992), 294쪽.

22. 김재준, "과학과 종교 — 실험과학과 기독교", 『장공 김재준 전집 1권 — 새 술은 새 부대에(1926-1949)』, 289-290쪽.

23. 김재준, "하느님 안에 사는 사람", 『장공 김재준 전집 3권 — 전통과 개혁(1953-1954)』 (서울: 한신대학교출판부, 1992), 256쪽.

24. 같은 글, 80쪽.

25. 같은 글, 80쪽.

26. 김재준, "생명에의 길", 『장공 김재준 전집 1권 — 새 술은 새 부대에(1926-1949)』, 328쪽.

27. 김재준, "존재현상의 저편", 『장공 김재준 전집 3권 — 전통과 개혁(1953-1954)』, 329쪽.

28. 김재준, "축자영감설과 성서무오설에 대하여", 『장공 김재준 논문 선집』, 83-98쪽.

29. 같은 글, 93쪽.

30. 같은 글, 95쪽.

31. 같은 글, 92쪽.

32. 같은 글, 95쪽.

33. 김재준, "편지에 대신하여", 『장공 김재준 논문 선집』, 80쪽.

34. Michael Welker, *The Theology and Science Dialogue: What can Theology Contribute*

(Neukirchen-Vluyn: Neukirchener Verlag, 2012), p. 73; 전철, "종교와 과학 담론의 문명사적 함의", 『신학논단』 87 (2017), 295-321쪽.

35. 홍성욱·전철, "과학기술학(STS)의 관점에서 본 종교와 과학: 과학적 사실과 종교적 가치의 만남에 관한 연구", 『신학연구』 73 (2018), 29-53쪽.

3부 근대과학과 한국 전통종교

· 1장 근대과학과 한국 불교: 근대 불교 지식인의 과학 개념과 과학기술 수용

1. 허흥식, 『고려불교사연구』 (일조각, 1997(중판)), 23-25쪽.

2. 허흥식, 같은 책, 334쪽; 김성순, "한국 불교의학의 전래와 醫僧들의 활동에 관한 일 고찰", 『불교학연구』 39호 (2014), 348-356쪽.

3. 강만길, "별와요고 ―조선시대의 제와업발전―", 『사학지』 1집 (1967-9); 정광호, "이 조후기 사원잡역고", 『사학논지』 2집 (1974-9); 전영준, "고려시대 공역승 연구", 동국 대학교 박사학위논문 (2004). 그러나 이때 수공업품의 생산에 동원된 노동인력―이 들은 흔히 '승도'로 표현되곤 한다―이 어느 수준의 승려 또는 무리였는지에 대해서 는 보다 상세한 검토가 필요하다.

4. 이동인과 탁정식의 이력과 활동에 대해서는 김경집, "근대 開化僧의 활동과 현실인 식", 『보조사상』 25집 (2006); 한상길, "개화사상의 형성과 근대불교", 『불교학보』 45 집 (2006); 박용모, "개화승 무불 연구", 『보조사상』 44집 (2016) 참조.

5. 김경집은 이동인과 탁정식의 국제정세 및 사회개혁에 대한 이해를 공업과 상업을 중 심으로 한 부국강병으로 정리한 바 있으나[김경집, 같은 논문, 481-486쪽], 그 이상 으로 심도 깊은 그들 사상의 토대와 구조에 대한 추가 연구는 현재까지 발견되지 않 는다. 한편 이동인·탁정식과 같은 세대로서 김옥균의 개화당 활동에 더불어 참여 한 승려 또는 승려 출신의 불교 지식인으로 차홍식(車弘植, ?~1884), 이윤고(李允杲, ?~?) 등이 있으나[한상길, 같은 논문, 29-31쪽], 이들에 대한 연구는 현재까지 거의 이루어지지 않은 실정이다.

6. 한용운은 1909년에 집필을 시작하여 1913년에 간행한 『조선불교유신론』의 곳곳에 서 근대적 합리주의에 대한 이해를 노정하였는데, 이 책의 서두에서 서구의 여러 근 대 사상가들을 거론하는 가운데 자신의 근대성에 대한 이해가 중국의 량치차오(梁 啓超, 1873~1929)에 빚지고 있음을 밝히고 있다.[한용운, 이원섭 역, "2. 불교의 성

질”,『만해 한용운 조선불교유신론』(운주사, 2007), 13-27쪽.] 사실상 당시 한국 불교 지식인들의 근대 이해는 대체로 한용운과 마찬가지로 량치차오의 영향력 하에 놓인 것이었다.[김진무, “근대 합리주의 인간의 유입과 佛性論의 재조명 —梁啓超와 韓龍雲의 佛性論 이해를 중심으로—”,『선학』29호 (2011), 181쪽.] 한편 량치차오 또한 일본의 대표적인 불교 지식인인 이노우에 엔료(井上圓了, 1858~1919)로부터 영향 받았다고 평가받는바,[윤종갑·박정심, “동아시아의 근대 불교와 서양철학”,『철학논총』75집 (2014), 433-434쪽.] 이노우에 엔료의 근대성/과학/종교/불교 이해는 동아시아 불교 지식계의 전범이 되었던 것으로 보인다.

7. 스에키 후미히코, 이태승·권서용 역,『근대 일본과 불교』(그린비, 2009), 12-13쪽.

8. 윤종갑·박정심, 앞 논문, 406-407쪽.

9. 단카제도(檀家制度)란 일본 도쿠가 막부 시절 전국의 사찰을 본말사(本末寺)로 나누고 해당 지역의 모든 가정을 반드시 한 사찰에 소속시켜, 소속 사찰로 하여금 각 가정의 결혼·이사·장례 등의 가정의례에 관여하도록 한 제도이다. 본디 기독교를 색출, 탄압하려는 목적으로 시행되었으나, 막부 말기의 배불론(排佛論)과 메이지유신기의 폐불훼석(廢佛毀釋)을 거치며 일본 불교의 국가 종속에 결과적으로 기여한 바 되었다. 원영상, “단가제도의 성립·정착 과정과 근대 일본불교계의 양상”,『일본불교사공부방』5호 (2008) 참조.

10. 그의 사상은 중국의 량치차오에게 영향을 미쳤으며, 량치차오는 다시 한국의 한용운에게 학습, 수용되었다. 한용운은『조선불교유신론』에서 누차 량치차오를 인용하여 자신의 논지를 전개하고 있지만, 이노우에 엔료를 직접적으로 언급하지는 않았다. 따라서 이노우에 엔료와 한용운의 관계는 량치차오를 매개로 하는 것으로 이해되어야 한다. 3자의 영향 관계를 살필 만한 선행 연구로는 김영진, “근대 한국불교의 형이상학 수용과 진여연기론의 역할”,『불교학연구』21호 (2008); 김제란, “한·중·일 근대불교의 사회진화론에 대한 대응양식 비교 —동아시아 불교의 사회진화론 수용과 비판의 두 흐름—”,『시대와 철학』21호 (2010); 김춘남, “양계초를 통한 만해의 서구사상수용 —조선불교유신론을 중심으로”, 동국대학교대학원 사학과 석사논문 (1984); 조명제, “한용운의『조선불교유신론』과 일본의 근대지(近代知)”,『한국사상사학』46집 (2014) 참조.

11. 井上円了,『佛教活論序論』(東京: 哲學書院, 1887), 37-38쪽. [송현주, ““불교는 철학적 종교”: 이노우에 엔료의 ‘근대일본불교’ 만들기”,『불교연구』41집 (2014), 330-331쪽의 각주 90에서 재인용.]

12. 井上円了, 같은 책, 39쪽. [송현주, 같은 논문, 331쪽의 각주 92에서 재인용.]

13. 井上円了, 『佛教活論序論: 第2編 顯正活論』 (東京: 哲學書院, 1890), 49쪽. [송현주, 같은 논문, 332쪽의 각주 95에서 재인용.]

14. 井上円了, 같은 책, 23-24쪽. [송현주, 같은 논문, 333쪽의 각주 98에서 재인용.]

15. 井上円了, 앞 책 (1887), 33-34쪽. [송현주, 같은 논문, 333-334쪽의 각주 99와 각주 100에서 재인용.]

16. 이상 이노우에 엔료의 철학-종교 이원적 불교사상과 그 근거에 대해서는 송현주, 같은 논문, 329-334쪽 참조.

17. 량치차오는 "근세 최고 철학자 칸트의 학설"(1903)이라는 글을 지어 중국에 칸트를 최초로 소개하였다. 윤종갑·박정신, 앞 논문, 417쪽의 각주 34 참조.

18. 김영진, "근대중국의 불교부흥과 인문지식", 『회당학보』 10집 (2005), 197쪽.

19. "과학정신은 무엇인가? 나는 매우 넓은 의미로 해석한다. 계통적인 지식을 과학이라고 한다. 다른 사람을 가르쳐서 이런 계통적인 지식을 얻게 하는 방법을 과학정신이라고 한다." 梁啓超, "科學精神與東西文化", 『梁啓超哲學思想論文選』(北京: 北京大學出版社, 1984), 386쪽. [윤종갑·박정심, 앞 논문, 419쪽의 각주 40에서 재인용.]

20. 김영진, 앞 논문 (2005), 198쪽.

21. "불교와 기독교 두 가지 모두 외국에서 발생한 종교로서 중국에 들어왔다. 그런데 불교가 널리 퍼진 데 대해 기독교가 그렇지 못한 이유는 무엇인가? 기독교는 단지 미신에 위주하여 그 철리(哲理)가 천박하여 중국 지식층의 욕구를 만족시키지 못한 데 반해, 불교의 교리는 본래 종교이면서 철학인 두 측면을 갖추고 있다. 즉 불교는 깨달음의 길을 통해 궁극적으로 깨달음에 이르는 것이며, 도에 들어가는 것은 지혜를 닦는 데 있다. 수행하여 힘을 얻는 것은 자력에 의한 것으로, 불교를 일반 종교와 같이 취급해서는 안 된다." 梁啓超, 『飮氷室文集』 上卷 (上海: 廣智書局, 1907), 859쪽. [윤종갑·박정심, 앞 논문, 419-420쪽의 각주 43에서 재인용.]

22. "유럽 근세사의 서광은 양대 조류로부터 빛을 발했다. 하나는 그리스 사상의 부활, 즉 문예부흥이고 하나는 원시기독교의 부활, 즉 종교개혁이다. 중국의 미래도 역시 두 갈래의 길을 개척해야 한다. 하나는 정감적 방면이니, 즉 신문학 신예술이고, 하나는 이성적 방면인데 즉 신불교이다." 梁啓超, 『淸代學術槪論』(上海: 上海古籍出版社, 2000), 100쪽; "내 생각에 신앙이 없던 나라에서 새로운 신앙을 추구한다면 반드시 가장 고상한 것을 추구해야 한다. 어떻게 권세나 이익을 쫓겠는가? 나의

스승과 친구들은 대부분 불학(佛學)을 공부한다. 나는 불학을 권유한다." 梁啓超, "佛敎與郡治之關係",『中國佛敎思想資料選編』제3권 4책 (北京: 中華書局, 1990), 50쪽. [윤종갑·박정심, 같은 논문, 420쪽의 각주 44와 419쪽의 각주 42에서 재인용.] 이상 량치차오의 근대와 과학에 대한 이해는 윤종갑·박정심, 같은 논문, 417-424쪽 참조.

23. 유승무, "사회진화론과 만해의 사회사상 ─『조선불교유신론』을 중심으로",『동양사회사상』8권 (2003), 141-143쪽 참조.

24. 한용운, 이원섭 역, 앞 책, 18-19쪽.

25. 한용운, 이원섭 역, 같은 책, 20쪽.

26. 한용운, "우주의 인과율",『불교사불교』90권 (1931), 3쪽.

27. 한용운, 같은 논문, 7쪽.

28. 한용운, 같은 논문, 5쪽.

29. 한용운, 같은 논문, 7쪽.

30. 한용운, 같은 논문, 7쪽.

31. 한용운, 이원섭 역, 앞 책, 22쪽.

32. 한용운, 이원섭 역, "3. 불교의 주의", 앞 책, 32쪽.

33. 김종욱은 한용운의 불교사상의 핵심은 화엄사상이라고 주장하며, 전보삼의 연구 ["한용운 화엄사상의 일 고찰",『만해학보』창간호 (1992)]를 인용하여 "그의 불교사상을 총체적으로 보여주는『불교대전』의 경우 대장경에서 444부의 경전을 인용하면서, 그 1741회의 인용문 중 화엄경을 211회나 인용하고,『불교대전』의 전 품과 장에 빠짐없이 거론하였다는 데서도 확인된다."고 그 근거를 대었다. 김종욱, "근대 내셔널리즘의 대두와 화엄적 민족주의의 형성",『불교연구』35집 (2011), 252-253쪽, 각주 34 참조.

34. 한용운,『조선불교유신론』,『한용운전집』제2권 (신구문화사, 1973), 45쪽. [김종욱, 앞 논문, 252-253쪽의 각주 34에서 재인용.]

35. 한용운, 같은 책, 82-83쪽. [김종욱, 같은 논문, 252-253쪽의 각주 35에서 재인용.]

36. 이상 화엄사상의 사사무애 법계에 대해서는 김종욱, 같은 논문, 252-253쪽 참조. [이 두 문장 중 큰따옴표 안의 어구는 김종욱, 같은 논문, 253쪽으로부터 직접 인용한 것이다.]

37. 한용운, 이원섭 역, "2. 불교의 성질", 앞 책, 19-20쪽.

38. 한용운, 이원섭 역, "3. 불교의 주의", 같은 책, 28-29쪽.

39. 한용운, 앞 책 (1973), 45쪽. [김종욱, 앞 논문, 254쪽의 각주 40에서 재인용.]

40. 한용운, "조선 독립의 서", 『한용운전집』 제1권 (신구문화사, 1973), 346쪽. [김종욱, 같은 논문, 254쪽, 각주 38에서 재인용.]

41. 한용운, 이원섭 역, "3. 불교의 주의", 앞 책, 31쪽.

42. 이러한 한용운의 민족주의는 일본의 불교 지식인들이 군국주의적 민족주의에 매몰되어 인간의 천부인권을 공격하는 데 사회진화론을 이용하고, 국가주의를 지탱하는 민족적 불교화에 동조했던 것과는 정반대의 길을 걷는 것이었다. 원영상, "한중일 삼국 근대불교의 민족의식에 대한 비교연구", 『한국선학』 21호, 471-473쪽과 479-482쪽 참조.

43. 한용운, 이원섭 역, "8. 포교", 앞 책, 63쪽.

44. 한용운, 이원섭 역, "2. 불교의 성질", 같은 책, 22쪽.

45. 한용운, 이원섭 역, 같은 책, 19-26쪽. 그러나 여기에 바로 이어 한용운은 자신이 "서양철학자의 저서에 관한 한 조금도 읽은 바가 없고, 어쩌다가 눈에 띈 것은 그 단언척구(單言隻句)가 샛별과도 같이 많은 사람들의 여러 책에 번역 소개된 것에 지나지 않는다."고 고백하고 있다.

46. 한용운, 이원섭 역, 같은 책.

47. 한용운, 이원섭 역, "4. 불교의 유신은 마땅히 파괴로부터", 같은 책, 34-36쪽.

48. "불교의 대상은 물론 일체중생이다. '일체중생개유불성(一切衆生皆有佛性)' '유정무정실개성불(有情無情悉皆成佛)' 이것이 불교의 이상이므로 불교는 일체중생의 불교요 산간에 있는 사찰의 불교가 아니며, 계행을 지키고 선정을 닦는 승려만의 불교가 아니다. ……불교가 출세간의 도가 아닌 것은 아니나, 세간을 버리고 세간에 나는 것이 아니라 세간에 들어서 세간에 나는 것이니, ……그러므로 불교는 염세적으로 독립독행(獨立獨行)하는 것이 아니요, 구세적으로 입니입수(入泥入水)하는 것이다. ……'산간에서 가두로' '승려로서 대중에'가 현금 조선불교의 슬로건이 되지 않으면 안 될 것이다. ……그러므로 대중을 떠나서 불교를 행할 수 없고, 불교를 떠나 대중을 제도할 수 없는 것이다." 한용운, "조선불교의 개혁안", 『불교사불교』 88권 (1931), 8-9쪽.

49. 王季同, 『佛法省要』 (上海: 大法輪書局, 1944), 15쪽, "佛法是甚麼? 佛法是唯一的根本的真理, 又是唯一的合理的宗教, 又是實證哲學, 又是應用科學.[양정연, "근대 과학적 세계관의 유입과 불교 세계관의 재조명 ―타이쉬(太虛)의 인생불교를 중심으로", 『한국선학』 29호 (2011), 500쪽의 각주 19에서 재인용.] 원문은 "導言 ― 佛法

省要", http://www.dizang.org/gs/yg/004.htm (2019. 1. 1. 접속).

50. 王季同, 같은 책, 41쪽, "舊化學師以爲這些物質都是原子合成的, 物質分到不可再分就成原子. 原子是不可創造, 也不可毀滅的. 現在已發見的九十幾種原素, 就是九十幾種原子類聚而成. 這種舊說是與種現刹那生滅完全不合的. 然而現在知道原子並非不可再分, 卻是從一對至二百三十幾對電子質子構成的. 粗一看似乎舊學說中原子底地位, 是被現在原子構造論中電子質子代替了. 仔細研究卻不然, 原子構造論中底原子不單是若干對電子質子集合在一處罷了, 其必要條件是有一個至九十幾個電子列成一圈至七圈, 很快地繞一個核轉. 依力學, 這種轉動可以分解爲互相垂直的二相的波動, 所以也是種現刹那生滅. 而且那個核雖是所有的質子與剩下的電子組成的, 卻是核裏雖增加或減少一二對電子質子, 這個原子底物理化學特性, 除重量外, 毫不改變. 可見某原子之所以爲某原子, 實在全靠大乗法相宗底種現刹那生滅. 這是一件佛法與物理學不謀而合的奇特事."[양정연, 같은 논문, 501쪽의 각주 22에서 재인용.] 원문은 "佛法省要 王季同居士著", http://www.book853.com/wap.aspx?nid=366&p=8&cp=3&cid=6 (2019. 1. 1. 접속).

51. 王季同, 같은 책, 36쪽, "因法相說八識與五十一心所各有四分. 一, 相分, 二, 見分, 三, 自證分, 四, 證自證分. 後二分這裏無關係, 亦從略. 相分就是對象, 有心有物. 見分就是感覺等, 是心. 西洋唯物論等所認爲外在的自然界, 以及我們底身體, 大乗法相宗說都是我們阿賴耶識底相分. … 從以上所說, 可見這明明就是生理解剖學底感覺神經."[양정연, 같은 논문, 501쪽의 각주 23에서 재인용.] 원문은 "佛法省要 王季同居士著"http://www.book853.com/wap.aspx?nid=366&p=8&cid=6 (2019. 1. 1 접속).

52. 王季同, 같은 책, 43쪽. [양정연, 같은 논문, 501-502쪽의 각주 24에서 재인용.]

53. 尤智表, "佛敎科學觀", 『佛敎與科學哲學』(台北: 大乗文化出版社, 1979), 52-61쪽, "故從科學立場觀察佛敎, 解其義趣, 使第一種人知道佛敎非但不是迷信, 而且是破除迷信最徹底的學理, 再使第二種人知道佛敎不是神道敎設, 不是精神痛苦時的麻醉劑, 乃是宇宙人生的眞理, 處世接物的實用之學, 至於佛敎的大機大用, 猶不止此, 讀者尙宜深求. 綜上各節所論, 足徵佛敎是理智的, 平等的, 自由的, 客觀的, 徹底的, 具體的, 圓滿的, 積極的, 入世的, 實用的宗敎."[양정연, 같은 논문, 502쪽의 각주 25에서 재인용.] 원문은 "佛敎科學觀", http://www.dizang.org/gs/kx/ (2019. 1. 1 접속).

54. 太虛, "新物理學與唯識學", 『太虛大師全集: 第30篇 眞理實論宗用論』(台北: 善導寺佛敎流通處, 1998); 양정연, 같은 논문, 509-512쪽. 이상 중국 근대 불교사상가들의 불교 이해에 대해서는 양정연, 같은 논문 참조.

55. 권상로, "천동설·지동설의 가부를 問합니다", 『불교사불교』 39권 (1927).

56. 권상로, 같은 논문, 42쪽.

57. 『불설아비담론(立世阿毘曇論)』 「地動品第1」, "有諸外道, 作如是說, 是大地界, 恒去不息. 是言應答, 此事不然, 若實爾者, 如人擲前, 物應落後. 又諸外道, 作如是說, 是大地界, 恒降向下. 是言應答, 此事不然, 若實爾者, 如向上擲, 應不至地. 又諸外道, 作如是說, 日月星辰, 恒住不移, 大地自轉, 疑是天迴. 是言應答, 此事不然, 若如是者, 射不至珊."

58. 권상로, 앞 논문, 43쪽.

59. 저명한 강사승(講師僧)으로서 불교계를 지도하였던 박한영(朴漢永, 1870~1948)은 "性靈과 科學辯"[『불교사불교』 31호 (1927)]이라는 글에서 직접 '과학'을 호명하며 런던 학술연구대회에서 서구 과학박사와 철학박사들이 모여 연설한 내용을 번역 소개하는 등 서구의 자연과학적 성과에 대한 높은 관심과 이해를 보였지만, "將何以布敎利生乎"[『해동불보』 2호 (1913)]라는 글에서 노정된 그의 과학관은 대체로 "물리적 세계에 관한 자연과학의 문제는 서양의 전문가들의 연구성과에 기할 것이나, 형이상학적 인문학으로서의 유심세계에 대한 철학적 궁리는 불교만한 것이 없다."는 입장이었다.[큰따옴표 안에 서술한 박한영의 과학 이해는 노권용, "석전 박한영의 불교사상과 개혁운동", 『선문화연구』 8집 (2010), 267쪽에서 직접 인용.]

60. 백용성의 대중불교운동에 대해서는 김기종, "근대 대중불교운동의 이념과 전개 ─ 권상로·백용성·김태흡의 문학작품을 중심으로─", 『한민족문화연구』 27권 (2009) 참조.

61. 백용성은 1927년에 제작한 『대각교의식』에 '왕생가'와 '권세가'의 악보를 남겨 당시에 불렸던 찬불가의 존재와 유형을 확인할 수 있다.

62. 권상로의 대중불교운동에 대해서는 김기종, 앞 논문 참조.

63. 백용성과 권상로에게서 확인되듯이 이들 대중불교운동 활동에서 두드러진 것은 찬불가의 제작과 확산 노력이다. 이들 외에 해인사 출신의 조학유(曺學乳, ?~?)도 1919년 일본 유학으로부터 귀국한 뒤 1920년대에 작사한 24곡의 찬불가를 『불교』지에 전한다. 당시 새롭게 재편되던 대중적 불교 의례에는 대체로 기독교적인 방식이 차용되었다. 따라서 기독교 의례에서와 유사하게 불교 의례에서도 레코드와 같은 근대과학기술이 활용되었을 가능성이 있지만, 현재 남아 있는 축음기 음반 목록에는 상기 승려들에 의해 새롭게 제작된 찬불가는 발견되지 않는다. [일제시대 축음기 음반 목록에 대해서는 배연정, "日蓄朝鮮소리盤(NIPPONOPHONE) 硏究

(Ⅰ)", 『한국음반학』1호 (1991); 배연정, "日蓄朝鮮소리盤(닙보노홍) 研究(Ⅱ)", 『한국음반학』2호 (1992) 참조.] 목록에 따르면 '산불가' 등의 염불곡이 발견되지만, 이것은 불교적 연원을 지닌 민요에 가까우므로 이들이 불교 의례에 종교적 목적으로 이용되었으리라고 단정하기에는 어려움이 있다.

64. 김태흡의 법명은 대은(大隱)으로, 소하(素荷)라는 법호를 사용하였다. 이에 따라 그는 잡지에 글을 기고할 때 김태흡, (김)대은, 김소하, 김삼초(金三超) 등의 다양한 필명을 이용하였다.

65. 그러나 포교사를 사임한 뒤 김태흡은 이내 조선총독부가 조선 민중을 천황의 충성스러운 신민으로 만들고 병참기지로서 농가 경제를 향상시키고자 시작한 심전개발운동(1935~1937)에 적극적으로 참여하여, 총 572회의 전국 순회강연 가운데 157회의 강연을 도맡아 심전개발운동을 선전하고 나섰다. 김순석, "31. 심전개발운동의 전개와 불교계의 참여", 〈법보신문〉, 2007. 10. 15, [http://www.beopbo.com/news/articleView.html?idxno=48249 (2017. 5. 4 접속)]. 이 같은 그의 친일 행각이 문제되어, 일제시대 대중불교운동에 대한 그의 이론적·실천적 성과가 적지 않음에도 불구하고, 현재까지도 그에 대한 학술적 연구는 미미한 실정이다. 2016년 6월 현재 그에 관한 불교학계의 연구로는 임혜봉, 『친일승려 108인』 (청년사, 2005); 김기종, 앞 논문 (2009); 김기종, "김태흡의 대중불교론과 그 전개", 『한국선학』 26호 (2010) 정도가 손꼽을 만하다. 한편 심전개발운동의 성격에 대해서는 김순석, 『일제시대 조선총독부의 불교정책과 불교계의 대응』 (경인문화사, 2003), 158-165쪽 참조. 이상 김태흡의 이력에 대해서는 김기종, 같은 논문 (2010), 486-487쪽 참조.

66. 김태흡, "종교와 과학의 사회적 관계", 『불교사불교』 106권 (1932), 6쪽.

67. 여기에서 이지주의는 불교의 자각·각타·각만에 근거한 구세도중생(救世度衆生)의 측면을, 이상주의는 피안의 천국을 이상시하는 기독교와 달리 현세의 지상에서 극락을 건설하고자 노력하는 불교의 극락이상주의를, 평등주의는 기독교에서 신과 인간 사이에 차별을 두는 것과는 달리 승속(僧俗), 진가(眞假), 범불(凡佛)의 차별 없이 모든 중생이 본유의 불성에 의해 성불할 수 있음을, 인격주의는 석가모니를 신이 아닌 인간으로 간주하는 측면을 의미하는 것으로 설명된다. 대은, "신시대의 종교", 『불교사불교』 50·51권 (1928), 4-6쪽.

68. 김기종, 앞 논문 (2010), 489쪽.

69. 김태흡, 앞 논문 (1932), 6쪽.

70. 김태흡, "종교와 사회사업발달의 연구", 『불교사불교』 25~30권 (1926~1927), 32~33

권 (1927), 36권 (1927), 44~45권 (1927~1928), 48~49권 (1928)에 총 13회에 걸쳐 연재되었다.

71. 김태흡, 같은 논문,『불교사불교』25권 (1926), 6쪽.

72. 김태흡, 앞 논문,『불교사불교』26권 (1926), 9-14쪽.

73. 김태흡, 앞 논문,『불교사불교』27권 (1926); 김태흡, 앞 논문,『불교사불교』28권 (1926). 여기에서 김태흡은 종교연구과를 전공한 종교학자로서의 정체성을 과시하며 진화론에 입각한 자신의 종교철학을 구축하려는 듯 보이지만, 오히려 이 같은 종교학자로서의 자의식이 한용운처럼 철저한 종교인으로서의 성찰과 종교 본질 및 가치의 추구를 추진하는 데 걸림돌이 된 것으로 보인다. "그럼으로 다행히 종교과를 졸업하고 종교연구과를 전공하게 됨으로부터, 종교철학 종교발달사 종교심리학 등 중요한 과목을 주의하여 배우는 동시에, 종교신앙과 구제사업이 여하한 관계를 가지고 발달하여 내려왔는가 하는 문제를 연구하게 되었다." 김태흡, 앞 논문,『불교사불교』25권 (1926), 7쪽.

74. 김태흡, "舊計劃을 實施하고 新計劃을 세우라 ―庚午年을 마즈면서―",『불교사불교』67권 (1932), 4-5쪽.

75. 김태흡, 같은 논문, 4쪽, "……中央機關인 建物부터 번듯하여야 朝鮮佛教代表機關의 體面을 維持하지 아니하겠는가. 所謂 中央教堂인 覺皇寺 建物은…… 實로 地方에 있는 水原教堂만도 못하고 元山教堂만도 못하다. ……더군다나 法堂의 制度 그것이 보는 사람마다 눈에 들지를 안는지라 웬만한 사람은 法을 드르려 왔다가도 不快한 感情으로 도라서는 것이 常例이다."

76. 김태흡, 같은 논문, 5쪽, "基督教를 보며 天道教를 보며 侍天教를 볼 때에 또는 井邑에 잇는 車景錫의 殿堂을 볼 때에 나는 朝鮮佛教徒의 無能力을 스사로 탄식하지 아니할 수가 업다."

77. 김태흡, 같은 논문, 5쪽.

78. 같은 해(1932년)에 한용운도 "新年度의 佛教事業은 엇더할까"라는 글을『불교사불교』94권에 게재하였는데, 여기에서 한용운의 관심은 승단의 의회제도 같은 대표권 선정의 문제였다.

79. 김태흡, "佛教布教에 對하야",『불교사불교』100권 (1932), 24쪽.

80. 김태흡, 같은 논문, 25쪽.

81. 김태흡, 같은 논문, 26-27쪽.

82. 김태흡은 근대성의 수용에서 과학적 합리주의를 자신의 종교인 불교에 철저히 접

목하지 못한 나머지, 근대적 민주주의 이념의 체화에 실패하고 반민족·반민중의 길로 접어들게 된 경우라 할 수 있다. 바로 이것이 김태흡을 한용운과 가르는 결정적인 차이점이며, 또한 그 둘의 노선과 행적—한용운의 민족주의와 김태흡의 친일부역—을 나누는 지점이라고 할 수 있다. 일제가 심전개발운동을 벌이면서 도모한 황국신민 의식의 심화와 확대 의도는 김태흡에게는 농촌진흥운동이라는 실용과 실리의 포장에 가려 보이지 않았을 것이며, 따라서 심전개발운동은 자신의 이념과 주의를 실천하기에 더 없이 좋은 기회로 여겨졌을 것이다.

83. 이하 본고에서 제시되는 흥천사 감로탱 사진은 모두 흥천사로부터 필자가 직접 제공받은 것으로서(2019년 3월 17일 제공), 제공받은 감로탱 전체 또는 부분의 사진들을 필자가 서술 문맥에 따라 자른 것이다.

84. 지장보살은 저승을 관장하는 보살이고, 관음보살은 서방정토세계의 주불인 아미타불의 협시불이며, 인로왕보살은 망자의 저승길을 안내하는 보살이다. 많은 경우 지장보살과 관음보살은 감로탱을 마주한 상태에서 7불의 우측에, 인로왕보살은 그 좌측에 배치되곤 하지만, 등장하는 보살의 위격이나 위치가 고정되어 있는 것은 아니다. 이는 상단 중앙의 부처도 마찬가지여서, 중앙의 주불이 반드시 7존으로 고정되는 것은 아니다.

85. 흥천사 감로탱의 화기(畵記)는 다음과 같다. "三角山興天寺空花/ 佛事佛紀二千九百六/ 十七年己卯十一月六日/ 點眼奉安于/ 緣化所/ 證明比丘東雲成善/ 誦呪沙彌定慧/ 畵師編修比丘普應文性/ 出草比丘南山秉文/ 都監比丘雲月頓念/ 別座比丘湖雲學柱/ 畵記沙彌俊明/ 鐘頭사沙彌昌宣/ 住持兼化主雲耕昌殷." 장희정, "1939년작, 흥천사 감로왕도", 『동악미술사학』 9호 (2008), 121쪽.

86. 두 명의 화사승(畵師僧) 중 작품에의 참여도가 상대적으로 컸을 것으로 추정되는 남산병문은 현대 불화의 화사승인 일섭(日燮)과의 사형 관계로 보아 서양화법의 영향을 받았을 것으로 짐작되며, 여러 정황으로 미루어볼 때 사회주의운동에도 가담했던 것으로 보인다. 장희정, 같은 논문, 121-122쪽 참조.

87. 고병철, "일제하 한국 불교의 근대성 수용 방식 —興天寺 甘露幀(1939)의 해석을 중심으로—", 『한신인문학연구』 4호 (2003), 90-91쪽.

88. 배 안에서 정면을 바라보고 앉아 있는 병사는 앳된 얼굴로 눈물을 흘리고 있다.

89. 공군의 사격을 받아 폭사하는 병사들의 처절한 몸짓과 표정이 사실적으로 묘사되어 있다.

- **2장** 근대과학과 한국 신종교: 근대과학 및 문명에 대한 한국 신종교의 인식과 대응

1. 제임스 그레이슨, 강돈구 역, 『한국종교사』 (민족사, 1995), 306쪽.

2. 노길명, "천주교와 민족종교간의 관계: 어제, 오늘 그리고 내일", 『가톨릭사회과학연구』 제18집 (2006), 6-7쪽.

3. 윤이흠, 『한국종교연구 1』 (집문당, 1986), 285-288쪽. 그는 민족종교의 공통된 성격 가운데, 민족 고유 얼의 계발이라는 측면에서 볼 때, 통일교, 유교, 불교, 기독교는 민족종교의 범주에 포함시키기 어렵다고 말한다.

4. 노길명, 『한국신흥종교연구』 (경세원, 1996), 310쪽.

5. 황선명, "민족종교사상 연구의 몇 가지 쟁점", 『종교연구』 제6집 (1990), 265-267쪽.

6. 박종일, "종교와 근대민족주의의 형성: 새로운 연구동향과 한국적 맥락에 대한 검토", 『동양사회사상』 제17집 (2008), 14쪽.

7. 노대환, "1880년대 문명 개념의 수용과 문명론의 전개", 『한국문화』 49집 (2010), 226-228쪽.

8. 길진숙, "『독립신문』·『미일신문』에 수용된 '문명/야만' 담론의 의미 층위", 『국어국문학』 136호 (2004), 324-326쪽.

9. 노연숙, "1990년대 과학 담론과 과학 소설의 양상 고찰", 『한국현대문학연구』 37집 (2012), 35쪽.

10. 같은 글, 329-331쪽.

11. "죠션 님군을 위하고 빅셩을 사랑하는 사람 하나히 죠션이 이러케 약하고 빅셩이 도탄 즁에 잇는거슬", 〈독립신문〉, 1896. 4. 25, 1면.

12. "무릇 사람이 빈호지 안이 하고 범스에 잘하는 리치는 업는지라", 〈미일신문〉, 1898. 11. 5, 1면.

13. 허재영, "근대 계몽기 과학 담론 형성과 일제 강점기 '과학적 국어학'", 『코기토』 78권 (2015), 126-129쪽.

14. 장응진, "과학론", 『태극학보』 5호 (1906); 허재영, 앞 글, 참조.

15. "諸學釋名 節要", 『서북학회월보』 11권 (1909), 8-11쪽.

16. 이면우, "근대 교육기(1876-1910) 학회지를 통한 과학교육의 전개", 『한국지구과학회지』 22권 2호 (2001), 75-76쪽, 86쪽.

17. 『동경대전』, 「포덕문」.

18. 『동경대전』, 「논학문」.

19. 『해월신사 법설』, 「오도지운」.

20. 『의암성사 법설』, 「명리전」.

21. 『의암성사 법설』, 「천도태원경」.

22. 『의암성사 법설』, 「명리전」.

23. 『대순전경』, 「교운」 1장 9절.

24. 『대순전경』, 「권지」 2장 37절.

25. 『도전』, 2편 3장 7절.

26. 『도전』, 7편 54장 5절.

27. 『天地開闢經』, 「乙巳篇」 8章, '日西國에 有飛器하야 載以肆虐하리니'. [정재진, "한국 신종교사상에 나타난 '이상세계관' 고찰 ―증산교의 『천지개벽경』을 중심으로", 『동북아문화연구』 23집 (2010), 249쪽에서 재인용.]

28. 『원불교교사』, 「최초의 법어」.

29. 『정전』, 제1총서편 제1장 개교의 동기.

30. 『대종경』, 제1품 서품 8장.

31. 『정전』, 제3 수행편 제16장 영육쌍전법.

32. "삼학", 『원불교대사전』, http://www2.won.or.kr/ (2016. 8. 20 접속)

33. 『동경대전』, 「논학문」.

34. 『해월신사 법설』, 「오도지운」.

35. 『해월신사 법설』, 「성·경·신」.

36. 『의암성사 법설』, 「원자분자서」.

37. 『의암성사 법설』, 「위생보호장」.

38. 『의암성사 법설』, 「기타」.

39. 『대순전경』, 「예시」 6-10절.

40. 『대순전경』, 「공사」 1장 35절.

41. 『대순전경』, 「공사」 2장 4절.

42. 『대순전경』, 「권지」 2장 37절.

43. 『대종경』, 제1서품 8장.

44. 『대종경』, 제4인도품 43장.

45. 『대종경』, 제2교의품 31장.

46. 『대종경』, 제4인도품 5장.

47. 『대종경』, 제3수행품 60장.

48. 김우필·최혜실, "식민지 조선의 과학·기술 담론에 나타난 근대성: 인문주의 대 과

학주의 합리성 논의를 중심으로", 『한민족문화연구』 34집 (2010), 255쪽.

49. 정재진, 앞 글, 268쪽.

4부 과학적 이기의 도입과 종교 경험의 변화

• **1장** 테크놀로지의 진화와 종교적 체험의 동역학

1. 이 글은 『신종교연구』 제36집 (2017), pp. 85-109에 실린 글을 수정 보완한 것임.

2. 장석만, "과학과 종교의 이합집산: 개념사의 관점에서 본 과학과 종교", 『종교문화비평』 30 (2016), pp. 192-251.

3. "[전기역사를 찾아서_86회] 근대조명 — 전기도입과 전등", 『전기저널』 (2014/5), p. 10.

4. "한국의 전기 역사"https://home.kepco.co.kr/kepco/PR/F/htmlView/PRFAHP00203. do?menuCd=FN0605030103에서 인용 (2016. 1. 31 접속).

5. 大喝生, "좀 그러지 말아주셔요", 『개벽』 (1920/1), 59쪽.

6. 朴達成, "京客과 村夫", 『별건곤』 (1926/2), 54쪽.

7. 鄭秀日, "진고개, 서울맛·서울情調", 『별건곤』 (1929/23), 46쪽.

8. Robert Darnton, *Mesmerism and the End of the Enlightenment in France* (Massachusetts: Havard Uni. Press, 1986), 제1장 "메스머리즘과 대중과학"참조; 또한 우리가 상식적으로 기억할 수 있는 점은 '인력(引力)'의 영어 표현은 attraction, 즉 '매력'이라는 점이다. 과학사 속에서 과학은 늘 중립적인 위치가 아니었으며, 항상 그 출발점과 과학지식의 대중적 차원에서의 확산은 종교적 신비의 영역과 중첩되었다.

9. Jeremy Stolow, "Reflection Telegraphing as spirit", Jeffrey H. Mahan (ed.), *Media, Religion and Culture: An Introduction* (New York: Routledge, 2014), pp. 19-20.

10. "론셜 권증진보", 『죠선크리스도인회보』 (1897/2).

11. "뎐긔론", 『그리스도신문』 (1901/7).

12. 같은 글.

13. 같은 글.

14. 최병헌, 『성산명경』 (서울: 한국고등신학연구원, 2010), 23-24쪽.

15. 같은 책, 71쪽.

16. 이에 대해서는 다음의 책 참조. 김근배, 『한국 근대 과학기술인력의 출현』 (문학과

지성사, 2005).

17. 玄礎, "精神物質兩界를 通하야", 『천도교회월보』(1924/164), 6쪽.

18. 金明昊, "精神共有의 大宣言", 『천도교회월보』(1924/164), 11, 14쪽.

19. 梁漢默, "本敎의 眞理", 『천도교회월보』(1910/1), 16-17쪽.

20. 한국역대인물 종합정보시스템 참조. http://people.aks.ac.kr/front/tabCon/ppl/pplView.aks?pplId=PPL_7HIL_A1876_1_0030331; 金秉濬, "종종 출현되는 종교통일 운동", 『천도교회월보』(1923/159), 7쪽.

21. 같은 글, 8쪽.

22. 바하이교는 19세기 말 페르시아에서 시작된 신 종교운동으로서 창시자는 바하울라(Baha'ullah, 1817~1853)이다. 그는 모든 인류의 평등과 세계평화를 지향하면서 종교 간의 평화와 연합을 추구하였다. 김병준이 기록한 12개조의 전체 내용은 다음과 같다. "[1] 세계인류의 순일평등, [2] 진리의 독립연구, [3] 각종교의 근본기초 동일, [4] 종교는 인류화합의 원인, [5] 종교는 과학과 이론과의 일치, [6] 남녀 양성의 평등, [7] 각종편견의 망각, [8] 전세계의 평화, [9] 만국공통의 교육, [10] 경제문제의 해결, [11] 세계 공통어의 채용, [12] 국제재판의 건설", 같은 글, 4쪽.

23. 예를 들어 힌두교의 비베카난다(Swami Vivekananda, 1863~1902), 이슬람의 사이드 아흐마드 칸(Syed Ahmad Khan, 1817~1898), 소승불교의 다마팔라(Anagarika Dharmapala, 1864~1933) 등 비서구 주요 종교의 개혁적 지도자들은 기독교의 경우와 달리 자신들의 종교는 과학과 화합할 수 있음을 역설했다.

24. 예를 들어 김진욱은 "미신과 신앙"에서 "예수교의 재림, 심판, 선지자의 미래예언, 전지전능의 신격의 지배"등을 모두 과학의 진화 법칙에 위배되는 미신으로 간주했다. 金辰郁, "迷信과 信仰", 『천도교회월보』(1925/173), 15쪽.

25. 崔東昨, "대신사백년기념을마즈면서", 『천도교회월보』(1924/163), 20쪽. 최동오(崔東昨, 1892~1950)는 천도교인로서 북경에서 항일투쟁을 한 운동가였다.

26. 尹柱福, "家庭應用 電氣常識(一)", 『별건곤』(1930/29). 윤주복은 경성공업전문학교에서 방적을 전공(1923)하고 일본 九州帝國大學에서 응용화학(1929)을 전공한 인물로서 경성방직의 공장장으로 활동하였다: 서문석, 「해방 전후 대규모 면방직 공장의 고급기술자」, 『동양학』(2006/40), 72, 78쪽.

27. 速記者 曺山江, "닭의 제 歷史講演", 『별건곤』(1932/59), 9쪽.

28. 然飽, "人萬能으로부터 天萬能에", 『천도교회월보』(1922/139), 25쪽.

29. 金明昊, 「侍日說敎에 對하야」, 『천도교회월보』(1922/144), 31쪽.

30. 李敦化,「新時代와 新人物」,『개벽』(1920/3), 15-16쪽.

31. 李敦化,「眞理의 體驗」,『개벽』(1922/27), 35쪽.

32. 夜雷,「人은 果然 全知全能이 될가」,『개벽』(1921/9), 50쪽.

33. 夜雷「新神話 '開闢以前'」,『별건곤』(1929/19), 168-172쪽.

34. 같은 글, 170쪽.

35. 같은 글, 171쪽.

36. 같은 글, 171-172쪽.

37. 같은 글, 172쪽.

38. "흘은다흘은다限업시흘은다 神의大海,神의長江,神의大河,百千億無量劫時間 百千億無量劫空間. 大天,大地 微塵,纖芥原子電子無空.모두가흘은다. 다가티無限 히흘은다이것이人生이오生命이오永生의道이라. 神과사람은 결코둘이안이다. 前 代億兆의精靈이 後代億兆의精靈으로 轉輪한다함은 이곳神의흘음이다. 神이흘으 는곳에人生이向上하며 社會가發展하며 宇宙萬有가進化하는것이다. 進化하야目 的의目的의方向으로나아가게되는것이다." 夜雷, "흘은다흘은다",『천도교회월보』 (1924/162), 28쪽.

• 2장 근대 소리 매체가 생산한 종교적 풍경

1. Isaac Weiner, "Sound", S. Brent Plate ed., *Key Terms in Material Religion* (London · New York: Bloomsbury, 2015), kindle 3941.

2. *Ibid.*, Kindle 2953.

3. 이런 의미에서 Isaac Weinner는 소리가 잡음이 되는 것이 한 사회의 질서와 관습 그 리고 경계의 문제라고 보고 있다. 특히 종교에서 내는 소리가 잡음이 되는 것은 그 러한 소리가 방출되는 순간의 사회문화적 경계와 직접적인 관계가 있다고 설명한다. Isaac Weiner, *Religion Out Loud- Religious Sound, Public Space, and American Pluralism* (New York and London: New York University Press, 2014), pp. 3-5.

4. Charles Hirschkind, *The Ethical Soundscape-Cassette Sermons and Islamic Counterpublic* (New York: Columbia University Press, 2006), p. 21.

5. 유성기 도입에 대해서는 약간의 논란이 존재하는 것 같다. 이상길은 "유성기의 활용 과 사적 영역의 형성"에서 1897년 미국 의료 선교사 알렌(H. N. Allen)이 최초로 들 여와서 각부 대신들 앞에서 시연했다는 설이 있지만, 문헌적 타당성이 빈약하다고 설명하고 있다. 이상길, "유성기의 활용과 사적 영역의 형성",『언론과 사회』9권 4호

(2001), 59쪽 각주 3)번 참고; 여기에 본고가 1887년을 유성기 도입의 해라고 생각하는 것은 『신시대(新時代)』의 "조선축음기 한담"에 근거하고 있다. 취정학인, "조선축음기한담", 『신시대』 6호 (1941), 119쪽.

6. "phonograph"는 "photograph"를 활용한 신조어이다. 이는 음성을 사진처럼 저장한다는 의미에서 사용된 말이다. 하지만 에밀 베를리너(Emile Berliner, 1851~1929)가 1887년에 에디슨이 발명한 원통(cylinder)형 유성기(phonograph)를 재생전용 기계로 계량한다. 이렇게 개량한 유성기는 평원반(disc)형 유성기였고, 이를 "gramophone"이라고 불렀다. 그리고 gramophone에 해당하는 번역어가 "축음기"이다. 이 글에서는 "유성기"와 "축음기"란 용어를 각각의 맥락에 맞게 혼재해서 사용한다.

7. 이상길, 앞 글, 50쪽.

8. 1924년 11월 16일자 〈매일신보〉, "방송무선공개(放送無線公開)"라는 기사에는 무선방송을 공개 실시한다는 기사가 게재되었다. 그리고 한 달 후 〈조선일보〉는 또다시 무선전화방송을 3일간 실시하였다.

9. 우수진, "미디어극장의 시대, 유성기와 라디오", 『한국학연구』 34호 (2014), 153쪽.

10. 조선일보는 1924년 12월 17일부터 19일까지 3일간 오전 11시, 오후 1시, 3시, 하루 세 차례의 "무선전화방송공개시험"을 실시하였다. 〈조선일보〉, 1924. 12. 17, 3면.

11. "근세과학의 일대 경이", 〈조선일보〉, 1924. 12. 17, 3면.

12. 이러한 상황은 3일 동안 지속적으로 벌어졌던 것 같다. 1924년 12월 19일 〈조선일보〉 기사 "일반에게 공개한 오후"를 보면 "5시부터 입장권을 배부하기로 하였더니 배부장소로 ……3시경부터 모여드는 남녀로 인해 일반 시민들은 길거리에 가득히 차서 5시경에는 마침내 군중으로 인하여 일시 전차까지 통하지 못하게"되었다고 설명하였다. 이에 따라 장소를 원래 하고자 했던 우미관에서 경성공회당으로 바꾸는 해프닝까지 벌어졌다.

13. 라디오가 처음 조선에 소개될 때에는 라디오라는 말보다는 '방송무선전화'라는 명칭으로 사용되었다.

14. "경이의 눈! 경이의 귀!", 〈조선일보〉, 1924. 12. 18, 2면.

15. 최은희, 『한국방송사』 (한국방송공사, 1977), 25쪽.

16. "편리한 무선전화", 〈조선일보〉, 1924. 10. 6.

17. 승일, "라듸오·스폿트·키네마", 『별건곤』 2호 (1926), 104쪽.

18. 취정학인, 앞 글, 119쪽.

19. 처음 에디슨이 발명한 유성기는 원통형 유성기였다. 이 유성기는 원통에 은박을 입

혀 소리의 진동에 반응하는 바늘을 따라 소리 골이 파이는 원리에 의해서 작동하였다. 그리고 이후에는 이런 녹음 과정이 보다 쉽게 이루어지게 하기 위해 원통에 밀랍을 입혀 녹음하는 방식을 택하였다. 이러한 녹음 방식은 1929년 전기식 녹음 방식이 고안되기 이전까지 지속적으로 활용되었다.

20. "만고절창", 〈독립신문〉, 1899. 4. 20, 4면.

21. "가무의 제문제", 『춘추』 2권 2호 (1941), 147-153쪽.

22. 취정학인, 앞 글, 118쪽.

23. "진기한 축음기제", 〈매일신보〉, 1930. 7. 3, 7면.

24. 같은 글.

25. "축음기제거행", 〈매일신보〉, 1931. 7. 2, 2면.

26. "축음기제거행—여흥장도개설", 〈매일신보〉, 1931. 6. 30, 2면.

27. "축음기제—7월 1일부터 10일간", 〈조선중앙일보〉, 1935. 6. 29, 2면.

28. Hirschkind, op.cit., p. 24.

29. 조동수는 경성대학교 의학부를 졸업한 소아과 의사였던 것 같다. 그는 해방 후 이선근, 이병남 등과 함께 "대한소아과학회"를 창립하였다. "대한소아과학회", 『한국민족문화대백과』, http://terms.naver.com/entry.nhn?docId=543090&cid=46638&categoryId=46638 (2017. 4. 5. 접속).

30. "낡은 인습을 버리고 관혼상제를 개선", 〈매일신보〉, 1940. 1. 13, 4면.

31. "경성소언(京城小言)—관혼상제의 번폐(冠婚喪祭의 煩弊)", 〈매일신보〉, 1917. 1. 19, 1면.

32. 장석만, "한국 의례 담론의 형성", 『종교문화비평』 창간호 (2002), 29-32쪽.

33. "유고(諭告)", 『의례준칙』 (조선총독부, 1934).

34. "가정강좌—'미신과 문화'", 〈매일신보〉, 1933. 2. 4, 3면.

35. "유광열", 『한국민족문화대백과』, http://terms.naver.com/entry.nhn?docId=2458760&cid=46657&categoryId=46657 (2017. 4. 5 접속.)

36. "오늘의 라디오—인문발달과 미신타파", 〈매일신보〉, 1933. 5. 18, 6면.

37. 윤선자, 『한국근대사와 종교』 (국학자료원, 2002), 133쪽.

38. 보편적 주체성에 관련한 논의는 장석만, "식민지 조선에서 '문명-문화-종교'의 개념적 네트워크 형성", 『종교문화비평』 28호 (2015), 223-225쪽을 참고.

39. 윤선자, 앞 책, 43쪽.

40. 안승택·이시준, "한말·일제초기 미신론 연구—'미혹(迷惑)된 믿음'이라는 문화적

낙인의 정치학", 『한국민족문화』 51호 (2014), 3쪽.

41. "오늘의 라디오—송경", 〈매일신보〉, 1933. 5. 2, 3면.

42. Thomas A. Tweed, "Space", S. Brent Plate ed., *Key Terms in Material Religion* (London · New York: Bloomsbury, 2015), Kindle 4060-4074.

43. *bid.*, kindle 4087.

44. Isaac Weinner, "Sound", kindle 3953.

45. "금일의 라디오—건국제식상황(建國祭式狀況)", 〈매일신보〉, 1933. 2. 11, 3면.

46. 1933년 이중 방송 실시 이후에는 기원절에 대한 방송은 주로 제1방송(일본어 방송)을 통해 생중계된다.

47. "오늘의 라디오", 〈매일신보〉, 1933. 4. 3.

48. Hirschkind, *op.cit.*, p. 2.

49. *Ibid.*, pp. 8-9.

50. 우석, "악마의 연애, 신가정생활파탄기, 신여성들 그는 왜 시집살이를 못하나", 『별건곤』 33호 (1930) 131쪽.

51. 이준숙, "주부의 가정일기—김치와 레-코드", 『신동아』 2권 8호 (1932), 124쪽.

52. 당시의 통계에 따르면, 유성기의 가격은 한 대에 최소 20원 이상이었고, 최고 90원에 달했다고 한다. 이상길, 앞 글, 62쪽; 그 당시 임금 수준을 보면 1913년 경성 조선인 토목노동자의 일급이 40전, 부두노동자 일급은 43전, 철도공장 노동자의 월급은 12원 44전이었고, 중산층이라고 할 수 있는 사무직·전문직 월급이 60~80원 정도하였다. 백미숙, "라디오의 사회문화사", 『한국의 미디어 사회문화사』 (한국언론재단, 2007), 316쪽.

53. 우수진, "미디어극장의 시대, 유성기와 라디오", 154쪽.

54. 일본축음기상회는 1911년 조선에 지점을 내고 사업을 시작한 이래 식민지라는 특수 상황을 활용해 거의 독점적인 음반 사업을 했다.

55. 배연형은 "일축조선소리반 관련자료와 재발매 음반 고찰"이란 논문을 통해 자신이 발굴한 일축 음반발매 목록집 자료 두 개를 소개하고 있는데, 이 자료가 "취인 조선음보어안내"와 『조선 레코드 총목록』이다. 배연형, "일축조선소리반 관련자료와 재발매 음반 고찰", 『한국음반학』 17호 (2007).

56. 윤소희, "불교음악의 기원과 전개", 『한국음악사학보』 44호 (2010), 261-263쪽.

57. "오늘 라디오—속요", 〈매일신보〉, 1933. 4. 27, 3면.

58. 윤소희에 의하면 "범패는 간단한 의식에서는 가사를 촘촘히 하여 읊어 가지만, 의

식이 길어지면 선율을 넣어 노래하고, 더욱 성대한 의식에 길게 짓어서(짓소리화) 노래한다."고 주장하였다. 윤소희, 앞 글, 263쪽. 따라서 범패의 길이가 의례의 길이와 절차를 통해 정해지는 것이다. 하지만 음반에 녹음되는 범패의 경우는 의례의 길이와는 상관없이 한 음반이 저장할 수 있는 수용량만큼의 길이로 저장된다. 그리고 당시 음반이 저장할 수 있는 노래의 길이는 3분 이하, 최대 두 곡뿐이었다.

59. 이런 연장선상에서 1970년대 이러한 종류의 전통음악들이 무형문화제로 보호받게 됨으로써 종교가 아닌 예술문화라는 인식이 더욱 확고해진다.

60. 이 가운데 嶢찬미가 데칠십이장, 6117찬미가 데이백오십이장, 6115 찬미가 데오장, 6116찬미가 데일백륙십장"은 1913년 6월 3일자 〈매일신보〉 1면 광고를 통해서도 발매되었음을 알 수 있다.

61. 배연형, 앞의 글, 127쪽.

62. 같은 글, 154쪽.

- **3장** 사진의 보급과 의례문화의 변화

1. American Baptist Foreign Mission Society, *Manual of the American Baptist Missionary Union for the Use of Missionaries and Missionary Candidates* (Boston: Ford Building, 1908), p. 66.

2. Kathryn T. Long, ""Cameras 'Never Lie'": The Role of Photography in Telling the Story of American Evangelical Missions,"*Church History* 72-4 (2003), p. 825.

3. Lillias H. Underwood, *Underwood of Korea* (New York: Fleming H. Revell, 1918), p. 37.

4. 선교사들이 사진을 사용한 당대의 맥락에 대해서는 다음을 더 볼 것. 방원일, "초기 개신교 선교사들의 한국 종교 사진", 『종교, 미디어, 감각』 (모시는사람들, 2016), 74-76쪽.

5. 방원일, 같은 글, 85-95쪽.

6. 〈그림 4-1〉의 출처는 다음과 같다. Minerva L. Guthapfel, *The Happiest Girl in Korea and Other Stories from The Land of Morning Calm* (New York: Fleming H. Revell Company, 1911).

7. "How the SPG Mission to Corea Began,"*The Church Abroad* 4-44 (Aug., 1906), p. 85. 이 글에 〈그림 4-2〉가 수록되어 있다.

8. Eric Reinders, *Borrowed Gods and Foreign Bodies: Christian Missionaries Imagine Chinese Religion* (Berkeley: University of California Press, 2004), pp. 116-20.

9. 예를 들면 네 명이 굿을 재현해 보이고 있고, 바로 뒤에는 아키바와 아카마쓰가 순사와 함께 지켜보고 있는 사진이 있다. 서울대학교박물관, 『그들의 시선으로 본 근대』(서울대학교 박물관, 2004), 67쪽. 한편 무라야마 지준의 사진에 관해서는 다음 책을 참고할 것. 『조선인의 생로병사 1920-1930년대: 무라야마지준 사진집』(신아출판사, 2014).

10. 〈그림 4-3〉은 타일러 선교사 컬렉션에 수록되어 있다. The Reverend Corwin & Nellie Taylor Collection, University of Southern California. (http://digitallibrary.usc.edu/cdm/search/field/parta/searchterm/ The%20Reverend%20Corwin%20&%20Nellie%20Taylor%20Collection)

11. Hyaeweol Choi, "The Visual Embodiment of Women in the Korea Mission Field,"*Korean Studie*s 34 (2010), pp. 99-100.

12. 스파이어(Patricia Spyer)는 사진을 회피하는 사람들을 '원시인', 과도하게 집착하는 사람들을 '일본인'으로 유형화해서 대조하였다. 그는 '원시인'이 사진을 회피하는 것은 미개해서라기보다는 식민지적 시선을 회피하는 정치적 권리와 관련된다고 주장한다. Patricia Spyer, "The Cassowary Will (Not) Be Photographed,"in Hent de Vries & Samuel M. Weber (eds.), *Religion and Media* (Stanford: Stanford University Press, 2001), pp. 304-319.

13. 최인진, 『한국사진사: 1631-1945』(눈빛, 1999), 124-130쪽; G. H. 존스, 옥성득 옮김, 『한국 교회 형성사』(홍성사, 2013), 139-140쪽.

14. 최인진, 앞 책, 132쪽.

15. 〈그림 4-5〉의 출처는 "광고", 〈그리스도신문〉, 1897. 4. 1.

16. 최인진, 『고종, 어사진을 통해 세계를 꿈꾸다: 19세기 어사진의 정치학』(문현, 2010), 242-243쪽, 267-273쪽; 권행가, 『이미지와 권력: 고종의 초상과 이미지의 정치학』(돌베개, 2015), 124-133쪽.

17. 발터 벤야민, 최성만 옮김, 『기술복제시대의 예술작품, 사진의 작은 역사 외』(도서출판 길, 2007), 58-59쪽.

18. 이욱, 『조선 왕실의 제향 공간』(한국학중앙연구원출판부, 2015), 38-39쪽.

19. 김학주 역주, 『맹자』(서울대학교출판문화원, 2013), 18쪽.

20. 이욱, 앞 책, 38-39쪽.

21. 주희, 임민혁 옮김, 『주자가례』(예문서원, 1999), 228쪽. 주희는 세속의 풍습을 비판하며 형상화의 경향을 강하게 경계하였다. "세속에서는 더러 관모와 의복과 신발을

사용하여 사람의 형상처럼 장식하기도 하는데, 이것은 더욱 천박하고 상스러워 따를 수 없다."

22. 최인진, 『한국사진사』, 171-172쪽.

23. 노영미, "사진관과 예식장 경영자의 구술생애사로 본 혼인문화의 전개", 『구술사연구』 5-2 (2014), 161-63쪽.

24. "幃前二靈坐ヲ設ケ紙榜又ハ寫眞ヲ揭グ", 「儀禮準則」, 『朝鮮社會事業』 12 (1934. 12), 15쪽.

25. 조문태, 김종범 엮음, 『儀禮規範解説: 혼인, 장사, 제사에 관한 예법』 (상혼제의례준칙제정위원회, 1957), 83-84쪽.

26. 〈그림 4-6〉은 필자의 촬영.

27. Erika Doss, *Memorial Mania: Public Feeling in America* (Chicago: University of Chicago Press, 2010), pp. 68-70.

28. Jay Ruby, *Secure the Shadow: Death and Photography in America* (Cambridge: MIT Press, 2005), pp. 1-5.

29. 주희, 앞 책, 228쪽.

30. 최인진, 『해강 김규진과 천연당 사진관』 (아라, 2014), 187쪽.

31. 1920년대 장로교단에서 규정한 내용을 수록한 『조선예수교장로회 혼상례예식서』 (조선기독교창문사, 1925)의 결혼식 절차는 다음과 같다. "개식-찬송-기도-식사 (式辭)- 성경 낭독-설명-서약-신물 증여-기도와 공고-광고-찬송-축복- 증서 교환과 폐식."

32. 〈그림 4-7〉과 같은 결혼식 사진은 초기부터 다수 전해진다. 이러한 사진이 처음부터 증서 교환을 대치했는지는 확인할 수 없다. 〈그림 4-7〉의 출처는 다음과 같다. Donald N. Clark, *Missionary Photography in Korea: Encountering the West through Christianity* (Seoul: The Korea Society, 2009).

33. 노영미, 앞 논문, 169-182쪽.

34. 발터 벤야민, 앞 책, 170-171쪽.

35. 이경민, 『경성, 사진에 박히다』 (산책자, 2008), 231쪽.

36. 김수남, 『수용포 수망굿』 (열화당, 1985), 36-44쪽.

1부 개념사의 관점에서 본 과학과 종교

김창세, "科學과 宗敎, 과학적으로 알고 종교적으로 행하라",『동광』12 (1927).

모리스 꾸랑, 이희재 옮김,『한국서지』(일조각, 1994).

무명, "연합청년회대토론",〈동아일보〉, 1921. 5. 3.

무명, "仁川內里敎會懿法靑年會討論會開催: 人類向上에는 科學이냐 宗敎이냐",〈동아일보〉, 1922. 2. 3.

무명, "晋州天主敎靑年會討論會: 人類存在의 大意가 宗敎이냐? 科學이냐?",〈동아일보〉, 1923. 2. 19.

무명, "동대문례배당안 엡윗청년회토론회",〈동아일보〉, 1924. 1. 31.

무명, "궁정동엡윗청년회의 토론회",〈동아일보〉, 1924. 2. 22.

무명, "과학과 발명: 宗敎對科學",〈동아일보〉, 1925. 10. 15.

송현주, "불교는 철학적 종교: 이노우에 엔료(井上圓了)의 '근대일본불교'만들기",『佛敎硏究』41 (2014).

이진구, "종교와 과학의 관계에 대한 한국 개신교의 이해: 일제 강점기를 중심으로",『한국기독교와 역사』22 (2005).

임주, "中國 非宗敎運動의 現像과 그 原因",『개벽』24 (1922).

장석만, "'종교'를 묻는 까닭과 그 질문의 역사: 그들의 물음은 우리에게 어떤 문제를 던지는가?",『종교문화비평』22 (2012).

전무길(全武吉), "宗敎와 科學", 제1-6회,〈동아일보〉, 1930. 1. 21.-1. 26.

프랑수아 줄리앙,『사물의 성향: 중국인의 사유방식』(한울아카데미, 2009).

프랑수아 줄리앙,『전략: 고대 그리스에서 현대 중국까지』(교유서가, 2015).

磯前順一,『近代日本の宗敎言說とその系譜―宗敎・国家・神道』(東京: 岩波書店, 2003).

石塚正英, 柴田隆行 監修,『哲學・思想飜譯語事典』(東京: 論創社, 2003).

Balagangadhara, S. N., "The Heathen in his Blindness...,"*Asia, the West, and the Dynamic of Religion* (Leiden, New York, Koeln: E. J. Brill, 1994).

Balagangadhara, S. N., "The Heathen in his Blindness...,"*Asia, the West, and the Dynamic of Religion*, Second, revised edition (New Delhi: Manohar, 2005).

Balagangadhara, S. N., *Reconceptualizing India Studies* (New Delhi: Oxford University Press, 2012).

Basu, Dilip K., "Chinese Xenology and the Opium War: Reflections on Sinocentrism,"*The Journal of Asian Studies*, Volume 73, Issue 4, November, 2014.

Bergunder, Michael, "'Religion'and 'Science'within a Global Religious History,"*Aries: Journal for the Study of Western Esotericism* 16, 2016.

Courant, Maurice, 『한불ㅈ전(*Dictionnaire Coreen-Francais*)』, (Yokohama: C. Levy Imprimeur-libraire, 1880).

Ecklund, Elaine Howard & Jerry Z. Park, Katherine L. Sorrell, "Scientists Negotiate Boundaries Between Religion and Science,"*Journal for the Scientific Study of Religio*n, Vol. 50 Issue 3, 2011.

Elman, Benjamin A, "The Problem of Modern Science in China in the Last 300 Years: From Ming-Qing to Qian Mu,"『紀念錢穆先生逝世十周年 國際學術討論會論文集』 (臺北: 臺灣大學中國文學系, 2001).

Fung, Edmund S. K., *The Intellectual Foundations of Chinese Modernity: Cultural and Political Thought in the Republican Era* (New York: Cambridge University Press, 2010).

Goossaert, Vincent and David A. Palmer, *The Religious Question in Modern Chin*a (Chicago and London: University of Chicago Press, 2011).

Harrison, Peter, *The Bible, Protestantism and the Rise of Natural Science* (Cambridge: Cambridge University Press, 1998).

Harrison, Peter, "'Science'and 'religion': constructing the boundaries,"Thomas Dixon, Geoffrey Cantor, Stephen Pumfrey eds., *Science and Religion: New Historical Perspectives* (Cambridge University Press, 2010).

Harrison, Peter, *The Territories of Science and Religion* (Chicago: the University Of Chicago Press, 2015).

Huang, Ko-wu, "The Origin and Evolution of the Concept of mixin(superstition): A Review of May Fourth Scientific Views", *Chinese Studies in History,* Vol. 49:2 (2016).

Jones, George Herbert, 『영한ᄌ뎐(*A Korean-English Dictionary*)』 (Yokohama: Kelly & Walsh, 1911).

Jones, George Herbert, 『영한ᄌ뎐(*An English-Korean Dictionary*)』 (Tokyo: Kyo Bun kwan, 1914).

Josephson, Jason Ananda, *The Invention of Religion in Japan* (Chicago and London: The University of Chicago Press, 2012).

Jullien, François, *Conférence sur l'efficacité* (Paris: Presses Universitaires de France, 2005).

Jullien, François, *La propension des choses: Pour une histoire de l'efficacitéen Chine*, Edition du Seuil, 1992;2003.

Scott, James, *English-Corean Dictionary* (Corea: Church of England Mission Press, 1891).

Suzuki, Shūuji(鈴木修次), "Dreams of 'Science'and 'Truth'", Joshua A. Fogel ed., *The Emergence of the Modern Sino-Japanese Lexicon: Seven Studies* (Leiden, Netherland & Boston, USA: Brill, 2014).

Underwood, H. G, 『한영ᄌ전(*A Concise Dictionary of the Korean Language*)』 (Yokohama: Kelly & Walsh, London: Trubner & Co, 1890).

Underwood, H. G & H. H Underwood, 『영선자뎐英鮮字典(*An English-Korean dictionary*)』 (京城: 朝鮮耶蘇敎書會, 1925).

2부 근대과학과 한국 기독교

• **1장** 근대과학과 한국 천주교 — 서학 수용론의 인식구조

강재언, 『조선의 서학사』 (민음사, 1990).

강재언, 이규수 역, 『서양과 조선, 그 이문화 격투의 역사』 (학고재, 1998).

금장태, "조선후기 서학의 전래와 조선정부의 대응책", 『東洋學論叢: 次山 安晉吾 博士 回甲 記念 論文集』 (전남대학교 출판부, 1990).

금장태, "염재 홍정하의 서학비판론과 쟁점", 『종교와 문화』 7 (2001).

금장태, 『조선 후기 유교와 서학』 (서울대학교출판부, 2003).

금장태, 『한국유교의 이념과 서학문제』 (한국학술정보, 2004).

금장태, "안정복의 서학비판이론", 금장태, 정순우 외, 『순암 안정복의 서학인식과 교육 사상』 (성균관대학교 출판부, 2012).

김동인, "위기지학 위인지학", 『교육사학연구』 11 (2001).

김문용, "담헌의 천문·우주 이해와 과학", 문석윤 외, 『담헌 홍대용 연구』 (사람의무늬, 2012).

김상근, "마테오 리치의 『천주실의』에 나타난 16세기 후반 예수회 대학의 교과과정과 예수회 토미즘(Jesuit Thomism)의 영향", 『한국기독교신학논총』 40 (2005).

김상근, 『동서문화의 교류와 예수회 선교역사』 (한들출판사, 2006).

김수태, "정약용과 천주교의 관계 재론 ─〈자찬묘지명〉을 중심으로", 『교회사연구』 42 (2013).

김영식, 『정약용의 문제들』 (혜안, 2014).

김영일, 『정약용의 상제사상』 (경인문화사, 2003).

김인규, "북학 사상의 철학적 기반", 한국철학사연구회 편, 『한국철학사상가연구』 (철학과현실사, 2002).

김혜경, 『예수회의 적응주의 선교』 (서강대학교 출판부, 2012).

노대환, "정조시대 서기 수용 논의와 서학 정책", 정옥자 외, 『정조시대의 사상과 문화』 (돌베개, 1999).

데이비드 먼젤로 지음, 이향만 외 옮김, 『진기한 나라, 중국: 예수회 적응주의와 중국학의 기원』 (나남, 2009).

도날드 베이커 지음, 김세윤 옮김, 『조선후기 유교와 천주교의 대립』 (일조각, 1997).

로널드 넘버스 엮음, 김정은 옮김, 『과학과 종교는 적인가 동지인가』 (뜨인돌, 2010).

마테오 리치, 신진호 전민경 옮김, 『마테오 리치 중국 선교사』 (지식을만드는지식, 2013).

박성래, "한국근세의 서구과학 수용", 『동방학지』 20 (1978).

박성래, "마테오 릿치와 한국의 서양과학 수용", 『동아연구』 3 (1983).

박성순, 『조선 유학과 서양 과학의 만남』 (고즈윈, 2005).

박승찬, 『서양 중세의 아리스토텔레스 수용사』 (누멘, 2010).

박종홍, "서구사상의 도입 비판과 섭취", 『아세아연구』 12-3 (1969).

배현숙, "謂8세기에 전래된 천주교서적", 『교회사연구』 3 (1981).

배현숙, "조선에 전래된 천주교 서적", 『한국천주교 창설 이백주년 기념 한국교회사 논문집 1』 (한국교회사연구소, 1984).

서광계, 최형섭 역, 『서광계 문집』 (지식을만드는지식, 2010).

서종태, "성호학파의 양명학과 서학", 서강대학교 대학원 박사학위논문 (1995).

송일기 외, "중국본 서학서의 한국 전래에 관한 문헌적 고찰", 『서지학연구』 15 (1998).

안대옥, "格物窮理에서 '科學'으로: 晚明 西學受容 이후 科學 概念의 變遷", 『유교문화연구』 19.

안대옥, "마테오 리치(利瑪竇)와 보유론", 『동양사학연구』 106 (2009).

안대옥, 謂세기 정조기 조선 서학 수용의 계보", 『동양철학연구』 71 (2012).

안대옥, "淸代 前期 西學 受容의 형식과 외연", 『중국사연구』 65 (2012).

앨릭스 벤들리 엮음, 오수원 옮김, 『현대 과학·종교 논쟁』 (알마, 2012).

윤사순, "천주교가 조선 후기 사상사에 끼친 영향 ―종교와 과학을 중심으로―", 『동양철학연구』 29 (2002).

尹鑴, 양홍렬 외 역, "辛巳孟冬書", 『신편 국역 백호 윤휴 전서 7』 (민족문화추진회, 2008).

이성호, "명청서학의 조선전래와 성호 이익의 반응", 『중국학연구』 30 (2004).

이연승, "예수회 색은주의 선교사들의 유교 이해", 『종교와 문화』 17 (서울대학교 종교문제연구소, 2009).

이원순, "조선 후기 실학자들의 서학인식", 『역사교육』 17 (1975)

이원순, 『조선서학사연구』 (일지사, 1986).

이원순, "안정복의 천학론고", 금장태, 정순우 외, 『순암 안정복의 서학인식과 교육사상』 (성균관대학교 출판부, 2012).

이향만, "예수회 적응주의와 조선서학: 쁘레마르와 다산 비교연구", 경기문화재단 실학박물관 엮음, 『다산 사상과 서학』 (경인문화사, 2013).

임부연, "성호학파의 천주교 인식과 유교적 대응", 『한국사상사학』 46 (2014).

장석만, "개항기 한국사회의 "종교"개념 형성에 관한 연구", 서울대학교 대학원 박사학위논문 (1992).

장유승, "1791년 내포(內浦): 박종악과 천주교 박해", 『교회사연구』 44 (2014).

전용훈, "조선후기 서양천문학과 전통천문학의 갈등과 융화", 서울대학교 대학원 박사학위논문 (2004).

전용훈, 謁·18세기 서양 천문역산학의 도입과 전개", 연세대학교 국학연구원 편, 『한국실학사상연구 4 과학기술편』 (혜안, 2005).

전용훈, 謔세기 조선에서 서양과학과 천문학의 성격", 『한국과학사학회지』 35권 3호 (2013).

정두희, "다산과 서학에 관한 여러 가지 관점들", 김승혜 외, 『다산사상 속의 서학적 지평』(서강대학교 인문과학연구원, 2004).

정약용, 박석무 역주,『다산산문선』(창작과비평사, 1985).

정성희, "이재 황윤석의 과학사상",『청계사학』9 (1992).

정진홍,『경험과 기억, 종교문화의 틈 읽기』(당대, 2003).

조광, "번암 채제공의 서학관 연구",『사총』17-18 (1973).

조광, "조선후기 서학서의 수용과 보급",『민족문화연구』44, 2006.

조너선 스펜스, 주원준 옮김,『마테오 리치, 기억의 궁전』(이산, 1999).

조현범, "의례 논쟁을 다시 생각함, 헤테로독시아와 헤테로글로시아 사이에서",『교회사
연구』32 (2009).

차기진,『조선 후기의 서학과 척사론 연구』(한국교회사연구소, 2002).

차미희, "조선후기 직방외기의 도입과 교육사상의 변화", 홍선표 외,『17, 18세기 조선의
외국서적 수용과 독서문화』(혜안, 2006).

최기복, "유교와 서학의 사상적 갈등과 상화적 이해에 관한 연구", 성균관대학교 대학원
박사학위논문 (1989).

최동희,『서학에 대한 한국실학의 반응』(고대민족문화연구소 출판부, 1988).

최동희, "안정복의 서학비판에 관한 연구", 금장태, 정순우 외,『순암 안정복의 서학인식
과 교육사상』(성균관대학교 출판부, 2012).

최소자, "서학 수용에 대한 문제 ―중국과 한국의 비교시론―",『한국문화연구원 논총』
36 (1980).

최소자, 謁·18세기 한역서학서에 대한 연구 ―중국과 한국의 사대부에 미친 영향―",
『한국문화연구원 논총』39 (1981).

허버트 버터필드 지음, 차하순 옮김,『근대과학의 기원』(탐구당, 1980).

朴趾源, "鵠汀筆談",『熱河日記』.

安大玉,『明末西洋科學東伝史』(東京: 知泉書館, 2007).

王萍,『西方曆算學之輸入』(臺北: 中央研究院 近代史研究所, 1966).

Baker, Don, "The Religious Revolution in Modern Korean History: From ethics to
theology and from ritual hegemony to religious freedom", *The Review of Korean Studies*,
Volume 9 Number 3, 2006.

Bontinck, François, *La Lutte autour de la Liturgie Chinoise aux XⅦe et XⅧe Siècles* (Louvain:
Editions Nauwelaerts, 1962).

Brooke, John Hedley, *Science and Religion: Some Historical Perspectives* (Cambridge:

Cambridge University Press, 1991).

D'Elia, Pasquale, *Galileo in China* (Cambridge: Harvard University Press, 1960).

Dunne, George H., *Generation of Giants, The Story of the Jesuits in China in the last Decades of the Ming Dynasty* (Notre Dame(Indiana): University of Notre Dame Press, 1962).

Feingold, Mordechai, *Jesuit Science and the Republic of Letters* (Cambridge(Massachusetts): The MIT Press, 2003).

Harrison, Peter, "'Science'and 'religion': constructing the boundaries", Thomas Dixon, Geoffrey Cantor and Stephen Pumfrey, eds., *Science and Religion: New Historical Perspectives* (Cambridge: Cambridge University Press, 2010).

Minamiki, George, *The Chinese Rites Controversy: From Its Beginning to Modern Times* (Chicago: Loyola University Press, 1985).

Mungello, David, ed., *The Chinese Rites Controversy: Its History and Meaning* (San Francisco: The Ricci Institute for Chinese-Western Cultural History, 1994).

Ricci, Matteo, *Fonti Ricciane, Documenti Originali Concernenti Matteo Ricci e la Storia delle Prime Relazioni Tra L'Europa e la Cina(1579-1615),* Volume 1, 2, 3, editi e commentati da Pasquale M. D'Elia (Roma: La Libreria dello Stato, 1942~1949).

Standaert, Nicolas, ed., *Handbook of Christianity in China, Volume One: 635-1800* (Leiden: Brill, 2001).

- **2장** 근대과학과 일제하 개신교 — 일제하 한국 개신교의 과학 담론과 진화론에 대한 태도

김권정, "일제하 사회주의자들의 반기독교운동에 관한 연구", 『숭실사학』 10 (1997).

김준엽·김창순, 『한국공산주의운동사』(제1권) (청계연구소, 1986).

김흥수 편, 『일제하 한국기독교와 사회주의』 (한국기독교역사연구소, 1992).

로널드 L. 넘버스, 신준호 역, 『창조론자들: 과학적 창조론에서 지적 설계론까지』 (새물결플러스, 2016).

류대영, 『개화기 조선과 미국 선교사: 제국주의 침략, 개화자강, 그리고 미국 선교사』 (한국기독교역사연구소, 2003).

박형룡, 『근대신학난제선평』 (예수교장로회신학교, 1935).

브래들리 J. 롱필드, 이은선 역, 『미국 장로교회 논쟁』 (아가페출판사, 1992).

서정민, "김교신의 생명 이해", 『한국기독교와 역사』 20호 (한국기독교역사연구소,

2004).

신재식·김윤성·장대익,『종교전쟁』(사이언스북스, 2009).

윌리엄 페이든, 이진구 역,『비교의 시선으로 바라 본 종교의 세계』(청년사, 2004).

이광린, "구한말 옥중에서의 기독교 신앙",『동방학지』46-48.

이만열,『한국기독교문화운동사』(대한기독교출판사, 1987).

이만열,『한국기독교의료사』(아카넷, 2003).

이성규, "19세기말 20세기초의 한국과 일본의 진화론 수용",『한국과학사학회지』14권 1호 (1992).

이시악 외, 이은자 역,『근대 중국의 반기독교운동』(고려원, 1992).

이화여대 한국문화연구원,『근대계몽기 지식 개념의 수용과 그 변용』(소명출판, 2004).

장규식,『일제하 한국 기독교민족주의 연구』(혜안, 2001).

장동민,『박형룡의 신학 연구』(한국기독교역사연구소, 1998).

장석만, "개항기 한국사회의 '종교'개념 형성 연구", 서울대학교 박사학위논문 (1992).

정경옥,『기독교신학개론』(감리교신학교, 1939).

죠지 마르스덴, 홍치모 역,『미국의 근본주의와 복음주의 이해』(성광문화사, 1992).

최기영,『한국근대 계몽사상 연구』(일조각, 2003).

테드 피터스 엮음, 김흡영 외 역,『과학과 종교: 새로운 공명』(동연, 2002).

한국기독교역사학회 편,『한국기독교의 역사 II(개정판)』(기독교문사, 2012).

金谷庄鎬,『朝鮮基督教會小史』(조선기독교회전도부, 1942).

Casanova, Jose, *Public Religions in the Modern World* (Chicago and London: University of Chicago Press, 1994).

Marsden, George M., *Fundamentalism and American Culture: The Shaping of Twentieth-Century Evangelicalism, 1870-1925* (Oxford: Oxford University Press, 1980).

Radan, Peter, "From Dayton to Dover: the legacy of the Scopes Trial", Peter Cane, Carolyn Evans, Zoe Robinson. eds., *Law and Religion in Theoretical and Historical Context* (Cambridge: Cambridge University Press, 2008).

Noll, Mark A., *A History of Christianity in the United States and Canada* (Grand Rapids, Mich. : W.B. Eerdmans Publishing Co., 1992).

Durbin, William A., "Science,"Philip Goff and Paul Harvey, eds., *Themes in Religion & American Culture* (Chapel Hill and London: The University of North Carolina Press, 2004).

Longfield, Bradley J., *The Presbyterian Controversy: Fundamentalists, Modernists, and Moderates* (New York and Oxford: Oxford University Press, 1990).

Numbers, Ronald L., *The Creationists: From Scientific Creationism to Intelligent Design* (Cambridge: Harvard University Press, 2006).

• **3장** 근대과학과 해방 이후 개신교 — 해방 이후 개신교의 '과학과 종교'담론

김경재,『김재준 평전: 성육신 신앙과 대승 기독교』(삼인, 2001).

김재준,『장공 김재준 전집 1권 — 새 술은 새 부대에(1926-1949)』(한신대학교출판부, 1992).

김재준,『장공 김재준 전집 2권 — 복음의 자유(1950-1953)』(한신대학교출판부, 1992).

김재준,『장공 김재준 전집 3권 — 전통과 개혁(1953-1954)』(한신대학교출판부, 1992).

김재준『장공 김재준 전집 4권 — 역사변혁의 그리스도(1955-1959)』(한신대학교출판부, 1992).

김재준,『장공 김재준 전집 8권 — 신앙생활과 생활신앙(1967-1969)』(한신대학교출판부, 1992).

김재준,『장공 김재준 전집 11권 — 예언자와 우상(1974-1977)』(한신대학교출판부, 1992).

김재준,『장공 김재준 전집 16권 — 범용기 (4) 민족의 파수꾼』(한신대학교출판부, 1992).

김재준,『장공 김재준 전집 18권 — 우주적 사랑의 공동체(1985-1987)』(한신대학교출판부, 1992).

김재준, "인간: 모순과 역설과 고민과",『기독교사상』14호 (1970).

장공 김재준 목사 탄신 100주년 기념사업위원회 편,『장공 김재준 논문 선집: 장공탄신 100주년 기념문집 1』(한신대학교출판부, 2001).

장공 김재준 목사 탄신 100주년 기념사업위원회 편,『장공 사상 연구 논문집: 장공탄신 100주년 기념문집 2』(한신대학교출판부, 2001).

장공 김재준 목사 기념사업회,『장공 김재준의 삶과 신학』(한신대학교출판부, 2014).

유동식,『풍류도와 한국의 종교 사상』(연세대학교출판부, 1997).

전철, "종교와 과학 담론의 문명사적 함의",『신학논단』87 (2017).

홍성욱·전철, "과학기술학(STS)의 관점에서 본 종교와 과학: 과학적 사실과 종교적 가치의 만남에 관한 연구",『신학연구』73호 (2018).

Polkinghorne, John, *Quantum Physics and Theology. An Unexpected Kinship* (New Heaven and London: Yale University Press, 2007).

Welker, Michael, *The Theology and Science Dialogue: What can Theology Contribute* (Neukirchen-Vluyn: Neukirchener Verlag, 2012).

Park, Soo Bin, "South Korea surrenders to creationist demands: Publishers set to remove examples of evolution from high-school textbooks,"*Nature* 486, 2012. 6.

3부 근대과학과 한국 전통종교

• **1장** 근대과학과 한국 불교 — 근대 불교 지식인의 과학 개념과 과학기술 수용

강만길, "별와요고 —조선시대의 제와업발전—", 『사학지』 1 (1967-9).

고병철, "일제하 한국 불교의 근대성 수용 방식: 興天寺 甘露幀(1939)의 해석을 중심으로", 『한신인문학연구』 4 (2003).

권상로, "천동설·지동설의 가부를 問합니다", 『불교사불교』 39 (1927).

김경집, "근대 開化僧의 활동과 현실인식", 『보조사상』 25 (2006).

김기종, "근대 대중불교운동의 이념과 전개 —권상로·백용성·김태흡의 문학작품을 중심으로—", 『한민족문화연구』 27 (2009).

김기종, "김태흡의 대중불교론과 그 전개", 『한국선학』 26 (2010).

김성순, "한국 불교의학의 전래와 醫僧들의 활동에 관한 일고찰", 『불교학연구』 39 (2014).

김순석, 『일제시대 조선총독부의 불교정책과 불교계의 대응』 (경인문화사, 2003).

김순석, "심전개발운동의 전개와 불교계의 참여", 〈법보신문〉, 2007. 10. 15.

김영진, "근대 한국불교의 형이상학 수용과 진여연기론의 역할", 『불교학연구』 21 (2008).

김영진, "근대중국의 불교부흥과 인문지식", 『회당학보』 10 (2005).

김제란, "한·중·일 근대불교의 사회진화론에 대한 대응양식 비교 —동아시아 불교의 사회진화론 수용과 비판의 두 흐름—", 『시대와 철학』 21 (2010).

김종욱, "근대 내셔널리즘의 대두와 화엄적 민족주의의 형성", 『불교연구』 35.

김진무, "근대 합리주의 인간의 유입과 佛性論의 재조명 —梁啟超와 韓龍雲의 佛性論 이해를 중심으로—", 『선학』 29 (2011).

김춘남, "양계초를 통한 만해의 서구사상수용 ─조선불교유신론을 중심으로", 동국대학교대학원 사학과 석사논문 (1984).

김태흡, "舊計劃을 實施하고 新計劃을 세우라 ─庚午年을 마즈면서─", 『불교사불교』 67 (1932).

김태흡, "佛敎布敎에 對하야", 『불교사불교』 100 (1932).

김태흡, "종교와 과학의 사회적 관계", 『불교사불교』 106 (1932).

김태흡, "종교와 사회사업 발달의 연구", 『불교사불교』 25 (1926).

김태흡, "종교와 사회사업 발달의 연구", 『불교사불교』 26 (1926).

김태흡, "종교와 사회사업 발달의 연구", 『불교사불교』 27 (1926).

김태흡, "종교와 사회사업 발달의 연구", 『불교사불교』 28 (1926).

김태흡, "종교와 사회사업 발달의 연구", 『불교사불교』 29 (1926).

김태흡, "종교와 사회사업 발달의 연구", 『불교사불교』 30 (1927).

김태흡, "종교와 사회사업 발달의 연구", 『불교사불교』 32 (1927).

김태흡, "종교와 사회사업 발달의 연구", 『불교사불교』 33 (1927).

김태흡, "종교와 사회사업 발달의 연구", 『불교사불교』 36 (1927).

김태흡, "종교와 사회사업 발달의 연구(전속)", 『불교사불교』 44 (1927).

김태흡, "종교와 사회사업 발달의 연구(전속)", 『불교사불교』 45 (1928).

김태흡, "종교와 사회사업 발달의 연구", 『불교사불교』 48 (1928).

김태흡, "종교와 사회사업 발달의 연구", 『불교사불교』 49 (1928).

노권용, "석전 박한영의 불교사상과 개혁운동", 『선문화연구』 8 (2010).

대은(김태흡), "신시대의 종교", 『불교사불교』 50-51 (1928).

박용모, "개화승 무불 연구", 『보조사상』 44 (2016).

박한영, "性靈과 科學辯", 『불교사불교』 31 (1927).

배연정, "日蓄朝鮮소리盤(NIPPONOPHONE) 硏究(I)", 『한국음반학』 1 (1991).

배연정, "日蓄朝鮮소리盤(닙보노홍) 硏究(II)", 『한국음반학』 2 (1992).

송현주, "불교는 철학적 종교: 이노우에 엔료의 '근대일본불교' 만들기", 『불교연구』 41 (2014).

스에키 후미히코, 이태승·권서용 역, 『근대 일본과 불교』 (그린비, 2009).

양정연, "근대 과학적 세계관의 유입과 불교 세계관의 재조명 ─타이쉬(太虛)의 인생불교를 중심으로", 『한국선학』 29 (2011).

영호생(박한영), "將何以布敎利生乎", 『해동불보』 2 (1913).

원영상, "단가제도의 성립·정착 과정과 근대 일본불교계의 양상", 『일본불교사공부방』 5 (2008).

원영상, "한중일 삼국 근대불교의 민족의식에 대한 비교연구", 『한국선학』 21.

유승무, "사회진화론과 만해의 사회사상 —『조선불교유신론』을 중심으로", 『동양사회사 상』 8 (2003).

윤종갑·박정심, "동아시아의 근대 불교와 서양철학", 『철학논총』 75 (2014).

임혜봉, 『친일승려 108인』 (청년사, 2005).

장희정, "1939년작, 흥천사 감로왕도", 『동악미술사학』 9 (2008).

전영준, "고려시대 공역승 연구", 동국대학교 박사학위논문 (2004).

정광호, "이조후기 사원잡역고", 『사학논지』 2 (1974-9).

조명제, "한용운의 『조선불교유신론』과 일본의 근대지(近代知)", 『한국사상사학』 46 (2014).

한상길, "개화사상의 형성과 근대불교", 『불교학보』 45 (2006).

한용운, "新年度의 佛敎事業은 엇더할까", 『불교사불교』 94 (1932).

한용운, "우주의 인과율", 『불교사불교』 90 (1931).

한용운, "조선불교의 개혁안", 『불교사불교』 88 (1931).

한용운, 『조선불교유신론』, 『한용운전집』 제2권 (신구문화사, 1973).

한용운, 이원섭 역, 『만해 한용운 조선불교유신론』 (운주사, 2007).

한용운, 『한용운전집』 제1권 (신구문화사, 1973).

허흥식, 『고려불교사연구』 (일조각, 1997[중판]).

井上円了, 『佛敎活論序論』 (東京: 哲學書院, 1887).

井上円了, 『佛敎活論序論: 第2編 顯正活論』 (東京: 哲學書院, 1890).

太虛, 『太虛大師全集: 第30篇 眞理實論宗用論』 (台北: 善導寺佛敎流通處, 1998).

梁啓超, 『梁啓超哲學思想論文選』 (北京: 北京大學出版社, 1984).

梁啓超, 『飮氷室文集』 上卷 (上海: 廣智書局, 1907).

梁啓超, 『中國佛敎思想資料選編』 제3권 4책 (北京: 中華書局, 1990).

梁啓超, 『淸代學術槪論』 (上海: 上海古籍出版社, 2000).

王季同, 『佛法省要』 (上海: 大法輪書局, 1944).

尤智表, 『佛敎與科學哲學』 (台北: 大乘文化出版社, 1979).

• **2장** 근대과학과 한국 신종교: 근대과학 및 문명에 대한 한국 신종교의 인식과 대응

길진숙, "『독립신문』·『미일신문』에 수용된 '문명/야만'담론의 의미 층위", 『국어국문학』 136 (2004).

김우필·최혜실, "식민지 조선의 과학·기술 담론에 나타난 근대성: 인문주의 대 과학주의 합리성 논의를 중심으로", 『한민족문화연구』 34 (2010).

노길명, "천주교와 민족종교간의 관계: 어제, 오늘 그리고 내일", 『가톨릭사회과학연구』 18 (2006).

노길명, 『한국신흥종교연구』 (경세원, 1996).

노대환, "1880년대 문명 개념의 수용과 문명론의 전개", 『한국문화』 49 (2010).

노연숙, "1900년대 과학 담론과 과학 소설의 양상 고찰", 『한국현대문학연구』 37 (2012).

『대순전경』

『대종경』

『도전』

〈독립신문〉

『동경대전』

〈미일신문〉

박종일, "종교와 근대민족주의의 형성: 새로운 연구동향과 한국적 맥락에 대한 검토", 『동양사회사상』 17 (2008).

『서북학회월보』

『원불교교사』

『원불교대사전』

윤이흠, 『한국종교연구 1』 (집문당, 1986).

『의암성사 법설』

이면우, "근대 교육기(1876-1910) 학회지를 통한 과학교육의 전개", 『한국지구과학회지』 22권 2호 (2001).

장응진, "과학론", 『태극학보』 5 (1906).

정재진, "한국 신종교사상에 나타난 '이상세계관'고찰 ―증산교의 『천지개벽경』을 중심으로", 『동북아문화연구』 23 (2010).

『정전』

제임스 그레이슨, 강돈구 역, 『한국종교사』 (민족사, 1995).

『해월신사 법설』

허재영, "근대 계몽기 과학 담론 형성과 일제 강점기 '과학적 국어학'", 『코기토』 78 (2015).

황선명, "민족종교사상 연구의 몇 가지 쟁점", 『종교연구』 6 (1990).

4부 과학적 이기의 도입과 종교 경험의 변화

• 1장 테크놀로지의 진화와 종교적 체험의 동역학

김근배, 『한국 근대 과학기술인력의 출현』 (문학과지성사, 2005).

金明昊, "侍日說敎에 對하야", 『천도교회월보』 144 (1922).

金明昊, "精神共有의 大宣言", 『천도교회월보』 164 (1924).

金秉濬, "종종 출현되는 종교통일운동", 『천도교회월보』 159 (1923).

金辰郁, "迷信과 信仰", 『천도교회월보』 173 (1925).

大喝生, "좀 그러지 말아주셔요", 『개벽』 1 (1920).

朴達成, "京客과 村夫", 『별건곤』 2 (1926).

무명, "론셜 권즁진보", 『죠선크리스도인회보』 2 (1897).

무명, "뎐긔론", 『그리스도신문』 7 (1901).

무명, "[전기역사를 찾아서_86회] 근대조명 —전기도입과 전등", 『전기저널』 5 (2014).

서문석, "해방 전후 대규모 면방직 공장의 고급기술자", 『동양학』 40 (2006).

速記者 曺山江, "닭의 제 歷史講演", 『별건곤』 59 (1932).

夜雷, "人은 果然 全知全能이 될가", 『개벽』 9 (1921).

夜雷, "新神話 '開闢以前'", 『별건곤』 19 (1929).

夜雷, "흘은다흘은다", 『천도교회월보』 162 (1924).

梁漢默, "本敎의 眞理", 『천도교회월보』 1 (1910).

然飽, "人萬能으로부터 天萬能에", 『천도교회월보』 139 (1922).

尹柱福, "家庭應用 電氣常識(一)", 『별건곤』 29 (1930).

李敦化, "新時代와 新人物", 『개벽』 3 (1920).

李敦化, "眞理의 體驗", 『개벽』 27 (1922).

장석만, "과학과 종교의 이합집산: 개념사의 관점에서 본 과학과 종교", 『종교문화비평』 30 (2016).

鄭秀日, "진고개, 서울맛·서울情調", 『별건곤』 23 (1929).

최병헌, 『성산명경』 (한국고등신학연구원, 2010).

玄礎, "精神物質兩界를 通하야", 『천도교회월보』 164 (1924).

Stolow, Jeremy, "Reflection Telegraphing as spirit," Jeffrey H. Mahan (ed.), *Media, Religion and Culture: An Introduction* (New York: Routledge, 2014).

Darnton, Robert, *Mesmerism and the End of the Enlightenment in France* (Massachusetts: Havard Uni. Press, 1986).

• 2장 근대 소리 매체가 생산한 종교적 풍경

〈독립신문〉

〈매일신보〉

배연형, "일축조선소리반 관련자료와 재발매 음반 고찰", 『한국음반학』 17호 (2007).

『별건곤』

『신동아』

안승택, 이시준, "한말·일제초기 미신론 연구—'미혹(迷惑)된 믿음'이라는 문화적 낙인의 정치학", 『한국민족문화』 51호 (2014).

우수진, "미디어극장의 시대, 유성기와 라디오", 『한국학연구』 34호 (2014).

우수진, "극장과 유성기, 근대의 사운드스케이프", 『대중서사연구』 21권 3호 (2015).

윤선자, 『한국근대사와 종교』 (국학자료원, 2002).

윤소희, "불교음악의 기원과 전개", 『한국음악사학보』 44호 (2010).

「儀禮準則」, 『朝鮮社會事業』 12 (1934).

이상길, "유성기의 활용과 사적 영역의 형성", 『언론과 사회』 9권 4호 (2001).

장석만, "한국 의례 담론의 형성", 『종교문화비평』 창간호 (2002).

장석만, "식민지 조선에서 "문명-문화-종교"의 개념적 네트워크 형성", 『종교문화비평』 28호 (2015).

〈조선일보〉

〈조선중앙일보〉

최은희, 『한국방송사』 (한국방송공사, 1977).

『춘추』

『한국민족문화대백과』

Hirschkind, Charles, *The Ethical Soundscape-Cassette Sermons and Islamic Counterpublic* (New York: Columbia University Press, 2006).

Tweed, Thomas A., "Space", S. Brent Plate ed., *Key Terms in Material Religion* (London · New York: Bloomsbury, 2015).

Weiner, Isaac, "Sound", S. Brent Plate ed., *Key Terms in Material Religion* (London · New York: Bloomsbury, 2015).

Weiner, Isaac, *Religion Out Loud— Religious Sound, Public Space, and American Pluralism* (New York and London: New York University Press, 2014).

• 3장 사진의 보급과 의례문화의 변화

권행가, 『이미지와 권력: 고종의 초상과 이미지의 정치학』 (돌베개, 2015).

김수남, 『수용포 수망굿』 (열화당, 1985).

김학주 역주, 『맹자』 (서울대학교출판문화원, 2013).

노영미, "사진관과 예식장 경영자의 구술생애사로 본 혼인문화의 전개", 『구술사연구』 5-2 (2014).

무라야마 지준, 최순애·요시무라 미카 역, 『조선인의 생로병사 1920-1930년대: 무라야마 지준 사진집』 (신아출판사, 2014).

미네르마 구타펠, 이형식 역, "조선에서 가장 행복한 소녀", 『조선의 소녀 옥분이: 선교사 구타펠이 만난 아름다운 영혼들』 (살림, 2008).

발터 벤야민, 최성만 역, 『기술복제시대의 예술작품, 사진의 작은 역사 외』 (도서출판 길, 2007).

방원일, "초기 개신교 선교사들의 한국 종교 사진", 『종교, 미디어, 감각』 (모시는사람들, 2016).

서울대학교박물관, 『그들의 시선으로 본 근대』 (서울대학교 박물관, 2004).

「儀禮準則」, 『朝鮮社會事業』 12 (1934).

이경민, 『경성, 사진에 박히다』 (산책자, 2008).

이욱, 『조선 왕실의 제향 공간』 (한국학중앙연구원출판부, 2015).

조문태, 김종범 엮음, 『儀禮規範解說: 혼인, 장사, 제사에 관한 예법』 (상혼제의례준칙제정위원회, 1957).

『조선예수교장로회 혼상례예식서』 (조선기독교창문사, 1925).

주희, 임민혁 역, 『주자가례』 (예문서원, 1999).

G. H. 존스, 옥성득 역, 『한국 교회 형성사』 (홍성사, 2013).

최인진, 『고종, 어사진을 통해 세계를 꿈꾸다: 19세기 어사진의 정치학』 (문현, 2010).

최인진, 『한국사진사: 1631-1945』 (눈빛, 1999).

"How the SPG Mission to Corea Began," *The Church Abroad* 4-44 (Aug., 1906).

American Baptist Foreign Mission Society, *Manual of the American Baptist Missionary Union for the Use of Missionaries and Missionary Candidates* (Boston: Ford Building, 1908).

Clark, Donald N., *Missionary Photography in Korea: Encountering the West through Christianity* (Seoul: The Korea Society, 2009).

Reinders, Eric, *Borrowed Gods and Foreign Bodies: Christian Missionaries Imagine Chinese Religion* (Berkeley: University of California Press, 2004).

Doss, Erika, *Memorial Mania: Public Feeling in America* (Chicago: University of Chicago Press, 2010).

Choi, Hyaeweol, "The Visual Embodiment of Women in the Korea Mission Field," *Korean Studies* 34, 2010.

Ruby, Jay, *Secure the Shadow: Death and Photography in America* (Cambridge: MIT Press, 2005).

Long, Kathryn T., """Cameras 'Never Lie'": The Role of Photography in Telling the Story of American Evangelical Missions," *Church History* 72-4, 2003.

Underwood, Lillias H., *Underwood of Korea* (New York: Fleming H. Revell, 1918).

Spyer, Patricia, "The Cassowary Will (Not) Be Photographed," in Hent de Vries & Samuel M. Weber (eds.), *Religion and Media* (Stanford: Stanford University Press, 2001).

Contents in English

Science and Religion in Korea

by Kim, Ho-deok

Researcher, Korean Institute for Religion and Culture.

Jang, Suk-man

Researcher, Korean Institute for Religion and Culture.

Cho, Hyeon-beom

Professor, The Academy of Korean Studies

Lee, Jin-gu

Director, The Korea Institute for Religion and Culture

Chun, Chul

Professor, Hanshin University

Min, Sun-euy

Researcher, The Jogye Order Institute for the Study of Buddhism and Society

Park, Sang-un

Researcher, The Korea Institute for Religion and Culture

Kim, Tae-yeon

Assistant Professor, Institute of Humanities, Soongsil University

Do, Tae-su

Ph.D. Candidate, The Academy of Korea Studies

Bhang, Won-il

Lecturer, School of Dentistry, Seoul National University

Introduction (Kim, Ho-deok)

Part I. Science and Religion Examined from the Perspective of Conceptual History (Jang, Suk-man)

Questioning Science/Religion

1. The "Science and Religion" Discourse in the West and Its Nature